Höllischer Himmel

Einsatzszenen vom Kampf
der Luftwaffe im II. Weltkrieg

Mit Lagekarten
und Gefechtsskizzen

Pabel Verlag KG
Rastatt

Alle Namen, falls es sich nicht um Persönlichkeiten der Zeitgeschichte handelt, sind verändert oder frei gestaltet.
Bearbeitet von Gerhard Schmid.

3. Auflage 1979

Satz: Satz-Rechen-Zentrum, Berlin
Druck: Söderström Osakeyhtiö, Porvoo
Printed in Finnland
ISBN 3-8118-0133-3

Inhaltsverzeichnis

Hans Holl

Hans-Joachim Marseille

Virtuose unter den Jagdfliegern der Welt

Ein ohrenbetäubender Lärm grollt über das Flugfeld von Castell Benito. Vor langen Staubfahnen zieht eine Staffel Me 109 in die Höhe. Die Maschinen der 3./JG (Jagdgeschwader) 27 formieren sich zu einer lockeren Marschformation und ziehen ostwärts. Tripolis, die „weiße Stadt", die sie vor einiger Zeit auf dem Flug über das Mittelmeer passiert hatten, bleibt allmählich hinter ihnen zurück.

Die Erde Nordafrikas huscht unter den Tragflächen dahin, überlagert von flirrenden Hitzewellen. Palmen recken ihre schlanken Stämme in den wolkenlosen Himmel; in den Fächerwipfeln spielt der Seewind.

Links vom Kurs taucht das helle Band einer Straße auf: Die Via Balbia. Es ist jene fast tausend Kilometer lange Wüstenautobahn, die von Tunesien aus an der Küste entlang bis zur Grenze Ägyptens hin verläuft.

In dem jungen Oberfähnrich Marseille weckt das helle Asphaltband Erinnerungen an Gespräche, die sie vor dem Start nach Afrika geführt hatten. Der Name Marschall Balbos fällt ihm ein, der diese Wüstenpiste einmal bauen ließ, und noch einiges andere dazu.

Der Oberfähnrich sieht jetzt zu dem Unteroffizier hinüber, der neben ihm über die fruchtbare Landschaft südlich der „Balbia" fliegt. Er heißt Pottgen*, ist ein prächtiger Kumpel, ebenso wie die anderen, die weiter rechts durch den wolkenlosen Himmel Nordafrikas ziehen.

Voraus ragen dünne Nadeln in den Himmel: Palmen, die den weißen Fleck am Rand der Littoreana (Bezeichnung für die Via Balbia) umsäumen. In geringer Höhe heulen die Messerschmitt-F-Maschinen über die Oase Misurata. Einige Zeit zuvor waren weiter nördlich die imposanten Ruinen von Homs vorbeigezogen, Überreste der altrömischen Stadt Leptis Magna.

Sie fliegen weiter ostwärts, dem Verlauf der großen Straße folgend, die wie ein endloser Zeigefinger auf ihr fernes Ziel deutet. Gedanken kommen und gehen: Afrika! Was wird uns hier erwarten?

Hans-Joachim Marseille lehnt sich in den Gurten zurück. Ein kurzer Blick auf die Instrumente. Keine Unregelmäßigkeiten! Die Zeit rinnt dahin im monotonen Singen der Motoren. Eine Stadt kommt in Sicht: Syrte. Der Kapitän, Oberleutnant Gerhard Homuth, fünfzehn Luftsiege in Frankreich und am Kanal, schwenkt ein und setzt zur Landung an. Kurze Kontrolle der Motoren, auftanken, weiter!

Sie steigen wieder in den Himmel hinein. Vor der Frontscheibe schiebt sich eine Brücke mit fünf mächtigen Bögen über den Horizont, eine tiefe Schlucht überspannend. Weit im Norden leuchtet der blaugrünschillernde Spiegel des Mittelmeeres. Ein Anblick, der den Krieg und alles andere vergessen läßt. Die Wirklichkeit verschwimmt vor dem Zauber der märchenhaften Szenerie. Doch dann kommt sie praktisch von einer Sekunde zur anderen wieder zurück und reißt den Oberfähnrich Marseille jäh aus seiner romantischen Versunkenheit.

---

* Sämtliche Namen, außer solchen von Persönlichkeiten der Zeitgeschichte, wurden verändert.

Sein Oberkörper bewegt sich nach vorn, und die Augen huschen über die Instrumente. War da nicht soeben ein Knallen im Motor? Da — jetzt wieder!

Marseille zerquetscht einen Fluch zwischen den Zähnen, und eine böse Ahnung steigt in ihm auf. Er kennt dieses entnervende Geräusch nur zu gut. Schon viermal war es ähnlich gewesen, einige tausend Kilometer entfernt, am Kanal.

Der Blick erfaßt den wackelnden Zeiger des Drehzahlmessers. Er sinkt stetig nach unten. Auch auf dem dunklen Kreis der Ladedruckanzeige ist der Teufel los.

Das gräßliche Tuckern verstärkt sich. Kleine, dunkle Rauchwolken zischen aus den Auspuffen. Der Laufton des Triebwerks ähnelt jetzt einem hektischen Stottern. Es gibt keinen Zweifel mehr: Der Motor wird nicht mehr lange mitmachen...

Mein Pech ist wieder da. Mein verfluchtes Pech! denkt Marseille, als er den Mikrophonknopf drückt und die Maschine des Staffelkapitäns ruft. Schon in der nächsten Sekunde hört er die Frage des Oberleutnants:

„Was ist los?"

„Mein Motor ist im Eimer. Wahrscheinlich Kolbenfresser. Kann die Mühle nicht mehr lange obenhalten."

Einige Augenblicke später ist wieder die quarrende Stimme da: „Reicht es nicht mehr bis Essultan zurück?"

„Nein, das ist ausgeschlossen."

„Verflucht! Dann machen Sie es gut!"

In den Kopfhörern knackt es. Anschließend wird es still. Der Motor spuckt und knattert. Beizender Rauch wölkt in die Kabine. Verweifelt irrt Marseilles Blick über die wellige Erde. Zahlreiche Büsche stehen darauf wie dunkle Flecke. Aber es hilft alles nichts, er muß hinunter. Der Knüppel wandert nach vorn. Mechanisch zerrt die Linke die Gurte fester. Die Erde kommt näher, eine gelbe, öde Sandfläche.

Ruckartig reißt Marseille den Gashebel zurück und die Zündung heraus. Das Blubbern vor der Frontscheibe erstirbt. Die Erde schießt heran. Noch zehn Meter, noch fünf, jetzt! Ein knirschendes Schleifen. Wie ein auf Land geratener Torpedo schießt die Me 109 über eine Bodenwelle, bohrt sich mit der Motorspitze in die nächste. Sandwolken rauschen über die Kabine. Das Kratzen und Holpern will kein Ende nehmen. Doch dann wird die Vorwärtsbewegung langsamer. Die Maschine bockt noch einmal, schüttelt sich und bleibt stehen.

Keuchend stemmt Marseille das Kabinendach in die Höhe und löst die Gurte. Er steigt auf die Tragfläche, sinkt mit den Füßen in den hellgelben Sand und hört das brodelnde Kochen des Motors. Mit gesenktem Kopf nähert er sich einem der dürren Sträucher, setzt sich davor in den heißen Sand und sucht nach einer Zigarette.

Über ihm brausen die anderen heran, stechen herab, donnern über ihn hinweg, wackeln mit den Tragflächen und ziehen dann wieder in den

Himmel hinein. Wie in der Ferne vergrollender Donner verliert sich das Dröhnen ihrer Motoren in der Unendlichkeit.

Die Zigarette schmeckt wie ein Stück Stroh. Nur langsam verraucht die wütende Enttäuschung. Mit verbogener Luftschraube liegt die Jagdmaschine auf dem Bauch, umweht von Dampfwolken, die dem heißen Motor entströmen.

Mit einer zornigen Bewegung schleudert Marseille die Zigarette in den Wüstensand. Von der Balbia her röhren Motoren. Er dreht sich um und sieht hinüber.

Sekundenlang hat er das Gefühl, eine andere Straße vor sich zu sehen, eine gepflegte Chaussee, einige tausend Kilometer entfernt, droben am Kanal. Auch die Zeit schraubt sich zurück in der Erinnerung. Die Tage bei der I./LG (Lehrgeschwader) 2 und bei der 4./JG 52 gewinnen wieder Gestalt. Luftschlachten am Kanal, Feindflüge nach England. Sieben Luftsiege und viermal selbst von britischen MG-Garben auf den Boden geschickt.

Eine Stimme meldet sich, höhnisch, wie eine stumme Selbstanklage: Du bist eine Flasche! Was sind Luftsiege bei vier eigenen Bruchlandungen? Und dann die anderen Geschichten: Tiefflüge unerlaubter Art, akrobatische Kunststücke, das Fischen nach irgendwelchen Gegenständen in niedrigster Flughöhe mit der Tragflächenspitze. Und danach miserable Beurteilungen. Eine der negativen Beurteilungen dürfte wohl allein genügen: „Fliegerische Unzucht!“

Zur Hölle mit diesem verdammten Kram! Und jetzt auch das noch! Wie soll es nun weitergehen? Was würde der Kapitän sagen und der Kommandeur? Würden sie nicht bald die Nase voll haben von dem Uhrmacher (Jargonausdruck für schlechten Flieger) Marseille, dem „ältesten Oberfähnrich der Welt“, der offenbar nichts anderes kann als Maschinen hinfeuern?

Er steht auf, sieht noch einmal zu der demolierten „109“ hinüber. Die sieben Abschußstriche stechen ihm in die Augen. Er preßt die Lippen zusammen und sieht an sich herab. Das EK I hängt schief an der Fliegerbluse. Seufzend stapft Marseille zu der Maschine zurück, zerrt den Fallschirm aus der Kabine und geht auf die große Straße zu.

Der italienische Lastwagenfahrer redet wie ein Wasserfall. Pausenlos mischen sich seine singenden Wortkaskaden in das Brummen des Motors. Marseille sitzt neben ihm und nickt immerzu, obwohl er kein einziges Wort versteht. Trotzdem ist er dem dunkelhaarigen Wagenlenker dankbar, daß er ihn mitgenommen hatte. Der Laster rollt in einer Kolonne. Eine brütende Hitze herrscht im Fahrerhaus. Gelbliche Staubschwaden dringen durch die geöffenten Fenster und lassen das Gesicht allmählich zu einer aus Schweiß und Staub zusammengesetzten Maske werden.

Das monotone Holpern der Räder und die Redelawine des Italieners machen müde. Aus halbgeschlossenen Lidern blickt Marseille auf das draußen vorbeiziehende Land. Manchmal denkt er an die Kameraden, vor allem aber an den Staffelkapitän. Er hört jetzt schon die Rede, die er ihm nach der Rückkehr halten wird. Vielleicht wird sie ähnlich lauten wie am Kanal, wenn er wieder einmal „zu Fuß" von einem Feindflug zurückgekommen war, den Fallschirm unter dem Arm. Seltsamerweise waren die Bauchlandungen fast jedesmal an der gleichen Stelle erfolgt, in der Nähe von Cap Griz Nez. Und jedesmal hatte sich der gleiche Stabsarzt mit süffisantem Lächeln nach dem Befinden des Oberfähnrichs erkundigt. Es war zum Verrücktwerden...

Die Zeit rinnt dahin. Der Staub wird dichter und die Müdigkeit immer größer. Der Italiener redet noch immer. Er muß eine unwahrscheinliche Kondition besitzen. Manchmal fuchtelt er mit beiden Händen in der Luft herum und greift erst wieder ans Lenkrad, wenn der Wagen zu schlenkern beginnt. Die Stunden vergehen.

Plötzlich beugt sich Marseille nach vorn und legt dem Sprachkünstler mit den dunklen Ringelhaaren die Hand auf den Arm, der zufällig einmal über dem Steuer liegt. Dann deutet er auf die Baracken am Rand eines Feldflugplatzes.

Der Fahrer versteht, stoppt den Laster mit quietschenden Bremsen, nimmt mit rollenden Augen und einem neuerlichen Wortschwall ein Zigarettenpäckchen entgegen und läßt den Deutschen aussteigen.

Erstaunte Blicke treffen die hagere Gestalt mit dem Fallschirmpaket unter dem Arm. Marseille betritt eine mit wahrer Treibhauswärme angefüllte Baracke. Schweißtriefende Gestalten in Khakihemden mustern ihn abschätzend.

Eine Maschine nach Bengasi oder Derna? Keine Ahnung. Weiß Gott, wann eine Mühle in diese Richtung fliegt.

Einige Zeit später steht der Oberfähnrich Marseille wieder an der Straße. Irgendwo an ihrem Rand hat ein Quartiermeister-Stab seine Zelte aufgeschlagen. Die Sonne brennt mit höllischer Kraft, und von der Balbia her ziehen wabernde Staubwolken über das Land.

Ein Hauptmann taucht auf, der offenbar zu ahnen scheint, daß dieser Bursche von der Luftwaffe etwas auf dem Herzen hat. Er erwidert den Gruß des Unbekannten in der Fliegerkluft und erkundigt sich dann nach seinem Anliegen.

„Ich brauche einen Wagen, der mich nach Gazala bringt, Herr Hauptmann."

„Ach nee! Sonst nichts? Mit so was können wir leider nicht dienen. Es sei denn, Sie nehmen den Wagen unseres Generals."

Marseille lächelt zum erstenmal seit vielen Stunden.

„Dann bitte ich, mich beim Herrn General melden zu dürfen." Der Hauptmann schnappt nach Luft, kratzt sich hinter dem Ohr, scheint dann aber doch zu überlegen.

„Warum eigentlich nicht?" brummt er. „Aber auf den Kopf scheinen Sie nicht gefallen zu sein, wie?"

Marseille vertieft anstelle einer Antwort sein jungenhaftes Lächeln. Der Hauptmann tut nun das seinige, und der General ist gesonnen, den seltsamen Vogel zu empfangen. Er erweist sich als ein gemütlicher, jovialer Herr, zumindest beim Anblick des sympathischen Oberfähnrichs von der Luftwaffe.

Der wohlwollende Ausdruck auf dem Gesicht des Generals läßt Marseille sogar die düsteren, empörten Blicke der anderen Herren rings um den Gewaltigen vergessen. In kurzen Worten erklärt er, daß er eines Motorschadens wegen habe notlanden müssen, aber so schnell wie möglich zu seinem Verband in Gazala kommen müsse, weil er als Schwarmführer morgen an der Front unbedingt gebraucht werde. Er bitte also um ein Fahrzeug.

Weiter hinten halten die Stabsoffiziere den Atem an. Offenbar erwarten sie eine Explosion. Aber das genaue Gegenteil tritt ein.

„Schön“, sagt der General zum maßlosen Erstaunen seiner Umgebung, „in diesem Fall werden wir wohl helfen müssen.“ Er ruft einen der Herren, der Sekunden später hackenknallend neben ihm steht. „Veranlassen Sie bitte, daß dieser Oberfähnrich meinen Wagen zur Verfügung gestellt bekommt. Mit Fahrer natürlich. — Sind sie nun zufrieden, Oberfähnrich . . . “

„Marseille, Herr General!“ „Hm, Marseille.“ Das Schmunzeln auf dem Gesicht des hohen Offiziers verbreitert sich, während er sagt: „Dafür können Sie sich aber nur mit fünfzig Abschüssen revanchieren.“

„Das werde ich auch“, hören die Stabsoffiziere den schlaksigen Burschen von der Luftwaffe sagen.

„Ihr Wort in Gottes Ohr“, lächelt der General. „Dann wünsche ich Ihnen also viel Soldatenglück!“

*

Einige Stukas dröhnen westwärts und verschwinden hinter der Sonnenwand des Horizonts, eskortiert von drei Me-110-Zerstörern der III./ZG (Zerstörergeschwader) 26. Über den aufgeklappten Motorblechen der Me 109 hängen braungebrannte Warte und sehen nach dem Rechten. Es sind Maschinen der 3. Staffel des JG 27, die vor etwa zwei Stunden auf dem Platz von Gazala niedergegangen waren.

In der Nähe stehen Zelte, und in ihrem Schatten sitzen die Flugzeugführer der „Dritten“. Oberleutnant Homuth hockt vor dem Halbkreis und zeichnet mit dem Zeigefinger eine improvisierte Lagekarte in den Sand. Es ist sein erster „Afrika-Unterricht“ seit der Ankunft auf dem neuen Frontflughafen. Seine Feldmütze liegt neben ihm, und sein helles, in der Mitte gescheiteltes Haar trieft vor Schweiß.

„So ungefähr sieht es also aus, Herrschaften!“ sagt er, nach einem Fliegenschwarm schlagend, der gerade vorbeikurvt. „Die Kameraden vom Afrikakorps haben schon beachtliche Arbeit geleistet. Am 14. Februar waren die ersten hier angekommen, und zwar in Tripolis. Dann ging es los, an der Großen Syrte entlang. Am 3. April fiel Agedabia, am vierten Bengasi, am neunten Bardia, am dreizehnten Sollum, und jetzt heißt die neue Marschrichtung El Alamein, Alexandria, Kairo und so weiter. Tobruk, so an die fünfzig Kilometer entfernt von uns, hat noch der Tommy in Besitz. Schätze, daß wir damit noch 'ne Menge Arbeit haben werden.

Er verwischt die Striche im Sand, stülpt seine Mütze über und steht auf.

„Und nun macht, was ihr wollt. Vorläufig liegt noch nichts an." Sein Blick wandert nach Westen, und ein nachdenklicher Ausdruck heftet sich auf sein schmales Gesicht. „Möchte nur wissen, was der ‚älteste Oberfähnrich der Welt' nach der Bauchlandung angefangen hat."

„Jochen?" sagt der Kölner Pottgen. „Irgendwie wird er schon die Kurve kriegen."

„Wir wollen es hoffen", nickt Homuth. Ohne ein weiteres Wort zu verlieren, wendet er sich um und stapft durch die brütende Hitze auf die nächste Maschine zu.

Die anderen verziehen sich in ihre Zelte. Die Wärme, die sie dort empfängt, ist ebenso unbarmherzig wie draußen, höchstens ein bißchen gefiltert.

Pottgen zerrt seinen Fliegersack auf das niedrige Feldbett und beginnt darin herumzukramen. Mantnich und Röder, Unteroffiziere wie er, hokken sich auf ihre Lagerstätten und beginnen belangloses Zeug zu reden. Am Himmel brummt es wieder. Irgendwelche Maschinen ziehen durch die Luft. Aus der Ferne hallt ein kurzes Grollen heran, wie fernes Gewitter: das notorische Artillerieduell vor Tobruk!

„Mann", sagt Pottgen, „das ist vielleicht 'ne Gegend hier. Da kocht dir ja das Wasser im Hin ... " Sogar die letzten Buchstaben des Wortes bleiben ihm im Hals stecken. Er reißt die Augen auf, wischt darüber, aber die Erscheinung bleibt.

„Jung", krächzt der Kölner, „wo — wo kommst denn du her?"

Die anderen fahren herum. Der Anblick, der sich ihnen bietet, reißt sie förmlich in die Höhe.

„Marseille", staunt Mantnich, „Himmelarm, er ist es wirklich!"

Und dann fallen sie über ihn her, klopfen ihm den Staub aus dem durchgeschwitzten Tropenhemd, zerren ihn auf eines der Betten und starren ihn fassungslos an wie ein neues Weltwunder.

Lächelnd sitzt Marseille vor ihnen, eine Zigarette zwischen den Fingern.

„Sag mal", erkundigt sich Mantnich, „bist du eigentlich beim magischen Zirkel? Ich habe keine Maschine landen hören. Wie, zum Teufel, bist du dann eigentlich hierhergekommen?"

„Mit dem Wagen eines Nachschub-Generals", erwidert Marseille. „Das Ding war ganz schön schnell..."

„Mit dem Wagen eines Ge... ?"

Wieder verschlägt es Pottgen die Sprache. Er äugt auf den Kameraden. Aber es handelt sich beileibe um keine Fata Morgana. Er sitzt da, ihr Jochen, der ewige Pechvogel, und er hat auch sein jungenhaftes Lächeln mitgebracht.

„So ist es“, nickt Marseille, und dann beginnt er zu erzählen. Hingerissen hören sie ihm zu. Sie kriegen auch das mit den fünfzig Abschüssen mit, die der General sozusagen als Fahrpreis verlangte, dazu noch einiges mehr.

Mit höchstem Interesse lauschen sie einer weiteren Geschichte, die sich in der Bude des Zahlmeisters an der Balbia abgespielt hatte. Marseille hatte dort mit dem Fahrer Station gemacht, weil die Staatskarosse des Generals gerade Sprit nötig hatte. Bei dieser Gelegenheit hatte er sich auch seinen Wehrsold auszahlen lassen. Der Zahlmeister wollte den Vermerk in der Rubrik für „Orden und Ehrenzeichen“ niederschreiben. Aber der Oberfähnrich hatte ihn gebeten, eine andere Seite zu wählen. Dies Blatt werde noch für wichtige Eintragungen gebraucht. Ob er etwa glaube, außer dem EK I noch andere Auszeichnungen zu erhalten, war Marseille von dem Zahlmops gefragt worden, und er hatte das selbstverständlich bejaht.

„Himmel“, seufzt Mantnich, nachdem der Kamerad geendet hat, „du bist vielleicht 'ne Prachtausgabe, Jochen!“ Er schielt zu Pottgen hinüber, ehe er fortfährt: „Dann halt dich nur schön 'ran an dein Versprechen mit den fünfzig Abschüssen!“

Das Lächeln auf Marseilles Gesicht erlischt. Er nähert sich dem Zelteingang, sieht kurz über den Platz und sagt über die Schulter: „Ihr könnt euch darauf verlassen.“

„Schön wär's ja“, murmelt Röder, als Marseille außer Sicht ist, „aber der Mensch denkt und Gott lenkt.“ Er schüttelt den Kopf und fummelt dabei eine Zigarette aus seiner Brusttasche. „Haste da noch Töne? Da besorgt sich diese Pfeife einen Generalswagen und kommt per Achse kaum zwei Stunden nach uns hier an. Wie viele Kilometer waren das eigentlich?“

„Insgesamt mindestens achthundert“, sagt Röder.

Pottgen beteiligt sich nicht an der Unterhaltung. Er betrachtet seinen Fliegersack, und offenbar gibt er sich ganz besonderen Gedanken hin…

Die neue Maschine des Oberfähnrichs Marseille trägt die Zahl 14. Die Ziffern sind in gelber Farbe aufgemalt. Neben ihr stehen die anderen Me 109 der Staffel, die langen Bugpartien in die Startrichtung gereckt. Auf den Motorverkleidungen leuchtet das Wappen der I./JG 27 mit einem Neger- und einem Löwenkopf auf dem Umriß des afrikanischen Erdteils. Hauptmann Riegel, der frühere Gruppenkommandeur, hatte sich dieses Emblem einmal ausgedacht. Weiter drüben hebt der Kapitän in der Kabine seiner „Me“ die Hand, dann geht es los. Die DB-Triebwerke röhren auf Vollast, und die erste Rotte rollt an.

Hans-Joachim Marseille sieht noch einmal zu Pottgen hinüber. Am Platzrand stehen Kameraden von der 2. Staffel vor ihren Zelten. Unter ihnen der Kommandeur, Hauptmann Eduard Neumann. In seiner Nähe der Oberfähnrich Hans Arnold Stahlschmidt, Kamerad und Freund des Pechvogels von Cap Griz Nez. Sein volles Gesicht ist der „gelben Vierzehn“ zugewandt. Und fast hat Marseille das Gefühl, als ob er ihm jetzt sagen wollte: Paß auf, Jochen, daß es diesmal klappt. Sonst nimmt dich der Alte auseinander!

Es ist soweit! Der Gashebel wandert nach vorn. Brüllend zieht der Daimler-Motor (DB 601 E) die Jagdmaschine über den Sand. Die Instrumentennadeln kommen ins Vibrieren, das Leitwerk gehorcht dem Steuerdruck und hebt sich in die Horizontale. Mit immer höherer Geschwindigkeit dröhnt die Me 109 in den Sandvorhang hinein. Sie tänzelt, löst sich vom Boden und schwingt sich in die Luft. Die behandschuhte Linke drückt einen schwarzen Knopf rechts neben dem Gashebel. Die Fahrwerke verschwinden in der Tragfläche, dann die Landeklappen.

In leichtem Steigflug ziehen sie nach Nordosten, Tobruk entgegen. Die Einsatzbesprechung war kurz. Es gab auch nicht viel zu sagen: „Freie Jagd!“ Das war ungefähr alles.

Die Erde Nordafrikas wird ferner. Zur Linken breitet sich der Spiegel des Mittelmeeres aus, überflutet vom Licht der Sonne. Sekundenlang denkt Marseille an die andere Wasserfläche, über die er vor Wochen geflogen war — und an die üblen Notlandungen in der Nähe der Landspitze.

Eine unangenehme Trockenheit breitet sich in seinem Mund aus. Er spürt die aufkeimende Nervosität, und es dauert einige Zeit, bis er sich davon lösen kann. Seine mandelförmigen Augen mit dem schwarzen Fleck im rechten Augapfel suchen die Weite des Himmels ab. Nichts ist zu sehen. Keine Wolke und auch keine Spur feindlicher Maschinen.

Der Höhenmesser zeigt bereits viertausend Meter an. Wie ein buntes Relief breitet sich unten die Erdoberfläche aus. Die Bucht von Tobruk kommt in Sicht. Vor der graubraunen Fläche der Stadt züngeln Blitze, Dutzende, Hunderte: Artillerie, Pak, Flak!

Sie fliegen aufs Meer hinaus und drehen in einer weiten Schleife nach Süden ein. Die britische Luftabwehr jagt einige Salven herauf. Grauschwarze Sprengwolken bauschen sich am Himmel auf, aber gut tausend Meter tiefer. Noch einige Schüsse, dann stellen die britischen Kanoniere das Feuer ein.

Nur wenige Minuten vergehen noch, bis sich das Blau des Firmaments mit kleinen dunklen Punkten sprenkelt. Innerhalb weniger Sekunden wachsen daraus die Silhouetten von Flugzeugen hervor, schnell daherhuschende Maschinen mit gedrungen wirkenden Rümpfen, auf denen die Kokarden des britischen Gegners im Sonnenlicht schillern: „Hawker-Hurricanes!“

Aus leichter Überhöhung setzt die erste Rotte zum Angriff an. Das Karussell des Luftkampfes beginnt sich zu drehen, siebentausend Meter über Tobruk. In der Kabine herrscht eine angenehme Kühle, die Schweißtropfen sind versiegt. Doch bald werden neue über die Stirnen perlen.

Marseilles „gelbe Vierzehn“ schwingt sich ebenfalls in die Tiefe. Verschwunden sind die trüben Gedanken an die Kette des Mißgeschicks. Noch ist er nur einer von vielen, ein Namenloser sozusagen. Aber auch in dieser Stunde spürt er den geheimnisvollen Drang in sich, über sich hinauszuwachsen und etwas zu tun, was ihm seine Gedanken schon so unzählige Male vorgegaukelt hatten.

In engen Messerkurven lenkt er die „Me“ durch die großen Höhen, Pottgens Maschine wie eine Klette hinter sich. Ringsum wiegen sich die anderen im halsbrecherischen Reigen des Luftkampfes. Kondensfähnchen stieben von den Tragflächenspitzen weg. Feuerschnüre von Leuchtspurgarben züngeln durch den Himmel. Fast spielerisch mutet der Tanz der Jagdflugzeuge an, wenn sie von einer Tragflächenspitze auf die andere wippen, sich blitzschnell auf den Rücken schwingen und in gesteuerten Abschwüngen nach unten heulen.

Pausenlos wandert Marseilles Blick über das Getümmel des Kampfes, auf der Suche nach einem Ziel.

Und dann kommt der Augenblick, wo er einige hundert Meter unter sich die zwei „Hurricanes“ erkennt.

Ein Druck auf den Knüppel. Die Maschine rotiert in die Rückenlage. Pfeifend rauscht der Fahrtwind um die Kabine, als sich die Motorspitze aus dem negativen Winkel heraus dem Leitwerk der letzten „Hurricane“ entgegenreckt. Die Rumpfoberseite wandert ins Visier, dann zieht die Mittelpartie durch. Eine blitzschnelle Korrektur, und die „109“ schüttelt sich im polternden Rhythmus der Abschüsse. Die Garben sägen sich vom Motor her gegen die Kabine der Feindmaschine; Sekunden später lecken die ersten Flammenzungen über die Einschußstellen.

Die „gelbe Vierzehn“ huscht weiter in die Tiefe, vorbei an der bereits lichterloh brennenden „Hawker“. Von hinten kommt Pottgens „Me“ wie ein dunkler Schatten heran. Seine Stimme gellt überlaut aus den Kopfhörern:

„Gratuliere, Jochen!“

Marseille dreht den Kopf zur Seite, lächelt und nickt vor sich hin. Er kennt diesen Anblick, der sich ihm soeben geboten hatte, und es ist kein Triumph in ihm. Höchstens eine Spur von Erleichterung. Aus einer steilen Kurve heraus blickt er der in engen Spiralen nach unten stürzenden Hurricane nach, bis sie auf der gelblichen Erde unter einem hohen Feuerturm zerschellt ist ...

Wieder einmal ist es Abend geworden. Der Gluthauch über dem Land wird schwächer, und bald muß der Zeitpunkt kommen, wo sich der Tag fast ohne Übergang in die Nacht verwandeln wird.

Vor etwa einer Viertelstunde war Marseille zu dem Zelt gekommen, in dem Hans-Arnold Stahlschmidt seine Tage verbringt. Sie sitzen jetzt vor der kleinen Planenburg und blicken schweigend auf den östlichen Horizont.

„Jochen", sagt Stahlschmidt, „es hat keinen Sinn, den Kopf hängen zu lassen. Im Krieg gibt es eben Dinge, die man nicht erzwingen kann. Außerdem kann es jedem mal passieren, daß er eine Garbe erwischt."

Langsam hebt Marseille den Kopf. Die Falten um seine Mundwinkel vertiefen sich. Er zieht hastig an der Zigarette und wirft sie dann in den Sand.

„Du weißt ganz genau", murmelt er, „daß sie mir die hingeschmissenen Mühlen ganz besonders ankreiden, und irgendwie haben sie ja auch recht. Aber ich kann einfach nichts dafür. Wenn ich droben bin und die Tommys im Abwehrkreis herumtanzen sehe, dann muß ich einfach hinein...

„... und kriegst jedesmal den Laden voll", unterbricht ihn der andere. „Jochen, laß die Finger davon. Das nimmt sonst noch ein schlimmes Ende. Was nützt es denn, daß du damals über Tobruk den ersten Abschuß deiner Staffel gemacht hast, um anschließend eine Krähe in die Wüste zu feuern, zusammengehauen wie ein Sieb, und die andere wie ein leckes Ölfaß auf den Platz zu schmeißen. Glaub mir, was du vorhast, läßt sich nie erreichen."

„Es läßt sich doch erreichen", erwidert Marseille, während er aufsteht. „Ich weiß, daß ich es noch schaffen werde. Ich krieg's noch hin!"

„Ein schönes Loch in der Wüste wirst du kriegen", knurrt Stahlschmidt, „mit einem hübschen Kreuz obendrauf, verflucht noch mal!"

Marseille sieht ihn an. Ein nachdenklicher Ausdruck liegt auf seinem Gesicht. Er sieht einem Kradfahrer entgegen, der sich offenbar Stahlschmidts Zelt als Ziel ausgewählt hat. Kurz darauf rutscht der Gefreite aus dem Sattel.

„Herr Oberfähnrich, der Herr Kommandeur möchte Sie sprechen."

„Jetzt knallt's wieder einmal", seufzt Stahlschmidt. „Na, dann halt mal die Ohren steif, Jochen!"

Der Wohnwagen des Kommandeurs steht am Platzrand. Er gleicht einem Zirkusgefährt, ein Eindruck, der noch durch die originellen Worte unterstrichen wird, die in großen Lettern auf der Außenwand angemalt sind: „Neumanns Bunte Bühne".

Auch im Inneren gibt es allerhand zu sehen. Die eine Wand ziert eine Ansammlung von Negerkindern, Symbole für die Flugzeugführer der I. Gruppe. Sie sind in einem ulkigen Tanz dargestellt, und unter jedem steht der Name des Piloten. Die Lenden der possierlichen Schwarzen sind mit Schürzen aus Federn dekoriert. Jede Feder stellt einen Abschuß dar. Unter manchen Namen befindet sich allerdings auch ein einfaches schwarzes Kreuz.

Marseilles Blick huscht kurz über die Wandmalerei, nachdem er den Eingang passiert hat.

Hauptmann Neumann sitzt hinter einem Tisch und telefoniert. Sein Gesicht wirkt ziemlich unheilverkündend, und der Oberfähnrich kann sich denken, welche Art von Gewitter jetzt bald auf ihn herabprasseln wird.

Unwillkürlich wandert sein Blick wieder zu den kleinen Schwarzen hinauf. Er sieht seinen Namen und auch die zwölf Federn des Lendenschurzes. Sie kennzeichnen die zwölf Luftsiege, die ihm bis jetzt gelungen waren, aber im Augenblick vermittelt ihm dieser Anblick weder Trost noch Erleichterung.

Der Kommandeur knallt den Hörer auf den Kasten und kommt um den Tisch herum. Sein Gesichtsausdruck wird noch finsterer.

„Da sind Sie ja, Marseille!" sagt er. Wie immer verleiht er dem Namen auch jetzt nicht seinen französischen Klangton, sondern spricht das Wort so aus, wie es geschrieben wird. Er horcht kurz zu dem kleinen Küchenverschlag hinüber, wo der Gefreite Eibel, seine Ordonnanz, einige Töpfe klappern läßt, und fährt dann fort: „Einmal habe ich tatsächlich gedacht, es wird noch etwas aus Ihnen, aber die Ereignisse der letzten Tage haben mich daran zweifeln lassen."

„Jawohl", sagt Marseille, weil es sinnlos gewesen wäre, mit anderen Worten aufzuwarten.

Neumann steht jetzt dicht vor ihm. Für Augenblicke kommt hinter der Zwischenwand der Kopf des Gefreiten Eibel zum Vorschein. Er grinst nicht einmal, denn er kennt diese Unterhaltungen schon. Der Hauptmann scheint es gar nicht bemerkt zu haben. Nach einigen tiefen Atemzügen setzt er die „Vergatterung" fort, den Blick auf das Negerlein mit der Unterschrift „Marseille" gerichtet:

„Wenn ich mir überlege, was Sie in den letzten Einsätzen versucht haben, dann kann ich nur sagen, daß Sie mehr Glück hatten als Verstand. Ich weiß, was Sie anstreben, und es ist möglich, daß einer dieses Ziel auch erreichen kann. Aber dann muß ihm Gott ein längeres Leben schenken, als es einem Jagdflieger zusteht."

Er greift nach Marseilles schweißnassem Hemd, an dessen linker Brusttasche das EK I hängt, und seine Stimme klingt wie eine Beschwörung:

„Es ist Wahnsinn, was Sie tun, Marseille. Denn im Prinzip machen Sie nichts anderes, als den Tod herausfordern."

Der junge Mann mit den Oberfähnrich-Schulterstücken steht mit gesenktem Kopf vor ihm. Er erwidert nichts. Nur sein Atem geht schneller. Der Blick des Kommandeurs huscht über sein gesenktes Gesicht, dann sagt er, und seine Stimme klingt schon um einige Grade weniger ernst:

„Ich weiß, daß Sie bemerkenswert gut fliegen können, und ich kenne auch Ihre zahlreichen Husarenstückchen aus Frankreich. Im Tiefflug ein Taschentuch mit der Tragflächenspitze von einer Stange fegen und so. Aber hier befinden wir uns nicht auf einem Kunstfluggelände, verdammt noch mal! Hier ist Krieg, und ein verflucht harter dazu. Außerdem sind die Tommys keine Puppen, mit denen man spielen kann, wie es einem gefällt."

Er ist noch nicht fertig, Marseille dafür um so mehr. Wenige Augenblicke später hört er wieder „Edu" Neumanns Stimme:

„So geht es einfach nicht, Marseille. Es ist besser, Sie schießen in vier

Tagen einen Briten ab, als daß Sie uns jeden zweiten Tag eine fast unersetzliche Maschine zerschmeißen. Was Sie vorhaben, ist nur mit einer großen Besonnenheit zu erreichen, und daher soll Sie der Teufel holen, wenn Sie noch einmal Ihre wahnsinnigen Attacken zur Anwendung bringen. Haben wir uns verstanden?"

Marseille hebt den Kopf. In seinen Augen schimmert ein Ausdruck, der Trauer versinnbildlichen könnte, Resignation vielleicht sogar. Oder ist da auch noch etwas anderes darin zu lesen? Trotz möglicherweise? Es scheint ihm schwerzufallen, die drei Worte auszusprechen:

„Jawohl, Herr Hauptmann!"

Neumann sieht ihn noch einmal an, sekundenlang. Dann wendet er sich um und ruft nach dem Gefreiten Eibel.

„Herr Hauptmann?"

„Bring eine Flasche Marsala!"

„Jawohl!"

Der Kommandeur schiebt die Hände in die Taschen. Offenbar denkt er nach.

„Ehe ich es vergesse", sagt er dann, „Sie haben drei Tage Startverbot. Und nun setzen Sie sich!"

Geraume Zeit später schlendert Marseille am Flugplatzrand entlang. Vor dem Zelt, in dem Pottgen und Mantnich hausen, bleibt er stehen und sieht hinein.

Der Kölner liegt, nur mit einer Badehose bekleidet, auf dem Feldbett. „Junge", stellt er fest, „dich hat der Alte anscheinend ganz schön durch die Mangel gedreht, wie?"

Marseille zuckt die Schultern. Er blickt auf den sandigen Boden. Pottgen stellt sich neben ihn.

„Was war?"

„Drei Tage Startverbot!"

„Na ja, es gibt schlimmere Sachen auf der Welt."

„Wer weiß?" murmelt Marseille, dann schlurfen seine Schritte wieder durch den Sand.

*

Die Via Balbia liegt genau viertausend Meter unter den Maschinen der „Dritten". Selbst aus dieser Höhe ist der Fahrzeugstrom noch gut auszumachen — zumindest an der von Horizont zu Horizont reichenden Staubwolke. Es sind Laster mit Nachschub, Panzer, Artillerie, Flak auf Selbstfahrlafette und Pak (Panzerabwehrkanonen). Sie rollen der fernen Front entgegen, die sich noch im Verlauf des Monats April weit nach Osten geschoben hatte, über die ägyptische Grenze hinaus. Nach dem Fall von Bengasi am 4. April hatten die Verbände des „Wüstenfuchses" (Rommel) Bardia erreicht, und schon vier Tage später waren Rommels Panzer über den Drahtzaun hinweggerasselt, der westlich von Sollum durch die Wüste verläuft und die Grenze zwischen der Marmarica und Ägypten kennzeichnet.

Die Staffel fliegt den zweiten Einsatz dieses Tages. Tobruk liegt bereits hinter den Maschinen, und rechts vom Kurs breitet sich die endlose Verlassenheit der Wüste aus. Zur Linken schillert das Mittelmeer im Licht der Nachmittagssonne, und voraus, im Raum von Capuzzo und dem Halfaya-Paß, zucken die Feuerblitze der Schlacht über die hitzeflimmernde Erde.

An der rechten Flanke der Messerschmitt-Jäger fliegt Marseilles „gelbe Vierzehn". Am Morgen hatte er einen Maryland-Bomber abgeschossen. Es war ein Sieg, der ihm keine besondere Mühe bereitet hatte. Sein Blick wandert wieder einmal durch den vorausliegenden Luftraum, um dann kurz über die Phalanx der anderen Maschinen hinwegzuhuschen, die neben ihm scheinbar regungslos in der Luft hängen.

Einige Minuten später drehen sie nach Nordosten ein. Die Motorpartien richten sich auf die Bucht von Sollum. Sie finden sich immer noch in leichtem Steigflug. Bardia bleibt links zurück, und vor ihnen wandert die weite Merresbucht ins Blickfeld. Die Höhemessernadeln klettern immer noch.

5500—6000 Meter!

Tief unten zeichnen sich rechts vom Kurs die Serpentinen des Halfaya-Passes wie winzige Spiralen auf der Erdoberfläche ab, während sie in einem weiten Bogen nach Süden einschwenken, Sidi Barani entgegen.

Pottgen sieht herüber. Auch vor seinem Mund hängt schon seit geraumer Zeit die Atemmaske. Der geriffelte Zuführungsschlauch klebt wie ein kleiner Rüssel an dem unförmigen Gummiwulst.

In den Kopfhörern bleibt es still. Nur ein feines Knistern ist zu hören. Der Motor hämmert auf hohen Touren. Ein Blick auf die Instrumente: Keine Unregelmäßigkeiten!

Auf dem Tropenhemd Marseilles hängen seit einiger Zeit Leutnantsschulterstücke. Der „älteste Oberfähnrich der Welt" war also doch noch Offizier geworden. Die Beförderung war ihm nach all dem Vorangegangenen wie ein Wunder vorgekommen. Vielleicht denkt er in diesen Augenblicken sogar an die zahlreichen Predigten, die ihm der Kommandeur gehalten hatte. „Marseille, vergessen Sie nicht, was ich Ihnen gesagt habe!"

Er hatte es nicht vergessen, aber die Versuchung war geblieben, zusammen mit dem unbezähmbaren Drang, etwas zu erreichen, was bis jetzt allen lufttaktischen Regeln widersprechen mußte: der Angriff aus jeder Fluglage!

Jedesmal, wenn sich in den vergangenen Wochen und Monaten eine Gelegenheit dazu bot, hatte er es probiert. Von allen Seiten war er auf den heimfliegenden Staffelverband eingekurvt, von unten, von der Seite, von oben, vorn vorn. In Sekundenschnelle hatte er den Leuchtkreis des Visiers in den Vorhalt gezogen und im entscheidenden Augenblick theoretisch die Waffen ausgelöst.

Es war ein einfacheres und vor allem weniger risikoreiches Verfahren gewesen als die folgenschwere, anfänglich praktizierte Methode. Denn die Kameraden in den angeflogenen Maschinen wehrten sich nicht und schossen auch nicht zurück. Mit jeder weiteren Woche war er dabei sicherer und überzeugter geworden, und er hatte meistens nur lächelnd die Schulter gezuckt, wenn die anderen sich über seine Verücktheiten mokierten.

Der afrikanische Sommer war inzwischen zu Ende gegangen, und am Morgen hatte der Gefreite Eibel im Wohnwagen des Kommandeurs das Kalenderblatt mit der Ziffer des 24. September 1941 enthüllt. Der Lendenschurz des kleinen Negerleins, unter dem der Name des nunmehrigen Leutnants Hans-Joachim Marseille verzeichnet war, bestand jetzt aus neunzehn Federn — den Symbolen für neunzehn Luftsiege.

Aus dem Kopfhörer quarrt eine Stimme. Sie spricht nur wenige Worte, Marseille hebt den Kopf und blickt in die gleißende Lichterwand, die sich am Himmel zwischen dem Halfaya-Paß und Sidi Barani ausgebreitet hat. Eine Reihe winziger Punkte zeichnet sich vor dem dünnen Blau ab. Sekunden später folgt ein kurzer Befehl des Kapitäns. Die Schwärme lösen sich auf. Rottenweise schwirren die Jagdmaschinen auseinander. Von Osten her preschen die britischen „Hurricanes" heran, in enger Verbandsformation.

Marseille lockert die Anschnallgurte. Ein Druck auf einen Hebel, und die Schauzeichen der Waffenkontrolle leuchten auf.

Der Tag, an dem die einmalige Siegesserie des Leutnants Marseille ihren Anfang nehmen sollte, war gekommen ...

Eine einzelne Me 109 kommt von oben herab, in steiler Messerlage, wie ein Fahrstuhl fast. Scheinbar von geheimnisvollen Mächten gelenkt, senkt sie sich in Sekundenschnelle einer Lücke im Abwehrkreis der „Hurricanes" entgegen.

Niemand weiß den Namen des jungen Engländers, vor dessen nach innen kreisender Motorpartie das deutsche Jagdflugzeug herabschert. Alles geht so ungeheuer schnell, daß der Pilot der Hawker-Maschine das braungelbe Phantom eigentlich erst richtig zur Kenntnis nimmt, als das Leitwerk des Deutschen bereits durch seine Visierlinie durchgezogen ist.

Das Erstaunen des britischen Jägers — ob er nun ein Flight Sergeant war oder einen Dienstgrad anderer Art innehatte — ist zunächst sicherlich noch größer als sein nun aufkeimendes Zorngefühl. So etwas hatte er bis dahin so wenig erlebt wie der andere vor ihm, aus dessen linker Tragflächenwurzel bereits lange Feuerzungen hervorzüngeln. Der Deutsche aber, dieser Selbstmordkandidat, ist bereits in der Tiefe verschwunden.

Der Schreck sitzt so fest in dem englischen Piloten, daß er seine „Hurricane" instinktiv in die Gegenkurve reißt und die anderen hinter sich dadurch zu der gleichen Reaktion veranlaßt. Er tat damit aber genau das, was der Mann in der deutschen „Messerschmidt " eigentlich erreichen wollte: den Abwehrkreis des Gegners sprengen.

Jedoch nicht nur der englische Jäger-Pilot war Zeuge des einmaligen Schauspiels. Auch viele der Deutschen hatten das Unwahrscheinliche beobachtet, dieses blitzschnelle Zuschlagen aus einer Position, die allen bisherigen Luftkampfregeln Hohn sprach.

Pottgen stürzt kaum zwanzig Meter von einer Feindmaschine entfernt in die Tiefe. Es war ihm vorhin unmöglich gewesen, Marseille zu folgen. Vielleicht sträubte sich auch etwas in ihm, das zu tun. Denn diese Attacke war nichts anderes als einer jener gefahrenträchtigen Angriffe gewesen, deren schwerwiegende Folgen er bei früheren Einsätzen schon des öfteren hatte beobachten können.

Doch dieses Mal war es anders gekommen. Dieses Mal war Marseille das Unvorstellbare gelungen. Zum erstenmal hatte er einen schier unmöglichen Plan in die Tat umgesetzt und Erfolg gehabt.

Der Kölner zieht ihm frontal entgegen. In einer engen Messerkurve findet er wieder Anschluß. Und jetzt erst hört er die Stimme Marseilles. Es sind nur wenige Worte:

„Hast du es gesehen?“

„Ja! Mensch, Jochen!“ Mehr bringt er nicht heraus.

Über ihnen schwirrt die Schar der „Hurricanes“ wie ein aufgeregter Bienenschwarm durch den Himmel. Ihre Piloten scheinen völlig durcheinander zu sein. Weit im Norden zucken Blitze am Himmel auf. Eine weitere britische Maschine zieht vor einem flammensprühenden Rauchschweif der Erde entgegen.

Im FT (Funksprech) überschlagen sich unzählige Stimmen. Kein Wort ist zu verstehen. Pottgen hört das blecherne Lautegewirr, ohne bewußt darauf zu achten. Eine Hurricane-Rotte sticht von oben herab und fegt in der Nähe vorbei. Es ist wie in einem Hexenkessel. Manchmal vernimmt der Unteroffizier in den Kopfhörern Bruchstücke von Sätzen, und dazwischen immer wieder den gleichen Rufnamen: „Elbe eins“ — Marseilles Tarnbezeichnung.

Er scheint der einzige zu sein, den der ganze Trubel völlig kalt läßt. Der grandiose Erfolg, den er soeben erzielte, ist für ihn offenbar nur die Bestätigung einer völlig klaren These.

Mit dem Gashebel auf Vollast, fliegt Pottgen hinter ihm her und schert dann dicht unter dem Leitwerk der anderen Maschine hinweg. Für Sekunden leuchtet ihm die große gelbe Zahl „14“ auf der Rumpfseite von Marseilles „Me“ entgegen.

Schon einige Sekunden später stößt der Himmel einen zweiten Besiegten zur fernen Erde hinab. Für Augenblicke verharrt Marseilles Maschine in einer Flugfigur, die einem halben Rückflug ähnelt. Die Motorspitze ist schräg gegen den Himmel gerichtet. Dorthin, wo in diesen Sekunden der Schlußmann einer etwa zweihundert Meter höher fliegenden „Hurricane“-Rotte fast in der gleichen Flugrichtung wie der Deutsche unter ihm eine Linkskurve beschreibt.

Nur wenige Atemzüge lang stand die Feuerschlange der 2-cm-Kanonengarbe vor Marseilles Tragfläche. Und nun ist das Todesurteil bereits gesprochen, die blitzschnelle Exekution siebentausend Meter über dem Halfaya-Paß vollzogen. In einem Wirbel aus zerfetzten Einzelteilen wird die „Hurricane“ aus dem Kurs gerissen, und ein glutroter Feuerball ist das letzte, was Pottgen vor einer neuen Kurve noch erkennen kann.

Von der Fliehkraft in die Gurte gedrückt, folgt Marseille in einem gesteuerten Abschwung. Ein höllischer Druck preßt seine Kehle zusammen. Der Körper hängt wie ein Stück Stein in den Gurten, und einige hundert Meter entfernt segeln die glühenden Einzelteile der abgeschossenen Feindmaschine in die Tiefe.

Vielleicht fünfzig Meter voraus bäumt sich Marseilles Maschine wieder in die Höhe. Auch Pottgen zieht den Knüppel zurück. Zentnerlasten scheinen auf den Rudern zu liegen. Bunte Sterne tanzen vor seinen Augen. Mit pfeifendem Singen schnellt die Jagdmaschine nach oben. Die Stimmen in den Kopfhörern sind inzwischen nicht leiser geworden, im Gegenteil. Fast pausenlos wird Marseilles Tarnname gerufen, aber er reagiert auch dieses Mal nicht...

Sekunden noch, dann jagen sie erneut durch den Abwehrkreis der „Hurricanes“. Marseilles Maschine neigt sich in einen Turn. Kaum zehn Meter entfernt rauscht er an Pottgens gerade drehender „Me“ vorbei in die Tiefe hinab.

Weit vor ihm zieht einer der britischen Jäger gerade himmelwärts, Augenblicke später schnellt auch Marseilles Motorpartie in die gleiche Richtung.

Erneut hat Pottgen das Gefühl, von seinen Sinnen genarrt zu werden. Aber es gibt keinen Irrtum. Auch dieses Mal haben die Geschosse der „gelben 14“ auf den Zentimeter genau den Vorhalt gefunden. Im Hochsteigen erkennt der Katschmarek (Rottenflieger) Marseilles, wie sich die Garben vom Motor her durch die steigende „Hurricane“ fressen.

Der Leutnant vor ihm verlangt dieses Mal keine Quittung für den neuen Sieg. Seine Maschine dreht bereits wieder aus dem Kurs. Und während in einiger Entfernung die zerschossene „Hurricane“ in engen Spiralen nach unten trudelt, sieht Pottgen etwa tausend Meter vor Marseilles „109“ ein anderes Feindflugzeug. Der Bug ist nach Südosten gerichtet. Vielleicht sitzt ein Pilot hinter dem Steuer, der die Nerven verloren oder aus irgendeinem anderen Grund den Schauplatz der Luftschlacht verlassen hatte.

Marseilles „Messerschmitt“ verstärkt den Sturzwinkel. Mechanisch drückt auch Pottgen den Knüppel ein Stück weiter nach vorn. Die Oberfläche der Erde verändert sich mit jeder weiteren Sekunde. Sie fliegen nun bereits über ägyptischem Gebiet. Marseille hängt genau auf der Fährte des Engländers. Wie an einer Schnur gezogen ruckt die Höhenmessernadel an Pottgens Armaturenbrett nach unten.

Einer plötzlichen Eingebung folgend, nimmt er die Maschine wenige Augenblicke später aus dem steilen Sturz. Die „109“ legt sich in eine flach gesteuerte Schiebekurve und sinkt in dieser Lage langsamer nach unten.

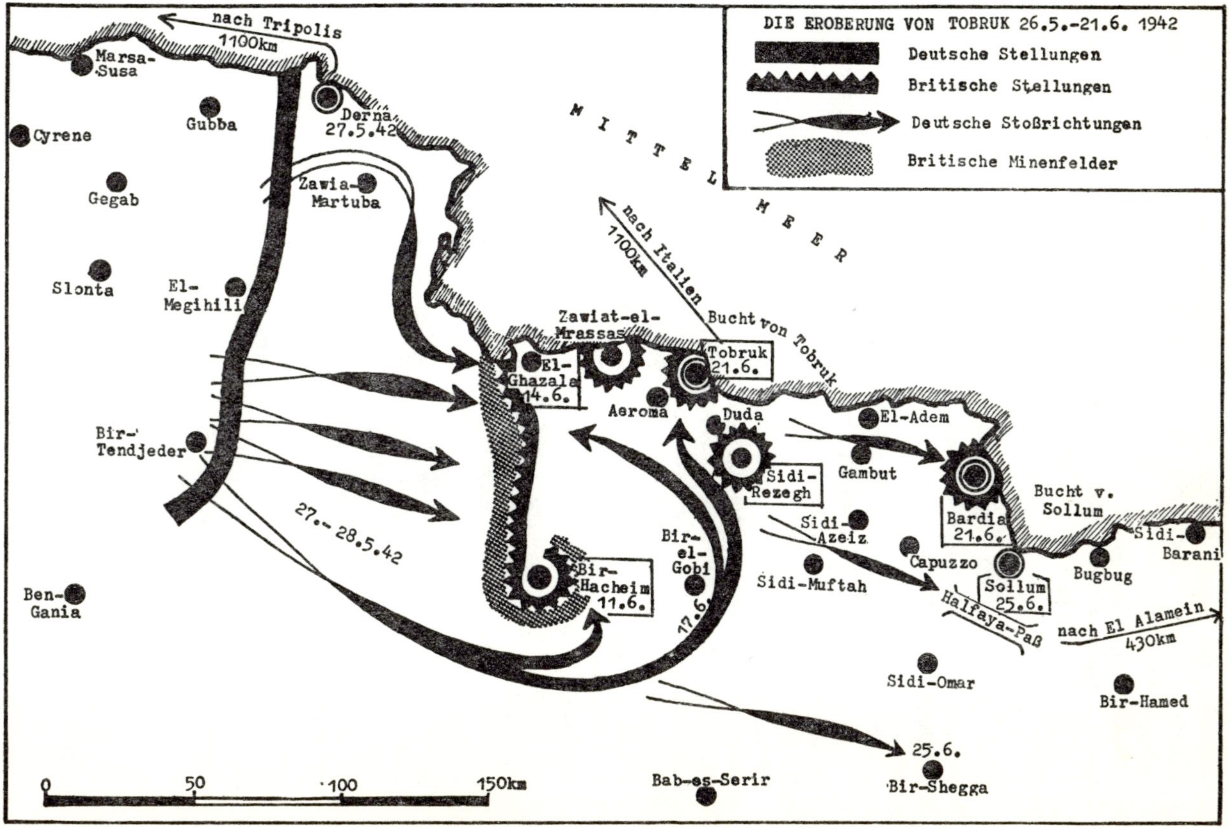
DIE EROBERUNG VON TOBRUK 26.5.-21.6. 1942
Deutsche Stellungen
Britische Stellungen
Deutsche Stoßrichtungen
Britische Minenfelder
nach Tripolis
1100km
Marsa-
Susa
Cyrene
Gubba
Derna
27.5.42
Zawia-
Martuba
Gegab
Slonta
El-
Megihili
Bir-
Tendjeder
Ben-
Gania
27.- 28.5.42
M I T T E L M E E R
nach Italien
1100km
Bucht von Tobruk
Zawiat-el-
Mrassas
El-
Ghazala
14.6.
Tobruk
21.6.
Aeroma
Duda
Sidi-
Rezegh
Bir-
Hacheim
11.6.
Bir-
el-
Gobi
17.6.
El-Adem
Gambut
Sidi-
Azeiz
Sidi-Muftah
Capuzzo
Bardia
21.6.
Bucht v.
Sollum
Sollum
25.6.
Halfaya-Paß
Bugbug
Sidi-
Barani
nach El Alamein
430km
Sidi-Omar
Bir-Hamed
25.6.
Bir-Shegga
Bab-es-Serir
0
50
100
150km

Etwa tausend Meter tiefer erfüllt sich zu diesem Zeitpunkt das Schicksal der letzten „Hurricane“, die an diesem Tag durch Marseilles Visierkreis gezogen war. Über dem gelben Sand in der Nähe des Wüstenfleckens Buqubuqu steigt ein kleiner Feuerpilz hoch, der in Sekundenschnelle in einer mächtigen Brandsäule verschwindet.

Aus der Blitze sprühenden Rauchwand schießt Marseilles Maschine heraus. Sie prescht in geringer Höhe heran, wird in die Höhe gerissen und huscht dann in rechter Messerlage an Pottgens Kabine vorbei ...

Südlich von Capuzzo kommen die anderen vom Himmel herab. Sternförmig rasen sie auf die Rotte zu, kreisen in engen Schleifen um sie herum. In niedriger Höhe dröhnen sie dann nebeneinander über die Wüste, nordwärts. Stimmen quarren wieder durch den Äther, und die Kunde vom Triumph des Leutnants Marseille macht ziemlich schnell die Runde.

Die Gratulationscour beginnt sozusagen schon in der Luft. Immer wieder hört Pottgen den gleichen Namen. Und nicht immer wird die Tarnbezeichnung dabei verwendet.

Marseilles „Gelbe 14“ ist nicht weit von der Rottenmaschine entfernt. So kann Pottgen seinen Oberkörper hinter dem Kabinenglas deutlich erkennen, sogar das maskenhafte Lächeln auf seinem schmalen Gesicht, das vom bräunlichen Oval der FT-Kopfhaube umrahmt wird.

Sie huschen jetzt im Tiefflug über die ausgedörrte Erde, der Via Balbia entgegen. Irgendwo weiter droben liegt ihr Feldflugplatz. Der Himmel über ihnen ist frei von feindlichen Flugzeugen. Hinter den dahinheulenden Jagdmaschinen steigen noch dünne Rauchsäulen in die Höhe, Wahrzeichen eines triumphalen jagdfliegerischen Erfolges.

Der Mann, der vier Gegner während eines Luftkampfes besiegte, spricht am wenigsten. Bald ist seine Stimme überhaupt nicht mehr zu hören. Mit leicht nach vorn gebeugtem Oberkörper steuert er seine „Me“ der asphaltierten Küstenstraße entgegen.

Eine Lastwagenkolonne hält. Die Fahrer springen aus den Wagen und winken herauf. Nacheinander beginnen sich die Tragflächen der Jagdflugzeuge zu bewegen. Wackelnd huschen sie über die Via Balbia, auf den nahen Flugplatz zu.

Kurz darauf sehen sie das vertraute Oval mit den niedrigen Hütten, den Zelten rings um den Platzrand und den aus sandgefüllten Benzinfässern errichteten Splitterschutzboxen. Wie auf eine geheime Absprache scheren sie zur Seite, als sich die „Gelbe 14“ dem Flugplatz nähert. Wenige Augenblicke später beginnt wieder jene Schau, die sich in den kommenden Monaten noch so oft wiederholen sollte.

In niedriger Höhe pfeift Marseilles Maschine über den Platz. Abwechselnd neigen sich die Tragflächenspitzen der Erde entgegen. Wie ein Pfeil schießt die „109“ am jenseitigen Platzrand wieder in den Himmel hinein, kommt nach einem Turn zurück und sticht das Rollfeld erneut an. Noch einmal bewegen sich die Flügel zum Zeichen eines weiteren Luftsieges.

Pottgen fliegt genau auf Gegenkurs, als Marseille zum drittenmal über die Piste prescht. Und noch einmal meldet er einen Abschuß.

Drunten an den Liegeplätzen werfen die Warte die Tropenhelme in die Höhe. Sekundenlang bleibt die Erdfläche in Pottgens Blickfeld, wo die Männer des technischen Personals auf die zurückkehrenden Maschinen gewartet haben. Er sieht sie herumhüpfen, sich auf die Schulter schlagen, dann verdecken die Tragflächen der einkurvenden Maschine das turbulente Bild.

Marseille dröhnt nun bereits zum viertenmal mit wackelnden Tragflächen über den Feldflughafen. Aus einer steilen Kurve heraus fährt er anschließend das Fahrwerk aus und setzt zur Landung an.

Nach einigen Minuten huscht Pottgens „Me" in die Staubwolke hinein. Er rollt aus und nähert sich dem Liegeplatz mit hoher Fahrt.

Schon von weitem erkennt er die hagere Gestalt des Kommandeurs unter den Warten mit den nackten, bronzebraun getönten Oberkörpern. An seinem Standplatz stellt er den Motor ab und drückt das Kabinendach in die Höhe. Einige Dutzend Meter entfernt zerren sie Marseille gerade aus der Maschine. Neben dem Kölner kommt das Gesicht seines Wartes zum Vorschein. Er ist offenbar völlig aus dem Häuschen.

„Mann!" schreit er. „Vier Abschüsse? Ist denn so was möglich?"

Pottgen schluckt erst einmal, um seinen ausgedörrten Hals anzufeuchten. Er beläßt es bei einem Kopfnicken, weil ihm einfach keine passende Antwort einfällt. Mit zappeligen Bewegungen fummelt er an den Gurten herum, steigt auf die Tragfläche und läuft dann mit weichen Knien über den Sand.

Dort, wo sie Marseille mit einem Wall aus Menschen umgeben haben, herrscht ein Geschrei wie auf einem Jahrmarkt. Einige Warte heben ihn gerade auf die Schultern und tragen ihn im Kreis herum. Doch dann stellen sie ihn wieder auf die Beine.

Pottgen kommt gerade zurecht, um in der mittlerweile eingetretenen Stille die wenigen Worte des Kommandeurs zu hören. Der Hauptmann steht vor Marseille und hält die Hand des anderen in der seinen. Sein Blick huscht über das schweißbedeckte Gesicht, auf dem ein schwaches Lächeln zu sehen ist.

„Marseille, ich beglückwünsche Sie!"

Mantnich und Röder kommen heran.

„Einen Abschuß habe ich gesehen", sagt Mantnich. „Unfaßbar! Mir stehen jetzt noch die Haare zu Berge."

Pottgens Kehle funktioniert wieder einigermaßen.

„Ich habe sie alle mitgekriegt", murmelt er mit heiserer Stimme. Kopfschüttelnd sieht er zu, wie der Kommandeur Marseille aus dem Haufen der Warte schiebt. Und dann, während er in seiner Hemdtasche nach einer Zigarette sucht: „Aber bergreifen kann ich es trotzdem noch nicht."

*

Der Stern Hans-Joachim Marseille war aufgeflackert, aber noch nicht aufgegangen. Tag für Tag zog er mit den Maschinen der 3./JG 27 über den inzwischen erstarrten Fronten des Afrikakorps durch den Himmel, doch der Tag war noch fern, an dem der Glanz seines Namens selbst die der vielen Asse unter den Jagdfliegern der Luftwaffe überstrahlen sollte —auch den von Generaloberst Rommel, dem „Wüstenfuchs".

An einem Abend saß er mit den Flugzeugführern seiner Staffel vor einem der Zelte, als Schüsse über den Platz peitschten. Ein Kommandotrupp der britischen „Long Range Desert Group" (Langstrecken-Wüstenpatrouille. Es handelt sich dabei um englische Elite-Einheiten, die oft über Hunderte von Kilometern durch die Wüste zogen, um deutsche Stützpunkte anzugreifen) hatte sich unbemerkt dem Flugplatz genähert, um einen Überfall zu starten.

Aber das Unternehmen mißlang schon im Ansatz. Am nächsten Morgen startete Marseille zusammen mit den Oberleutnants Homuth und Redlich zur Verfolgung der Rangers. Sie fanden einen Teil der Engländer in der Wüste und vernichteten sie.

Der Schaden, den die britischen „Commands" hatten anrichten wollen, wäre in keinem Verhältnis zu dem gestanden, was geraume Zeit später geschah. In der Nacht zum 18. November öffnete der Himmel seine Schleusen, und der große Regen kam. Eine neue Sintflut schien angebrochen zu sein. Gewaltige Wassermassen trommelten auf die Zelte, zwischen denen bald rauschende Bäche flossen. In den ausgedörrten Erdrinnen der Wadis zogen gurgelnde Fluten dahin, alles mit sich reißend, was ihnen an Ausrüstungsgegenständen und sonstigen Dingen in den Weg gekommen war.

Als der Morgen graute, waren die Maschinen ihrer Schutzwälle beraubt und bis über die Räder in einem zähen Schlamm versackt. Hilflos standen Warte und Flugzeugführer an den Rändern der Seeplatte, in die sich der Flugplatz inzwischen verwandelt hatte. Keiner wußte, was nun geschehen sollte, denn gegen diese Katastrophe schien es kein Mittel zu geben.

Während noch fluchende Soldaten durch die Tümpel wateten und nach ihren davongeschwemmten Sachen suchten, bahnte sich im Osten an der Front noch viel größeres Unheil an.

Mit meisterhaftem Geschick hatte der britische Gegner eine Offensive vorbereitet, die am Morgen des 18. November 1941 im Raum von Maddalena begann. Die drohende Gefahr wurde erst erkannt, als die gegnerischen Stoßverbände unter Ausnutzung eines schweren Sandsturmes bereits den Abschnitt vor Gar Saleh erreicht hatten. Nachdem der linke britische Flügel bei Bir el Gubi von italienischen Verbänden abgewehrt und der rechte auf den Höhen von Sidi Rezegh von Rommels 21. Panzerdivision noch einmal hatte gestoppt werden können, setzte der „Wüstenfuchs" seine Verbände in einem überraschenden Angriff gegen die britischen Versorgungslager bei Maddalena und Habata an. Beim Gegner brach daraufhin eine Panik aus, und die Offensive drohte vorzeitig in einem Desaster zu enden.

Doch da erschien der britische Oberbefehlshaber General Auchinleck auf dem Schlachtfeld, und am 26. November trat das XXX. britische Armeekorps, nunmehr unter dem Befehl General Ritchies, wieder zum Angriff an.

Trotz verschiedener Zwischenerfolge Rommels blieb das Kriegsglück auf seiten des Gegners. Am 7. Dezember gab der Generaloberst den Befehl zum Rückzug nach Westen und führte seine Verbände in die El-Gazala-Stellung zurück. Nach schweren, für den Gegner sehr verlustreichen Kämpfen wurde nach dem 16. Dezember der Rückmarsch in die Agedabia-Stellung angetreten. Ein weiteres britisches Einschließmanöver endete mit einer Panzerschlacht, bei der rund hundert englische Kampfwagen vernichtet wurden.

Der Feinddruck hatte dadurch etwas nachgelassen, und schließlich nahm die taktisch günstige Marsa-el-Brega-Stellung an der Großen Syrte die zurückflutenden Verbände des Afrikakorps auf — in der Luftlinie etwas sechshundert Kilometer von Tripolis entfernt.

Der Preis für die Schlacht war hoch. Abgesehen von den beträchtlichen Einbußen an verlorenem Material fanden rund 13 000 deutsche und 20 000 italienische Soldaten den Tod, die Ausfälle der britischen Streitkräfte betrugen etwa 17 700 Mann.

Während Rückzugkämpfe, Gegenstöße, Siege und Niederlagen auf beiden Seiten das Geschehen an der nordafrikanischen Front bestimmten, war auch das „Wüsten-Jagdgeschwader" auf eine lange Reise gegangen. Der Wohnwagen des Kommandeurs Eduard Neumann war zum Symbol einer stetigen Wanderschaft geworden. In jenen Tagen zogen Flugzeugführer und technisches Personal von einem Flugplatz zum anderen. Meistens waren es Plätze, die ihnen nicht unbekannt waren und die sie Monate später noch einmal betreten sollten.

Doch selbst in dieser unseligen Situation ging wenigstens der Humor nicht verloren.

Am 19. Dezember startete die „Dritte" vom Flugplatz Derna in Richtung Westen, nachdem zuvor die Plätze von Gazala und Tmimi verlassen worden waren.

Pottgen, mittlerweile Feldwebel geworden, hatte beim Anblick der Flugleitung eine Idee. Er nahm ein Stück Kreide und malte die englischen Worte auf die Eingangstür: „We come back. Merry Christmas!" (Wir kommen zurück. Fröhliche Weihnachten.) Dann stieg auch er in seine Maschine — eine neue Me 109 F-4 — ein Muster, auf das auch die 3. Staffel inzwischen umgerüstet worden war — und verließ zusammen mit den anderen den Flugplatz.

Nach einem Rückzug über fast eintausend Kilometer wurde die Landschaft von Maraua und Magrim für die Wüsten-Jäger zur Endstation ihrer langen Reise. Die strapaziöse Odyssee hatte für den Maschinenbestand der Gruppe eine verhängnisvolle Wirkung gehabt. Viele Flugzeuge waren zurückgelassen worden, weil Ersatzteile und Treibstoff fehlten, aber auch auf dem neuen Platz wurde die Spritversorgung nicht besser. Im Laufe der nächsten Zeit weitete sie sich sogar zu einer Katastrophe aus. Tatenlos mußten die Piloten vom Boden aus manchmal zusehen, wenn britische Bomber ihre Flugplätze angriffen. Keiner konnte starten. Es war verboten worden, weil einfach nicht genügend Benzin vorhanden war.

Der 24. Dezember kam, und mit ihm ein übles „Weihnachtsgeschenk“ für das gesamte „Wüsten-Jagdgeschwader“. An diesem Tag konnten infolge Treibstoffmangels lediglich sechs Maschinen einsatzbereit gemeldet werden.

In der Nähe von Agedabia traf dieser kleine Haufen mit rund vierzig Curtiss „Tomahawk“ zusammen. Durch eine Zufallsgarbe wurde dabei der Kapitän der 9. Staffel (III. Gruppe), Oberleutnant Erbo Graf von Kageneck, Eichenlaubträger und Sieger in 67 Luftkämpfen, schwer verwundet. Er erlag am 12. Januar 1942 im Lazarett von Neapel seinen komplizierten Unterleibsverletzungen.

Das Jahr war zu Ende gegangen, zusammen mit der endlos erscheinenden Wanderung in Richtung Westen. Während General Ritchies Truppen bereits vom Einmarsch in Tripolis träumten, die englischen Nachschubwege immer länger wurden und die unvorstellbaren Strapazen des Wüstenkrieges an Menschen und Material gewaltige Anforderungen stellten, erreichte im Mittelmeer die Schlacht um die britische Kronkolonie Malta ihren Höhepunkt.

Ende Dezember war es gelungen, die stetige Gefahr für den deutschen Mittelmeernachschub nach Afrika in Gestalt der auf Malta — dem „Dorn im Fleisch der Achsenmächte“ — stationierten britischen Bomber durch zahllose Luftangriffe einzuschränken. Der Nachschub für Rommel kam nun in etwas stärkerem Umfang in Tripolis an, und die Verbände des „Wüstenfuchses“ konnten ihre geminderte Schlagkraft etwas erhöhen.

Im Wirrwarr des Umzuges von einem Flugplatz zum anderen war Marseille nur noch zu geringen Erfolgen gekommen. Die Zeit der großen Luftkämpfe war zu Ende gegangen. Dem 23. Luftsieg Hans-Joachim Marseilles, den er nach dem Abschuß der vier Feindmaschinen am 24. September erzielt hatte, reihten sich während der Rückzugsschlacht von der ägyptischen Grenze bis an die Bucht der Großen Syrte nur noch spärliche Erfolge an.

Doch dann verließ Rommel wieder seine Wartestellung und schlug zu. Das geschah am 21. Januar 1942.

Der Generaloberst wußte, daß die Engländer ihm nur mit geringfügigen Kräften zur Marsa-el-Brega-Stellung gefolgt waren. Der Hauptteil des britischen XXX. Armeekorps, mit dessen Vorstoß im Dezember das Unheil begonnen hatte, war nun um Agedabia versammelt. Die anderen Verbände standen Hunderte von Kilometern weiter östlich im Raum von Derna, Sollum und dem Halfaya-Paß. Offenbar hatte sich der Gegner entschlossen, erst nach Schaffung einer ausreichenden Ausgangsposition zum Vorstoß auf die „weiße Stadt“ Mussolinis (Tripolis) anzusetzen.

Vorläufig sollte das aber auch weiterhin ein Traum bleiben, denn nun rollten zunächst einmal Rommels frisch aufgefüllte Verbände wieder nach Osten. Panzerkeile durchstießen die bei Agedabia stehenden Feindtruppen, und zum zweitenmal begann der Marsch in Richtung Bengasi. Die Stadt am Ostrand der Großen Syrte wurde am 29. Januar erreicht. Die Verfolgung zweier zurückweichender englischer Divisionen begann, und am 7. Februar standen die Panzer des Afrikakorps wieder im Raum von Gazala.

Dort aber lag der Gegner in einer rund sechzig Kilometer breiten Stellung und hinter dichten Minenfeldern auf einer Frontlinie, die sich vom Meer bei El Gazala in südlicher Richtung bis zu einem Wüstenfort hinzog. Es war jener Stützpunkt, dessen Name in der Geschichte des nordafrikanischen Krieges später einen legendären Klang erhalten und eng verbunden bleiben sollte mit einem der nächsten größeren Triumphe Hans-Joachim Marseilles:

Bir Hacheim, das von französischen Truppen unter dem Befehl von General Koenig besetzte Bollwerk im Südwesten von Tobruk.

*

„Neumanns Bunte Bühne“ hat mittlerweile in Martuba Station gemacht. Der Platz liegt zwischen rötlichen Felsenkuppen in der Landschaft der Cyrenaika. Alles ist wie eh und je, etwas besser sogar.

Die I. Gruppe des JG 27 steht jetzt nämlich nicht mehr allein auf weiter Wüstenflur. Schon auf dem Flugplatz von Tmimi war Anfang Dezember des vergangenen Jahres die II. Gruppe unter Hauptmann Lippert eingetroffen — von Rußland. Und auch die III. Gruppe unter Hauptmann Braune hatte sich mittlerweile eingefunden. Das ganze Geschwader war jetzt also in Afrika versammelt, mit einer Sollstärke von rund 170 Maschinen.

Auch die Splitterboxen wurden wieder nach dem alten Muster hergestellt: mit Benzinfässern, in die Sand gefüllt worden war.

Vor einem der Zelte taucht Marseilles schlanke Gestalt auf. Er blinzelt in das grelle Sonnenlicht des neuen Morgens. Auf der Schulterpartie seines Khakihemdes sind seit April die Oberleutnants-Sterne angebracht. Seine Füße, mit weißen Socken bekleidet, stecken in gleichfarbenen Tennisschuhen. An seinem Kragenausschnitt hängt das Ritterkreuz. Nach 48 Luftsiegen war es ihm am 22. Februar 1942 — also noch als Leutnant — verliehen worden.

Pottgen und Mantnich sehen zu ihm hinüber. Er blickt gedankenverloren über die trostlose Landschaft und schlendert dann auf seine Maschine zu. Sein erster Wart, Unteroffizier Meyer, wendet ihm das bereits wieder mit Schweiß bedeckte Gesicht entgegen und nimmt dann irgend etwas in Empfang — vielleicht Marseilles Startverpflegung. Auf dem Leitwerk der „Gelben 14“ sind jetzt schon Kolonnen von Abschußstrichen aufgemalt.

Mantnich deutet auf die Maschine.

„Wie sich doch die Zeiten ändern", sinniert er. „Weißt du noch, in Gazala, wie er damals zu uns kam wie ein geprügelter Hund? Damals, als der ‚Alte' ihn angeschissen hatte?"

„Natürlich", nickte Pottgen. „Na ja, und jetzt ist er unser Staffelkapitän, der gute Homuth Gruppenkommandeur und der Zirkusdirektor (Neumann) Geschwaderkommodore." Er zieht eine zerquetschte Zigarette aus der Hemdtasche und stellt dann die Frage: „Welchen haben wir eigentlich heute?"

„Den dritten Juni, schätze ich."

„Den dritten, und die ‚Dritte' muß wieder dran glauben", seufzte Pottgen mit einem schiefen Blick auf den Wohnwagen des Kommodore am anderen Platzrand. Er zündet jetzt endlich die Zigarette an, spuckt anschließend in den Sand und weicht einem Fliegenschwarm durch eine schnelle Kopfdrehung aus. „Verdammtes Lumpenzeug!"

Mantnich scheint sich eigenen Gedanken hinzugeben, denn er sagt plötzlich:

„Nichts wie Schwarze haben wir hier vor den Pupillen, dabei gibt's gar keine. Nur Braune!"

„Was ist los?" erkundigt sich der Kölner verwundert. „Was sabberst du da?"

„Nu ja", grinst Mantnich, „guck dir mal unser Staffelwappen an. 'n Schwarzer drauf. Und im Zirkuskarren von ‚Edu'? Auch lauter Schwarze. Das habe ich gemeint."

Der Feldwebel hebt die Augenbrauen und wirft dem Kameraden einen vorsichtigen Blick zu.

„Ob das mit der Hitze was zu tun hat?"

„Dummes Zeug", erwidert Mantnich, „aber manchmal muß man ja auch was anderes denken als nur an die Fliegerei und Abschüsse und dieses — blöder Name — dieses Bir Hacheim (auch Bir Hakeim geschrieben)."

„Meinetwegen", brummt Pottgen. „Ich hab' übrigens das Gefühl, daß da unten noch allerhand los sein wird. Muß ja für Erwin (Rommel) nicht unwichtig sein, das Ding. Auch der ‚Alte' hat ganz ehrfürchtig darüber gequatscht. Eckpfeiler der Gazala-Linie und so. Ein paar tausend Franzosen drin. Voraussetzung für den Angriff auf Tobruk der Fall von Bir Hacheim. — Verdammt, die Mücken bringen mich bald noch um den Verstand." Er macht rudernde Armbewegungen und schielt dann auf seine Uhr. „Schon bald elf. Schätze, es wird gut sein, wenn wir uns allmählich unsere Klamotten holen, was?"

„Kannst recht haben", nickt Mantnich und peilt wieder zur „Gelben 14" hinüber. „Unser Capitano hat auch schon das Nervenjucken. Bin nur gespannt, was es heute wieder gibt da drunten."

Pottgen zuckt die Schultern und verzieht das Gesicht.

„Ich kann es abwarten."

Die Zeiger auf Pottgens Fliegerchronometer stehen auf 1.25 Uhr, während er sich seiner Maschine nähert.

Marseille ist in der Nähe, eine Zigarette in der Hand. In einiger Entfernung halten sich die vier anderen von der „Dritten“ auf, die diesen Einsatz mitfliegen werden. Schon vor einiger Zeit waren die Ju 87 von Oberst-Leutnant Sigls Stuka-Geschwader 3 am Platz vorbeigebrummt, die es nachher über dem rund hundert Kilometer weiter südöstlich gelegenen Wüstenfort abzusichern galt.

„Dann wollen wir mal“, sagt Marseille zu Pottgen. „Hals und Bein!“

Ohne eine Erwiderung abzuwarten, geht er auf seine Maschine zu. Er läuft mit ruhigen, fast gemächlichen Schritten. Unter seinen Tennisschuhen sprühen kleine rötliche Wölkchen auf.

Kurz darauf steht er auf der Tragfläche und schiebt sich an dem ersten Wart vorbei auf die Kabine zu. Auf der anderen Tragflächenwurzel wartet ein zweiter Mechaniker, die Andrehkurbel in den Händen. Marseille ist bereits angeschnallt, das Kabinendach geschlossen. Er hebt jetzt die Rechte. Der Wart dreht die Kurbel, und der Rotor des Anlassers beginnt zu singen.

Sekunden später kuppelt der 1500-PS-Daimler-Benz Motor ein. Knallende, fauchende Geräusche hallen in die hitzegeschwängerte Luft.

Ein Blick zu den anderen Me 109 hinüber, ein weiteres Zeichen mit der Hand.

Mit dröhnendem Motor rollt die „Gelbe 14“ über den dünnen Sand, wird schneller und schneller und schwingt sich in die Luft. Dahinter die anderen. Nacheinander lösen sich die fünf Maschinen von der holprigen Piste.

Der Flug nach Bir Hacheim hat begonnen.

*

Auf dem britischen Wüstenflugplatz Gambut im Südosten von Tobruk hängt eine gelbe Staubwand. Sechzehn Curtiss „Tomahawk“ (P-40) der 5. südafrikanischen Staffel hatten vor einiger Zeit beim Start die Staubwolken hochgewirbelt. Die Maschinen mit den spitzen Motornasen, dem bauchigen Kühler und der nach hinten fliehenden Seitenleitwerkflosse fliegen mit Kurs Südwest über die Dünenlandschaft, dem Wüstenfort Bir Hacheim entgegen. Auf ihren Tragflächen leuchten blau-rote Kreise im Sonnenlicht, unten sind die Kokarden von weiß-blau-roter Farbe.

Ihr Auftrag ist klar umrissen. Sie sollen versuchen, einen im Anflug befindlichen deutschen Stuka-Verband von Bir Hacheim abzudrängen, das schon seit einiger Zeit täglich im Bombenhagel der Deutschen liegt. Dreitausend Soldaten der 1. französischen Freiwilligen-Brigade und weitere eintausend des 4. jüdischen Bataillons verteidigen die Festung in der Wüste, und es gehört keine besondere taktische Schläue dazu, um zu erkennen, warum gerade dieses Fort im Süden von Gazala dem deutschen General Rommel solches Kopfzerbrechen bereitet. Denn immerhin bedroht es die rechte Flanke seiner Verbände.

Mit jeder weiteren Minute steigen die britischen Jagdmaschinen höher in den lichterfüllten Himmel hinein. Ihr Verbandsführer weiß genau, warum er das befohlen hat. Denn er hätte jede Wette darauf abgeschlossen, daß die deutschen Stukas sicherlich nicht allein nach Bir Hacheim geschickt wurden. Mit großer Wahrscheinlichkeit werden sie von den „Messerschmitts" des berüchtigten „Wüsten-Jagdgeschwaders" begleitet. Und wenn das tatsächlich der Fall sein sollte, dann wird der Tag nicht nur in klimatischer Hinsicht besonders heiß werden.

Noch ist es aber nicht soweit. Noch sind keine feindlichen Flugzeuge am südwestlichen Horizont auszumachen.

Allerdings kann es nicht mehr lange dauern, bis man Klarheit haben wird. Die rund 160 Kilometer von Gambut bis nach Bir Hacheim werden nämlich bald zurückgelegt sein.

In enger Formation stürmen die Curtiss-Jäger weiter ihrem Ziel entgegen. Sechs der Südafrikaner in den engen Cockpits der Jagdmaschinen können zu dieser Stunde noch nicht wissen, daß es für sie keinen Rückflug mehr geben wird.

*

Die Stukas hängen wie schwerfällig dahinziehende große Raubvögel in der flimmernden Luft. Eng aneinandergeschart, dröhnen sie Bir Hacheim entgegen, große Bomben zwischen den verkleideten Fahrwerken, die wie Raubvogelbeine anmuten.

Marseille führt die fünf anderen Me 109 in weiten Schleifen um sie herum. Manchmal zischen die Jäger dicht über die Kabinen der Ju 87 hinweg, und die hinter den Piloten sitzenden Bordfunker winken mitunter zu ihnen herauf.

Weit voraus kommt das Wüstenfort in Sicht. Drohend ragen die Kuppeln der Betonstände über die gelbe Erde. Rings um die zentralen Verteidigungsstände ziehen sich unzählige Gräben und andere Feldstellungen hin. Aus runden Wällen ragen die Rohre von Geschützen und Fliegerabwehrkanonen in die Höhe. Unzählige Krater haben rings um das Wüstenbollwerk die Erde zernarbt. Aus den Flakstellungen züngeln jetzt Feuerstriche herauf. Sprengwolken bauschen sich am Himmel. Hoch darüber kippen die ersten Sturzbomben über die Tragflächen und heulen in die Tiefe.

In 1600 Meter Höhe kreisen die Me 109 Marseilles in engen Kurven durch den Himmel.

Plötzlich schallt ein Ruf über den Äther:

„Aufpassen! Indianer (Feindjäger) von hinten!"

Marseilles Kopf ruckt herum, im gleichen Augenblick auch seine Maschine. Innerhalb einer Sekunde hat er die Silhouetten der Feindmaschinen erfaßt. Er stellt sofort fest, daß es sich um Curtiss-Jäger handelt, obwohl sie mit den „Hurricanes“ leicht zu verwechseln sind. An der Veränderung ihrer Flugformation läßt sich erkennen, daß auch ihre Piloten den Gegner bereits im Blickfeld haben.

Die Motorspitze der „Gelben 14“ bewegt sich nach oben. Marseille will noch etwas an Höhe gewinnen. Die anderen fliegen in weit auseinandergezogener Gefechtsformation neben ihm her, etwa hundert Meter Abstand zwischen den einzelnen Maschinen. Die 2-cm-Kanone (MG 151) und die beiden Maschinengewehre sind eingeschaltet.

Einige hundert Meter weiter unten kommen die „Tomahawks“ auf Gegenkurs heran. Plötzlich werden sie in enge Kurven gezogen, drehen ein und formieren sich zum Abwehrkreis. (Eine Maschine fliegt hinter der anderen und deckt so den Vordermann.)

Pottgens „109“ ist zu diesem Zeitpunkt immer noch etwa hundert Meter von Marseille entfernt, auf linker Position. Noch ein Blick in die Runde, dann beginnt jenes dramatische Schauspiel, das keiner der Männer in den anderen Maschinen zeit seines Lebens mehr vergessen wird.

Die „Gelbe 14“ wippt auf die Tragflächenspitze. In einiger Entfernung ziehen die Stukas auf Nordwestkurs bereits wieder ihrem fernen Flugplatz entgegen. Keine der „Curtiss“ interessiert sich im Augenblick für sie; sie können es in dieser Situation auch nicht. Sie liegen auch jetzt noch in einem engen Kreis, ungefähr siebzig Meter voneinander entfernt, die linken Flügelspitzen der Erde entgegengerichtet.

Nebenan, in der Rottenfliegermaschine, hält Feldwebel Pottgen den Atem an. Er weiß, was jetzt kommen wird, und er sollte sich nicht getäuscht haben.

In steiler Flächenlage rutscht Marseilles „109“ nach unten, und in nahezu vertikaler Richtung fällt er dem Abwehrkreis der „Tomahawks“ entgegen. Er passiert die Flughöhe zweier Maschinen, ruckt wieder ein Stück nach oben, und dann geschieht das Unwahrscheinliche.

Obwohl Pottgen und die anderen dieses risikoreiche Angriffsmanöver an diesem Tag wahrhaftig nicht zum erstenmal beobachten, bekommen sie angesichts dieser mörderischen Taktik doch wieder trockene Hälse. Keiner von ihnen denkt mehr daran, etwa selbst zum Anflug überzugehen, denn im Moment gibt es in diesem Abwehrkreis für sie eigentlich gar nichts zu tun.

Für Marseille scheinen alle konventionellen Regeln nichts mehr zu gelten. In einer so schnellen Zeitspanne, daß der als Deckung seines Vordermannes fliegende Curtiss-Pilot die Situation wahrscheinlich noch gar nicht voll erfassen kann, ist das Schicksal der ersten „Tomahawk“ bereits besiegelt.

Innerhalb von höchstens drei oder vier Sekunden hatte Marseilles Kanonengarbe ihr Ziel gefunden. Kaum fünfzig Meter von seinem Opfer entfernt hatte er die Waffen ausgelöst. Die Kugelserien zersägten den Motor der P-40 und fraßen sich von vorn über Kabine und Rumpf der

Jagdmaschine. Flammen schlagen heraus, und Augenblicke später kippt das Flugzeug als brennende Fackel aus dem Ring der anderen heraus.

Marseilles „109“ war sofort nach unten weggetaucht. Einige hundert Meter von Pottgen und den anderen entfernt, schießt sie nun wieder in die Höhe. Sie übersteigt erneut den bereits gesprengten Kreis der Südafrikaner. Die Lücke in dem Ring aus fünfzehn Flugzeugleibern schließt sich wieder, als die einzelne deutsche Me 109 bereits zum zweiten Schlag ausholt.

Tief unten zerschellt die vorhin abgeschossene Curtiss bereits auf der Wüstenerde. Pottgen schluckt und reibt sich über die Augen. Es ist einfach nicht zu fassen, was soeben geschah. Zusammen mit den anderen fliegt er immer noch eine Schleife nach der anderen. Sie alle wirken wie neutrale Beobachter, und jeder von ihnen scheint seine eigentliche Aufgabe völlig vergessen zu haben. Fasziniert blicken sie auf die wiedereindrehende „Gelbe 14“, in deren Kabine ein Mann sitzt, der allein für sie alle den Kampf aufgenommen hat.

Nur Sekunden vergehen noch, bis die linke Flächenspitze Marseilles erneut nach unten sinkt. Und noch einmal geschieht das Unglaubliche, fast auf die gleiche Weise wie wenige Minuten zuvor. Wieder taucht die „109“ in den Abwehrkreis hinein. Ein kurzes Verharren. Feuerschnüre prasseln zwischen zwei „Curtiss“ durch den Himmel. Das Flackern der Geschosse hört fast so schnell auf, wie es aufgeflammt war.

Die deutsche Maschine rutscht bereits wieder nach unten. Über ihr taumelt eine zweite „Tomahawk“ lichterloh brennend aus dem weiten Kreis, dessen Teil sie soeben noch war.

In den Kopfhörern bleibt es auch jetzt noch still. Das Wüstenfort tief unten scheint für die Männer in den Jagdflugzeugen um seine eigene Achse zu kreisen. Die Stukas sind schon weit im Nordwesten, und die „Curtiss“ liegen weiterhin in ihrer Abwehrformation. Ist es denn wirklich wahr, was soeben wieder geschah? Das fragen sie sich alle.

Marseille setzt in diesem Augenblick zum dritten Angriff an. Wieder kommt er von oben herab, sticht in eine Lücke zwischen zwei Feindmaschinen, feuert und rauscht in die Tiefe. Und auch dieses Mal hatte er mit tödlicher Präzision getroffen.

Die anderen Me 109 kurven weiterhin über Bir Hacheim durch den Himmel. Nur wenige Minuten sind vergangen, seit die dritte P-40 von ihrem Schicksal ereilt wurde. Aber die einmalige Jagd über dem Wüstenfort ist noch nicht zu Ende.

Die „Gelbe 14“ liegt schon in einem neuen Angriff. Der Zeiger der Borduhr steht auf 12.25 Uhr. Und es ist genau 12.28 Uhr, als zwei weitere Feindmaschinen trudelnd und brennend dem Kraterfeld im Norden von Bir Hacheim entgegenfallen.

Zu diesem Zeitpunkt ist die Bordkanone Marseilles außer Funktion. Der Gurt hat eine Ladehemmung. Trotzdem greift er noch einmal an, wieder senkt sich seine Maschine auf den Kreis der Gegner herab.

Zehn Minuten sind inzwischen vergangen, seit die erste „Curtiss“ von den Kanonengeschossen des Deutschen aus ihrer Formation herausgeschossen wurde.

Die zwölfte Minute naht, und mit ihr das Ende einer sechsten „Tomahawk“.

Erst jetzt hören sie die Stimme Marseilles. Während er von unten her in den Himmel hineinsteigt und die restlichen Feindmaschinen über der Wüste verschwinden, hört Pottgen die wenigen Worte:

„Elbe eins an zwo. Hast du es gesehen?“

Der Feldwebel stottert einige Sätze heraus und kurvt auf die „Gelbe 14“ ein. Die anderen preschen ebenfalls heran, von allen Seiten, und schon an ihren seltsamen Flugbewegungen ist zu erkennen, was in ihnen vorgeht. Ihre mit Bestürzung vermischte Fassungslosigkeit hat sich in eine ungestüme Freude verwandelt. Sie umschwärmen die Maschine ihres Staffelkapitäns in einer Art von fliegendem Triumphzug, und ihr Schweigen von vorhin entlädt sich jetzt in einem tosenden Wortschwall.

Von Südwesten her waren vor kurzem noch einige Maschinen angeflogen. In einer sitzt „Edu“ Neumann, der Kommodore. Niemand weiß, ob er die grandiose Siegesserie beobachten konnte, aber es scheint doch so gewesen zu sein.

In das allmähliche Abflauen des Stimmengeschwirrs klingen jetzt seine Worte:

„Bravo, Joachim!“

Anschließend verschwinden sie nach Nordwesten, auf Martuba zu. Im FT gibt es noch immer keine Ruhe. Die rötlichgelbe Wüstenerde zieht unter ihnen dahin. Kaum einer der Männer in den Jagdflugzeugen erinnert sich noch an Bir Hacheim. Wer will es ihnen verdenken? Nur die sensationellen Erfolge Marseilles beschäftigen sie noch.

Sie haben ihn in ihre Mitte genommen. Voraus kommt der Flugplatz in Sicht. Und wieder scheren sie alle seitlich auseinander. Marseille hat jetzt freien Raum für das Zeremoniell des Abschuß-Anwackelns.

Mit voller Fahrt sticht er auf den Platz hinab. Unten stehen Dutzende von Warte und andere Männer der Flugplatzbesatzung. Sie rühren sich noch nicht. Regungslos starren sie zu der heranpreschenden Maschine hinauf. Aber sie ahnen sicherlich, daß sich in wenigen Augenblicken wieder etwas Besonderes vollziehen wird. Denn wenn die anderen Maschinen sozusagen eine Gasse bilden, um einer einzigen Bewegungsmöglichkeit zu verschaffen, dann kann es nur die „Gelbe 14“ sein.

Sie haben sich nicht getäuscht. Mit pfeifenden Motorengeräuschen huscht die „109“ Marseilles über die Piste. Die Tragflächen kommen in Bewegung: einmal, zweimal — und noch einmal! Dann ist die „Me“ des Kapitäns der „Dritten“ vorbei.

Jenseits des Platzrandes geht sie in einen rasanten Steigflug über, neigt sich in einen sauber gedrehten Turn und kommt danach aus der Gegenrichtung auf den Platz zu. Und noch einmal reißen Hunderte von Männern jubelnd und begeistert die Arme in die Höhe. Ölverschmierte Hände fliegen in die Luft, daneben die sauberen höheren Dienstgrade, zusammen mit Tropenhelmen. Der Mann in der vorbeiflitzenden „Me" wackelt erneut dreimal mit den Tragflächen.

Sechs Abschüsse also! Sechs Luftsiege bei einem Einsatz.

Ei lärmendes Geschrei brandet unten auf. Marseille setzt bereits zur Landung an. Über ihm fahren die anderen Fahrwerke aus. Nacheinander slipen sie auf das Landekreuz zu. Dutzende von Mechanikern laufen auf die „Gelbe 14 " zu, die jetzt langsam angerollt kommt. Dann ist der Liegeplatz erreicht.

Unteroffizier Meyer klettert auf die linke Tragfläche. Hinter dem Kabinenglas sieht er Marseilles müdes Gesicht. Er wendet langsam den Kopf und lächelt. Die Plexihaube klappt in die Höhe. Ringsum knallen die Motoren der anderen Maschinen. Meyer schreit, hochrot vor Freude:

„Herr Oberleutnant, ich gratuliere!"

Marseille nickt und löst die Schultergurte. Langsam stemmt er sich in die Höhe. Auf der rechten Tragfläche sind zwei andere strahlende Gesichter zu sehen.

Unten vor der Maschine haben sich Dutzende von Männern versammelt. Hände greifen nach Marseille, heben ihn in die Höhe, auf zwei Schultern. Die Warte tragen ihn ein Stück und stellen ihn dann wieder auf die weißen Tennisschuhe. Keiner kann sein eigenes Wort verstehen, so stark ist das Gräusch der vielen Stimmen.

Pottgen und die übrigen kommen angeschlurft. Eine Gasse bildet sich in dem Menschenwall. Sie gehen auf Marseille zu und beglückwünschen ihn.

„Hast du alles gesehen, Rainer?"

„Ja, Jochen, alles!"

Nach dem ersten Freudentaumel besinnen sich die Warte wieder auf ihre Arbeit. Schulte, der Waffenmixer, öffnet die Abdeckbleche an Marseilles Maschine und wirft einen Blick auf die Gurtmagazine. Schon nach einer kurzen Prüfung zuckt er überrascht zurück. Sein Kamerad kauert neben ihm.

„Was ist los?"

Der Obergefreite starrt noch einmal auf das Kanonenmagazin und dann dorthin, wo der Kommodore jetzt gerade Marseille die Hand drückt.

„Es ist nicht zu glauben", erwidert er nun. „Von der Kanonenmunition sind nur zehn Schuß raus. Dann hat der Gurt geklemmt."

Der andere sieht ihn an, als ob er nicht richtig gehört habe.

„Nur zehn..."

Einer Ahnung folgend, kontrolliert der Waffenwart jetzt die MG-Gurte in den Tragflächen. Seine Überraschung wächst dabei ins Gewaltige.

Mit jedem Maschinengewehr wurden nur einige hundert Schuß abgefeuert!

In der Nähe kommt jetzt Bewegung in den Menschenhaufen. Marseille wird zum Gefechtsstand geleitet.

Pottgen und Mantnich kommen heran. Der Waffenwart geht auf sie zu und erzählt ihnen, was er soeben entdeckt hatte.

„Kein Wunder", sagt Pottgen, „er hat die sechs Abschüsse schließlich in zwölf Minuten gemacht. Und bei jedem hat er sicher nicht länger geschossen als einige Sekunden."

„Was, nur einige Sekunden?"

„Es ist schon so", anwortet Pottgen mit einem schnellen Blick auf das schweißverschmierte Gesicht des Kameraden. „Wenn ich es nicht selber gesehen hätte, würde ich es auch nicht glauben, Oskar."

Er dreht sich um und geht auf ein Zelt zu. Mantnich neben ihm her. Sie schweigen.

Weit im Nordwesten dröhnen Flugzeuge durch den Himmel. Es sind Me 110.

*

Rommel wußte, daß ohne den Fall von Bir Hacheim mit seinen rund 1200 Feldstellungen, zahlreichen Flak- und Pakständen* und den massiven Bunkern die Bedrohung seiner Südflanke ein strategisches Faktum bleiben würde. Es war ihm auch klar, daß sein geplanter Stoß gegen Tobruk sowie die weitere Offensive in Richtung Ägypten erst dann ungefährdet durchgeführt werden konnten, wenn dieses Bollwerk in der Wüste ausgeschaltet war.

Der Sturm auf Bir Hacheim war also eine vordringliche taktische Notwendigkeit geworden, und vorerst war es die Luftwaffe, die das Fort sturmreif und seine tapfere Besatzung zur Übergabe bereit machen sollte. Der Aufwand zur Erreichung dieses wichtigen Zieles war beträchtlich, und der halbe Juni des Jahres 1942 stand im Zeichen pausenloser Luftangriffe.

Von den Jägern des „Wüsten-Jagdgeschwaders" eskortiert, dröhnten die Sturzkampfbomber des Stuka-Geschwaders 3 von ihren Basen an der Küste Tag für Tag nach Südosten. Die Wüste rings um den Stützpunkt verwandelte sich allmählich in ein einziges Trichterfeld.

Aber auch die Engländer wußten um den strategischen Wert des Forts und entfalteten ebenfalls eine beachtliche Aktivität. Tag für Tag starteten die Jagdverbände des britischen Air Vice Marshals Coningham von ihren rund zweihundert Kilometer entfernten Basen jenseits der El-Gazala-Linie und flogen nach Bir Hacheim. Jäger, Jagdbomber und Kampfflugzeuge der englischen „Western Desert Air Force" (Westliche Wüsten-Luftwaffe) attackierten die Stellungen von Rommels 90. Leichter Division, der Aufklärungsabteilung 33 und der italienischen Division „Trieste " im Tiefflug, belegten sie mit Bomben und machten den Soldaten ihr ohnehin schon schweres Leben in der Gluthitze der Wüste noch mehr zur Hölle.

---

* Flak = Flugabwehrkanonen, Pak = Panzerabwehrkanonen

Waren die britischen Bomber verschwunden, erschienen die Stukas und trommelten erneut auf das Wüstenfort ein. Aber es half alles nichts. General Koenigs Soldaten trotzten selbst den schwersten Angriffen. Vor ihren Stellungen explodierten deutsche Panzer in den Minenfeldern, MG-Feuer züngelte aus den Widerstandsnestern, Granatwerfer beschossen die deutschen Linien — und das Fort hielt.

Droben am Himmel spielte sich eine Tragödie nach der anderen ab. Stukas fielen von den Geschossen britischer Jäger zersiebt in die Tiefe und zerschellten in der Wüste. In einer Woche verlor Oberleutnant Sigls Stuka-Geschwader 3 auf diese Weise vierzehn Maschinen. Denn selbstverständlich konnten die Jäger vom JG 27 auch nicht überall sein. Stundenlang war der Luftraum über dem Fort vom Heulen der Flugmotoren, vom Bellen der Bordkanonen und dem Rattern der Maschinengewehre erfüllt.

Generalleutnant Hoffmann von Waldau, der „Fliegerführer Afrikas", setzte alles ein, was ihm zur Verfügung stand. Trotzdem ging es nicht vorwärts. Feldmarschall Kesselring wurde berichtet, daß die Wirkung der Bombenangriffe nicht ausgenützt werde, weil nach deren Beendigung nicht sofort der Sturm der Erdtruppen beginne. Das war möglich, aber auch der Widerstand der Verteidiger und die Aktivität der britischen Luftwaffe stellten im Hinblick auf den noch immer ausstehenden Erfolg sicherlich ebenfalls bemerkenswerte Faktoren dar.

Nach einer Besprechung zwischen Kesselring und Rommel wurde nun das Flak-Regiment 135 unter Oberst Wolz zusätzlich auf Bir Hacheim angesetzt. Die Männer dieser Einheit hatten in der vergangenen Zeit schwere britische Panzerraids gegen Rommels Ostflanke abwehren müssen. Noch andere Verbände kamen hinzu, aber der entscheidende Erfolg wollte immer noch nicht gelingen.

Am 9. Juni erfolgte ein weiterer Stuka-Angriff. Beim „Fliegerführer Afrika" rechnete man aus, daß bis zu diesem Tag genau 1030 Flugzeuge zur Unterstützung der Erdverbände gegen Bir Hacheim angesetzt worden waren. Doch auch dieses schwere Bombardement hatte die Verteidiger nicht zur Übergabe zwingen können.

An diesem 9. Juni hatte Rommel in den Reihen der Angreifer einen Offizier postiert, auf den er große Hoffnungen setzte: Oberstleutnant Baade, den Kommandeur des Panzergrenadierregiments 115.

Hinter den Betonmauern des Forts gab der französische Befehlshaber General Koenig am gleichen Tag einen Befehl für die Festungsbesatzung heraus, in dem es unter anderem hieß: „Kameraden, wir haben hier in dieser Wüstenecke zu beweisen, daß die Franzosen kämpfen und sterben können ..."

Aber nicht nur die Franzosen kämpften und starben in diesen entscheidenden Tagen des Kampfes um Bir Hacheim. Draußen in der Wüste, jenseits der Maschinengewehrstände und Minenfelder, herrschte das gleiche unerbittliche Gesetz.

Der 10. Juni zog herauf, und mit ihm die letzte Frist für die Überlebenden des Wüstenforts. Feldmarschall Kesselring hatte die Ju-88-Bomber des Lehrgeschwaders 1 von Griechenland und Kreta nach Afrika befohlen. In drei Großangriffen mit zwölf Wellen erschienen am 10. Juni 124 Stukas, 76 Ju 88 und 168 Messerschmitt-Jäger über dem Gewirr der Verteidigungsstellungen von Bir Hacheim. Stundenlang bebte die Erde unter dem Grollen der Bombendetonationen, hallte der Himmel wider vom Dröhnen der Flugzeugmotoren und dem Rattern der Bordwaffen.

Einer der Flieger, die an dieser für damalige Verhältnisse gewaltigen Luftoffensive gegen einen feindlichen Stützpunkt teilnahm, war Hans-Joachim Marseille.

Viermal schlug die „Gelbe 14" an diesem Tag inmitten des Gewimmels aus unzähligen Flugzeugen zu, und viermal stürzten britische Curtiss-Jäger brennend in die Tiefe.

Über Marseilles Ritterkreuz hing seit dem 4. Juni das Eichenlaub. Am Tag nach seinem sechsfachen Sieg hatte Feldmarschall Kesselring ihm die hohe Auszeichnung persönlich überreicht.

Und am Abend des 10. Juni 1942 pinselte der Staffelmaler vier weitere Abschußstriche auf die Leitwerkflosse von Marseilles braungelb gespritzter Me 109.

Insgesamt waren es jetzt genau einundachtzig Luftsiegmarkierungen.

Am 11. Juni 1942 war die Widerstandskraft der Verteidiger Bir Hacheims endgültig gebrochen. Während der Nacht war General Koenig mit einer Anzahl Überlebender der Durchbruch zu den britischen Linien gelungen.

Im ersten Licht des neuen Tages hißte der französische Stabsarzt Dr. Corvisier über dem Fort die weiße Flagge.

Rommels Weg nach Tobruk und El Alamein war frei geworden.

Die deutsche Offensive war damit wieder in Schwung und der Gegner ins Laufen gekommen. Die Verbände des deutschen Afrikakorps stießen jetzt von Süden her dem Meer entgegen.

Das Kriegsglück hatte sich gewendet, und für General Ritchies Truppen rückte der Traum vom Einmarsch in Tripolis in immer weitere Ferne. Tobruk, die britische Festung am Mittelmeer, nahm einen Teil der zurückflutenden Heerscharen auf, während sich die anderen nach Osten zurückzogen, der ägyptischen Grenze und damit ihren Ausgangsstellungen zur Zeit der Herbstoffensive des Jahres 1941 entgegen.

Über den Schlachtfeldern schwirrten die Maschinen des „Wüsten-Jagdgeschwaders" weiterhin durch den Himmel, zusammen mit Stukas und den zweimotorigen Me-110-Zerstörern vom ZG 26.

Marseille war täglich dabei. Die Tage von Bir Hacheim schien er bereits vergessen zu haben, zusammen mit dem 81. Luftsieg, den er am 10. Juni errungen hatte.

In den nächsten Tagen wurden wenige Feindmaschinen ein Opfer von Marseilles überragendem fliegerischen Können und seines Schießvermögens. Wenige? Insgesamt errang er bis zum 14. Juni noch sechs Luftsiege.

Für jeden anderen wäre eine solche Abschußziffer ein Grund zum Stolz gewesen, nicht jedoch für Marseille. Seit der neuen Offensive Rommels hatte die britische Luftaktivität zwar etwas nachgelassen, aber das war nicht allein der Grund für die „Stagnation“ von Marseilles aufsehenerregender Erfolgsserie. Etwas anderes kam noch hinzu. In den Reihen des JG 27 gab es zu jener Zeit noch weitere Asse, so zum Beispiel Hauptmann Homuth, Hans-Arno Stahlschmidt, Werner Schroer, Hauptmann Franzisket, Oberfeldwebel Otto Schulz und viele andere mehr.

Am Abend des 14. Juni brachte der Staffelmaler den 87 Abschußstrich am Leitwerk von Marseilles Maschine an. Er konnte zu diesem Zeitpunkt nicht wissen, wie oft er sich in den kommenden Wochen und Monaten dieser Tätigkeit noch hingeben sollte. Aber vielleicht ahnte er es.

*

15. Juni 1942.

Ein neuer Tag hatte die Nacht abgelöst. Wieder einmal stieg die Sonne fast übergangslos über den Horizont. In der sich schnell ausbreitenden Hitze laufen die Warte zu den Splitterboxen und packen seufzend ihre Werkzeugkästen aus.

Schulte, der Waffenmixer, steigt auf die Tragfläche der „Gelben 14“, eine lange Schlange von MG-Gurten um den Hals.

Er beugt sich gerade über einen der Magazinkästen, als er hinter sich Schritte hört. Marseille und Pottgen kommen auf die Maschine zu.

Meyer, der 1. Wart, rutscht von der Tragfläche und erstattet Meldung. Marseille reicht ihm die Hand, dann auch dem Waffenbullen, der kurz zuvor ebenfalls auf die Erde gesprungen war.

Sekundenlang wandert Marseilles Blick über den Rumpf des Jagdflugzeuges, während Pottgen kurz auf das Leitwerk mit den Kolonnen von Abschußstrichen schielt.

„Es bleibt dabei“, hört er dann Marseille zu Meyer sagen, „für jeden Abschuß, den ich mache, kriegt ihr fünfzig Lire Prämie. Dafür, daß die Mühle in Ordnung war.“

Der Waffenwart verzieht das Gesicht.

„Ich weiß nicht so recht, Herr Oberleutnant“, meinte er, „das lassen Sie man lieber. Sonst werden Sie noch ein armer Mann!“

Marseille klopft ihm lachend auf die Schulter. Einige Zigaretten und andere begehrte Gegenstände wechseln ihren Besitzer. Kurz darauf sind die beiden Mechaniker wieder allein.

Schulte schüttelt den Kopf und deutet mit dem Kinn auf die davonschlendernden Gestalten.

„Was denkst du eigentlich über ihn?“

„Ich?“ Der Wart spuckt in den Sand und rückt an seinem Tropenhelm herum. „Ich hab es mir lange abgewöhnt, mir darüber noch Gedanken zu machen. Da kommste einfach nicht mehr mit!“

Sie klettern wieder auf die Maschine und setzen ihre Arbeit fort. In der Nähe hören sie die Flüche der Kameraden und dazwischen die anfeuernden Rufe des Oberwerkmeisters. Einmal dröhnen einige Me 110 im Tiefflug am Platzrand vorbei. Die Männer heben nicht einmal die Köpfe. Hoch am Himmel brummt eine Formation Stukas nach Osten, und einige Zeit später kommen die Flugzeugführer der „Dritten" in kleinen Gruppen auf den Abstellplatz zugelaufen.

„Es ist scheinbar wieder soweit", meint der Waffenwart. „Hast du die Krähe in Ordnung?"

„War nicht viel dran", gibt Meyer zurück. Er steht auf der Tragfläche und blinzelt in die Sonne. Marseille ist schon in der Nähe. Er trägt dieses Mal eine braune Lederjacke. Die Kopfhaube schaukelt in seiner Hand.

Wenig später steht er neben Meyer auf der Tragfläche, sein jungenhaftes, unbekümmertes Lächeln auf dem braungebrannten Gesicht.

„Was Besonderes, Herr Oberleutnant?"

„Nein, das Übliche. Freie Jagd in die Gegend von El Adem und so weiter. Alles klar?"

„Selbstverständlich, Herr Oberleutnant!"

Ein kurzes Nicken, dann steigt Marseille in die Kabine. Sein Blick scheint bereits in die Ferne gerichtet, während Meyer ihm beim Anschnallen hilft. Die Kabinenhaube senkt sich herab. In einiger Entfernung springen die ersten Motoren an. Auf der rechten Tragfläche der Kapitänsmaschine kurbelt der zweite Wart den Rotor des Anlassers auf Touren. Dann ist es soweit.

Das Triebwerk kommt mit knallenden, tuckernden Stößen. Ein kurzes Abbremsen noch. In der Kabine hebt Marseille die Hand. Meyer zieht die Bremsklötze weg.

Die „109" schwingt auf dem Spornrad herum und wirbelt eine Staubwolke auf. Ein Höllenlärm brandet jetzt über den Wüstenflugplatz. Die ersten Maschinen starten bereits. Kurze Zeit später ist auch Marseilles „14" in der Luft. Sie formieren sich in geringer Höhe zu Rotten und stoßen in den Sonnenglast hinein. Das Singen der Motoren verliert sich allmählich in der Ferne.

Der Staffelmaler stapft durch den Sand, eine kunstvoll gefertigte Fliegenklatsche in der Hand. Er bleibt vor den beiden Kameraden stehen, haut nach den ewigen Plagegeistern in Gestalt eines Mückenschwarmes (nachts waren es Flöhe) und läßt sich dann ächzend auf einem Werkzeugkasten nieder.

Meyer grinst auf ihn herab.

„Warum siehst du denn so belämmert in die Gegend?"

Der andere preßt beide Hände auf den Leib.

„Durchmarsch*", seufzte er. „Wirklich eine beschissene Gegend hier."

---

* Durchfall. Eine damals in der Wüste übliche Erscheinung.

„Laß die Luft ab“, meinte Schulte, „die Gymnastik machen wir schließlich alle.“ Er äugt in die Richtung, wo die Flugzeuge der Staffel mittlerweile am Horizont verschwunden sind.

„Wollen wir mal 'ne Wette machen, wann er seinen Hundertsten voll hat?“

„Der Oberleutnant?“

„Wer denn sonst, du Pfeife?“ schnappt Schulte, eine neue Portion Schweiß mit dem nackten Unterarm vom Gesicht wischend. „Ich würde sagen, in einer Woche. Hältst du die Wette um hundert Lire?“

Der erste Wart schüttelt den Kopf.

„Solange braucht der nicht, ich ... “

Er unterbricht sich, als der Staffelmaler ein Krächzen hören läßt und dann die Meinung vertritt.

„Scheint im Moment nicht viel los zu sein an der Front. Die Wette verlierst du sicher!“

„Ich halte sie trotzdem“, entgegnet Schulte.

Sie verziehen sich in den Schatten eines Zeltes und starten eine Runde Skat. Die Zeit rinnt dahin, ohne daß sie es merken.

Meyer hört den dünnen Laut als erster. Er wirft die Karten hin und springt auf. Auch die anderen sind inzwischen aufmerksam geworden.

„Sie kommen zurück“, stellt Schulte fest. Mit wenigen Schritten steht er vor dem Zelt, die anderen sind ihm gefolgt. Sie halten die Hände über die Augen und blicken in das grelle Sonnenlicht. Die dunklen Punkte am östlichen Horizont sind bereits deutlich zu erkennen. Sie werden mit jeder weiteren Sekunde größer.

Es sind die vom Feindflug zurückkehrenden Maschinen! Das feine Brummen von vorhin hat sich mittlerweile in ein grollendes Dröhnen verwandelt, das von der Wüstenerde widerhallt, wie das Echo eines Donners.

Kaum eine Minute später erleben die Männer wieder jenes Schauspiel, das sie schon so oft zu Jubelstürmen veranlaßt hat.

Wie auf ein Kommando schwirren die in Gefechtsformation fliegenden Maschinen nach beiden Seiten auseinander. Eine einzelne „109“ bleibt innerhalb des Spaliers aus Flugzeugleibern. Die Motorpartie neigt sich jetzt dem Flugplatz entgegen. Wie ein Pfeil rast das Jagdflugzeug über das Landekreuz, und dann neigen sich die Flächen abwechselnd der Erde entgegen.

„Er ist es!“ schreit Schulte in den Höllenlärm, der den Luftraum über dem Flugplatz erfüllt. „Da! Eins — zwei — drei — vier Abschüsse!“

Er reißt seine Mütze vom Kopf und wirft sie in die Luft. Neben dem Tropenhelm Meyers und dem Krätzchen des Staffelmalers beginnt sie eine kurze Luftreise. Dann hauen sie sich auch die Schultern, rennen durch den Sand aufs Rollfeld hinaus und rudern mit den Armen über den Köpfen herum.

Einige hundert Meter entfernt slipt die „Gelbe 14“ gerade dem Landekreuz entgegen. Dahinter in langer Kolonne die anderen Maschinen.

Und dann stehen Schulte und Meyer wieder auf der Tragfläche neben der flachen, kantigen Kabine. Sie sehen ein Gesicht vor sich, auf das Schweiß und Staub bizarre Kringel gezeichnet haben. Gemeinsam helfen sie die Haube hochdrücken.

Marseille schiebt sich aus dem Sitz und legt Meyer beide Hände auf die Schultern.

„Eine feine Mühle", sagt er. „Die zweihundert Lire gibt es heute abend."

„Herr Oberleutnant . . . ", setzt der erste Wart zu einer Rede an, aber er kann sie nicht mehr loslassen.

Marseille ist bereits an ihm vorbei und gleitet über die Tragfläche auf den heißen Sand.

Mit dem Rücken an den Rumpf gelehnt, steht er neben der großen Zahl „14" und sieht den Männern entgegen, die jetzt von allen Seiten auf ihn zugelaufen kommen . . .

Es ist Abend geworden. Einige Warte sitzen um Marseilles Maschine und freuen sich auf die Kühle der Nacht. Der Staffelmaler hockt wieder einmal vor dem Leitwerk und pinselt neue Striche auf die Seitenruderflosse. Die anderen sehen ihm zu. Einer zählt, obwohl sie die Ziffern bereits im Schlaf hersagen können:

„Achtundachtzig — neunundachtzig — neunzig — einundneunzig!" Der Maler richtet sich auf und betrachtet sein Werk. Mantnich und Pottgen kommen von den Zelten her. Irgendwo dudelt ein Radio, als müde Konkurrenz ein Stück weiter eine Mundharmonika.

Der Krieg hat wieder einmal den Atem angehalten. In den Därmen der Männer rumort die schlecht verdaute Verpflegung, neues Unheil heraufbeschwörend. Meistens besteht die Ration aus Konserven — Büchsenfleisch, dem die Männer im Laufe der Zeit den Namen „Alter Mann" gegeben haben. Das Zeug hängt jedem zum Hals heraus, fast genauso wie das lauwarme Wasser, das sie trotzdem immer wieder gierig in sich hineinschlürfen.

Ein Fieseler „Storch" schwebt im Kriechflug zur Landung an. Schon nach kaum fünfzig Meter ist der leichte Apparat ausgerollt.

„Wieder Besuch für Jochen", sagt Pottgen zu Mantnich. „Es ist schon bald wie im Museum."

Offenbar haben sie sich nicht getäuscht. Aus der Kabine des „Storches" quetschen sich drei Männer. Ihre Dienstgradabzeichen sind auf diese Entfernung nicht zu erkennen. Aber sicher waren sie ebenfalls gekommen, um scheinbar irgendeinen Auftrag auszuführen, in Wirklichkeit aber den Mann zu sehen, dessen Erfolge mittlerweile in aller Mund sind: Hans-Joachim Marseille. Manchmal hört man jetzt auch schon den Beinamen, den ihm irgend jemand verliehen hatte: „Adler von Afrika!"

Es sind dies pathetische Worte, die der Zweiundzwanzigjährige mit den Oberleutnantssternen auf dem Khakihemd nicht gern hört. Für ihn scheinen seine Luftsiege etwas Selbstverständliches zu sein. Erfüllung seiner Pflicht, höchstens aber die Konsequenz seines Ringens um die kalkulierte Chance, seiner unermüdlichen Arbeit an sich selbst.

Einer der Mechaniker führt die drei aus dem „Storch" auf Marseilles Zelt zu. Sie verschwinden darin und bleiben zunächst auch dort.

Viele waren schon mit dem gleichen Anliegen auf den Feldflugplätzen erschienen, nicht nur Luftwaffenleute. Auch Panzerbesatzungen hatten schon am Platz gestoppt, Lastwagenfahrer, Kradmelder und was es sonst noch alles geben mochte. Für jeden von ihnen hatte Marseille einen herzlichen Händedruck, ein freundliches Wort und sein liebenswürdiges, bescheidenes Lächeln. Manchmal hätte man bei solchen Begegnungen den Eindruck haben können, er komme sich in Situationen dieser Art hilflos und verloren vor und könne das Aufheben nicht begreifen, das man um ihn machte.

Der Motor des kleinen Flugzeuges tuckert noch. Die drei Flieger kommen jetzt wieder in Sicht. Marseille winkt ihnen vom Zelt aus zu. Dann dröhnt der Motor auf, und der „Storch" verschwindet im Tiefflug in nördlicher Richtung.

Pottgen betrachtet die letzte Arbeit des Staffelmalers.

„Einundneunzig", murmelt er vor sich hin, „und alles immer noch nach der alten Masche."

Meyer, der erste Wart, steht neben ihm. Aber er kommt nicht mehr dazu, seine Frage anzubringen. In der Nähe taucht der Oberwerkmeister auf. Er scheint es ziemlich eilig zu haben.

„Los", sagt er, als er heran ist, „packt euren Krempel zusammen. Es geht wieder nach Gazala."

„Nach...?"

„Du hast richtig gehört. Auf geht's! In 'ner halben Stunde ist alles drüben bei den Zelten zum Appell. Morgen nach dem Start der Maschinen hauen wir ab!"

Er wendet sich Pottgen zu, der gedankenverloren an ihm vorbeiblickt, nach Osten.

„Gazala!" hört der Oberwerkmeister ihn jetzt sagen. „Also hab ich doch recht gehabt."

„Wieso?"

Mantnich gibt grinsend Antwort:

„Bevor wir letztes Jahr dort verschwunden sind, hat er an die Flugleitungstür geschrieben, daß wir wieder zurückkommen."

„Verdammt", meint der Oberwerkmeister, der im Moment keinen Sinn für Späße zu haben scheint, „du mußt ein Hellseher sein..."

Einige Zeit später wird das Sonnenlicht schwächer, und die heraufziehende Nacht breitet ihre Schatten über die Wüste aus.

Pottgen und Mantnich treffen Marseille vor seinem Zelt. Oberleutnant Stahlschmidt steht bei ihm.

„Habt ihr es schon gehört?"

„Was?"

„Es geht morgen nach Gazala", sagt Marseille. Er zündet eine Zigarette an und macht einige schnelle Züge. Sein Blick wandert zum Himmel hinauf, und das Lächeln erlischt auf seinem noch hagerer gewordenen Gesicht. Die Längsfalten entlang den Mundwinkeln vertiefen sich. Stahlschmidt wirft ihm einen nachdenklichen Blick zu.

„Woran denkst du, Jochen?"

Marseille dreht den Kopf und sieht den Freund an. Seine Stimme wirkt völlig verändert, als er sagt:

„An den letzten Tommy, den ich heute abgeschossen habe. Ich habe gerade daran gedacht, wie es wohl sein muß, wenn die Mühle mit einem nach unten rauscht und man merkt vielleicht noch, daß bald alles aus sein wird ... "

Am Himmel dröhnen Flugzeugmotoren. Vielleicht sind es Nachtjäger, Ju 88, die in manchen Nächten nach Osten fliegen, der Front entgegen.

*

Die Front war erneut aus ihrer Erstarrung erwacht. Zum zweitenmal war der Gegner auf diesem Kriegsschauplatz gezwungen worden, nach Osten auszuweichen.

Der 12. Juni hatte Rommels Stoß nach Norden gebracht, nachdem das Wüstenfort Bir Hacheim keine Bedrohung seiner Südflanke mehr darstellte. Britische Panzer aus zwei Divisionen, zu einem Kampfverband zusammengefaßt, waren den deutschen Angriffskeilen im Raum von Acroma entgegengestoßen. Nach einer zweitätigen Panzerschlacht war der Gegner geschlagen worden.

Auf der Via Balbia und in der gelben Sandhölle der Wüste rollten die Panzer des Afrikakorps wieder auf den Pisten dahin, die ihre Ketten im Vorjahr schon einmal zerfurcht hatten. Sie walzten zwei britischen Divisionen entgegen, die im Norden der Gazala-Stellung ihre Verteidigungspositionen bezogen hatten. Nach hartem Gefecht drohte den Engländern die Einschließung und sie zogen sich in zwei Teilen unter harten Verlusten in Richtung Ägypten zurück.

Zu dieser Zeit stand das britische Oberkommando vor der Entscheidung, ob Tobruk aufgegeben oder verteitigt werden sollte. Man entschied sich schließlich für das Halten der Festung am Mittelmeer. Dies wohl hautpsächlich deshalb, weil Tobruk nicht nur in strategischer Hinsicht von großer Bedeutung war, sondern darüber hinaus ein Symbol für das britische Prestige Nordafrikas darstellte.

Während im Kampfraum um die Stadt die Verteidigung vorbereitet wurde, verstärkten die Fliegerverbände der Achse mit jedem weiteren Tag ihre Aktivität, Stukas und Kampfflugzeuge beider Luftwaffen erschienen über der Festung, eskortiert von den Jagdmaschinen der Verbündeten.

Noch schien es aber, als ob der „Wüstenfuchs" sich für das britische

Bollwerk am Mittelmeer nicht besonders interessiere. Er ließ seine Panzerspitzen weiter nach Osten vorstoßen, und nur wenige wußten, daß es sich hierbei wieder einmal um eine von Rommels legendären Kriegslisten handelte.

All das geschah in einer Zeit, zu der Hans-Joachim Marseille am Himmel über den Fronten neue Triumphe mit seinem Namen verband.

*

Erschöpft, schweißbedeckt, mit ausgedörrrten Kehlen und dem Verlangen nach einer Zigarette in sich, sitzen die Piloten der „Dritten" in ihren Kabinen. Sie kommen von der Front und fliegen Gazala entgegen, jenem Feldflughafen, auf dem sie im Spätherbst 1941 zum letzten Mal gestartet waren.

Der Feindflug war für sie der dritte dieses Tages gewesen. Zweimal waren sie ohne Feindberührung zurückgekehrt, und erst beim letzten Einsatz war es anders geworden.

Im Tiefflug flitzten sie über die Wüste, die „Gelbe 14" in ihrer Mitte. In den Kopfhörern ist es still geworden, seit Erregung und Freude über die jüngsten Erfolge Hans-Joachim Marseilles etwas abgeflaut sind.

Pottgen blinzelt wieder einmal zu der anderen Maschine hinüber. Marseille blickt in die Flugrichtung, den ledernen Stirnrand der Netzkopfhaube weit zurückgeschoben. Das Licht der Nachmittagssonne beleuchtet die über neunzig Abschußstriche auf dem Leitwerk. Er wendet jetzt kurz den Kopf, lächelt herüber und drückt die „109" noch weiter der ausgedörrten Erde entgegen.

In nordwestlicher Richtung taucht die Via Balbia auf. Ein endlos erscheinender Fahrzeugwurm unter einer dichten Staubwolke in beide Richtungen.

Nach einigen weiteren Flugminuten liegt der Platz von Gazala vor ihnen. Mit einer schon zur Gewohnheit gewordenen Steuerbewegung läßt Pottgen seine „Me" nach links drehen. Auch die anderen tun es, die an dieser Seite durch den Himmel fliegen. Die restlichen Maschinen auf der rechten Flanke des Staffelverbandes weichen in die Gegenrichtung aus.

Aus einer steilen Kurve heraus beobachtet Rainer Pottgen, den sie schon lange „Marseilles fliegendes Zählwerk" nennen, das Anflugmanöver seines Staffelkapitäns. Er weiß, daß er in den nächsten Sekunden viermal wackelnd über die Piste fegen wird — und da geht es auch schon los!

Die Tragflächen der „Gelben 14" beginnen rhythmisch zu wippen und zeigen in kurzen Intervallen die vier Luftsiege an, die Marseille beim letzten Feindflug dieses Tages errungen hatte.

Drunten auf dem Platz laufen Hunderte von Gestalten zum Platzrand. Aus der Landekurve heraus beobachtet Pottgen die jubelnd hochgereckten Arme und die schon zur Gewohnheit gewordenen Freudenkundgebungen.

21. Panzerdivision (in Nordafrika)

21. Panzerdivision (nach Neuaufstellung)

Aufstellung:

1. 8. 1941 in Nordafrika durch Umgliederung der 5. Leichten Division. Mai 1943 wird die Division in Tunis vernichtet. Neuaufstellung am 15. 7. 1943 in Frankreich durch Umbilden der Schnellen Brigade 931.

Gliederung:

in Nordafrika: Schützenregiment 104, Panzerregiment 5, Kradschützenbataillon 15, Artillerieregiment 155; in Frankreich nach Neuaufstellung: Panzergrenadier-Regimenter 125, 192, Panzerregiment 100, Panzer-Aufklärungsabteilung 21, Panzer-Artillerieregiment 155, Heeres-Flak-Abteilung 305, Divisionseinheiten 200.

Kommandeure:

GM* v. Ravenstein (20. 5. 41 bis 29. 11. 41)
GM v. Bismarck, G. (11. 2. 42 bis 31. 8. 42)
GM v. Randow (1. 9. 42 bis 21. 12. 42)
GM Hildebrandt (1. 1. 43 bis 15. 3. 43)
GM v. Hülsen (16. 3. 43 bis 12. 5. 43)
GM Feuchtinger (15. 5. 43 bis 14. 1. 44)
GM Grolig (15. 1. 44 bis 18. 8. 44)
GL** Marcks, W. (10. 1. 45 bis ?)

* Generalmajor; ** Generalleutnant

Kriegseinsatz:

1941: August zur Verfügung Afrikakorps im Raum Tobruk. Anschließend Kämpfe in diesem Raum und Vormarsch auf Bardia. Dort Abwehr bis November. Dezember Angriffskämpfe in den Raum Bir el Gobi, Kämpfe im Raum Sollum. Dezember Absetzen in die El-Gazala-Stellung. Ausweichen in den Raum von Agedabia.

1942: Januar wechselvolle Abwehrkämpfe und Rückzug in die El-Brega-Stellung. Mitte des Monats Vorstoß über Agedabia in den Raum Bengasi. 29.1. Wegnahme der Stadt. Juni Panzerschlacht bei Bir Hacheim. Kämpfe und Wegnahme von Tobruk. Vorstoß über Marsa Matruh auf El Daba. Juli/August Angriff auf die El-Alamein-Linie. Dort Abwehr- und Stellungskämpfe. Oktober schwere Abwehrkämpfe in der El-Alamein-Stellung. November Rückzugskämpfe über Fuka — Marsa Matruh — Halfaya-Paß — Tobruk — Mersa el Brega in die Buerat-Stellung.

1943: Weitere Rückzugskämpfe über Tripolis in die Mareth-Stellung. Dort Auffrischung. Februar Angriff und Wegnahme des Faid-Passes. Angriffskämpfe bis Sbeitla. Kämpfe am Kasserine-Paß. April/Mai Rückzugskämpfe in Richtung Tunis. In diesem Raum Kämpfe und Untergang der Division. Juli Neuaufstellung in Frankreich (Rennes) beim Armeeoberkommando 7.

1944: Januar bis April zur Verfügung der Heeresgruppe „D“ (West), Sicherung im Raum Rennes und Paris. Juni Kämpfe in der Normandie unter dem I. SS-Panzerkorps (7. Armee) im Raum von Caen. Verschiebung in den Raum St. Lô. Verlustreiche Kämpfe im Kessel von Falaise. September Rückzug in den Raum Nancy. Dort Auffrischung. Kämpfe im Raum Epinal im Verband des XXXXVIII. Panzerkorps. Oktober unter LXVI. Armeekorps (AK) — 19. Armee — Kämpfe bei Lunéville. November Einsatzreserve im Raum Saarburg. Mitte Dezember Angriffskämpfe zum Nordrand Forst Hagenau.

1945: Januar im Verband des XXXIX. Panzerkorps wechselvolle Abwehrkämpfe im Raum Seltz-Bischwiller. Auffrischung. Zur Verfügung Armeeoberkommando 1. Verlegung an die Ostfront. Kämpfe im Raum Küstrin im Verband des XI. SS-AK. März Abwehrkämpfe im Raum von Görlitz und südlich Muskau im Verband des Panzerkorps „Großdeutschland“. April Eingreifreserve zur Verfügung des Oberkommandos des Heeres. Angriffskämpfe südlich Berlin unter XLVIII. Panzerkorps über Raum Tempitz-Priros. Rückzug in den Raum hinter die Elbe bei Magdeburg. Dort Kapitulation.

Einige hundert Meter hinter Marseille rollt er aus und dirigiert die Maschine mit schnellen Gasstößen auf den Abstellplatz zu. Schon von weitem stellt er fest, daß die Männer des technischen Personals der „Dritten" ihre Fahrt zu dem neuen Flugplatz offenbar noch nicht hinter sich gebracht haben, denn keines der vertrauten Gesichter ist zu sehen. Dafür sind andere da, die jetzt in Scharen angelaufen kommen.

Sie umringen Marseilles „109", und ihre Begeisterung scheint keine Grenzen mehr zu kennen. Jeder von ihnen weiß schließlich, daß der Kapitän der 3. Staffel nach diesen vier neuen Luftsiegen nunmehr 95 Abschüsse errungen hat und ihn somit nur noch fünf weitere Erfolge von der Zahl hundert trennen.

Pottgen bleibt noch einige Minuten in der Kabine. Mit geschlossenen Augen lehnt er den Kopf gegen die Oberkante der Panzerplatte, umweht von dem Geschrei, das von der „Gelben 14" zu ihm herüberschallt.

Niemand ist um ihn herum, als er aussteigt und auf den Menschenhaufen zugeht. Durch eine schmale Gasse sieht er den Mann wieder, der vor einiger Zeit bei vier kurzen Angriffen vier Gegner brennend in die Tiefe geschickt hatte. Er zündet sich eine Zigarette an und sieht zu einem jungen Leutnant hinüber, der sich gerade aus dem Tragflächenschatten eines in der Nähe abgestellten Fieseler „Storch" löst.

Pottgen erkennt ihn sofort. Es ist Leutnant Franz vom Wüstennot-Geschwader, einer jener Männer also, die schon manchen in der Wüste notgelandeten Piloten — ob Freund oder Feind — mit ihren „Störchen" vor einem qualvollen Tod bewahrt hatten.

„Tag", sagt der Offizier mit dem sommersprossigen Gesicht und reicht Pottgen die Hand. Dann deutet er in die Richtung, wo die Menschenmauer um Marseille inzwischen etwas lichter geworden ist. „Wieder einer von euren Festtagen?"

„So kann man es auch nennen, Herr Leutnant", nickt Pottgen. „Jetzt hat er übrigens fünfundneunzig Abschüsse."

„Fünfundneunzig?" murmelt der Leutnant. Er schüttelt den Kopf und starrt nachdenklich vor sich hin. „Wie macht er das nur?"

„Ich weiß wohl, wie es jedesmal passiert", erwidert Pottgen, „aber wie er es macht, das könnte sicher nur er erklären."

Der Leutnant schüttelt erneut den Kopf und geht dann nach einem kurzen Gruß weiter. Doch schon nach einigen Schritten bleibt er wieder stehen und sieht Marseille entgegen, der gerade auf ihn zukommt. Sie kennen sich schon lange genug, um sich nicht mit Förmlichkeiten aufzuhalten.

„Franziskus", sagt Marseille nach einem kurzen Kopfnicken zu Pottgen, „schön, dich wieder einmal zu sehen."

„Da geht es dir ähnlich wie mir, Jochen." Der Leutnant blickt an ihm vorbei zu der Maschine hinüber. „Fünfundneunzig hast du jetzt schon?"

Marseilles Lächeln verflüchtigt sich. Er schwingt die Kopfhaube an dem langen Kabel auf die Schulter und zieht dann den anderen mit sich fort.

„Wollen wir nicht lieber von etwas anderem reden?“ hört Pottgen ihn noch sagen, ehe sie auf eines der Zelte zugehen.

Die Staffelkameraden kommen jetzt an, einen Ausdruck von Erschöpfung auf den Gesichtern. Hinter ihnen hüpft ein Kriegsberichter durch den Sand, das Objektiv seiner Kamera auf Marseilles Maschine gerichtet. Die laute Stimme eines Oberwerkmeisters scheucht die Warte zu ihrer Arbeit, und am nördlichen Platzrand schaukeln einige Panzerspähwagen mit wippenden Antennen durch den hochquirlenden Sand.

„Kommt!“ sagt Pottgen mit rauher Stimme. „Ich will mal sehen, ob die Tommys meinen Gruß noch an der Flugleitung stehengelassen haben.“

Ihre Füße scharren durch den Sand. Sie bleiben stehen, weil der Motor des „Storches“ gerade angelassen wird. Marseille befindet sich neben der hochbeinigen Maschine und winkt zu der langestreckten Kabine hinauf.

Er kommt herüber, als das Flugzeug nach Norden wegkurvt. Nur die Schmutzornamente auf seinem schmalen Gesicht deuten noch darauf hin, was hinter ihm liegt.

Alles andere, was sich vor kaum einer halben Stunde abspielte, scheint für ihn bereits wieder seine Bedeutung verloren zu haben.

Ein neuer Abend senkt sich über die Wüste, der Abend des 16. Juni 1942.

Der Lärm der Motoren ist schon lange verstummt. Die Techniker haben die Abstellplätze verlassen. Hinter den Splitterwällen stehen die Maschinen der Staffel, von Posten bewacht, die bald fröstelnd die Mantelkragen hochschlagen werden. Auch das ist etwas, woran sie sich alle erst gewöhnen mußten: an den krassen Temperaturumschwung nach Einbruch der Nacht.

Aus einem der Zelte klingt eine Melodie, die sie alle so gut kennen wie die berühmtesten neuen Schlager. Eine Frau singt ein Lied. Überall in der Wüste, vorn an der Front und im Hinterland, werden sich jetzt Soldaten um ein Radiogerät scharen — Deutsche und Engländer, Australier, Inder, Südafrikaner.

Jeden Abend vergessen sie den Krieg, das endlose Leid, die unvorstellbaren Strapazen und die bangen Gedanken an den neuen Tag, wenn der Soldatensender Belgrad Lale Andersens Stimme in den Äther schickt — wenn sie das Lied von Lili Marlen singt.

Auch auf dem Flugplatz von Gazala ist es so. Warte verlassen ihre Zelte, aber auch einige Flugzeugführer. Schweigend stehen sie nebeneinander und lauschen auf die schwermütigen Klänge.

Pottgen und Mantnich kommen gerade noch zurecht, um die letzte Strophe mitzukriegen.

„Geht einem durch Mark und Bein“, seufzt Mantnich. „Das Lied erinnert mich immer an Dinge, die man besser vergißt.“

„Wahrscheinlich geht es anderen Leuten auch so“, knurrt Pottgen. „Komm, gehen wir mal zu Jochen rüber.“

Sie stapfen über den losen Sand. Über ihnen leuchten die Sterne in kalter Pracht. Manchmal hallt ferner Geschützdonner durch die Dunkelheit.

Schon von weitem hören sie Marseilles Stimme. Wahrscheinlich telefoniert er gerade. Sie bleiben stehen und zünden sich eine Zigarette an. Nun sind sie schon so nahe an dem Zelt des Kapitäns, daß sie einfach zuhören müssen.

„Er redet wieder mit Wittek, seinem Kumpel von den Stukas", flüstert Mantnich. „Soll auch 'n Berliner sein wie er."

Pottgen gibt keine Antwort.

Drinnen im Zelt ist jetzt Marseilles perlendes Lachen zu vernehmen.

Dann sagt er:

„Was — auf Urlaub willst du fahren? Ja, ja, ich soll auch, aber bevor ich hier abhaue, will ich noch meinen hundersten Abschuß machen — wie?"

Und dann geht es weiter: „Na ja, wir werden sehen — ich tue, was ich kann. Vielleicht klappt es bis übermorgen. — Grüß dich, und halt die Ohren steif. — Ende!"

Der Hörer rasselt auf den Kasten des Feldfernsprechers. Es wird still im Zelt.

„Hast du das gehört?" schnauft Pottgen. „Wenn ich ihn recht verstanden hab, dann will er also bis übermorgen seinen Hundersten voll haben!"

Mantnich wirft seine Zigarettenkippe in den Sand und massiert anschließend seinen Hals.

„Der Teufel soll mich holen, wenn er das nicht fertigbringt", meint er. „Bei dem halt ich schon alles für möglich."

„Nach dem, was er bis jetzt losgelassen hat, wäre es wahrhaftig drin", erwidert Pottgen.

Eine Ordonnanz stiefelt auf Marseilles Zelt zu. Der Mann räuspert sich vor dem Eingang einige Male, tritt dann ein und schnarrt seine Meldung herunter:

„Herr Oberleutnant, bitte zu Herrn Major!"

„Ich komme", sagt Marseille, „Was gibt es denn?"

„Weiß ich nicht", anwortet der Gefreite mit seiner piepsigen Stimme, „aber etwas Unangenehmes ist es wahrscheinlich nicht..."

„Eben", brummt Mantnich. „Warum auch?"

Sie ziehen sich zurück und nähern sich ihrem Zelt. Das Radio ist verstummt. Eine friedvolle Stille liegt über der Wüste. Weit draußen erklingen krächzende Schreie von Tieren ...

*

Das Bellen der leichten Flak wirkt wie Peitschenschläge auf die Trommelfelle. Fast pausenlos zischen die Leuchtspurschlangen aus den heißen Rohren der 2-cm-Geschütze. Dazwischen das hellere Rattern einiger Maschinengewehre. Der Tumult brandet über die Wüste, überlagert vom Heulen vieler Flugzeugmotoren.

Über dem Wüstenfort El Adem bis hinüber nach Sidi Rezegh ziehen sie durch den hitzeflimmernden Himmel: ganze Schwärme von britischen „Hurricanes“, „Curtiss“-Jägern und „Spitfires“. Überdimensionalen Libellen gleich huschen sie durch das matte Blau. Und dann stoßen sie auf die Wüste zu, mit hämmernden Bordwaffen. Vor ihren Tragflächenprofilen züngeln die Abschußflammen der überschweren Maschinengewehre und Bordkanonen. Drunten im Wüstensand, vor den Stellungen der deutschen und italienischen Verbände, rasen die Kugelserien über die Wüstenerde, kleine Sandfontänen in die Höhe schleudernd.

In der Nähe einer Flak-Selbstfahrlafette steht der Panzer des Leutnants Krämer. Aus dem offenen Turmluk blickt der Kommandant über die benachbarte Wüstenfläche, wo sich die Grenadiere bei Beginn der Tieffliegerattacken in die heiße Erde gewühlt hatten. Dort liegen sie nun, wie auf dem Präsentierteller, fast hilflos den Geschoßgarben der immer wieder angreifenden Feindmaschinen ausgeliefert.

Mit ohrenbetäubendem Heulen preschen die „Hurricanes“ über den P-IV-Panzer hinweg und donnern in die Wüste hinein.

Mit einer wütenden Bewegung stößt der Leutnant das Luk wieder in die Höhe. Nach einem kurzen Blick zum Himmel schreit er in den Kampfraum:

„Raus jetzt! Die Luft ist im Moment sauber.“

Mit hochroten, schweißtriefenden Gesichtern scharen sie sich um den Leutnant. Obwohl die Wüste wahrhaft genug Temperatur aufzuweisen hat, herrscht hier draußen doch nicht die furchtbare Hitze wie in dem engen Kampfraum.

Schweigend sehen sie nach Norden, wo die englischen Maschinen zu diesem Zeitpunkt nur noch als kleine Punkte zu sehen sind, aber sie ahnen, daß die Angriffe von vorhin sozusagen nur die Ouvertüre zu dem eigentlichen Drama darstellten, das sicher in kurzer Zeit seinen Verlauf nehmen wird. Die Frontlage ist ihnen auch an diesem Tag nur in großen Umrissen bekannt. Trotzdem wissen sie, daß die an der Südflanke Tobruks stehenden englischen Streitkräfte inzwischen geworfen wurden und die in der Luft herumschwirrenden Tommys nun wahrscheinlich die Aufgabe haben, das Schlimmste zu verhindern.

In den nächsten Minuten spricht keiner mehr ein Wort. Aber nicht nur die Besatzung des P IV von Leutnant Krämer starrt wie fasziniert zum Himmel hinauf, auch in den vielen Stellungslöchern vergessen die Männer im Kampfraum der 21. Panzerdivision die zurückliegenden Ereignisse.

Tausende von Augenpaaren sind auf jene Stelle des Luftraumes gerichtet, wo vor wenigen Minuten eine neue Schlacht begonnen hatte. In mittlerer Höhe sehen sie die scheinbar ziellos durcheinanderkreisenden Flugzeuge wie winzige silberschimmernde Kreuzchen. Sie hören das Bellen der Bordwaffen, deren Echo immer wieder zur Erde herabschallt, zusammen mit dem dunklen, auf und ab schwellenden Brummen der Flugmotoren.

Flirrende Feuerstriche ziehen am Himmel dahin, bis der Augenblick kommt, wo zum erstenmal ein greller Blitz vor dem seidigen Blau aufleuchtet. Schon wenige Sekunden später wächst aus dem kleinen Lichtpünktchen ein Feuerschweif heraus, der länger und länger wird. Vor einer immer breiter sich entfachenden Rauchwolke zieht ein brennendes Flugzeug der Wüste entgegen. Über der Aufschlagstelle steigt ein hoher Flammenpilz aus der Erde.

„Mensch", sagt der Fahrer mit vor Erregung zitternder Stimme, „was das wohl für einer war?"

Niemand gibt ihm eine Antwort, denn droben am Himmel vollzieht sich jetzt bereits wieder das gleiche Schauspiel. Dieses Mal heult die abstürzende Maschine südwärts. Ihre Umrisse vor der funkensprühenden Brandfahne werden immer deutlicher, und sekundenlang scheint es, als ob das abstürzende Flugzeug direkt auf den Panzer zurasen würde. Doch dann dreht es sich mitten im Sturz. Für Augenblicke können die Männer unten an der Erde die britischen Kokarden hinter der wabernden Rauchwand deutlich erkennen, dann kracht die „Hurricane" etwa tausend Meter entfernt unter einer hochzischenden Stichflamme in die Wüste. Dunkler Rauch breitet sich aus.

Ein Hauptmann von den Grenadieren kommt angelaufen. Seine Uniformjacke ist zerfetzt, der linke Unterarm mit einer schmutzigen Binde umwickelt.

„Matern", stellt er sich kurz vor. Ohne auf die Reaktion der anderen zu warten, deutet er zum Himmel hinauf. „Welch ein Glück, daß unsere gekommen sind. Bei meinen Leuten haben die Tommys schon einiges angerichtet und . . . "

Er verstummt und hebt die Hand über die Augen. Sein bronzefarbenes, lederhäutiges Gesicht erstarrt.

Die anderen folgen der Richtung seines Blickes. Und dann sehen auch sie es. Es ist fast das gleiche wie vorhin. Aus dem durcheinanderquirlenden Haufen von Flugzeugen löst sich wieder ein Feuerschweif. Das Geräusch der stürzenden Maschine übertönt bereits den grollenden Lärm am Himmel. Vor einem funkensprühenden Qualmstreifen rauscht die abgeschossene „Hurricane" in fast senkrechtem Sturz in die Tiefe und zerschellt einige Kilometer entfernt am Boden.

Der Hauptmann von den Grenadieren schiebt seinen Tropenhelm ins Genick, ohne den Blick vom Schauplatz des Luftkampfes zu wenden. Und dann sagt er etwas, das die anderen nicht einmal wundert.

„Da muß Marseille dabeisein!"

Der Panzerleutnant spart sich eine Erwiderung. Auch er kennt den Namen des berühmten Wüstenjägers so gut wie alle anderen an der Front. Die Kunde von Marseilles neuen Erfolgen macht meistens schon am nächsten Tag bei den einzelnen Verbänden die Runde. Entweder hatten

Funker die Nachricht aufgeschnappt, Kradmelder waren damit nach vorn gekommen, oder sie hörten es im Wehrmachtsbericht.

Eine vierte Jagdmaschine faucht jetzt wie ein Komet durch den Himmel. Etwa tausend Meter über der Erde verschwindet sie unter einem rötlich-gelben Glutball. Aus der Explosionswelle lösen sich Wolken von Einzelteilen, die langsam zur Erde herabrieseln.

„Vier!" sagt jetzt der Infanterist. Er hat ein Fernglas vor den Augen. Schon Sekunden später zeichnet sich in der Optik ein anderes in Flammen gehülltes Flugzeug ab. Es kreiselt in Trudelbewegungen nach unten.

„Wieder ein Engländer!" schreit der Hauptmann, das Glas sinken lassend. „Dort — seht doch!"

Mit fahrigen Bewegungen zieht der Hauptmann eine Zigarettenschachtel aus der Brusttasche. Er hält sie den anderen hin, zündet sich dann eine an und sieht dabei zu seinen Männern hinüber. Hunderte von Oberkörpern ragen jetzt über die Stellungslöcher, und auch jenseits der Front scheinen sie fassungslos das Geschehen am Himmel zu beobachten. Kein Schuß ist seit Beginn des Luftkampfes mehr gefallen.

Der Kompaniechef der Grenadiere hat die Zigarette kaum in Brand gesetzt, als sich einige tausend Meter weiter oben ein neues Drama ankündigt. Unter dem Bellen von Kanonen und Maschinengewehren wird jetzt ein weiteres Flugzeug aus dem tödlichen Karussell der Luftschlacht herausgestoßen.

„Sechs!" sagt der Fahrer des Panzers. „Und da kommt noch einer herunter!"

Die Flugzeuge am Himmel haben sich inzwischen weit auseinandergezogen. Es werden immer weniger, und offenbar geht der Kampf seinem Ende entgegen. Im Norden ziehen die winzigen Silhouetten von Jagdmaschinen am Horizont in die Tiefe, während einige Kilometer entfernt das letzte Opfer irgendeines deutschen Jägers sich in den Wüstensand bohrt.

*

Auf dem Flugplatz von Gazala sind sie völlig aus dem Häuschen. Meyer, Schulte, der Waffenbulle, und der Staffelmaler haben sich an den Schultern gepackt und rennen im Kreis herum. Ihre Mützen und Tropenhelme liegen irgendwo in der Nähe.

Die Maschine, die sie zu diesem Freudentanz veranlaßte, befindet sich einige hundert Meter jenseits des Landekreuzes in der Anschwebekurve. Dahinter die anderen Flugzeuge des Geschwaders, von denen vorhin einige ebenfalls wackelnd über das Rollfeld gedröhnt waren.

Von allen Seiten kommen Motorräder und Wagen angefahren. Dazwischen ergießt sich ein wahres Menschengewimmel in Richtung des Liegeplatzes der dritten Staffel.

„Mensch, hunderteins Abschüsse!" schreit Meyer mit einer nicht mehr ganz funktionierenden Kehle. „Schulte, altes Roß, er hat ... "

Die nächsten Worte erspart er sich. Sie haben ihre Hüpferei inzwischen beendet und sehen über den Flugplatz. Marseilles Maschine ist bereits ausgerollt. Langsamer als sonst kommt sie auf ihren Abstellplatz zu, gefolgt von einer ganzen Schar weiterer Me 109. Quirlende Staubfahnen hängen über dem Landefeld, und immer mehr Luftschrauben peitschen den Sand in die Höhe.

Meyer ist als erster auf der Tragfläche. Schulte besteigt die andere. Rings um die Maschine drängen sich die Männer des technischen Personals heran; Mannschaften, Unteroffiziere, Portepeeträger, Offiziere. Das Geschrei verebbt allmählich, auch die Motoren der gelandeten Maschinen wurden mittlerweile abgestellt. Stille tritt ein. In den Blicken der Männer spiegelt sich ein Ausdruck fassungsloser Bewunderung. Viele von ihnen können den Oberkörper Marseilles in der Kabine sehen.

Meyer und Schulte haben dazu die beste Möglichkeit. Sie sehen ein Gesicht vor sich, das ihnen fast fremd vorkommt. Das berühmte jungenhafte Lächeln Marseilles fehlt dieses Mal auf dem hageren Antlitz, auf das die nervlichen Strapazen der vielen Luftkämpfe im Laufe der Zeit ihre Runen eingegraben haben. Es wirkt starr, maskenhaft fast. Der Schweiß rollt noch in kleinen Bächen von der Stirn. Die Augen sind auf das Armaturenbrett gerichtet, die Arme hängen schlaff herab. Regungslos sitzt er da, die Kopfhaube zurückgeschoben.

Von Meyer kraftvoll in die Höhe gestoßen, öffnet sich die gläserne Haube. Es ist der Augenblick, wo Hunderte von Stimmen fast gleichzeitig aufklingen.

Marseilles Oberkörper erscheint über dem Kabinenrand. Er ergreift Meyers Hand und drückt sie wortlos, sekundenlang. Dann winkt er den Männern rings um die Maschine zu, die ihm zujubeln. Der Ausdruck tiefer Erschöpfung ist von seinem Gesicht jetzt völlig gewichen, Freude und Erleichterung drücken sich nun darauf aus.

Er steigt auf die Fläche und fällt Dutzenden von hochgereckten Armen entgegen. Sekundenlang begegnet sein Blick dem von Pottgen und den anderen Piloten der Staffel, die ein Stück von der Menschenmauer entfernt stehen. Warte heben ihn auf die Schulter, tragen ihn von der Maschine fort, und die Rufe der Begeisterung hallen weit in die Wüste hinaus.

Eine Gestalt im Fliegerdreß schiebt sich zwischen den Männern durch: der Kommodore!

Wortlos ergreift er Marseilles Hand. Dann spricht er seine Glückwünsche aus. Das Geschrei ist verklungen. Und dann hören sie in der näheren Umgebung wieder die Stimme Eduard Neumanns: „Marseille, morgen will ich Sie nicht mehr sehen. Morgen werden Sie nach Deutschland fliegen. Es liegt ein Befehl vor, daß Sie das Eichenlaub mit Schwertern (97. Eichenlaub am 6. 6. 1942, 12. Schwerter am 18. 6. 1942) persönlich im Hauptquartier abholen sollen."

Der andere sieht ihn fast bestürzt an.

„Jetzt soll ich weg? Jetzt, wo Tobruk...?"

Der Kommodore wischt den Einwand mit einer Handbewegung fort.
„Sie tun, was ich gesagt habe. Und nun kommen Sie mit mir!“
Im ersten Licht des 18. Juni 1942 trägt eine Ju 52 den auf einem Liegestuhl schlafenden Marseille und seinen Landsmann Leutnant Witteck über das Mittelmeer. Von Italien aus tritt er anschließend den Weg in die Heimat an, wo ihn ein wahrhaft triumphaler Empfang erwarten sollte.

*

Während Marseille in Deutschland wochenlang im Mittelpunkt des Interesses stand, errang Rommels Afrikakorps seine größten Siege. Nachdem das britische Wüstenfort El Adem noch am 17. Juni gefallen war, mußte es so scheinen, als ob Rommel sein Interesse an einer Eroberung Tobruks verloren hätte. Denn immerhin standen die deutschen Truppen schon weit östlich der Festung, und ihre allgemeine Stoßrichtung konnte nur nach Ägypten zielen.

Gambut wurde am 18. Juni genommen und damit auch der Flugplatz, von dem die britischen Jäger Anfang des Monats noch nach Bir Hacheim gestartet waren. Doch nun setzte Rommel seine List in die Tat um, schwenkte zurück und leitete den Sturm auf Tobruk ein.

Dieses Mal wurde innerhalb achtundzwanzig Stunden das erreicht, was zuvor in ganzen achtundzwanzig Wochen nicht möglich gewesen war. Der Angriff auf die Mittelmeerfestung begann am 20. Juni, 5.30 Uhr, mit einem schweren Bombardement des Stuka-Geschwaders 3. Die Bomben zerfetzten die südlichen Stellungen, ließen Minenfelder hochgehen und schlugen breite Breschen in die Hindernisse. Noch während des dabei entstandenen Infernos erschienen die Ju 88 des Lehrgeschwaders 1, gefolgt von den Zerstörern des ZG 26, im Luftraum über der Stadt. Bomben und Bordwaffengeschosse prasselten in die gegnerischen Artilleriestellungen, und nach einer anschließenden Attacke italienischer Jagdbomber stürzten sich erneut die Stukas auf ihre Ziele.

Der Rauch der Detonationen hing noch über den Kraterfeldern, als die deutsch-italienischen Truppen bereits zum Sturm antraten. Erste Erfolge wurden errungen, und der Angriff gewann an Raum. Noch einmal schlug die Luftwaffe zu. Flugplatz, Hafen, die Forts Pilastrino und Solaro wurden von Bomben getroffen, zusammen mit dem Gefechtsstand des südafrikanischen Festungskommandanten, General Klopper.

Um 5 Uhr am nächsten Morgen fuhr Rommel bereits durch die zerstörte Stadt. Tobruk war gefallen, und Rommel, der „Wüstenfuchs“, wurde zum Feldmarschall befördert.

Nach der Eroberung des „Felsennestes am Mittelmeer“ ging es weiter nach Osten. Marsa Matruk wurde genommen, und der Drahtzaun durch die Wüste — Grenze zwischen Cyrenaika und Ägypten, war zum zweitenmal hinter dem Afrikakorps zurückgeblieben. Der Marsch nach El Alamein hatte begonnen. Die Fuka-Stellung wurde erreicht, und wieder waren es zunächst schwere Sandstürme, die dem geschlagenen Gegner zu Hilfe kamen.

Vom 30. Juni an tobte eine dreitägige Schlacht gegen die Alameinstellung, aber es ging einfach nicht mehr weiter. Rommel und die Männer des Afrikakorps waren am Ende ihres langen Weges, ihrer Kräfte — und ihrer Hoffnungen — angekommen.

In gleichem Maße, wie sich das Vormarschtempo forciert hatte, waren auch die Flieger des „Wüsten-Jagdgeschwaders“ von Flugplatz zu Flugplatz gezogen. Sidi Barani, Fuka, Bir El Astas waren nur einige Stationen auf der turbulenten Reise nach Osten.

Aber ebenso wie bei den Erdtruppen stellten sich auch beim JG 27 in diesen Tagen erhebliche Nachschubschwierigkeiten ein, während die gegnerischen Luftwaffenverbände jetzt das Plus der kürzeren Anflugstrekken, vo allem aber den Vorteil gut versorgter Flugplätze für sich in Anspruch nehmen konnten.

Der August zog ins Land, ein Monat, der für Rommels Afrikakorps hauptsächlich schwere Abwehrkämpfe gebracht hatte. Trotz aller Schwierigkeiten tauchten die Jäger des „Wüsten-Geschwaders“ auch weiterhin über der Front auf und errangen Erfolge.

Der zweiundzwanzigjährige Kapitän der „Dritten“ aber, dem völlig wieder seinen Willen in der Heimat immer neue Ovationen bereitet wurden, war noch nicht bei ihnen. Inzwischen zum jüngsten Hauptmann der Luftwaffe befördert, bereitete er sich gerade auf die weite Reise nach Afrika vor.

Erst am 23. August verbreitete sich beim Geschwader Eduard Neumanns die Kunde wie ein Lauffeuer:

Marseille ist wieder da!

*

Tobyra heißt der Flugplatz, auf dem die „Dritte“ im wahrsten Sinne des Wortes neuerdings ihre Zelte aufgeschlagen hat. Der Empfang für Marseille, zu dessen jungenhaftem Gehabe die Hauptmannssterne gar nicht so richtig passen wollen, war der beste Beweis dafür, wie gern sie ihn alle hatten.

Pottgen ist nicht dabei. Er befindet sich auf Urlaub in der Heimat, doch die Überraschung, die sie für „ihren Jochen“ bereithalten, wird auch ohne ihn perfekt.

Sie führen Marseille zu seinem neuen Zelt. In der Nähe bleibt er stehen und wendet sich an Mantnich. Dann deutet er auf die Rotkreuzarmbinde, die irgendeiner über eines der Zelte gelegt hat.

„Was soll denn das bedeuten?“

„Da staunst du, was?“ sagt Stahlschmidt, der sich ebenfalls dem „Empfangskomitee“ angeschlossen hatte. „Ist 'ne Vorsichtsmaßnahme von Matthias. Von wegen englischer Bomber und so. Er meint scheinbar, wenn die Armbinde draufliegt, kann ihm nichts passieren."

Marseille blickt verwundert in die Runde „Matthias, wer ist denn das?"

Wie auf ein gut hingeworfenes Stichwort erscheint im Zelteingang das grinsende Gesicht eines Negerjungen. Ohne Scheu geht er auf Marseille zu, zeigt seine makellosen Zähne, mustert voller Andacht die hohen Auszeichnungen am Kragen des Hauptmanns, um dann in halsbrecherischem Deutsch die Frage zu stellen:

„Du sein Marseille?"

Ein mechanisches Kopfnicken, dann die Frage an die anderen:

„Wie kommt denn der hierher?"

„Sie haben ihn dir als Ordonnanz besorgt", erwidert Stahlschmidt, „um dir eine Freude zu machen. Vorher war er in einem Lazarett und hat einem Zahnarzt geholfen. Als er hörte, wem er in Zukunft dienen sollte, kam er spornstreichs hierher. Na, ist das nichts?"

„Doch, allerhand sogar", lächelt Marseille. Er klopft dem kleinen Mohren freundschaftlich auf die Schulter.

„Na schön, Matthias. Ich denke, wir werden uns schon verstehen, wie?" Der Junge rollt die Augen.

„Du ganz große Mann...!"

„Hm", entgegnet Marseille etwas unbehaglich, „wenn du meinst?"

„Yes, Sir!" kommt es zurück. Ein Zeichen dafür, daß der schwarze Matthias schon in englischen Diensten gestanden hatte.

Mit strahlendem Lächeln zieht er sich wieder zurück und deutet dabei einige possierliche Verbeugungen an.

Kurze Zeit später versammeln sie sich in und vor Marseilles Zelt. Er beginnt von dem Flug nach Sizilien zu erzählen und dann von Deutschland. Die Worte über das, was in der Heimat geschah, kommen allerdings recht zögernd über seine Lippen.

*

Mit hochgereckten Leitwerken preschen die Messerschmitt-Maschinen über den Flugplatz. Die Staubwolke wird immer dichter. Nacheinander schießen die Flugzeuge aus der Sandwand heraus, steigen und verschwinden mit Ostkurs am Himmel.

Die Borduhr in Marseilles Kabine steht auf 8.27 Uhr, als er dreitausend Meter über der Front die Formation britischer Jäger auf Gegenkurs herankommen sieht. Einige Sekunden vergehen noch, bis er Gewißheit hat: Es sind „Curtiss" und „Spitfires". Sie schwimmen durch das Blau des Himmels, kurven ein und formieren sich zu einem weiten Kreis.

Marseilles Blick wandert kurz über die Rottenmaschine. Vielleicht denkt er in diesem Augenblick an den Kameraden aus Hunderten von Feindflügen, den sie sein „fliegendes Zählwerk" nennen. Er ist heute nicht dabei. Ein anderer hat die Rolle seines Katschmareks übernommen.

Am Armaturenbrett ruckt der Uhrzeiger der Zeit von 8.28 Uhr entgegen. Marseilles „Gelbe 14" schnellt hoch, geht in die Rückenlage und sticht dann auf die Engländer herab.

Der Augenblick, wo der größte Triumph in Marseilles Fliegerleben beginnt, steht kurz bevor. In dem durcheinanderkurvenden Kreis aus vielen Jagdmaschinen senkt sich seine „109" von oben her dem ersten Opfer entgegen. Alle, die ihn sehen können, halten den Atem an. Es ist wirklich, als ob er keine zweieinhalb Monate ohne Flugpraxis gewesen wäre, denn er leitet den Angriff ebenso ein wie alle anderen zuvor: blitzschnell, aus unmöglich anmutender Position. Vor der Kanonenmündung züngeln bereits Flammen. Nur wenige Sekunden, dann ist die „Gelbe 14" schon wieder aus den Visierlinien der Gegner. Die angegriffene Curtiss wird aus dem Kurs gerissen, taumelt und fällt brennend in die Tiefe.

In den Kopfhörern wird es lebendig. Erste Schreie, Glückwünsche, erregtes Stimmengewirr.

Marseille reagiert nicht darauf. Von unten her schießt seine Maschine bereits wieder in den Trubel des Luftkampfes hinein. Eine Minute ist inzwischen vergangen. Sechzig Sekunden später trudelt eine zweite „Curtiss", von den Bordwaffen Marseilles zersiebt, mit langer Brandfahne in die Tiefe.

In den Reihen der Briten scheint sich Verwirrung auszubreiten. Sie kennen Marseilles diabolische Taktik, sogar die Nummer seiner Maschine so gut wie den Tagesbefehl ihres Oberbefehlshaber, in dem nur von diesem einen deutschen Jäger die Rede war.

Zum dritten Mal schert die „Gelbe 14" auf ein Opfer herab: auf eine „Spitfire" eine der modernsten Maschinen dieses Kriegsschauplatzes. In Sekundenschnelle fliegt sie durch den Vorhalt, Marseilles Bordwaffen hämmern. Die Garbe zieht sich vom Motor her über die Kabine. Flammenzungen sprühen aus dem Metall, Einzelteile lösen sich.

Und wieder einmal scheint es, als ob nur einer diesen Luftkampf bestreite. In den Kopfhörern ist ein pausenloses Quarren vieler Stimmen. Einige hundert Meter von Marseille entfernt zieht ein ganzer Schwarm Me 109 in Kolonne durch den Himmel, die Kabinenoberseite dem Zentrum der Luftschlacht zugewendet. Niemand weiß, ob die vier Piloten nur noch darauf warten, was in den nächsten Sekunden geschehen wird. Denn Marseille liegt schon wieder in Angriffsposition, dieses Mal von unten her.

Die Garben züngeln der Feindmaschine entgegen. Sie treffen und bohren sich in den Motor. Die „Spitfire" wird in die Rückenlage gerissen, verharrt sekundenlang scheinbar regungslos und taumelt dann wie ein welkes Blatt in die Tiefe.

Der Rottenflieger Marseilles sieht auf die Borduhr. Um 8.28 Uhr war die erste „Curtiss" von Marseilles Kanonengeschossen zerfetzt worden, und um 8.39 Uhr die vierte ...

Der Luftkampf geht zu Ende. Im Tiefflug donnern die Me 109 des JG 27 über ägyptisches Land, dem Stacheldraht in der Wüste entgegen. Sie überfliegen Panzer und Artilleriegeschütze, Feldstellungen und Lastwagenkolonnen. Tausende von Kameraden winken ihnen nach. Die Distanz zum eigenen Feldflugplatz schrumpft unter der hohen Geschwindigkeit, und dann tauchen die niedrigen Zelte vor den Frontscheiben auf.

Viermal prescht Marseille mit wackelnden Tragflächen über das Rollfeld, ehe er zur Landekurve ansetzt...

Der Mann, der beim letzten Einsatz als Marseilles Rottenflieger dabei war, ist ein junger Oberleutnant. Er war erst vor kurzem zur Staffel gekommen und hatte beim letzten Feindflug einen Anschauungsunterricht erhalten, wie man ihn sich perfekter nicht wünschen konnte.

Auf den Liegeplätzen ist der Jubel um die vier neuen Luftsiege Marseilles inzwischen verstummt. Die Mechaniker arbeiten wieder an den Maschinen. Spritfässer werden über den Sand gerollt, überall herrscht eine hektische Betriebsamkeit. Schon kurz nach der Landung der Maschinen war bekanntgeworden, daß ein zweiter Einsatz bevorstand: Geleitschutz für Stukas in den Raum von Alam el Halfa, wo sich ein britisches Nachschubdepot befindet.

Keiner der Flugzeugführer ist in sein Zelt gegangen. Sie stehen in kleinen Gruppen herum oder haben sich im Schatten der Tragflächen niedergelassen.

In der Nähe der „Gelben 14" steht Marseille. Er unterhält sich gerade mit Hauptmann Franzisket, dem Kapitän der 1. Staffel. An seinen Handbewegungen ist zu erkennen, daß er den Verlauf eines Luftkampfes schildert.

Der Kommodore kommt auf die beiden zu und beteiligt sich an dem Gespräch.

Auf dem Liegeplatz klappt Unteroffizier Meyer die Motorverkleidungsbleche der Me 109 zu.

„Fertig", sagt er zu Schulte. „Es kann meinetwegen wieder losgehen."
„Meinetwegen auch", brummt der Waffenwart. „Viel Munition hat er auch diesmal nicht gebraucht." Er spuckt in den Sand, schüttelt den Kopf und äugt dann zu Marseille hinüber. „Wenn man nicht selbst hier wäre, könnte man es kaum mehr glauben — das mit seinen Abschüssen."

Meyer sagt nichts. Er rutscht von der Fläche und packt sein Werkzeug zusammen. Als er sich aufrichtet, ist Marseille bereits in der Nähe.

„Geht es schon wieder los, Herr Hauptmann?"

„Ja."

„Dann Hals und Bein! Die Mühle ist klar!"

„Danke!"

Er folgt Marseille auf die Tragfläche und schnallt ihn an. Innerhalb weniger Sekunden ist es soweit. Der zweite Wart kurbelt bereits den Motor an. Meyer steht unten vor der linken Tragfläche. Sandwolken wehen über den Platz. Die ersten Maschinen rollen zum Start. Dann schwenkt auch das Spornrad der „Gelben 14" herum.

Ein ohrenbetäubendes Dröhnen erfüllt die Luft. Die Warte haben Taschentücher vor den Mündern. Ihre Augen sind geschlossen. Allmählich wird der Motorenlärm schwächer, und wieder einmal verklingen die pfeifenden Geräusche der DB-Triebwerke in der Ferne.

„Was er diesmal wohl bringen wird?" sagt Meyer zu seinem Kameraden.

Der Waffenwart blickt immer noch in die Richtung, wo die Maschinen der Staffel als kleine Punkte zu sehen sind.

„Wer kann das schon sagen", erwidert er schließlich, und dann nach kurzem Nachdenken: „Auf jeden Fall möchte ich dem als Tommy nicht in der Luft begegnen ... "

*

Ein Verband von „Curtiss"-Jägern kommt in etwa viertausend Metern Höhe von Osten heran. Die Sonne spiegelt sich in zuckenden Reflexen auf ihren Kabinen. Tief unten zeichnen sich die Umrisse des britischen Depots im Wüstensand ab. Die Erde scheint bereits unter den Bombeneinschägen zu kochen. Über den abgefangenen Stukas der ersten Welle stürzen weitere Ju 87 in die Tiefe. Flak-Garben umsäumen ihren Flugweg wie ein tödliches Spalier.

Einige tausend Meter über ihnen beginnt zu diesem Zeitpunkt eine neue Luftschlacht. Die Zeiger der Borduhren stehen auf 10.54 Uhr.

In den nächsten Sekunden sticht Marseille zum erstenmal auf eine „Curtiss" herab. Wie ein Fahrstuhl sinkt das Jagdflugzeug dem britischen Abwehrkreis entgegen. Garben züngeln durch die Luft, erfassen den Gegner und schleudern ihn brennend in die Tiefe.

Es ist 10.55 Uhr.

Das Stimmengewirr in den Kopfhörern flackert dieses Mal nur in spärlichem Umfang auf. Fast ist es so, als ob diese schnellen Siege Marseilles für die anderen bereits wieder zu etwas Selbstverständlichem geworden wären. Vielleicht ist es aber auch die Fassungslosigkeit, die den Männern in den Kabinen der Messerschmitt-Maschinen die Sprache raubt.

Sechzig Sekunden sind inzwischen vergangen, da wird eine zweite „Curtiss" von den Kugelserien der „Gelben 14" erfaßt und in Brand geschossen.

Von nun an geht es Schlag auf Schlag. Der Rottenflieger Marseilles versucht schon gar nicht mehr, die blitzschnell erfolgenden Attacken mitzufliegen. Er zieht außerhalb des Abwehrkreises weite Schleifen, den Blick auf das Flugzeug seines Staffelkapitäns gerichtet, der zu diesem Zeitpunkt bereits eine dritte „Curtiss" im Visier hat. Und wieder dauert es nur die Spanne weniger Atemzüge, bis auch dieser Gegner als eine prasselnde Flammenwand der Wüste entgegenstürzt.

Marseille hat die nach unten weggedrückte Maschine bereits wieder abgefangen. Jeder, der ihn jetzt beobachtet, weiß, daß er schon einem neuen Opfer entgegenfliegt.

Die Borduhren überschreiten die 11-Uhr-Marke. Nur dreißig Sekunden vergehen noch, bis der Visierkreis Marseilles erneut auf eine Feindmaschine zeigt. Die wenigen Augenblicke, die ihm während des Durchscherens durch den gegnerischen Abwehrkreis bleiben, genügen auch dieses Mal. Wie von einer unsichtbaren Faust gepackt, dreht sich die im Geschoßhagel liegende „Curtiss" auf den Rücken, kippt über den Motor und trudelt in die Tiefe. Ein dunkler Rauchschweif zieht hinter ihr her, bis sie einige Kilometer nördlich des Depots in einem Flammenturm ihr Ende findet.

Eine andere „Curtiss" liegt noch in einer steilen Messerkurve, als die „Gelbe 14" aus der Sonne heraus hinter ihrem Leitwerk auftaucht und in Sekundenschnelle eine weitere Tragödie heraufbewört. Kurze Zeit später brodelt in der Nähe von Alam el Halfa der fünfte Aufschlagpilz über die Wüste.

Marseille zieht wieder hoch in eleganten, fast spielerisch anmutenden Flugbewegungen. In den Kopfhörern ist zu diesem Zeitpunkt die Hölle los. Die restlichen „Curtiss"-Jäger des britischen Verbandes kreisen wie verloren durch den Himmel, und unten auf der Erde verfolgen Tausende von Soldaten das atemberaubende Geschehen.

Andere werden aus der Ferne Zeuge des Kampfablaufes: an den Empfängern der Funkgeräte. Begeisterung und Fassungslosigkeit halten einander die Waage, denn was sich hier abspielt, ist einfach nicht begreifbar. Fünf Abschüsse in einer Zeit von kaum sieben Minuten? Ist so etwas denn noch möglich?

Doch da hebt das Schicksal erneut die Hand und macht die „Gelbe 14" zum Vollstrecker eines weiteren Schiedsspruches. Noch sind keine neun Minuten seit Beginn der Luftschlacht vergangen, als die sechste „Curtiss", von Marseille besiegt, brennend vom Himmel fällt.

Er scheint unverwundbar, von einer Art Rausch besessen. Die Uhrzeiger rucken auf 11.03 Uhr. Wieder reckt sich die Motorpartie der „Messerschmitt" in den Vorhalt, wieder schiebt sich der orangefarbene Leuchtkreis des Reflexvisiers über eine Feindmaschine, und noch einmal greifen die Garben nach einem Flugzeug.

Der siebente Gegner pendelt in weiten Spiralen in die Tiefe, und wenig später kommt der Zeitpunkt, wo noch eine weitere „Curtiss" in Feuer gehüllt der Erde entgegenstürzt und am Boden zerschellt.

Acht Luftsiege in zehn Minuten, errungen von einem einzigen Mann!

Der Kampf ist zu Ende gegangen, und die restlichen englischen Jagdflugzeuge verschwinden am östlichen Horizont.

Umringt von den Maschinen der Kameraden, fliegt Marseille über die Wüste. Die Landschaft Ägyptens flitzt unter ihm dahin. Mit einem starren Lächeln auf dem Gesicht sitzt er in der Kabine. Manchmal hebt er die Hand und winkt zu den anderen hinüber. Wie in einem Triumphzug geleiten sie ihn über die letzte Distanz, die sie noch vom Flugplatz trennt.

In weiten Kurven schwirren sie durch die Luft und sehen zum Rollfeld hinunter. Dort geschieht zu diesem Zeitpunkt etwas, das es noch nie gegeben hatte: Achtmal huscht ein Jagdflugzeug über die Piste, mit wackelnden Tragflächen einen Abschuß nach dem anderen anzeigend.

Die Soldaten auf den Liegeplätzen trauen ihren Augen nicht. Aber es gibt keinen Zweifel, und allmählich beginnen sie zu rechnen. Zwölf Abschüsse hat Marseille an diesem Tag also bereits erzielt, zwölf Feindmaschinen sind von ihm besiegt worden, eine ganze gegnerische Staffel.

Der Tumult, der nach seiner Landung herrscht, ist unbeschreiblich. Selbst dem Kommodore fehlen zunächst die Worte, als er Marseille gegenübersteht. Aber auch er erkennt, welch eine Kraft es diesen Jungen gekostet haben muß, diese Siegesserie zu erringen.

Die Kehlen der Warte sind heiser vom Brüllen. In dichten Reihen umringen sie den jungen Hauptmann, der mit einem müden Lächeln in ihrer Mitte steht. Neben dem Kommodore eine massige Gestalt, die sie alle so gut kennen wie den „Wüstenfuchs“: Generalfeldmarschall Kesselring. In der mittlerweile eingetretenen Stille hören sie jetzt seine Worte:

„Marseille, ich kann Ihnen nur sagen, wie stolz ich auf Sie bin.“

Es dauert noch lange, bis sie es alle endlich begriffen haben. Marseille ist inzwischen zu seinem kleinen Gefechtsstandbunker gegangen. Dort sitzt er auf einem Liegestuhl, mit geschlossenen Augen. Aber die Ruhe währt nicht lange. Der Krieg hält auch an der Erde vielfältige Aufgaben für ihn parat.

Es wird Mittag, und sie nehmen zusammen ihr einfaches, karges Essen ein. Draußen auf dem Liegeplatz wird die „Gelbe 14“ von den Warten für einen neuen Einsatz bereitgemacht. Dutzende von Männern anderer Staffeln kommen vorbei und bleiben in der Nähe des Flugzeuges stehen. Der Staffelmaler sitzt wieder einmal unter der Leitwerksflosse und bringt zwölf weitere gelbe Striche unter der großen Zahl „100“ an.

Die Mittagshitze treibt den Männern Bäche von Schweiß aus den Poren. Irgendwo auf einem schattigen Fleck sinken sie nach getaner Arbeit auf den Boden und versuchen etwas Ruhe zu finden.

Marseille liegt zu dieser Zeit auf seinem Feldbett. Matthias, der Negerjunge, bewacht seinen Schlaf und überschüttet jeden Herankommenden mit einem erregten Wortschwall.

Stunde um Stunde vergeht. Die Sonne ist bereits nach Südwesten gewandert. Eine trügerische Ruhe hat sich über den Wüstenflugplatz gebreitet.

Doch dann wird die Stille wieder vom Klang vieler Stimmen unterbrochen. Ein neuer Einsatz steht bevor.

Die Flugzeugführer verlassen ihre Zelte und nähern sich den Liegeplätzen. Marseille ist unter ihnen. Vor wenigen Minuten war die kurze Einsatzbesprechung zu Ende gegangen.

Meyer läuft ihm entgegen und meldet die „Gelbe 14“ klar. Marseille klopft ihm kurz auf die Schulter, ein freundliches Grinsen auf dem Gesicht.

„Na, dann wollen wir halt noch mal!“

Er steigt in die Kabine. Die Haube schließt sich. Der Motor kommt.

Ein kurzes Abbremsen, dann rollt die „109“ dem Startpunkt entgegen. Die anderen reihen sich hinter die Kapitäns-Maschine. Diesmal soll es in den Raum von Imayid gehen.

Das Donnern der Motoren verstärkt sich. Die ersten Jagdflugzeuge rasen über den Sand, heben ab und schwingen sich in die Luft. Über der Staubwand formieren sie sich zu Rotten und ziehen in östlicher Richtung davon.

Allmählich verweht ihr kraftvolles Dröhnen in der Ferne.

Es ist 17.45 Uhr geworden. Die Türen des Funkwagens sind weit geöffnet. Trotzdem fließt den darin sitzenden Männern der Schweiß in Strömen über die nackten Oberkörper. Vor der geöffneten Tür hocken unter einer Plane einige Warte, den Blick auf die grauen Kästen der Funkgeräte gerichtet.

Meyer und Schulte sind auch dabei. Sie rauchen und reden kaum miteinander. Denn die letzten Meldungen, die sie aus dem Lautsprecher hörten, deuten auf einen baldigen Beginn des Luftkampfes hin.

Im Augenblick ist allerdings nichts mehr zu vernehmen.

Schulte stößt den Kameraden an und deutet an dem Funkwagen vorbei. Der Kommodore kommt in Sicht, mit schweißgetränktem Hemd, abgewetzten Khakihosen, die Mütze weit im Genick. Er ist allein. Mit einer schnellen Handbewegung bedeutet er den Warten, sitzen zu bleiben. Sie tun es, und der Major lehnt sich an den Türrahmen des Eingangs.

„Schon was durch?“ wendet er sich an den Funker.

„Es wird gleich losgehen, Herr Major. Sie sind dran. ‚Curtiss‘ sind im Anflug.“

Ein kurzes Kopfnicken. Stille breitet sich wieder aus. Fliegen umschwirren den Wagen. Über dem verlassenen Rollfeld brütet die Hitze. Kein Mensch ist auf dem Platz zu sehen. Alles ist in Schattendeckung gegangen.

Plötzlich ein Krächzen im Lautsprecher, dann die Stimme Marseilles. Er spricht nur ein Wort, das sie schon unzählige Male von ihm gehört haben:

„Aufpassen!“

Für alle, die ihn kennen, ist das ein Hinweis dafür, daß in den nächsten Sekunden etwas geschehen wird.

Meyer wirft einen Blick auf seinen Chronometer. Es ist ein gutes, zuverlässiges Stück. Die Zeiger stehen vor 17.47 Uhr.

Kurz darauf quäkt eine ferne, erregte Stimme aus dem FT:

„Gratuliere, Elbe eins!“

Der Major nimmt die Mütze ab. Vielleicht rechnet auch er jetzt den neuen Luftsieg Marseilles zu den anderen, die er während der beiden vorangegangenen Einsätze dieses Tages schon errungen hatte.

Dreizehn Abschüsse sind es jetzt!

Die Männer starren wie fasziniert auf die Funkgeräte. Viele Stimmen sind jetzt zu hören. Es ist wie immer, wenn Marseille eine seiner Serien begann. Und auch dieses Mal scheint dieser Sieg nicht der letzte gewesen zu sein.

Die Uhrzeiger rucken weiter.

17.49 Uhr. Das Quarren der Wortfetzten hält an. Warnrufe und Jubelschreie lösen einander ab. Dazwischen die ruhige Stimme Marseilles, wenn er seine kurzen Befehle erteilt.

Meyer packt die Hand des Waffenwartes, als die Meldung von einem weiteren Abschuß Marseilles über den Äther schallt.

Keiner wagt etwas zu sagen, als ob sie fürchteten, die nächste Nachricht zu verpassen. Und da ist es auch schon soweit!

Keine Minute ist vergangen, da krächzen die Worte aus dem Lautsprecher:

„Mensch, Jochen, gratuliere!"

Der Major wischt sich den Schweiß vom Gesicht und steckt eine Zigarette in den Mund.

Die Sekunden reihen sich aneinander.

17.50 Uhr.

Der 1. Wart der „Gelben 14" preßt die Hände gegen die Schläfen und murmelt unverständliche Worte vor sich hin. Denn soeben war zu hören, daß Marseille innerhalb dieser unvorstellbar kurzen Zeitspanne bereits den vierten Gegner abgeschossen hat.

Der Unteroffizier am Funkgerät starrt auf den Lautsprecher, mit zukkendem Mund und weit geöffneten Augen. Vielleicht glaubt auch er nicht richtig gehört zu haben. Aber da kommt schon die nächste Meldung aus dem grauen Kasten, kaum verständlich in dem wilden Geschrei, das vor wenigen Sekunden aufgeklungen war.

„Fünf!" brüllt es mit verzerrten Lauten. „Der fünfte ist runter!"

Meyer schluckt. Der Waffenmixer zerknautscht seine Feldmütze. Drinnen im Funkwagen starren sich die Funker wortlos an. Der Kommodore schüttelt den Kopf und verschwindet hinter dem Wagen. Die Warte können es immer noch nicht begreifen. Doch dann überkommt sie die Begeisterung wie ein Windstoß. Sie springen auf, klopfen sich auf die Schultern und rennen schreiend zum Liegeplatz hinüber.

„Fertig", sagt einer der Funker, „sie fliegen zurück. Max, kommst du da noch mit? Da hat er heute also — warte mal — siebzehn Abschüsse gemacht!"

Der andere nickt nur, sagen kann er scheinbar nichts.

Eine halbe Stunde später rumort es am östlichen Horizont. Die noch winzigen Konturen der heimkehrenden Maschinen kommen in Sicht. Sie werden größer und größer, und dann ist es wieder wie immer.

Kurz vor dem Platz schwirren sie auseinander. Eine einzelne „109" sticht auf den Platz herab. Die Tragflächen bewegen sich.

Einmal, zweimal, dreimal!

Mit röhrendem Motor schießt die „Gelbe 14" Marseilles wieder in die Höhe, dreht nach einem Turn auf Gegenkurs und wackelt noch zwei weitere Luftsiege an.

Minuten später berühren die Laufräder den Wüstenboden. Die Maschine rollt aus und tuckert auf den Liegeplatz zu. Die Rollfeldränder gleichen an diesem Tag einem Hexenkessel. Von allen Seiten rennen jubelnde Männer auf den Liegeplatz der „Dritten" zu.

Marseille hat die Kabine bereits geöffnet. Meyer fällt ihm dieses Mal von der Tragfläche aus um den Hals. Dann packen wieder Hände nach ihm und zerren ihn vom Flügel. Zwei Warte tragen ihn auf den nackten Schultern von der Maschine weg.

Siebzehn Abschüsse an einem Tag!

Der Kommodore arbeitet sich durch die Menschengasse, sein strahlendstes Lachen auf dem Gesicht. Er drückt Marseilles Hand, aber mit den richtigen Worten scheint es bei ihm irgendwie schlecht bestellt zu sein.

Schulte und Meyer haben sich inzwischen aus dem Haufen gelöst. Sie stehen bei der „Gelben 14" und sehen dem Wagen nach, der Marseille und den Kommodore zum Gefechtsstand fährt.

„Das bringt ihm die Brillanten", sagt Schulte.

„Wenn es so weitergeht, reichen nicht mal die mehr", murmelt Meyer, „Mensch, wie ihm jetzt wohl zumute sein wird!"

„Vorstellen kann man sich's ja ungefähr", knurrt der Waffenmixer, „aber nur ungefähr."

*

Schulte hatte sich nicht getäuscht. Am 3. (2.) September wurde Hans-Joachim Marseille mit den 4. Brillanten zum Ritterkreuz ausgezeichnet, nachdem er kaum sieben Monate zuvor das Ritterkreuz (22. 2. 1942) verliehen bekommen hatte.

Der Wehrmachtsbericht verzeichnet die sensationelle Abschußserie mit drei lapidaren Sätzen, aus denen hervorging, daß Marseille an der ägyptischen Front nunmehr 125 Luftsiege errungen habe, nachdem am vorangegangenen Tage sechzehn Gegner (die wirkliche Abschußziffer wurde erst später bekannt) von ihm im Luftkampf besiegt worden seien.

Im gleichen Maße jedoch, wie Marseilles fliegerischer Ruhm immer größer wurde, sank das Schlachtenglück Rommels. Am 3. September hatte er sich zu einer Absetzbewegung entschlossen, zu der er durch den Mangel an Betriebsstoff und anderen Nachschubgütern gezwungen worden war.

Wie damals für die Engländer der Traum vom Einmarsch in Tripolis, rückte nun auch für ihn die Hoffnung auf eine Eroberung Alexandrias und Kairos in immer weitere Fernen. Es war ihm nicht gelungen, die britische El-Alamein-Stellung aus den Angeln zu heben, und es sollte auch nie mehr möglich sein.

Die Schläge, die von den in Malta stationierten britischen Fliegerverbänden gegen den Schiffsnachschub der Verbündeten ausgeteilt wurden, führten zu immer höheren Verlusten. Malta, der „Dorn im Fleisch der Achsenpartner“, begann sich wieder bemerkbar zu machen, aber die vor geraumer Zeit geplante Eroberung der Insel im Mittelmeer war versäumt worden und ließ sich jetzt nicht mehr nachholen. Das Kriegsglück wandte sich wieder den Engländern zu, und am 23. Oktober 1942 traten Montgomerys Verbände nach einer gewaltigen Artillerievorbereitung mit rund 1100 Panzern zum Angriff an...

*

Hans-Joachim Marseille war in den folgenden Septembertagen fast Tag für Tag mit seiner Staffel über der Front. Er errang weitere Luftsiege, doch am 26. September schien der Tod mahnend seine Hand erhoben zu haben. Was bisher noch nie geschehen war, trat an diesem Tag ein: Beim Luftkampf mit einer „Spitfire“ brauchte Marseille ganze sechzehn Minuten, um den gegnerischen Piloten zu besiegen.

30. September 1942.

Um 10.47 Uhr starten acht Me 109 der dritten Staffel, geführt von Marseille, als Begleitschutz für einen Stuka-Verband. Bei der anschließenden freien Jagd kam es zu keiner Feindberührung.

Sie treten daher den Rückflug an und nehmen Kurs auf den eigenen Flugplatz, Pottgen ist wieder dabei und fliegt als Marseilles Katschmarek, wie schon Hunderte von Malen zuvor.

Plötzlich quillt Rauch aus der „Gelben 14“, und dann hören sie Marseilles Stimme:

„Von Elbe 1. Habe starke Rauchentwicklung in der Kabine. Ich kann nichts mehr sehen.“

Entsetzt stellt Pottgen fest, daß der Qualm über dem Motor der „Gelben 14“ immer stärker wird.

Kurz darauf klingt Marseilles von hustenden Geräuschen entstellte Stimme wieder über den Äther:

„Ich kann nichts sehen...“

„Noch drei Minuten bis El Alamein“, gibt Pottgen zurück.

Sehnsüchtig gleitet sein Blick über die Erde. Es kann nicht mehr lange dauern, bis sie die eigene Front erreicht haben.

Und dann sind sie darüber hinweg!

Die anderen Maschinen haben dichter aufgeschlossen. In enger Formation scharen sie sich um Marseilles „109“. Sie verschwindet manchmal völlig unter der Rauchwand. Entsetzt stellt Pottgen fest, daß bereits kleine Feuerzungen in der Qualmfahne zu sehen sind.

11.35 Uhr!

Die Zeit scheint nur so dahinzuschleichen.

Auf einmal hören sie Marseille die Worte hervorstoßen:

„Ich muß jetzt raus!"

Es war das letzte Mal, daß sie seine Stimme hörten. Während sie seitlich wegscheren, dreht sich die „Gelbe 14" auf den Rücken. Das Kabinendach fliegt weg, und Marseille wird vom Luftstrom herausgewirbelt.

Pottgen sieht, wie der Körper sich kurz aufbäumt, ehe er nach unten taumelt. Aus einer jäh eingeleiteten Messerkurve heraus starrt er in die Tiefe. Doch dann wird er von panischem Entsetzen erfüllt.

Was, um Gottes willen, ist denn mit dem Fallschirm los? Warum öffnet er sich nicht?

Inzwischen ist es 11.36 Uhr geworden.

Ein Schrei gellt aus den Kopfhörern, die anderen bleiben stumm. Sie lenken ihre Maschinen der Wüste entgegen, wo ein kleiner bräunlicher Fleck sich auf dem gelben Sand abzeichnet:

Der verstümmelte Körper Hans-Joachim Marseilles. Sein Fallschirm hatte sich nicht geöffnet.

Der Stern des „Adlers von Afrika" war erloschen. Nach 158 Luftsiegen hatte Marseille, unbesiegt vom Feind, den Tod gefunden.

Hans Holl

Gnadenloser Himmel

Kriegsjahr 1944
Für die deutschen Jagdflieger
war der Himmel zur Hölle geworden.
Nur wenige aus ihren Reihen
erlebten noch das „große Wunder".
Wie sie, die Gejagten von gestern,
wieder zu Jägern wurden,
berichtet dieser Band.

Sie sitzen auf ihren alten Plätzen und der Feldwebel am Eingang des Liegeplatzes hat den Eindruck, als ob nicht sechs Wochen vergangen seien, seit er sie zum letztenmal gesehen hatte, sondern nur ein Tag. Keiner hatte ihn bis jetzt bemerkt, und so hat er noch Sekunden Zeit, die wundersame Tatsache zu verdauen, daß sie überhaupt noch alle da sind.

Einer der fünf Piloten hebt jetzt den Kopf und sieht zur Tür. Er ist Leutnant, trägt eine zerkratzte Lederjacke, ist dunkelhaarig und von erstaunlich hagerer Gestalt. Seine Knollennase kommt ins Zucken, die braunen Augen weiten sich, während er Luft für den Schrei der Freude holt. Dann ist es soweit:

„Mensch, Tommy!“ gellt seine Stimme in das Schweigen hinein. „Ich werd verrückt!“

Die anderen neben ihm heben die Köpfe: zwei Unteroffiziere und ein Obergefreiter. Ihre Gesichter nehmen Farbe an, der ungläubige Ausdruck schwindet aus ihren Augen, und dann sind auch sie auf den Beinen.

Der lange Reuter zerrt den Heimgekehrten gerade auf einen Sessel zu, den der andere vor genau sechs Wochen verlassen hatte. Er ist ganz zappelig vor Freude, und nicht nur er hat angesichts dieses überraschenden Wiedersehens die letzte Durchsage des Gruppengefechtsstandes vergessen, die mit den lakonischen Worten endete: „Fünf-Minuten-Bereitschaft!“

Sie umringen den Kameraden, bestürmen ihn mit Fragen und trommeln auf seinen Schultern herum. Keiner scheint daran zu denken, daß ausgerechnet ein Steckschuß in der einen Schulter daran schuld war, daß der Feldwebel Jupp Thomas, genannt Tommy, vor Wochen halb ohnmächtig aus einer bauchgelandeten Maschine gezerrt und anschließend in ein Lazarett gebracht worden war.

„Mal Ruhe, verdammt!“ erklingt jetzt die Stimme des Leutnants. „Es kann schließlich nur einer quatschen.“

Sie sind zwar nicht ruhig, aber man kann jetzt wenigstens wieder sein eigenes Wort verstehen.

„Tommy“, sagt Reuter, während er sich neben dem Feldwebel auf die Sessellehne hockt, „wie ist es? Bleibst du wieder bei uns?“

Thomas schüttelt den Kopf. Man merkt ihm an, daß es ihm nicht gerade leichtfällt, die nächsten Worte von sich zu geben.

„Nein“, klingt seine Stimme in das inzwischen vollkommen gewordene Schweigen hinein. „Sie haben mich zur E-Gruppe (Ergänzungsgruppe IV. Gruppe eines Geschwaders, bei der junge Flugzeugführer für den Einsatz an der Front geschult wurden) geschickt.“

Der Leutnant nickt und läßt den Kopf hängen. Von unten her äugt er zu den anderen hinüber, die sich hinter dem Sessel aufgebaut haben.

„Schade“, murmelt er dann, „wir hätten dich verdammt gut brauchen können.“ Er sieht auf, steckt eine Zigarette in den Mund, ohne sie aber anzuzünden. Und dann, nach einer Handbewegung über die anderen: „Da — guck sie dir an. Wir sind alles, was noch da ist. Nach den Jungen, die damals zu uns gekommen sind, brauchst du nicht zu fragen. Das alte

Lied: Bruchlandung, schwer verletzt in irgendeinem Lazarett — oder vermißt, wie man so schön sagt."

Mertens, einer der Unteroffiziere, fischt seine Schwimmweste vom Boden, läßt sich auf einen Stuhl sinken und meint:

„Prima Rede, Herr Leutnant. Nur — zum Heulen bleibt wahrscheinlich keine Zeit mehr, ich ... "

Er bringt den Satz nicht mehr zu Ende. Draußen scheppert es im Platzlautsprecher. Thomas klammert unwillkürlich die Hände fester um die Armlehne. Die Erregung, die ihn früher kurz vor einer neuen Durchsage jedesmal befallen hatte, kommt auch jetzt wieder über ihn. Sekundenlang bleibt es noch still, dann krächzt es aus den großen Blechmäulern rings um den Platz:

„Von Gruppengefechtsstand an alle: Startbereitschaft — Startbereitschaft! Ende!"

„Sie haben recht gehabt!" seufzt Leutnant Reuter, während er die kleinen Schnallen der Schwimmweste über der Lederjacke schließt. „Mach's gut, Alter — falls wir uns nicht mehr sehen sollten. Und Hals und Bein!"

„Danke, euch auch — allen!"

Sie reichen ihm nacheinander die Hand und tappen auf ihren dicken Pelzstiefelsohlen dem Ausgang entgegen.

Jupp Thomas folgt ihnen. Drüben vor der Halle sieht er Bender, den Oberwerkmeister, dem er vorhin schon guten Tag gesagt hatte, ehe er auf den Liegeplatz zugegangen war. Die Warte stehen bereits auf den Tragflächen der Jagdmaschinen. Die Schritte der vier Flugzeugführer werden schneller. Kurz darauf ziehen sie sich an den Rümpfen in die Höhe und lassen sich in die Kabinen sinken.

Neben Thomas erklingen Schritte. Er löst sich von der Wand des niedrigen Gebäudes und geht dem Spieß der Staffel, Oberfeldwebel Kramer, entgegen.

„Tommy", sagt der andere, „bleibst du hier? Wie geht es denn?"

„Es geht, aber ... "

Das Aufbrüllen des ersten anspringenden BMW-801-Motors reißt Thomas die nächsten Worte vom Mund. Staubwolken fegen über das Hallenvorfeld. Die Warte stehen nun neben den Tragflächen der Jagdflugzeuge und drücken die dunklen Feldmützen gegen die Köpfe. Die drei anderen Triebwerke beginnen ebenfalls zu laufen. Ein ohrenbetäubender Lärm braust durch die Luft.

Darüber erklingt jetzt wieder das blecherne Geräusch einer Durchsage. Diesmal gibt der Gefechtsstandsprecher nur zwei Worte durch:

„Startbefehl — Startbefehl!"

Die Bremsklötze werden weggezogen. Mit heulenden Motoren schwenken die Maschinen herum und reihen sich hintereinander. In einer der Focke-Wulf hebt der Pilot die Hand und winkt beim Vorbeirollen herüber: Es ist Leutnant Reuter.

Kaum eine Minute später schaukeln sie zusammen mit den restlichen

Maschinen der I. Gruppe auf den Start zu. Sekunden noch, dann jagen die ersten Focke-Wulf 190 über das Gras des Rollfeldes. Nacheinander heben sie ab und schwingen sich in die Luft. Es dauert nicht lange, bis das Dröhnen der Motoren in nördlicher Richtung am Himmel verklingt.

Am Eingang des Liegeplatzgeländes rührt sich etwas. Thomas dreht sich herum.

Der Gefreite Kantor, die Staffelordonnanz, steht auf der obersten Treppenstufe, eine kleine Kognakflasche in der Hand. Er strahlt über sein hageres, listiges Gesicht.

„Für Sie, Herr Feldwebel, extra aufgehoben!"

„Danke, Kantor, das ist nett von Ihnen!"

„Alter Gauner!" schnaubt der Spieß von der Seite her. „Immer diese verdammten schwarzen Bestände!" Er wirft dem Gefreiten einen Blick zu, in dem sich dienstlicher Groll und menschliches Verständnis paaren könnten. Dann deutet er auf den Eingang: „Hast du nicht ein bißchen Zeit zum Plaudern?"

„Für dich immer!" erwidert Thomas.

An dem zur Seite tretenden Gefreiten vorbei gehen sie in den Liegeplatzraum hinein und setzen sich. Kantor bringt unaufgefordert zwei Gläser und öffnet die Flasche. Dann trinken sie.

„Wie ist es, Jupp?"

„Wie jedesmal nach einem Lazarettaufenthalt. Man hat zuviel Zeit zum Nachdenken gehabt, das ist nicht immer gut."

„Nun ja, ich kann es mir vorstellen", seufzt der Hauptfeldwebel, an seinem über eine mächtige Brust gewölbten Waffenrock herumfummelnd. Er denkt kurz nach. „Es sieht nicht gut aus, meine ich. Tag für Tag die Bomben auf unsere Städte. Und nachts auch noch. Hoffentlich ... " Er verzichtet auf die nächsten Worte, holt eine dicke Zigarre aus der Brusttasche und zündet sie umständlich an.

Draußen herrscht jetzt eine Stille wie auf einem Friedhof. Kein Laut ist zu hören, nichts. Nicht einmal der Motor eines Fahrzeugs. Doch dann klingen leise Schrittgeräusche auf, die näher kommen. Kramer äugt aus dem Fenster, erstarrt und zerrt erregt an seiner Kommißbibel (Notizbuch) herum. „Der Kommodore!"

„Ach", sagt Thomas überrascht, „tatsächlich!"

„Er kommt herein!" verkündet der Spieß, das nervös wirkende Gesicht dorthin gewendet, wo die hohe Gestalt des Oberstleutnants gerade die Frontseite des Gebäudes passiert.

„Bleib ruhig", lächelt Thomas, „er hat noch keinen gebissen. Ich wünschte, sie wären alle so."

„Ja — äh — natürlich!" krächzt der Hauptfeldwebel. Er ist bereits aufgestanden und glättet imaginäre Falten an seiner Uniform.

Der Kommodore, Oberstleutnant Graf, sieht draußen kurz durch die geöffneten Fenster, hebt überrascht die Augenbrauen und nähert sich.

„Achtung!“ brüllt der Hauptfeldwebel.

Thomas hat sich inzwischen ebenfalls erhoben. Er kann sich denken, was jetzt passieren wird, und er sollte sich nicht getäuscht haben.

Oberstleutnant Graf verzieht schmerzlich das Gesicht, preßt die Hand gegen das eine Ohr und meint dann kopfschüttelnd: „Mensch, Kramer, was soll die Brüllerei? Sie befehligen doch kein Bataillon. — Keine Meldung! Setzen!“

Er geht auf Thomas zu und streckt ihm die Hand hin. „Tommy, da haben mich meine trüben Augen also doch nicht genarrt, du bist es wirklich. Was macht das Loch in der Schulter? Wieder heil?“

„Jawohl!“ erwidert Thomas.

„Na prima!“ Mit schiefgeneigtem Kopf wendet sich der ellenlange Kommodore wieder an Kramer, der immer noch wie eine Salzsäule dasteht. „Setzen, habe ich gesagt! Hört ihr nicht mehr?“

Der Spieß wechselt erneut die Gesichtsfarbe und faltet sich dann vorschriftsmäßig auf den Rand eines Sessels, während Grafs Blick die Flasche liebkost.

„Habt ihr keine Ordonnanz hier?“

„Doch, Herr Oberstleutnant!“ trompetet es vom Eingang her.

„Na also!“ lächelt Graf, sich langsam nach dem herbeistürzenden Gefreiten umdrehend. „Eine Ordonnanz kann alles machen, nur nicht den Kommodore verdursten lassen. Bring ein Glas, Jüngling, und du kannst draußen weiterschlafen.“

„Jawohl!“ prustet Kantor und zieht sich zurück.

Das dritte Glas mitsamt Inhalt steht kurz darauf vor dem Geschwaderkommodore. Er hebt es Thomas und dem Spieß entgegen. Sie trinken, dann sagt er:

„Ist das hier die Endstation deiner letzten Reise, Tommy?“

„Nein, Herr Oberstleutnant, es geht zur E-Gruppe!“

„Jammerschade — und auch wieder nicht“, erwidert Graf, den Blick nachdenklich auf den Rest der braunen Flüssigkeit in dem kleinen Glas gerichtet, „aber Opa wirst du beim E-Haufen nicht, das kann ich dir sagen. Nach spätestens drei Monaten habe ich dich wieder hier, klar?“

„Klar, Herr Oberstleutnant!“

Graf läßt sich zurücksinken und sieht zur Decke hinauf. Zwischen seinen Kragenrevers funkeln die Brillanten über dem Ritterkreuz. Thomas betrachtet ihn, und er erinnert sich, daß der Kommodore diese höchste deutsche Auszeichnung schon am 16. 9. 1942 als 5. Soldat und damals als Oberleutnant nach 172 Luftsiegen in Rußland bekommen hatte. Die „172“ hatten allerdings nicht lange gehalten. Schon am 2. Oktober 1942 hatte er als erster deutscher Jagdflieger 200 Luftsiege errungen. Er war zu jener Zeit Staffelkapitän der 9. Staffel im JG 52 gewesen, ein Haufen, in dem es von Assen nur so wimmelte.

Thomas spürt jetzt seinen Blick auf sich gerichtet. Das Schmunzeln ist wieder auf dem schmalen Gesicht.

„An was denkst du? — An Rußland?"
„Jawohl, daran habe ich gedacht, Herr Oberstleutnant!"
Hermann Graf steht auf und trinkt das Glas aus.
„Vorbei, Thomas, alles vorbei!" Er sieht über das Rollfeld und wendet sich zum Gehen. „Ich muß wieder hinüber in meinen Laden. Mach's gut, Thomas, und halt die Ohren steif!"
„Jawohl, Herr Oberstleutnant!"
„Dann ist es gut!" Noch eine Handbewegung, ein schnelles Lächeln, dann geht er auf den Ausgang zu. Seine Schritte entfernen sich in Richtung einer Halle. Kramer, der Hauptfeldwebel, seufzt und wischt sich den Schweiß von der Stirn.
„Warum bist du denn so zappelig?" erkundigt sich Thomas. „Hast du Bammel vor ihm?"
„Das nicht", erwidert der Spieß, „möglicherweise nur zuviel Respekt."
„Nicht übel gesagt!" Thomas blickt auf seinen Flieger-Chronometer und sieht dann wieder auf den leeren Flugplatz hinaus. „Bald dürften sie dran sein, wenn sie richtig geführt werden."
Er spricht die Worte wie zu sich selbst.
Kramer scheint ihn verstanden zu haben.
„Die Gruppe?"
„Ja!" Thomas steht auf und geht ans Fenster.
Er wirkt ziemlich unruhig. Drüben vor der Halle steht der Kommodore und unterhält sich mit dem Oberwerkmeister. Er redet eigentlich mit jedem, der ihm in den Weg kommt, und jeder schätzt und verehrt ihn. Nicht umsonst heißt man ihn den „Obergefreiten unter den Stabsoffizieren". Ein schnelles Lächeln huscht über das Gesicht des Feldwebels, während er daran denkt. Langsam wendet er sich wieder den Kameraden zu.
„Der Kommodore — fliegt er nicht mehr?"
„Nein, er darf nicht. Startverbot!"
„Hm!" Thomas senkt den Kopf. Also auch er, überlegt er, denn er ist da nicht der einzige. Man will die großen Asse anscheinend reservieren und sie nicht aufs Spiel setzen. Eine kluge Maßnahme, denn immerhin ... Er verzichtet auf den Rest des Gedankens, setzt sich wieder und greift nach der Kognakflasche. Als er zu Kramer hinübersieht, bemerkt er auf dessen Gesicht einen seltsamen Ausdruck. Offenbar hat er etwas auf dem Herzen, irgendeine Neuigkeit, die ihm schwer auf dem Magen liegen muß. Jetzt kann er sich anscheinend nicht mehr bremsen.
„Weißt du schon das Neueste?"
„Na?"
Kramer verschränkt die Hände über der breiten Brust, ehe er sagt:
„Sie haben dich zum Ritterkreuz eingereicht."
„Was sagst du da?"
„Es ist so..."
Draußen erklingen Schreie, kurz darauf heult eine Alarmsirene. Wie auf ein Kommando springen die beiden Männer auf die Tür zu.

Die beiden „Thunderbolts", die im Tiefstflug auf den Platz zujagen und jetzt aus allen Rohren feuern, sind wahrhaftig nicht zu übersehen ...

Es sind an diesem Tag aber nicht nur „Thunderbolts" in der Luft; Hunderte übrigens, die in geringer Höhe die bekannten deutschen Jägerplätze attackieren und überall beträchtliche Verwirrung erzeugen. Die „Mustangs", die bei diesem Raid die Bomberpulks begleitet haben, sind sogar in der Überzahl.

Doch nur ein Teil von ihnen lauert hoch über dem Bomberstrom, der zu diesem Zeitpunkt irgendeinem Ziel in Mitteldeutschland zufliegt.

Weit unter der Flughöhe der viermotorigen B-17-Bomber und der B-24-Liberator-Verbände, die wie ein kilometerlanger Lindwurm durch den Himmel dröhnen, ziehen ganze Schwärme von P-51-Jägern durch die Luft. Ihre Aufgabe scheint klar umrissen zu sein: Abfangen etwaiger deutscher Jagdverbände, die sich noch im Steigflug befinden. Nur so kann ihr Einsatzauftrag lauten.

Leutnant Reuter und den anderen neben ihm ist es gleichgültig, zu welchem Zweck die Amerikaner an dieser Stelle des Luftraumes ihre Kreise ziehen. Allein schon die Tatsache, die Zahl der amerikanischen Maschinen und die fatale Erkenntnis, daß dieser Einsatz wahrscheinlich bereits jetzt schon seinem Ende entgegengehen wird, ist alarmierend genug und verdrängt alle weiteren Überlegungen.

Schon vor gut einer Minute war der erste Warnruf über den Äther geschallt. Ein kurzer Befehl des Gruppenkommandeurs war gefolgt, und dann hatten sie ihre Formation aufgelöst.

In weit auseinandergezogenen Rotten, die in engen Kurven durch den Himmel ziehen, kreist der Gruppenverband nun in viertausend Meter Höhe über der sonnenschillernden Erde — ganze siebzehn Maschinen übrigens.

Reuter sieht die „Mustangs" herunterstürzen, in wahren Rudeln. Die langen Motorpartien mit den runden Buckeln der Kühler sind in flachem Winkel nach unten gereckt. Vor den Tragflächen der ersten P-51 züngeln bereits die Flammen des Mündungsfeuers, und Tausende von Metern weiter oben ziehen die Bomber wie bei einer Parade durch die großen Höhen.

In den Kopfhörern herrscht eine Totenstille, und es ist, als ob sie alle den Atem anhielten, die jetzt in den Kabinen der Focke-Wulf 190 nach oben starren.

Mit kleinen, ruckartigen Kopfbewegungen verfolgt Leutnant Reuter den Sturzweg der ersten Feindmaschinen. Er sieht sie in einiger Entfernung vorbeipreschen, abfangen und wieder hochziehen. Weitere folgen ihnen, dutzendweise. Es ist einfach unmöglich, sie zu zählen. Dafür wäre es bedeutend einfacher, sich der eigenen Stärke zu erinnern. Aber selbst das hätte in dieser höllischen Situation keinen Sinn mehr.

Die ersten schrillen Schreie gellen aus den Membranen der Kopfhaube. Irgendwo weiter nördlich haben sich die ersten gegnerischen Rotten ineinander verbissen. Leuchtspurgarben prasseln durch die Luft, ein feuriges Gitternetz vor das Blau des Himmels breitend.

Mit schweißbedecktem Gesicht blickt Reuter nach hinten.

Und dann erkennt er, daß nun auch für ihn und den Obergefreiten Klein der große Tanz beginnen wird.

Es sind gleich sieben oder acht „Mustangs“, die jetzt ihre flimmernden Luftschraubenkreise auf die einzelne Rotte richten, die bis dahin ungeschoren geblieben war. Alle anderen kreisen bereits in steiler Flächenlage. Das Karussell des Todes hat sich wieder einmal zu drehen begonnen. Ein halbes Hundert „Mustangs“ kurvt durch den Schauplatz des Luftkampfes, und einige hundert Meter weiter oben warten andere P-51-Schwärme wie eine Ablösung.

Reuter nimmt die verzweifelte Erkenntnis mit in die erste Runde, daß schon ein Wunder geschehen müßte, wollten sie noch eine Chance haben. Es gibt in dieser Situation auch kein Abdrehen, kein Wegstürzen, nicht einmal ein taktisches Absetzen. Man kann nur kurven, auf eine Chance lauern — mag sie noch so lächerlich sein — und warten, bis es irgendwo in der Maschine zu knallen beginnt.

Schon nach den ersten beiden Vollkreisen hat der Leutnant erkannt, daß die Amerikaner hinter ihnen und die anderen auf Gegenkurs ihr Handwerk verdammt gut verstehen. Sie hängen wie die Kletten auf der Bogenspur, die sie immer enger ziehen. Aber auch die Focke-Wulf hält noch mit, denn das ist ihre ideale Kampfhöhe.

Bäche von Schweiß laufen über Reuters Gesicht. Pausenlos kreist sein Blick in die Runde. Er weiß, daß Klein noch immer hinter ihm hängt. Ringsherum geht es zu wie bei einem Flugtag in der Hölle. Einmal erkennt Reuter Tausende von Metern weiter oben die dichten Pulks der amerikanischen Bomber. Niemand wird ihnen mehr etwas antun können, wenigstens keiner aus ihrem Verband.

Voraus kommt eine der in steiler Messerlage durch den Himmel ziehenden „Mustangs“ vor den Bug. Ein gehetzter Blick nach hinten. Klein ist noch da. Leuchtspurgeschosse flirren an der Kabine vorbei. Irgendwo klatscht es in der Zelle. Reuter duckt sich unwillkürlich tiefer über das Steuer. Der Atem geht flach und stoßweise, der Schweiß brennt in den Augen.

Die „Mustang“ hängt immer noch vor der Motorpartie. Entweder ist der Amerikaner völlig sorglos, oder er hat nur Augen für seinen Rottenführer.

In Sekundenschnelle ist Reuters Entschluß gefaßt. Er ist sich klar darüber, daß die Maschine abschmieren wird, wenn er sie das letzte Stück in den noch nötigen Vorhalt gezogen hat. Und das wird mit einem einzigen Steuerdruck geschehen müssen.

Seltsamerweise beginnt er in diesen Augenblicken den Hexenkessel zu vergessen, in dem sie sich befinden. Nur an den Kameraden in der anderen Maschine erinnert er sich noch. Seine Stimme krächzt über das FT (Funktelefon):

„Klein!"

„Herr Leutnant!"

„Paß auf, ich nehme ihn. Wenn ich trudle, kommst du nach!"

„Ja!" schallt es mit blechernem Geräusch zurück.

Die Amerikaner liegen immer noch auf gleicher Position, hintereinander und in der offenkundigen Absicht, in aller Ruhe auf den letzten der deutschen Rotte einzuschwenken. Sie scheinen Zeit zu haben.

Dann kommt der Augenblick, wo Reuter mit einem Ruck den Knüppel durchzieht. Die Focke-Wulf schnellt wie erschreckt nach innen. Im gleichen Augenblick verschwindet die vorausfliegende „Mustang" hinter dem Motor, der Vorhalt ist da!

Reuter feuert aus allen Waffen. Vier MG 151 und zwei weitere überschwere Maschinengewehre jagen Hunderte von Geschossen hinaus.

Plötzlich ist die „Mustang" wieder zu sehen. Brandzungen lecken über die Kabine. Doch da schlägt die Focke-Wulf sekundenschnell nach rechts um. Von einem Augenblick zum anderen war die Strömung abgerissen.

Mit verkrampftem Körper hält Reuter das Steuer am hinteren Anschlagspunkt. Die Strömung kann sich so nicht mehr anlegen, und die „190" beginnt mit den ersten Trudelbewegungen. Der Körper des Leutnants wird pausenlos in den Gurten hin und her gezerrt. Von oben her sieht er Kleins Focke-Wulf herabtaumeln. Weiter rechts zischt jetzt ein Flammenstrahl in die Tiefe.

Die Focke-Wulf Leutnant Reuters trudelt weiter in die Tiefe. Er tut nichts, um die schlingernden Bewegungen zu beenden, denn er kennt dieses Flugzeug so gut wie kein anderes. Sein Blick bleibt nach oben gerichtet. Eigentlich wäre es nicht nötig gewesen, denn er hätte sein Leben darauf verwetten können, daß die Hölle jetzt erst ihre Tore öffnen wird.

Es ist auch so ...

*

Die morastige Brühe reicht ihnen bis zu jener Stelle, wo Hauptfeldwebel Kramer das Koppel zu tragen pflegt. Thomas hatte das seinige im Liegeplatz zurückgelassen, und er benötigt es auch jetzt nicht mehr.

Vor kaum einer Minute waren sie, gefolgt von dem Ordonnanzgefreiten, in eines der Splitterlöcher neben dem Liegeplatzgebäude gesprungen. Da die Kugeln aus den Bordwaffen der „Thunderbolts" zu diesem Zeitpunkt wie ein Hagelschauer durch die Luft geschwirrt waren, hatte keiner von ihnen daran gedacht, daß die bis dahin eigentlich noch nie benutzten Deckungslöcher im Lauf der Jahre mit Regenwasser vollgelaufen sein könnten. Nun wissen sie es, aber keiner spürt die von unten heraufziehende Nässe, denn über dem Flugplatz ist immer noch der Teufel los.

Die wenigen Fla-Geschütze rings um den Platzrand belfern wütend, aber die Thunderbolt-Piloten, zu denen sich mittlerweile noch vier andere gesellt haben, scheinen sich darum nicht im geringsten zu scheren. Sie kommen jetzt zum zweitenmal im Tiefstflug über das Rollfeld, und das Rattern ihrer Maschinengewehre hört sich wie das Kreischen von Motorsägen an.

Bei diesem Anflug hat Thomas seine Überraschung soweit verdaut, daß er praktisch bereits zum kritischen Zuschauer geworden ist. Den Kopf ein Stück über das Splitterloch gereckt, blickt er den vorbeihuschenden P-47-Jägern nach und stellt sich unwillkürlich die Frage, auf was sie eigentlich schießen. Denn nirgendwo ist eine Maschine abgestellt, und fast scheint es, als ob die Flugzeugführer in den plumpen Jabos in sturer Beflissenheit einen Befehl erfüllten, der angesichts der vor geraumer Zeit zum Feindflug gestarteten Maschinen eigentlich schon gegenstandslos geworden ist.

Trotzdem ist Thomas weit davon entfernt, über diesen sinnlosen Angriff Erleichterung oder gar ein gewisses Amüsement zu empfinden. Es sind ganz andere Gedanken, die ihn heimsuchen, während er neben sich das zornige Schnaufen des Hauptfeldwebels hört. Die Tatsache, daß es den Gegnern bereits möglich ist, mit eigenen Maschinen nahezu ungeschoren auf einem deutschen Flugplatz Scheibenschießen zu veranstalten, ist die erste Überlegung, die sich bei ihm einstellt, und sie genügt ihm eigentlich schon. Die Flugzeuge mit den amerikanischen Sternen auf den Rümpfen, die jetzt weit jenseits des Platzes irgendwohin verschwinden, erscheinen ihm plötzlich wie Symbole einer Wahrheit, die kaum mehr zu leugnen ist. Denn nicht nur hier unten, weit im Rücken ihres Gegners und sozusagen im tiefsten Niemandsland, machen sie in diesen Tagen, was sie wollen. Auch droben in acht- oder neuntausend Meter Höhe sieht es nicht anders aus. Unwillkürlich wandern die Gedanken zu den Regionen des Himmels hinauf, dorthin, wo die Kameraden zu dieser Stunde vielleicht gerade zum ersten Angriff ansetzen. Zu jenen Partien des Luftraumes also, wo auch er noch vor Wochen Tag für Tag auf die Pulks der Viermotorigen eingekurvt war, über sich ganze Trauben von Feindjägern, erfüllt vom Wissen um die Nähe des Todes, den endlosen Strom amerikanischer Bomber vor den Augen. Später, wenn alles wieder einmal vorbei war, tauchte dann manchmal Tausende von Metern weiter unten ein rötlicher Fleck auf, irgendeine Stadt, auf die vor kurzem noch die Bomben tonnenweise heruntergerauscht waren.

Thomas stützt die Hände auf den Trichterrand und stemmt sich langsam hoch. Kramer stößt lästerliche Flüche aus. Seine Stimme wird zu einem schrillen Keifen, als er offenbar das Grinsen auf dem Gesicht des Ordonnanzgefreiten bemerkt. Die Worte, die er ihm daraufhin widmet, sind bemerkenswert.

Das Schlammwasser läuft an Thomas hinunter, als er wieder auf dem weichen Grasboden steht. Nach einigen Schritten bleibt er stehen und sieht über den Fluplatz. Nirgendwo ein Brand, nichts! Eine lähmende Stille hat sich wieder über die Luftbasis gebreitet, die erst einige Sekunden später vom Brummen eines auf der Ringstraße dahinrollenden Lastwagens durchbrochen wird.

Kramer schiebt sich schnaufend heran.

„Diese verdammten Knochen!“ keucht er. „Der Teufel soll sie holen!“ Er sieht an sich herab. Der Zustand seiner ansonsten so makellosen Uniform scheint ihn bald um den Verstand zu bringen.

„Wie ich aussehe!“ stöhnt er. „Das ist ja . . . “

„Reg dich deswegen nicht auf!“ unterbricht ihn Thomas. „Das läßt sich wieder regulieren. Es gibt schlimmere Dinge . . . “

*

Der letzte in der Runde der vier Focke-Wulf, die vor wenigen Minuten noch durch den Himmel zogen, weiß, das es schlimmer bald kaum mehr kommen kann. Er ist inzwischen von einem halben Dutzend „Mustangs“ in die Zange genommen worden, und er ist sich klar darüber, daß es nicht mehr lange dauern kann, bis auch er an der Reihe ist. Weit unten schimmert das Weiß sinkender Fallschirme über der grünen Erde, und rings um ihn herum sind nur noch amerikanische Maschinen.

Leutnant Reuter fühlt keine Furcht in sich, höchstens einen letzten Rest jenes verzweifelten Zorns, der seit Beginn des Höllentanzes eigentlich seine einzige Reaktion dargestellt hatte. Er hatte gesehen, wie die Maschinen der Kameraden unter den Geschoßgarben der übermächtigen Schar amerikanischer Jäger in Feuer aufgegangen waren. Manchmal war eine „Mustang“ den brennend abstürzenden Focke-Wulf 190 auf ihrem Weg in die Tiefe gefolgt, aber diese armseligen Erfolge in dem hektischen Getümmel waren nur ein Tropfen auf einen heißen Stein gewesen. Was hier geschah und noch geschieht, war eine reine Treibjagd, und alle Erfahrung war ebenso nutzlos geworden wie die Anwendung der raffiniertesten Luftkampftricks.

Mit jagendem Atem blickt der Leutnant nach hinten. Vier „Mustangs“ sind dort zu sehen, dicht hintereinandergereiht, und über ihnen quirlen die letzten Maschinen des Gruppenverbandes durch den Teufelsgarten der unzähligen überall herumschwirrenden Leuchtspurgeschosse.

Jetzt! trommelt es in Reuters Hirn. Jetzt wird es gleich soweit sein. Mit zusammengebissenen Zähnen beobachtet er das Spitzenflugzeug des Mustang-Schwarmes, dessen Motorspitze mit dämonischer Präzision in den Vorhalt ruckt. Der Gedanke, jeden Augenblick das Prasseln einschlagender Geschosse, das Bersten des Kabinenglases hören und den heißen Luftzug vorbeizischender Kugeln spüren zu müssen, veranlaßt Reuter zum zweitenmal, das Manöver der allerletzten Hoffnung in einer schier aussichtslosen Situation zur Anwendung zu bringen. Er benötigt nicht viel Mühe, um es einzuleiten, und er tut es sofort.

Wieder zieht er den Knüppel bis zum Anschlag durch und wird von der umschlagenden Maschine nach rechts gerissen. Und noch einmal spürt er das Flattern in der Zelle, merkt, wie die Strömung abreißt und die Maschine zu den ersten Trudelbewegungen übergeht.

Auch diesmal starrt er nach oben, und auch jetzt sieht er vor den Tragflächenprofilen der soeben noch hinter ihm gewesenen „Mustang" die kleinen Flammenblitze des Mündungsfeuers. Vor einiger Zeit hatte sich alles ähnlich abgespielt, als er diesen Trick zum erstenmal versuchte. Für ihn hatte er die Rettung bedeutet, Klein aber hatte nicht mehr davon profitiert. Eine Schar von Feindmaschinen war wütend über ihn hergefallen, und er ist jetzt sicher schon einer derjenigen, die von der Erde aus das Ende des Luftkampfes beobachten.

Mit wild klopfendem Herzen, ein dumpfes Dröhnen im Schädel, läßt Reuter die Focke-Wulf in die Tiefe kreiseln. Vor seinem geistigen Auge taucht noch einmal die Szene auf, die sich vor kurzer Zeit abgespielt hatte, als er mit den gleichen Schlingerbewegungen der entscheidenden Garbe entkommen war. Auch dabei hatte er die anderen über der Kabine keine Sekunde aus dem Auge gelassen.

Doch auf einmal wehrt sich alles in ihm gegen den Richtspruch, den das Schicksal bereits gefällt zu haben scheint. Gedanken huschen blitzschnell durch sein Hirn und formen sich zu einem Entschluß. Alles begann mit der Erkenntnis, daß es jetzt niemand mehr gibt, für den er verantwortlich wäre. Nur er selbst wird in einer trudelnden Maschine noch durch den Himmel geschüttelt, der letzte eines Schwarmes, der von einer ganzen Staffel übriggeblieben war.

Der Augenblick ist jetzt gekommen, wo er alles auf eine Karte setzt. Vorsichtigt bringt er die „190" aus der Trudelbewegung, den Kopf immer noch nach hinten gereckt. Er sieht die anderen herabstürzen, sechs oder sieben „Mustangs" in einer tadellosen Kolonnenformation. Die Strömung liegt bereits wieder auf den Rudern, und das Heulen des Fahrtwindes wird immer durchdringender. Ein Blick auf den Höhenmesser: Noch zweitausend Meter.

Und dann stürzt er, die Motorpartie fast senkrecht der Erde entgegengerichtet. Er tritt ins linke Seitenruder und schert leicht aus dem Kurs. Die „Mustangs" bleiben hinter ihm, wie durch eine Kette mit ihm verbunden. Der Gashebel steht auf Vollast, und nur eines kann jetzt noch den Ausschlag geben: die unwahrscheinliche Sturzfähigkeit der Focke-Wulf.

Erleichtert stellt Reuter fest, daß sich die Distanz zu den anderen vergrößert. Immer höher wird die Geschwindigkeit, immer weiter klettert die Tachonadel hinauf. Sie ruckt über die 700-Kilometer-Marke und nähert sich der Markierung für 800 km/h. Die Erde scheint wie ein riesiger Trichter auf die Frontscheibe zuzurasen. Von oben her züngeln jetzt Geschoßgarben, aber sie wandern weit rechts vorbei.

Noch fünfhundert Meter — noch dreihundert! Das Reflexvisier zeigt auf einen Wald, hinter dem sich eine weite Wiesenlandschaft ausbreitet.

Wieder einmal ruckt der Kopf des Leutnants herum, und die Augen suchen die Schar der Feinde.

Doch auf einmal scheint es, als ob Hunderte von Felsblöcken auf die Maschine herabstürzten...

*

Der Hauptmann hat langes hellblondes Haar, heißt Maler und wirkt sehr elegant. Er ruht auf einem Liegestuhl am Rand des Abstellplatzes, im Schatten benachbarter Waldbäume, den Blick zum Himmel gerichtet. Dort, in großen Höhen, tummeln sich einige FW 190 der Ergänzungsgruppe im seidigen Blau, winzigen Libellen gleich, die einander in spielerischen Kapriolen umkreisen. Der Chef der 1. Staffel der E-Gruppe kann die Flugzeuge im Moment allerdings nicht sehen, weil er die Augen geschlossen hat. Das Klappern von Werkzeugen in der Nähe, die Stimmen der Mechaniker an defekten Maschinen sowie die anderen unvermeidbaren Geräusche scheinen ihn indessen sowenig zu stören wie das ferne Heulen der Flugmotoren.

Die Augenlider des Staffelkapitäns wandern langsam in die Höhe, als jemand auf seine Ruhestätte zuschlurft.

Es ist Feldwebel Knörr, krummbeinig, untersetzt, mit breiten Schultern, das Deutsche Kreuz in Gold auf der rechten Seite einer auf Façon genähten Lederjacke.

„Gibt es was, Knörr?"

„Nicht daß ich wüßte, Herr Hauptmann. Bin nur so vorbeigekommen!"

Ein mißtrauischer Blick von unten her, ein unbehaglicher sogar, wie es scheint. Ächzend richtet sich der Hauptmann auf und beschattet die Augen mit der Hand.

„Was halten Sie von dem Neuen?"

„Wie heißt er doch — äh ... ?"

„Thomas, Herr Hauptmann!"

„Richtig! Wie ist Ihr Eindruck?"

„Ausgezeichnet!"

Maler hebt überrascht den Kopf. Anscheinend hat er wieder schlechte Laune, denkt Knörr. Ein Wunder eigentlich bei diesem herrlichen Posten, den er sich hier errungen hat. Die reinste Lebensversicherung. Der Teufel soll sich in dem Menschen auskennen.

„Wie kommen Sie darauf?" erkundigt sich jetzt der Hauptmann, deutliche Mißbilligung in der Stimme. „Schließlich ist er doch erst gestern angekommen?"

„Macht nichts, Herr Hauptmann!" Das Lächeln auf dem schmalen Gesicht scheint Maler irgendwie zu alarmieren.

„Wir kennen uns schon lange. Vom Pik-As-Geschwader (JG 51, Mölders) noch, dann haben wir uns beim JG 3 (Udet) wiedergetroffen. In Stalingrad. Und später in der Reichsverteidigung."

„Hm!“ Das Wort „Stalingrad“ scheint Maler irgendwie Schwierigkeiten bereitet zu haben. Der Feldwebel blinzelt mit ausdruckslosem Gesicht auf ihn herab. Auch jetzt denkt er sich sein Teil. Es sind Überlegungen, die man aber besser für sich behält.

Der Hautpmann scheint nachzudenken.

„Also, was kann er?“ kommt dann die nächste Frage. „Sie wissen, ich interessiere mich für Vergangenes nicht so sehr. Hauptsache, ihr Burschen habt eure Gruppen in Ordnung. Was einmal war, ist mir egal!“

Knörrs Mund wird schmaler. Er braucht einige Sekunden, bis er den Druck aus dem Hals hat, der bei den letzten Worten des anderen in ihm hochgequollen war. „Er kann sehr viel, Herr Hauptmann!“ Seine Stimme ist jetzt von einer Schärfe, daß Maler ihn mit gerunzelter Stirn ansieht. „Eigentlich alles. Im übrigen ist er zum Ritterkreuz eingereicht ... “

„Zum Ri ... ?“

Es bleibt bei dieser ersten Silbe, und der Feldwebel — seit zwei Monaten dienstältester Fluglehrer der Staffel — produziert ein hinterhältiges Grinsen.

Der Hauptmann schiebt jetzt die Beine über den Rand des Liegestuhls und setzt die Füße auf die sandige Erde. Drüben auf dem Rollfeld startet gerade ein Schwarm. Ohrenbetäubender Lärm weht über den Platz, und lange Staubfahnen schlängeln sich in die hitzeflimmernde Luft. Als das Heulen der Motoren in der Ferne verklungen ist, scheint Maler die überraschende Mitteilung einigermaßen verdaut zu haben.

„Na ja“, seufzt er, „dann ist es ja gut, daß ich ihm die drei Oberfähnriche und Unteroffizier Kögler gegeben habe. Sind erfolgversprechende Talente. Da lernen sie wenigstens was.“

„Sicher!“ nickte Knörr, immer noch das Grinsen auf dem Gesicht.

„Verdammt!“ erbost sich der Hauptmann. „Haben Sie vielleicht noch was auf der Pfanne? Warum grienen Sie mich denn so an?“

„Nun“, erwidert Knörr, „ich dachte gerade an die allgemeine Belehrung, die Sie Tommy ... “

„Wem?“

„Ich meine, Feldwebel Thomas. Wir nannten ihn alle ‚Tommy‘. Daß Sie also auch zu ihm gesagt haben, hier sei so ziemlich alles an Fliegerischem erlaubt, außer dem Anspitzen des Bodens. Hoffentlich geht es nicht schon heute los. Denn was der im Tiefstflug alles anstellen kann, das ist so ziemlich das Höchste ... “

„Sind Sie verrückt? So war das schließlich auch wieder nicht gemeint“, fährt der Hauptmann hoch, „obwohl ich da eine gute Rückendeckung habe. Denn das ist auch die Ansicht des Herrn Kommandeurs, daß die Burschen hier bis zum letzten Tropfen Schweiß ’rangenommen werden sollen. Sie kennen das ja, verdammt noch mal! Lieber hier in den Eimer gehen, als an der Front die Kameraden gefährden.“

„Jawohl, das kenne ich, Herr Hauptmann, und ... “

Er schweigt und wendet in einer jähen Ahnung den Kopf. Etwas heult durch den Himmel, von einem Geräusch begleitet, das von einer gewaltigen Sirene stammen könnte.

Maler ist aufgesprungen. Den Kopf in den Nacken gereckt, starrt er zum Himmel hinauf.

Man sieht den im Sturz befindlichen Focke-Wulf-Schwarm bereits sehr deutlich. Die Maschinen kommen von Süden her auf den Platz zu und gehen mit rasanter Geschwindigkeit immer tiefer herab.

„Ich möchte wetten", erläutert Knörr, „daß Tommy diesen Haufen anführt!"

„Meinen Sie? Der Teufel soll ihn holen, wenn was passiert!"

„Glaube ich nicht", erwidert der Feldwebel, „wenigstens nichts Unangenehmes."

„Na — Himmel, die sollen doch abfangen, das gibt ja ... "

Helles Entsetzen spiegelt sich plötzlich auf dem Gesicht des Hauptmanns. Droben am Himmel fangen sie jetzt tatsächlich ab, aber nur drei der vier Maschinen. Die letzte „190" bleibt weiterhin in der Sturzrichtung, heult auf den Platz zu und kommt mit der Rasanz eines Projektils herangedonnert.

Die Mechaniker auf dem Abstellplatz lassen die Hände sinken und heben die Köpfe. Die einzelne Maschine hat inzwischen den Platzrand erreicht. Sie mag vielleicht fünf Meter hoch sein. Langsam hebt sich eine Tragfläche, und dann rollte die Focke-Wulf in die Rückenlage.

„Nein!" schreit Maler. „Um Gottes willen ... !"

Dann schweigt er und reißt den Mund auf. Seine Hände ballen sich, denn die im Rückenflug mit einer unheimlichen Geschwindigkeit dahinjagende Maschine senkt sich immer tiefer. Kaum zwei Meter über dem Erdboden zischt sie über das Rollfeld und kommt jenseits des Platzrandes außer Sicht — doch nur für Sekunden. Anschließend schießt sie wie eine Rakete senkrecht in die Höhe, beschreibt einige Steigrollen, geht in einen Loopingbogen über und nähert sich dem Rest des über dem Platz dahinzischenden Schwarmes von hinten her.

„Großer Gott!" murmelt er. „Ein Wahnsinniger!"

*

Draußen vor der Halle stehen neue Maschinen, funkelnagelneue sogar.

Es gibt von diesen Dingern anscheinend noch mehr als Leute, die man einsetzen könnte, denkt Leutnant Reuter, den Blick auf die Warte gerichtet, die debattierend um die fünf Flugzeuge herumstehen. Diese waren am Vortag von Überführungsfliegern gebracht worden, und Reuter denkt noch mit Grausen an die Landungen, die von einigen der Flugzeugführer hingelegt worden waren.

Seufzend wendet er sich wieder dem Feldpostbrief zu, an dem er soeben noch geschrieben hatte. Zuckend geistert ein Strahlenbündel der Morgensonne über das einfache Papierstück.

„Lieber Tommy!" liest Reuter halblaut vor sich hin.

Er sieht auf, als draußen Schritte erklingen. Kurz darauf poltern die anderen herein: Mertens, Bödicke und Klein. Sie grüßen kurz, setzen sich und sehen schweigend zu dem Leutnant hinüber.

Ihre Nähe lenkt Reuters Gedanken in eine andere Richtung. Seltsam, denkt er, sie sitzen auf den gleichen Stühlen wie vor zwei Tagen, als ob die höllische Kurbelei mit den „Mustangs" niemals stattgefunden hätte. Und keiner würde ihnen mehr ansehen, ebensowenig wie mir, wie nahe wir damals dem Ende waren. Andererseits ist das kein Wunder, denn solche Geschichten wie Fallschirmabsprünge gehören praktisch schon zu unserem verdammten Alltag. Er streift die drei Gestalten noch mit einem kurzen Blick und beginnt dann erneut mit dem Lesen des vor ihm liegenden Briefes:

„Lieber Tommy!" steht es da mit kleinen, steilen Buchstaben. „Wie mir Kramer erzählte, bist Du schon eine Stunde nach unserem Start wieder von hier verschwunden. Sei froh, daß Du es getan hast, denn an diesem Tag hättest Du vergeblich auf uns gewartet. Wir sind an jenem Mittwoch auf halbem Weg zu den Dicken (viermototigen US-Bombern) von einem mächtigen Haufen ‚Mustangs' abgefangen worden, und was mit unseren wenigen Mühlen dann passierte, kannst Du Dir sicherlich lebhaft vorstellen. Nur fünfen von der Gruppe ist es gelungen, wieder heil irgendwo zu landen — von den üblichen Schußlöchern natürlich abgesehen. Uns aber haben sie vernascht, daß es eine Pracht war. Als Klein, Mertens und Bödicke unten waren und an den Fallschirmen hingen, habe ich mir für kurze Zeit eingebildet, mit Wegtrudeln noch etwas abfangen zu können. Zunächst sah es auch so aus, als ob es klappen würde, obwohl ein ganzer Rattenschwanz von ‚Mustangs' hinter mir her war. Sicher hätte ich sie trotzdem noch abgehängt, wenn einer von diesen Burschen einen anderen ‚Mustang'-Schwarm nicht von der Seite her an mich herangeführt hätte. Ich habe die Herrschaften praktisch erst gesehen, als es schon knallte. Die Garben kamen aus einem unwahrscheinlichen Winkel, aber sie haben großartig gesessen. Dann kam das Übliche: Zittern, Kimmengang 1 : 100 000, Kabine weg und raus aus dem brennenden Behältnis. Das Weitere war nur noch eine Kleinigkeit. Einige Stunden später hatte ich unseren ganzen traurigen Verein wieder beisammen. Das Wunder war geschehen, denn keiner hatte außer den üblichen Kratzern eine ernstliche Verletzung. Und nun sitzen wir in unserer Bude und warten. Es sind wieder Maschinen gekommen, prima Dinger mit manchen Raffinessen technischer Art. Ich hoffe . . . "

Ein ziemlich charakteristisches Geräusch an der Tür läßt Reuter aufblicken. Er hatte sich nicht getäuscht. Es ist tatsächlich der Spieß, der sich jetzt hereinschiebt. Er äugt ziemlich unruhig herum und läßt sich seufzend auf einen Sessel fallen.

„Wie sehen Sie denn aus, Kramer?"

„Hm", macht der Hauptfeldwebel, „ich war gerade drüben beim Gefechtsstand. Offenbar herrscht dicke Luft. Einflüge sind gemeldet. Bald wird ... "

Er verstummt und neigt lauschend den Kopf gegen die eine Schulter. Reuter springt bereits hoch und rennt ans Fenster. Die anderen sind im nächsten Moment neben und hinter ihm.

Der dünne Lärm, der Kramer alarmierte, kam vom Himmel herab, der mit leichten Schichtwolken bedeckt ist.

Mertens scheint das einzelne Flugzeug als erster entdeckt zu haben.

„Eine ‚Lightning'!" staunt er. „Seht doch!"

Die anderen schweigen und starren auf das nächste Wolkenloch, an dem die doppelrümpfige amerikanische Maschine bald wieder zum Vorschein kommen muß.

Da ist sie auch schon, allerdings nicht mehr allein!

Ein Schatten huscht jetzt durch den Wolkenschleier, wandert ein Stück der Erde entgegen. Sekunden später blitzt die Kabine eines Flugzeugs im Sonnenlicht, und es gibt keinen Zweifel mehr, daß es sich um eine Focke-Wulf handelt.

„Menschenskind!" röchelt Klein. „Der Ami muß wahnsinnig sein, so allein ... "

Weiter kommt er nicht, denn dort, wo die „Lightning" gerade wieder in der Wolkenschicht verschwunden ist, züngeln jetzt Leuchtspurgarben durch die Luft. Schon im nächsten Moment hat es den Anschein, als ob inmitten der weißen Dunstfläche ein riesiges Illuminationslicht aufgeflammt sei. Grelle Farben zucken nach allen Richtungen, dann taumeln dunkle Gebilde der Erde entgegen, wie schwarz gefärbte, riesige Hagelkörner.

„Aus!" sagt Bödicke. „Das war ja zu erwarten. Wer das wohl gewesen sein mag in der ‚190'?"

Keiner weiß es, und vielleicht werden sie es auch nie erfahren. Sie spüren keinen Triumph in sich, denn selbst solche Empfindungen gehören bei ihnen bereits zu den Seltenheiten. Möglicherweise denken sie sogar an den amerikanischen Piloten, dessen Leben in Sekundenschnelle zu Ende gegangen war. Denn aus diesem Blitzball konnte es kein Entrinnen mehr geben. Was ihn wohl dazu veranlaßt hatte, in dieser Höhe allein über die deutschen Jägerplätze zu fliegen? Ein Motordefekt vielleicht? Ob es vielleicht ein Aufklärer gewesen war, der deshalb die großen Höhen hatte verlassen müssen? Auch das wird sich wohl nie herausstellen.

Sie stehen noch alle am Fenster und blicken auf die Einzelteile der zerfetzten Maschine, die jetzt in etwa hundert Meter Höhe der Erde entgegenwirbeln.

Doch dann heben sie wie auf ein Kommando die Köpfe. Unter den Wolken taucht eine Focke-Wulf auf, und sicher ist es die Maschine, deren Pilot soeben die „Lightning" zur Explosion gebracht hatte.

Das Jagdflugzeug schert in starker Sliplage auf das Landekreuz zu. Kurz darauf berühren die Räder den Boden. Die Maschine rollt aus, schwenkt herum und tuckert in einem imposanten Tempo auf das Liegeplatzgelände zu. Als die „190“ während des Vorbeirollens ihr linkes Profil zeigt und die große Nummer am Rumpf sichtbar wird, nennt Reuter einen Namen, den sie alle so gut kennen wie den des Reichsmarschalls.

Es ist tatsächlich Oberfeldwebel Losch, der jetzt drüben auf dem Abstellplatz aus der Kabine steigt. Er hatte den Abschuß nicht angewackelt, und alle, die ihn kennen, wissen, daß er so etwas schon lange nicht mehr zu tun pflegt.

Kurzbeinig, die Hände in den Taschen der Lederkombination, kommt er heran, den Kopf gesenkt, die Mütze beinahe vorschriftsmäßig auf dem dunklen Wuschelhaar. Er trägt keine Auszeichnungen, obwohl er nahezu alles besitzt, wovon andere kaum zu träumen wagen. Losch ist ein Mann, der trotz seiner kaum 26 Jahre das Lachen nicht mehr zu kennen scheint. Auch jetzt wirkt sein Gesicht düster und verschlossen.

Leutnant Reuter und die anderen gehen ihm ein Stück entgegen. Ein schnelles Zucken um seine Mundwinkel soll wohl ein Lächeln andeuten, als die Kameraden vor ihm stehenbleiben.

„Losch“, sagt Reuter, „Sie? Was machen Sie denn hier?“

„Werkstattflug, Herr Leutnant. Mit meiner Zündung war was nicht in Ordnung. Und von unserem Platz bis zu Ihnen ist es ja nicht weit.“

Der Leutnant schluckt und betrachtet das ausdruckslose Gesicht des Mannes, der in den letzten Wochen fast bei jedem Einsatz ein oder zwei viermotorige Bomber abgeschossen hatte. Bei einigen Luftsiegen dieser Art war er selbst in der Nähe gewesen und hatte dabei den Eindruck gewonnen, neben einem nervenlosen menschlichen Roboter durch den Himmel zu jagen. Bis auf fünfhundert oder noch weniger Meter war der andere manchmal an die Bomber herangegangen. Erst dann waren die Bordwaffen von ihm ausgelöst worden. Und jedesmal hatte sich eine der Fliegenden Festungen in Feuer gehüllt und war vom Himmel gefallen — jedesmal. Reuter hatte den Oberfeldwebel nach manchen Feindflügen auch schon auf irgendwelchen fremden Flugplätzen getroffen und versucht, etwas über seine Gedanken und persönlichen Empfindungen zu erfahren; vergebens!

Losch zuckte die Schultern, nachdem Reuter die Frage gestellt hatt:

„Sie haben die ‚Lightning‘ da droben abgeschossen?“

Der Oberfeldwebel zieht an einer Zigarette, gelassen, ohne jede Spur von Nervosität. Er sieht an den anderen vorbei, die vor ihm stehen. Sein Blick scheint in weite Fernen gerichtet.

„Was der sich wohl gedacht hatte, der Ami!“ läßt sich jetzt Klein vernehmen. „So geht es ja auch nicht, einfach hier ... “

Er verstummt, als Loschs dunkle Augen sich auf ihn richten.

„Er kam voll in die Garbe, und das aus dieser geringen Entfernung. Außerdem hatte er mich wahrscheinlich nicht gesehen. Es war wirklich nicht schwer.“ Er wendet sich um und sagt dann zu Reuter: „Kann ich bei euch etwas Sprit kriegen? Ich muß wieder zu meinem Haufen!“

„Selbstverständlich!“

Dankend hebt er die Hand an die Mütze und geht davon. Mit kurzen, schnellen Schritten nähert er sich seiner Maschine, auf deren Leitwerk ganze Kolonnen von Abschußstrichen aufgemalt sind.

Die anderen sehen ihm nach, schweigend und immer noch reichlich fassungslos. Klein spricht es aus, was sie in diesen Augenblicken vielleicht alle denken:

„Wenn man nur wüßte, was in dem vorgeht!“

„Niemand weiß es so richtig“, sinniert Reuter, „man hört nur einiges!“

„Ach!“ fragt Kramer interessiert. „Und was ist das?“

„Er kommt aus Hamburg“, erwidert Reuter achselzuckend, „und man sagt, daß in einer Nacht seine ganze Familie ums Leben gekommen wäre, auch seine Braut. Vielleicht ist es das!“

„Verdammt, verdammt!“ murmelt Kramer. Kopfschüttelnd wälzt er sich herum und stakt steifbeinig auf die Halle zu.

Die anderen folgen dem Leutnant, der sich mit nachdenklich gesenktem Kopf dem Liegeplatzgebäude nähert.

Auf einem Tisch neben dem Telefon steht ein Kofferradio, das Mertens gehört. Er fummelt jetzt an den Knöpfen herum und peitscht einen Schwall von Marschmusik in den niedrigen Raum. Fluchend schaltet er die Lautstärke zurück und schneidet eine Grimasse, als der Wehrmachtsbericht angekündigt wird.

„Wollen wir es hören?“ erkundigt er sich.

„Immerzu!“ quäkt der Obergefreite Klein aus der anderen Ecke. „Man wird über uns reden, Freunde, lauschet!“

Es war eine jener Reden, die er des öfteren von sich gab. Und immer wieder wunderten sich einige, wo er diesen Galgenhumor eigentlich hernahm.

Reuter wirft ihm einen schiefen Blick zu, sagt aber nichts. Er verschränkt die Arme über der Brust und läßt sich zurücksinken, als die Durchsage beginnt. Mit starren Gesichtern hören sie den Sprecher jetzt sagen:

„Das Oberkommando der Wehrmacht gibt bekannt:

Im Einbruchsraum nördlich Caen nahm der Gegner seine Durchbruchsversuche nach stärkstem Artillerietrommelfeuer in den Mittagsstunden des gestrigen Tages wieder auf ... “

Normandie! Frankreich! Invasion! denkt Reuter, am 6. Juni hatte es angefangen ...

„Alle Angriffe scheiterten dort ebenso wie nordöstlich von St. Lô ... “

Losch kommt herein und läßt sich auf einen Sessel sinken, während die monotone Stimme im Lautsprecher den Bericht fortsetzt:

„Schlachtfliegerverbände unterstützten auch gestern die Erdkämpfe mit gutem Erfolg. In der Nacht griffen Kampffliegerverbände feindliche Schiffsansammlungen vor dem Landekopf an. Starke Explosionen wurden beobachtet.

Bei mehreren Säuberungsunternehmen im französischen Raum wurden 80 Terroristen liquidiert. Schweres Vergeltungsfeuer lag auf London.

In Italien lag der Schwerpunkt der feindlichen Angriffe im westlichen Küstenabschnitt und südöstlich Volterra. Unsere Truppen setzten sich hier unter dem starken Druck auf den Cecina-Abschnitt ab.

Auch südöstlich Volterra konnte der Feind nach Norden Boden gewinnen. Im Raum von Siena und westlich des Trasimenischen Sees schlugen unsere tapferen Divisionen alle feindlichen Angriffe unter schweren Verlusten für den Gegner zurück. Ein feindliches Bataillon und 29 Panzer wurden vernichtet.

An der mittleren Ostfront setzten unsere tapferen Divisionen den mit überlegenen Kräften angreifenden Sowjets weiterhin hartnäckigen Widerstand entgegen. Im Raum von Ssluzk konnten die Bolschewisten erst nach schweren Kämpfen Boden gewinnen. Der Ort wurde aufgegeben. Bei Ossipowitschi behaupten unsere Truppen ihre Stellungen gegenüber allen feindlichen Angriffen.

Die Kampfgruppen aus dem Raum von Bobruisk haben sich zu unseren Hauptkräften durchgeschlagen. An der mittleren Beresina sind schwere Kämpfe mit den ununterbrochen angreifenden Sowjets im Gange. Im Raum westlich Polozk hält der feindliche Druck an. Südwestlich und südlich Polozk wurden starke feindliche Angriffe abgeschlagen oder in Riegelstellungen aufgefangen. Schlachtflieger griffen laufend in die Erdkämpfe ein und fügten dem Feind hohe Verluste zu.

Im hohen Norden wurden im Kandalakscha-Abschnitt mehrere von starker Artillerie unterstützte Angriffe der Sowjets in harten Waldkämpfen unter hohen Verlusten für den Feind abgewiesen.

In der vergangenen Nacht warfen einzelne britische Störflugzeuge Bomben im rheinisch-westfälischen Raum."

Der Bericht ist zu Ende, Marschmusik wird gesendet.

Losch wühlt in seinem Haar herum.

„Störflugzeuge!" murmelt er. „Wie schön sich das anhört. Ist ja kaum der Rede wert, verflucht noch mal. Auch das in Italien und Frankreich nicht. Von Rußland ganz zu schweigen."

Er steht auf und fischt eine Zigarette aus der Seitentasche seiner Lederjacke und zündet sie an. Sein Blick gleitet über das Hallenvorfeld. „Entschuldigt", sagt er dann, „es war nicht so gemeint. Muß jetzt wieder verschwinden. Macht's gut! Hals- und Bein . . . !"

Dann ist er draußen.

Kurz darauf schiebt sich Kramer wieder herein. Offenbar hat er was besonderes auf dem Herzen. Er kommt aber nicht mehr dazu, ein Gespräch zu beginnen. Das Aufbrüllen der Platzlautsprecher nimmt ihm diese Mühe ab.

„Dreißig-Minuten-Bereitschaft!" gellt es über das Rollfeld. „Flugzeugführer zum Gefechtsstand. Wiederhole..."

Vor der Halle röhrt ein Motor auf. Wenig später donnert eine Focke-

Wulf vorbei. Losch sitzt in der Kabine. Er rollt nicht zum Platzrand, sondern startet schräg über den Platz.

Reuter steht auf und zerrt den Reißverschluß seiner Lederjacke in die Höhe.

„Kommt!“ sagt er nur.

*

Die drei Oberfähnriche sehen zu dem Mann hinüber, der sie in wenigen Tagen das Fürchten gelehrt hatte. Trotzdem hassen sie ihn deswegen keineswegs, sie bewundern ihn vielmehr. Denn sie haben inzwischen erkannt, welch ein ungeheures fliegerisches Können und welche Erfahrung in diesem Menschen stecken, der selten mehr spricht, als unbedingt nötig ist.

Der vierte aus ihrem Schwarm steht einige Schritte entfernt. Thomas unterhält sich gerade mit ihm. Die anderen können jedes Wort verstehen. Nach einem Blick auf den Liegestuhl, auf dem sich der Hauptmann soeben wieder einmal niedergelassen hatte, vernehmen sie die Worte:

„Manchmal habe ich den Eindruck, daß Sie dieses Geschäft nicht erst seit gestern betreiben, oder?“

Kögel, eine sympathische, durchtrainierte Gestalt mit braunem, welligem Haar und einem offenen, etwas verlegen wirkenden Gesicht, bewegt einige Male den Kopf hin und her.

„Nein, ich fliege schon seit vielen Jahren!“

„Ach — und wieso sind Sie dann hier?“

Auch diesmal stellen die jungen Oberfähnriche wieder einmal verwundert fest, daß der Unteroffizier nicht die geringsten Hemmungen zu haben scheint. Er ist um einige Jahre älter als sie, hatte bis jetzt noch keinen Kontakt mit ihnen gesucht und bleibt meistens für sich allein. Ein abwesendes Lächeln liegt auf seinem braungebrannten Gesicht, als er sagt: „Vor einem Jahr war ich noch im Werk“, er deutet auf eine der in der Nähe stehenden Focke-Wulf-Maschinen, „in der Konstruktion und ein bißchen auch bei der Einfliegerei. Wenn alles klappt, will ich später noch meinen Dipl.-Ing. bauen. Eines Tages gab es Theater mit einem Hundertfünfzigprozentigen, und ich hatte keine Lust mehr. Dann meldete ich mich zu euch. Ich hatte Beziehungen, und es klappte. Nun bin ich hier, das ist es!“

„Eine tolle Sache!“ murmelt Thomas. „Darüber reden wir noch mal. Nun muß es aber weitergehen.“ Er winkt den Oberfähnrichen. „Alle mal her zu mir!“

Sie kommen heran, bleiben vor ihm stehen. Eine Rotte „190“ donnert soeben im Tiefflug über den Platz. Hauptmann Maler fährt unwillig hoch, bewegt wütend die Lippen und läßt sich wieder zurücksinken. Thomas sagt, als der Höllenlärm abgeklungen ist:

„Um was es geht, wißt ihr bereits, und ich denke, daß ihr inzwischen begriffen habt, was ich unter frontmäßigem Fliegen verstehe ... “

„Allerdings!" wirft der Oberfähnrich Beierle, ein schmales, quirliges Kerlchen, ein.

„Dann ist es gut", erwidert Thomas. „Und nun aufgepaßt. Wir gehen jetzt auf sechstausend und werden Runden drehen, wie es im Luftkampf üblich ist. Sie, Grolmann, als Nummer zwei, Beierle als Nummer drei und Kahler als Nummer vier. — Sie, Kögel, bleiben hier und halten den Flugplatz fest. — Weiter: Droben wird nachgeflogen, was ich vormache. Egal, was es ist. Und vor allem: dranbleiben! Das wird die einzige Lebensversicherung für euch sein, wenn ihr mal beim Frontverband fliegt."

Sein Blick huscht über die Gesichter der jungen Flugzeugführer, und dann scheint ihm etwas einzufallen. „Folgendes noch", fährt er fort, „wenn einer ins Trudeln kommt, dann bildet euch um Himmels willen nicht ein, ihr kriegt den Kahn aus dem Kreiseln, wenn ihr den Knüppel nach hinten zieht. Das Gegenteil ist dann der Fall. Es gibt nur ein Rezept: das Steuer loslassen und auch die Pelzstiefel von den Seitenrudern. Dann kommt die Mühle sofort wieder, weil sich die Strömung anlegen kann. Eigentlich müßtet ihr das schon wissen, aber man kann so was nie genug wiederholen. Und nun 'rein in die Mühlen, Motoren anlassen und mir folgen."

Es sind noch keine fünf Minuten vergangen, als Thomas den Schwarm bereits in Richtung Start führt. Beim Passieren des Liegestuhles sieht er, daß Maler mit Knörr spricht und zu seiner Maschine herüberdeutet. Unwillkürlich denkt er dabei an seine Antrittsvorstellung und die nachfolgende Begegnung mit dem Hauptmann. Er hatte sich offenbar einen Anschiß zurechtgelegt, brachte ihn aber nicht heraus und beließ es bei einigen dünnen Ermahnungen.

Von links schiebt sich Beierles Focke-Wulf heran. Thomas dirigiert ihn etwas zurück und läßt die eigene Maschine dann nach einem schnellen Gasstoß vorwärtsschießen.

Der Feldwebel von der Flugleitung am Start setzt sein verdrießlichstes Gesicht auf, als er Thomas' Nummer am Rumpf erkennt. Er war in den letzten Tagen bei rasanten Tiefflugmanövern schon einige Male zu Boden gegangen und aus diesem Grund offenbar nicht gerade gut auf den Neuen zu sprechen. Ein hübsches Blitzmädchen, das ihm als Helferin dient, scheint da anderer Ansicht zu sein. Sie sieht mit großen Augen herüber und lächelt. Thomas bemerkt es, blickt aber wieder zur Seite, weil es in solchen Maschinen besser ist, nicht an lächelnde Mädchen zu denken.

Die anderen drei „FW 190" haben sich inzwischen neben ihn rangiert. Noch ein prüfender Blick, ein Kopfnicken zu dem grimmig dreinblickenden Feldwebel hinab, dann hebt Thomas die Hand und gibt das Zeichen zum Start.

Etwa zwanzig Sekunden später dröhnt seine Focke-Wulf schon in den Himmel hinein. Er läßt die anderen in einer leichten Linkskurve aufschließen und geht mit ihnen dann im Formationsflug auf Höhe. Sie machen ihre Sache gut, nur der kleine Beierle fuhrwerkt zuviel mit dem Seitenruder herum. Eine kurze Ermahnung scheint sofort gewirkt zu haben, und sie steigen weiter.

Die Höhenmessernadel klettert. Thomas' Blick ist auf die weißen Wolkenburgen gerichtet, die vor dem Himmel stehen. Der erste Kumulus-Turm zieht in geringer Entfernung vorbei, wie ein riesiger Gletscher. Kurze Zeit später scheint ein tief verschneiter Gebirgszug unter den vier Flugzeugen zu liegen.

Auf 4000 Meter zieht Thomas die Atemmaske vor die Mundpartie. Die anderen folgen seinem Beispiel, ohne daß es eines Befehls bedurft hätte.

Erst auf 8000 Meter schallen die nächsten Worte über das FT:

„Auflösen, 'rum auf die Flächenspitze und los in die erste Runde!"

Mit zur Seite gewendetem Gesicht verfolgt Thomas die Flugmanöver der drei Oberfähnriche. Sie reagieren überraschend gut. Ein Druck auf den Knüppel, und die Focke-Wulf wechselt in die Messerlage. Bei der zweiten Runde sieht Thomas rein zufällig nach unten. Schon im nächsten Moment hat er das Gefühl, von seinen Augen genarrt zu werden.

Denn das Monstrum mit den vier Motoren, das einige tausend Meter tiefer westwärts zieht, kann nur eine Boeing B-17 sein, eine amerikanische „Fliegende Festung"!

*

Diesmal hat sich kein „Mustang"-Verband auf halber Höhe plaziert. Sie hängen oben, weit über den Strömen der Bomber, und eigentlich sind sie an ihren Kondensstreifen zu erkennen.

Sonst ist alles wie eh und je: vor einer Viertelstunde etwa der Startbefehl, das Sammeln über dem Platz mit genau zwanzig Maschinen, der Steigflug — und jetzt das Sichten der Viermotorigen.

Die Atemmasken hängen bereits vor den Mündern der Piloten, von denen zwei Drittel in neuen Focke-Wulf 190 sitzen. Die übliche Nervenrevolution geht allmählich ihrem Ende entgegen, und der Himmel spannt sich in makellosem Blau über die Erde Mitteldeutschlands.

Leutnant Reuter hat bei diesem Feindflug das Y-Gerät an Bord, ein Funkgerät, das automatisch Peilstrahlen aussendet und es den Leitstellen ermöglicht, den Standort des eigenen Jägerverbandes festzustellen. Wieder einmal gibt ein Mädchen von der Leitzentrale die Lagemeldung durch, vielleicht die letzte vor dem Angriff.

Der Verbandsführer drehte wenig später leicht nach Norden ein, um den nötigen Vorsprung für den Frontalangriff auf die Bomber herauszufliegen. Aus einer leichten Kurve blickt Reuter nach Osten und denkt an den Kameraden, den sie alle nur „Tommy" genannt hatten. Er sieht ihn förmlich mit einem Schwarm „190" durch den Himmel über der Mark Brandenburg ziehen, bei einem Flug über eine Landschaft des Friedens, dem sicherlich kein unerwartetes Ende beschert sein wird.

Die blechern klingende Stimme des Majors an der Spitze des Gefechtsverbandes reißt Reuter wieder in die Wirklichkeit zurück. Nur wenige Worte kommen über den Äther, aber sie sind inhaltsschwer genug:

„Achtung, wir machen Pauke-Pauke (Angriff). Hals und Bein. Ende!"

Keiner bestätigt den Befehl. Warum auch? Vielleicht wäre es sogar schwierig gewesen, in diesen Augenblicken etwas ins Mikrophon zu sprechen. Denn in der Kehle sieht es ziemlich miserabel aus, wie immer, wenn sich vor dem Flugweg jeden Augenblick die blitzesprühende Wand des gegnerischen Sperrfeuers ausbreiten wird. Der Körper ist erstarrt, die Hände krampfen sich fester um Knüppel und Gashebel.

Der gesamte Verband fliegt noch in einer tadellosen Formation, Maschine neben Maschine, eine breite Phalanx von Jagdflugzeugen, die Tausende schwerkalibriger Geschosse dem Feind entgegentragen.

Die dunklen Mündungen der Kanonen und überschweren Maschinengewehre sind jetzt genau auf den Spitzenpulk der „Fliegenden Festungen" gerichtet, und nur Sekunden vergehen noch, bis der Himmel vor der niedrigen Frontscheibe wieder Feuer zu speien scheint.

Auch jetzt ist alles wie viele Male zuvor. Die Viermotorigen werden größer und größer. Die Maschinen des Stabsschwarmes schießen bereits. Dünne Glutschlangen tasten sich in seltsamen Windungen auf die Bomber zu. Die ersten Feuerblitze einschlagender Granaten und voraus einer der Riesen, der jetzt bereits über den Visierkreis hinauswächst.

Die Kanonen beginnen zu hämmern, die ganze Maschine schüttelt sich unter dem Rückstoß der Waffen. Hunderte von 2-cm-Granaten prasseln auf den stählernen Giganten, wühlen sich in das Metall. Wie ein vorsintflutliches Ungeheuer kommt der Bomber heran, ein Zug am Knüppel, und die Focke-Wulf jagt darüber hinweg. Der Atem staut sich in den Lungen, und in den Ohren gellt vielstimmiges Geschrei. Das jagende Herz signalisiert die Angst vor dem Unsichtbaren, dessen Faust jeden Augenblick herabsausen kann.

Aber noch ist es nicht soweit. Reuters Blick irrt durch den Himmel. Sie scheren zu diesem Zeitpunkt weit hinter dem ersten Pulk nach unten, über sich jetzt die silbernschillernden Unterseiten anderer Viermotoriger. Der ganze Himmel scheint aus dieser Perspektive mit ihnen gefüllt zu sein. Abschußblitze züngeln von den vielen MG-Ständen, Geschosse zischen durch die Luft, irgendwohin.

Droben, wo die erste Bomber-Box (Formation aus rund 18 Bombern. Drei „Boxes" ergeben ein „Combat Wing" zu etwa 50 bis 54 Maschinen) dahinzieht, steigt zwischen zwei „B-17" ein greller Glutball auf. Zerfetzte Einzelteile regnen herab. Zwei der Bomber waren zusammengestoßen. Dunkle Gebilde lösen sich aus dem Inferno und wirbeln der Erde entgegen — Menschen, deren Entsetzensschreie die eisige Höhenluft von den Mündern reißt. Fallschirme blähen sich auf, von Verzweifelten zu früh geöffnet. Sie werden nur noch Tote nach unten tragen, denn in diesen Himmelspartien gibt es keinen Sauerstoff für die Lungen.

Der Verbandsführer kurvt immer noch. Neben und hinter ihm die Maschinen aus zwei Gruppen. Reuters Blick wandert über die Kabinen, die blutrot wirken im Licht der Sonne. Von oben her schert eine Rotte herab, zwei Maschinen, die unter dem Gefechtsverband wegtauchen und sich dann am rechten Flügel anschließen.

Dann ist es erneut soweit. Der Stabsschwarm liegt schon wieder auf Angriffskurs. Ein neuer Pulk schiebt sich heran, in den Flugweg der Focke-Wulf hinein. Droben über den Bombern sind die Kondensstreifen der amerikanischen Jäger verschwunden. Also befinden sie sich bereits im Sturz, mahnt eine geheimnisvolle Stimme.

Reuters Hemd klebt schweißnaß am Körper. Er merkt es nicht. Denn die waffengespickten Ungeheuer rasen nun frontal heran. Das Feuer ihrer Maschinengewehre sichelt durch den Himmel. Die Distanz verringert sich von Sekunde zu Sekunde. Mit fast tausend Kilometern Geschwindigkeit rasen sie jetzt wieder aufeinander zu.

Der Körper beugt sich mechanisch über das Armaturenbrett, nur ein kleines Stück ragt der Kopf des Leutnants noch über die schräggeneigte Plexiglasscheibe. Über die linke Tragfläche scheint plötzlich ein schnell rotierendes Sägeblatt wegzukreischen. Reuters Kopf fährt herum. Einige Kugeln haben das Metall der Flächenwurzel aufgerissen. Es ist allerdings eine Kleinigkeit im Verhältnis zu dem, was noch geschehen kann.

Weiter! Noch siebenhundert Meter — sechshundert! Die Kanonen bellen. Der in etwa vierhundert Meter Entfernung zusammenlaufende vierfache Leuchtspurstrahl liegt voll im Ziel. Der Riese voraus schüttelt sich, dann verschwindet er unter den Tragflächen.

Wie spitze, mächtige Fischflossen ziehen die Seitenruder der Bomber unten hinweg. Blitzschnell erfolgende Beobachtungen reihen sich aneinander: grünliche Rümpfe, tückisch schillernde Glaskuppeln, aus denen Feuerzungen herauslecken.

Für Sekunden ist wieder ein Stück freien Himmels vor der Frontscheibe, zerteilt von der endlos erscheinenden Schlange weiterer Bomberverbände.

Reuter zieht blitzschnell den Kopf ein, als ein Schatten die Kabine verdunkelt. Eine Focke-Wulf rutscht seitlich nach unten, dahinter noch eine. Ein gehetzter Blick in die Tiefe. Auf dem Rumpf der einen Focke-Wulf leuchtet eine große „Dreizehn“ und auf dem Leitwerk dunkle Abschußstriche: Losch, Oberfeldwebel Losch.

Die zwei Maschinen scheren weiter nach unten, und da erst sieht Reuter die vier „Thunderbolts“, die etwa tausend Meter tiefer durch den Himmel ziehen.

*

„In Kolonne folgen!“

Ein Druck auf den Knüppel, und die „190“ kippt nach vorn. Fassungslos starrt Thomas auf das viermotorige Flugzeug, das im Widerschein des

Sonnenlichts wie schwarz gestrichen anmutet. Erst zweitausend Meter tiefer sieht er wieder nach hinten. Die Maschinen seines Schwarms hängen auf der Spur, vorbildlich fast.

Thomas hat jetzt kein Verständnis mehr für solche Dinge. Der Viermotorige da unten zieht ihn an wie ein Magnet. Was, zum Teufel, denkt er, hat diese Wahnsinnigen wohl in unsere Landschaft gelockt. Sind sie denn schon so sicher, daß sie meinen, sie könnten hier mit einer einzelnen Maschine durch die Gegend ziehen?

Er verengt die Augen zu schmalen Schlitzen, und er merkt nicht einmal, daß er mit automatisch erfolgenden Bewegungen die Bordwaffen einschaltet. Es ist reine Routine.

Mit jeder weiteren Sekunde wird das viermotorige Flugzeug größer. Es gibt immer noch keinen Zweifel: Das ist eine Boeing B-17, ein Amerikaner!

Von Norden her kommt ein weiterer Schwarm angeprescht.

Die vier „FW 190“ liegen ebenfalls im Sturz. Auch von Süden her nahen weitere Focke-Wulf. Mindestens drei Fluglehrer haben mittlerweile also die viermotorige Maschine erkannt und fliegen sie an.

4000 Meter — 3500 — 3000 — 2500!

Die „Boeing“ hängt immer noch auf dem gleichen Kurs. Es ist einfach nicht zu fassen. Die Tatsache, daß jetzt zwölf deutsche Jagdmaschinen praktisch von allen Seiten herabstürzen, um das einzelne Flugzeug wahrscheinlich innerhalb von Sekunden zur Erde hinabzuschmettern, scheint die Besatzung nicht im geringsten zu beeindrucken.

Thomas drückt den Knüppel noch weiter nach vorn. Mit heulendem Motor jagt er von hinten her auf den feindlichen Bomber zu, die Sonne im Rücken. Noch einige Sekunden, dann wird die Schußentfernung erreicht sein. Der Viermotorige fliegt tief, kaum 500 Meter hoch. Immer noch hüllt ihn das Sonnenlicht in einen dunklen Schein. Und noch kein Abwehrfeuer. Aus den Kopfhörern scheppert plötzlich eine erregte Stimme. Doch kein Wort ist zu verstehen.

Jetzt! Eine kurze Korrektur! Die anderen Schwärme sind noch gut tausend Meter weiter droben. Das hohe Leitwerk des Bombers wächst ins Visier. Einer intuitiven Eingebung folgend, zieht Thomas die Focke-Wulf noch ein Stück hinauf. Er will die Garbe aus leichter Überhöhung zwischen die beiden rechten Motoren setzen.

Doch da ist es, als ob ihn eine unsichtbare Faust zurückreiße. Im gleichen Moment zieht er den Knüppel nach hinten, dreht die Maschine in die Messerlage und starrt erschüttert auf das amerikanische Flugzeug hinab. Aus diesem Blickwinkel ist der gelbe Anstrich des Flugzeuges jetzt genau zu erkenne.

Gelb! hämmert es in Thomas. Eine Beutemaschine! Eine „Boeing“, in der Kameraden sitzen! Ist es denn die Möglichkeit?

Der Druck in ihm beginnt zu weichen, und seine anfängliche Enttäuschung verwandelt sich auf einmal in ein Gefühl überschäumender Heiterkeit. Jetzt erst sieht er wieder nach hinten, während ihm aus den Kopfhörern ganze Serien von Flüchen entgegenschallen. Sicherlich kommen sie von den anderen Lehrern, die inzwischen ihren Irrtum ebenfalls erkannt haben mochten und nun in engen Kurven um den viermotorigen Bomber herumziehen.

Auch Thomas tut das nun. Es geschieht für ihn zum erstenmal, daß er eine dieser großen Maschinen sozusagen in aller Gemütsruhe aus der Nähe ansehen kann. Und unwillkürlich erinnert er sich der Tage, an denen er sich den Pulks dieser Riesenvögel in ebenso eindeutiger Absicht genähert hatte wie vorhin.

Er hebt die Hand, als vom Heckstand aus ein Mann der Besatzung zu ihm heraufwinkt. Einige Sekunden später, nachdem der Stimmensalat im FT etwas abgeklungen ist, drückt er den Mikrophonknopf und ruft die drei Maschinen seines Schwarms:

„Guckt ihn euch an, diesen Koloß", sagt er, „so sehen sie aus, die verdammten Viermots. Und nun wieder hoch. Wir werden einen Scheinangriff fliegen ..."

Er zieht die Maschine herum, halb in die Rückenlage. Die drei anderen huschen heran, kurven ein und hängen sich hinter ihn. Die Boeing dröhnt immer noch auf gleichem Kurs dahin, umschwärmt von einem guten Dutzend Focke-Wulf-Maschinen. Auf einmal kommt es Thomas zu Bewußtsein, daß er den Bluff eigentlich schon früher hätte erkennen müssen. Denn niemand in der „B-17" hatte gefeuert. Sicher hätten sie das aber getan, auch wenn sie keine Chance mehr gehabt hätten.

Der Flugplatz hat sich bereits wieder in einen kleinen ovalen Fleck verwandelt. Die Erde wird ferner und ferner. 1000 Meter — 1500. Dann ein Befehl an die anderen. Sie kippen nach unten und drehen nacheinander auf die „Boeing" ein. Thomas rast als erster frontal auf die Boeing zu. Die Schwingen wachsen in die Breite, das Visierkreuz richtet sich auf die gläserne Kanzel, und der Daumen senkt sich automatisch auf den Auslöseknopf der Bordwaffen.

Noch 1000 Meter — 800 — 700. Thomas hat die Oberfähnriche hinter sich vergessen. Die Rechte spannt sich fester um den Steuerknüppel. Das metallene Monster da vorn ist wieder zum Gegner geworden, zum Todfeind. Jetzt! befiehlt eine mysteriöse Stimme, jetzt mußt du feuern!

Erst in diesem Augenblick weicht die Faszination, und ein eisiges Entsetzen hält in Thomas Einzug. Er reißt den Daumen in die Höhe, der sich gerade auf den dunklen Knopf herabsenken wollte. Im nächsten Moment wäre die Katastrophe vollkommen gewesen, denn die Waffen sind eingeschaltet, und in den Magazinen lagert — scharfe Munition.

Immer noch gelähmt von dem jähen Erschrecken, zieht Thomas den Knüppel nach hinten. Der Viermotorige kommt außer Sicht, huscht unter den Tragflächen vorbei. Mit einem Zittern in der Rechten schaltet der Feldwebel die Waffen aus. Die „190" neigt sich in eine leichte Linkskurve, und er blickt wieder zurück. Der Gedanke, was vorhin hätte passieren können, sitzt noch wie ein Alpdruck in ihm. Schweiß löst sich aus den Poren, während er die drei anderen Maschinen beobachtet, die soeben über das Beuteflugzeug hinwegziehen. Hinter ihnen kommen andere heran. Alle, die sich zu diesem Zeitpunkt hier in der Luft befanden, jagen jetzt auf die „B-17" zu.

Thomas wischt sich den Schweiß aus den Augen. Die Schauzeichen der Waffenkontrolle scheinen ihn höhnisch anzugrinsen. Beinahe! könnten sie sagen, beinahe hättest du wohl vergessen, wo du bist...

Die Focke-Wulf steigt. Mit einer schnellen Bewegung nimmt Thomas das Gas etwas zurück, um die anderen anschließen zu lassen. Sie scheren von beiden Seiten heran und reihen sich in Position.

Auch die zwei anderen Schwärme befinden sich im Steigflug. Die Erde wird wieder ferner. Zwei der Oberfähnriche tauchen unter Thomas hinweg und setzen sich auf linke Position. Der quälende Druck, der ihm bis dahin fast die Kehle zugeschnürt hatte, beginnt langsam zu weichen. Sein Blick fällt auf den Höhenmesser. In alter Gewohnheit will er zur Atemmaske greifen, merkt dann aber, daß er sie noch vor dem Mund hat. Sie klettern höher und höher. Die Konturen der in einiger Entfernung steigenden anderen Schwärme werden wieder klarer vor Thomas' Blick. Auf 6000 Meter Höhe sieht er, daß einer der anderen Lehrer seinen Schwarm zu einem Übungsangriff heranführt.

Seine Stimme wirkt noch reichlich verzerrt, als er den Oberfähnrichen einige Befehle erteilt. Wenige Sekunden später wirbeln sie in linke Steilkurven und ziehen den anderen Jagdflugzeugen entgegen.

Die Maschine an der Spitze des anderen Schwarms zieht vorbei. Thomas erkennt an der Nummer auf dem Rumpf, daß sie von Knörr geflogen wird. Und da ist auch schon seine Stimme:

„Das war vielleicht was mit dem Kahn, wie? Mensch, wenn das wirklich 'ne richtige ‚Boeing' gewesen wäre..."

Thomas spürt, wie gut es tut, die Stimme des Kameraden zu hören.

„Wir reden später mal drüber", erwidert er, „beinahe hätte es was gegeben bei mir."

„Ich kann mir denken, was du meinst", knarrt es aus den Kopfhörern zurück. „Jetzt vergiß aber die verdammte Geschichte und laß dich von mir wickeln (im Luftkampf besiegen durch sogenanntes Auskurven). In zwei Runden hab ich deinen müden Klub, wetten?"

„Der Teufel soll dich holen!" knurrt Thomas ins Mikrophon. „Meinetwegen können wir anfangen!" Rund 6000 Meter über dem Flugplatz beginnt jetzt eine Kurbelei, die drunten am Rand des Rollfeldes sogar den Staffelkapitän der Ersten in die Höhe reißt.

Knörrs Focke-Wulf tanzt auf der Flächenspitze herum, daß es eine wahre Pracht ist. Schon wenige Augenblicke später sitzt er hinter der Nummer vier von Thomas' Schwarm.

„Ziehen, Kahler, ziehen! Sonst ist es aus mit Ihnen!" schreit Thomas. „Durchziehen und umschlagen lassen. Mensch, machen Sie schon!"

Knörrs „190“ dreht gerade auf „Schußposition“ ein. In diesem Moment befolgt der Oberfähnrich Kahler den erhaltenen Befehl. Thomas fliegt in diesen Sekunden fast auf Gegenkurs zu ihm. Er sieht, wie die Maschine nach rechts herumwirbelt, ins Wanken kommt und dann über den Bug nach unten kippt.

„Flaschen!“ gellt Knörrs Stimme höhnisch über den Äther. „Hab' ich's nicht gesagt . . . ?“

Doch in diesem Moment scheint auch er erkannt zu haben, daß die letzte „190“ des von ihm soeben angeflogenen Schwarms ins Trudeln gekommen ist. Er dreht seine weiße „12“ in die Horizontale, bringt sie dann in die Rückenlage und geht zu einem gesteuerten Abschwung über. Fast gleichzeitig drückt auch Thomas den Knüppel nach vorn und jagt auf die Focke-Wulf des Oberfähnrichs zu, die in immer flacher werdenden Trudelbewegungen nach unten schlenkert, während die anderen droben weiterhin ihre Kreise ziehen.

Als bereits eine furchtbare Ahnung in Thomas hochsteigt, hört er Knörrs erregte Stimme:

„Mensch, nimm die Pfote vom Knüppel — Steuer loslassen!“

Thomas fegt weiter nach unten. Sekunden noch, dann hat er die durch das Trudeln bedeutend langsamere Focke-Wulf erreicht. Für Augenblicke sieht er den Oberkörper des jungen Piloten, der von den Schlingerbewegungen wie eine Puppe hin und her geschüttelt wird. Er glaubt sogar, in den weit geöffneten Augen die Todesangst erkannt zu haben, die von dem Jungen Besitz ergriffen zu haben scheint.

Wieder schallt Knörrs Stimme aus den Kopfhörern, flehentlich diesmal, ruhig und beschwörend.

Aber der Oberfähnrich scheint die Worte gar nicht zu hören. Seine Maschine trudelt immer noch und beschreibt jene gefährlichen Flugbewegungen, die nur in einem Aufschlagbrand enden können — falls er seinen Schock nicht noch rechtzeitig überwinden sollte.

Thomas und Knörr fliegen enge Kreise um die einzelne Maschine. Pausenlos rufen sie den Oberfähnrich in der Kabine, aber ohne Erfolg. An der Stellung der Höhenruderflosse ist deutlich zu erkennen, daß Kahler den Knüppel auch jetzt noch nach hinten gezogen hält und damit jenen tödlichen Fehler begeht, der schon manchem Unerfahrenen ein grausiges Ende beschert hatte. Auch er hat aber in diesen Minuten offenbar alle Ermahnungen vergessen. Immer noch mag er von dem furchtbaren Irrtum befangen sein, durch Ziehen des Steuers die Fallbewegung der Maschine aufhalten zu können.

Knörrs Stimme klingt schon ganz heiser vom Schreien. Die Focke-Wulf des Oberfähnrichs ist kaum noch zweitausend Meter hoch. Wenn er in den nächsten Sekunden die Steuerung nicht losläßt, dann wird wenig später drunten auf der Erde ein Feuerturm hochsteigen.

„Kahler“, krächzt Thomas, „Junge — ich bitte dich, laß den Knüppel los und nimm die Füße aus den Seitenrudern!“

Er hatte die Worte ins Mikrophonn gesprochen, während er mit gedrosseltem Triebwerk von der Seite her auf die trudelnde Focke-Wulf zuscherte. Langsam dreht der Oberfähnrich jetzt den Kopf herum und sieht zu ihm herüber.

„Junge", keucht Thomas, „nimm die Hände vom Knüppel — um Gottes willen — mach es schnell . . . !"

*

Wahrscheinlich war es so gewesen, daß Losch auch an diesem Tag die „Holzaugenrotte" angeführt hatte — wie schon so oft zuvor; jene Formation aus zwei Maschinen also, deren Piloten die Aufgabe haben, hoch hinter dem eigenen Verband ihre Schleifen zu ziehen und die in enger Gefechtsformation befindlichen anderen Jagdflugzeuge des Geschwaders vor unliebsamen Überraschungen zu schützen.

Nach Beginn des ersten Angriffes auf die Bomber hatte ihr Auftrag auch diesmal als erfüllt angesehen werden können, und nun waren sie wohl heruntergekommen, um irgendwo Anschluß an den eigenen Gefechtsverband zu finden.

Sicherlich war das tatsächlich Loschs Absicht gewesen, zumindest bis zu jenem Zeitpunkt, an dem er die vier „Thunderbolts" entdeckt hatte. Die Tatsache, daß diese kaum 1000 Meter unter einem deutschen Jägerverband sozusagen in aller Ruhe ihre Patrouille flogen, schien aber sofort einen bestimmten Entschluß in ihm ausgelöst zu haben.

Vielleicht wußten die Amerikaner in den „P-47"-Maschinen, daß die Deutschen über ihnen offenbar bei jedem ihrer Feindflüge gegen die „B-17"-Bomber den Befehl hatten, die Gefechtsformation auf keinen Fall zu verlassen; auch dann nicht, wenn noch so lockende Ziele in Gestalt weniger Feindjäger unter ihnen dahinziehen sollten. Möglich war das schon, denn der Gegner wußte viel in diesen Tagen, erstaunlich viel sogar.

Losch aber hatte sich möglicherweise sogar daran erinnert, daß er und sein Katschmarek (Rottenflieger) im Moment noch nicht zum Gefechtsverband gehörten. Er war inzwischen nämlich nicht etwa an den rechten Flüger der langen Flugzeuglinie herangeschert, sondern jagt jetzt weiter in die Tiefe.

Reuter kann genau verfolgen, was sich nun innerhalb kürzester Zeit abspielt, während voraus ein weiterer Bomberpulk bald den eigenen Kurs kreuzen wird. Trotz des Höllenwirbels rings um die Viermotorigen erfaßt er jede Phase des unglaublichen Geschehens, und wahrscheinlich nicht nur er allein.

Von seinem Rottenflieger gefolgt, stößt Losch scheinbar ohne jede Angriffsabsicht nach unten. Dann aber, schon nach einer verhältnismäßig kurzen Sturzstrecke, sprüht von seinem Leitwerk ein dünner Kondensstrahl in einem leichten Bogen nach hinten weg. Das geschieht in jenen Augenblicken, wo sich die „190" nach oben bäumt, die zweite Maschine in geringem Abstand hinter sich. Die gedrungene Motorpartie der Focke-Wulf ruckt nach oben, vor den Mündungen der vier Kanonen erscheinen zuckende Flämmchen, und dünne Glutfäden züngeln der Nummer vier des „Thunderbolt"-Schwarmes entgegen. In Sekundenschnelle durchsägen die Geschosse die Feindmaschine von vorn nach hinten. Feuerzungen lecken vom Motor her über die Kabine, und dann verschwindet die tödlich getroffene „P-47" in einem grellen Glutball.

Fassungslos beobachtet Reuter mit zur Seite gedrehtem Kopf, daß Loschs Rottenmaschine blitzschnell zur Seite schert und ebenfalls feuert, während die „190" des Oberfeldwebels in einem starken Steigwinkel über die Flughöhe der „Thunderbolts" hinausschießt und zur Rückenlage übergeht.

Es besteht für Reuter keine Möglichkeit mehr, den Fortgang des überfallartigen Angriffs zu beobachten. Er sieht nur noch, daß auch die zweite „Thunderbolt" allem Anschein nach getroffen zur Seite schert, während die beiden restlichen „P-47" in steile Kurven gerissen werden und dann nach unten verschwinden.

Von oben her aber kommt Loschs Focke-Wulf wie ein Fahrstuhl herabgeslipt. Mit einem meisterlichen Geschick setzt er die Maschine in die Lücke zwischen Reuters „190" und die des Obergefreiten Klein. Was sein Rottenflieger noch macht, ist nicht mehr zu erkennen.

Der Leutnant hat den Kopf wieder herumgedreht und sieht in die Flugrichtung. Die im Sonnenlicht funkelnden Flugzeugleiber des Bomberpulks sind höchstens zwölf- oder fünfzehnhundert Meter entfernt. Hoch darüber ziehen Dutzende von Jagdmaschinen in allen möglichen Flugbewegungen durch den Himmel. Flammenstriche, wie von einer Gespensterhand an den Himmel gemalt, wandern über das glasklare Blau des Firmaments. Ferne, kaum verständliche Stimmen klingen aus den Kopfhörern. Loschs Maschine schiebt sich ein Stück vor, und Reuter sieht ihn in der Kabine sitzen, den Kopf nach vorn gebeugt.

Sekunden noch, dann stehen wieder die Blitze des feindlichen Abwehrfeuers wie eine flammende Barriere vor dem Flugzeug. Augenblicke später stößt die Focke-Wulf hindurch. Erneut wächst eine der Boeings ins Visier, wieder hämmern die Bordwaffen. Das stählerne Ungetüm mit den breiten Schwingen rast heran, und rechts voraus hängt Loschs Focke-Wulf wie ein Brett in der Luft. Halb unbewußt registriert Reuter die Tatsache, daß er immer noch nicht feuert. Jetzt erst tut er es, kaum fünf- oder sechshundert von den vierzig oder fünfzig Viermotorigen entfernt.

Doch dann kommt für Reuter schon wieder der Augenblick, wo jedes weitere Zögern das Ende herbeiführen könnte. Riesengroß steht ein amerikanisches Kampfflugzeug vor der Frontscheibe, mit winzigen Flammenzungen vor der linken Tragflächenwurzel, als Reuter den Knüppel nach hinten zerrt und die Maschine über den Bomber hinwegreißt.

Weit hinter den Leitwerken der letzten „B-17" folgt er den anderen auf ihrem Slip in die Tiefe. Losch hängt noch zur Rechten, den Blick herübergerichtet, regungslos, starr wie eine Statue in der Kabine sitzend. Der Leutnant spürt, wie die Erschöpfung nach ihm greift. Die Nerven revoltieren wieder, der Schweiß rinnt in Strömen, und die Lungen gieren nach neuer Nahrung. Eine Erschlaffung geht durch den Körper, und langsam wandert der Blick nach links.

Tief unten schält sich ein graubrauner Fleck aus der Oberfläche der Erde, aus dem schnell dahinhuschende Ketten kleiner Blitze herauszukken. Die Stadt trägt einen Namen, den keiner von ihnen auf der Karte suchen müßte: Sie heißt Berlin!

Die Lethargie weicht schlagartig, als aus Reuters FT-Haube einige schnell hervorgestoßene Worte herausklingen. Und dann sieht auch er die dünnen, hellen Streifen, die wie ein Silberregen am Himmelsgewölbe herabrieseln: Dutzende von Feindjägern, „Mustangs" oder „Thunderbolts". Es ist nicht genau zu erkennen.

„Heiliger Himmel!" sagt einer. „Auch das noch ... !"

*

Der Oberfähnrich starrt noch immer zu der kaum zehn Meter entfernten Focke-Wulf herüber, und auf einmal sieht Thomas, daß seine Oberarme in Bewegung kommen. Schon Sekunden später erkennt er, daß die Schlingerbewegungen der trudelnden Maschine nicht mehr so eckig wirken. Das Flugzeug scheint sich erleichtert auszupendeln, die Bugpartie senkt sich nach vorn, und dann ist der Augenblick gekommen, wo Thomas das Gefühl hat, von einer Zentnerlast befreit worden zu sein.

Er schluckt einige Male, bis er glaubt, wieder einige Worte sprechen zu können. Er tut es, während sich von rechts eine Focke-Wulf im Messerflug heranschiebt.

„Drücken, Kahler! Langsam drücken — so ist es gut — und jetzt wieder hoch — geschafft!"

Eine Stimme trompetet aus dem FT, es ist die von Knörr, der fast „hautnah" auf rechter Position hängt, das hochrote Gesicht zu Thomas herübergewendet.

„Menschenskind", sagt er jetzt, „daran hätte ich nicht mehr geglaubt. Laß uns mit den Banausen 'runtergehen, Tommy. Die haben jetzt sowieso keine Nerven mehr."

Thomas hört die Worte, ohne sie bewußt zu registrieren. Er sieht nach hinten. Die anderen Maschinen der beiden Schwärme fliegen in einem Vollkreis einige hundert Meter höher. Knörr schert nach rechts weg, dann gibt er einige Befehle. Auch Thomas tut es kurz darauf.

Einige Minuten später hat er den Schwarm wieder neben sich. Sie schweben zur Landung an, setzen auf. Es geschieht ohne weitere Zwischenfälle. Hintereinander rollen sie zum Abstellplatz.

Der Hauptmann steht neben seinem Liegestuhl, und selbst aus der Entfernung ist zu erkennen, wie durcheinander er ist.

Der Motor verstummt, die Mechaniker kommen heran. Thomas öffnet die Kabine und wischt den Schweiß vom Gesicht. Der Hauptgefreite Knurrhahn, 1. Wart, stemmt seine 90 Kilo auf die linke Tragfläche. Seinem Gesicht ist anzusehen, daß er das Ereignis von vorhin ebenfalls noch nicht ganz verdaut hat.

„Beinahe wieder'n Aufschlagbrand!" sagt er.

Thomas sieht an ihm vorbei, zu den drei anderen Maschinen hinüber, die in der Nähe stehen. Auch ihre Motoren sind bereits abgestellt worden. Sein Blick bleibt auf Kahler hängen, der immer noch in der Kabine sitzt, den Kopf gegen die Oberseite der Panzerplatte gestützt.

Er scheint erst aus seiner Erstarrung zu erwachen, als sein Fluglehrer neben ihm auf der Tragfläche auftaucht.

„Herr Feldwebel", stammelt er dann, „ich . . . "

Weiter kommt er nicht. Sein Kopf sinkt vornüber, und dann ist er mit seiner nervlichen Kraft offensichtlich völlig am Ende. Seine Schultern beginnen zu zucken, und die schmalen, jungenhaften Hände tasten nervös über den Griff des Steuerknüppels.

„Es ist vorbei, Kahler", hört Thomas sich sagen, „nimm es nicht so tragisch. Du hast sicher viel daraus gelernt. Steig jetzt aus und verschwinde, irgendwohin. In den Wald da drüben, oder auf deine Bude. Ist mir egal. Ja?"

Ein müder, verzweifelter Blick von unten herauf. Dann ein dankbares Nicken.

Unten steht der Hauptmann, die Hände in die Seiten gestützt. Knörr lungert neben ihm herum. Seine Augen flackern. Thomas kennt das. Man kann so etwas immer bei ihm beobachten, wenn es ihn vor Zorn fast zerreißt.

Maler öffnet den Mund, als Thomas auf ihn zukommt.

„Das war vielleicht 'ne Uhrmacherei (schlechtes Fliegen)!" schreit er. „Ich verbitte mir so etwas ein für allemal, klar?"

Knörr holt Luft, blickt in den Himmel und fletscht hinter Malers Rükken die Zähne.

„Herr Hauptmann", läßt sich Thomas nun vernehmen, „Sie glauben doch sicher nicht, daß die Trudelei bis in diese Höhe absichtlich eingeleitet war. Ich bin froh, daß Kahler noch lebt. Schließlich kennen die Burschen diese Maschinen kaum. Dafür sind sie schließlich da, damit das anders wird."

Malers Gesicht läuft hochrot an. Aber er scheint irgendwie das Konzept verloren zu haben. Knörr steht jetzt neben ihm. Sein Blick spricht Bände. Die Flugschüler halten sich in der Nähe auf und sehen herüber.

„Na schön", knurrt der Hauptmann, „war auch nicht so gemeint." Er geht auf Kahler zu, dessen hagere Gestalt sich sofort etwas strafft.

„Sie Würstchen!" Seine Stimme hat jetzt wieder den bissigen Klang von vorhin. „Glauben Sie vielleicht, wir sind hier eine Schrottsammelstelle?" Er schüttelt den Kopf und äugt zu Knörr hinüber, dessen giftiger Gesichtsausdruck sich inzwischen in ein genüßliches Grinsen verwandelt hat. Noch einmal trifft ein durchdringender Blick das kalkweiße Gesicht des Oberfähnrichs. „Und mit so etwas soll man den Krieg gewinnen", stellt Maler noch fest, ehe er sich umdreht und schnellen Schrittes auf seinen Liegestuhl zugeht.

Knörr kommt angeschlendert. Er stößt fauchend den Atem aus, schiebt sich neben Thomas und murmelt:

„Mir ist es schlecht, Tommy. Wenn es mich in der nächsten Minute nicht zerreißt, dann habe ich noch einmal Glück gehabt. Kannste mir glauben!"

*

Die Schreie in den Kopfhörern sind verstummt, und das wilde Getümmel am Himmel hat sein Ende gefunden. Die Opfer des erbitterten Luftkampfes mit den amerikanischen Begleitjägern liegen drunten auf der fernen Erde, in tausend Stücke zerschellt, nur noch schwelende Trümmerflächen, die oft über Hunderte von Metern zerstreut sind. Dazwischen Überreste der Männer, die sie geflogen hatten. Kein Fallschirm hängt mehr am Himmel, und die Pulks der Bomber ziehen weit entfernt wie dicke, silberne Klumpen in eine nach Nordwesten gerichtete Wendeschleife. Ihr Werk ist erfüllt, ihr Auftrag ausgeführt. Drunten in der Millionenstadt rasen die Brände durch die Häuserschluchten, ersticken Menschen in glühendheißen Kellern, liegen die zerbrochenen Fassaden von Wohnblocks als turmhohe rauchende Trümmer über den von Bombeneinschlägen zerwühlten Straßen.

Die „Munstangs" und „Thunderbolts" der amerikanischen Begleiteskorte haben sich ebenfalls nach Nordwesten zurückgezogen, vielleicht, um ihre Sicherungsaufgabe wieder zu übernehmen, oder auch deshalb, weil sie noch einen langen Rückflug vor sich haben und keine Treibstoffreserven für weitere Luftkämpfe mehr besitzen.

Der deutsche Gefechtsverband ist auseinandergerissen worden, und nur noch an wenigen Stellen bricht sich das Sonnenlicht auf den Kabinen einzelner oder in Rotten herumschwirrender Jagdflugzeuge.

Zwei von ihnen ziehen in 7 500 Meter Höhe über die Oder und drehen nach Norden ein. Erst vor wenigen Minuten hatten sich die Piloten der beiden „190" wieder auf die Flughöhe der Bomberpulks gesetzt, nachdem es ihnen gelungen war, sich aus dem Trubel der Kurbelei mit den Amerikanern zu lösen. Jeder von ihnen hatte seinen Rottenflieger verloren, und es war ein seltsamer Zufall gewesen, daß sie sich nach einem Sturz über einige tausend Meter in der Gegend von Fürstenwalde getroffen hatten. In einem weiten Kreis waren sie aufeinander zugekurvt, und sicherlich hatte jeder zunächst geglaubt, eine einzelne „Thunderbolt" vor sich zu haben. Aus größerer Entfernung war solch ein Irrtum nämlich durchaus möglich, da die „190" dann mit der „P-47" durchaus zu verwechseln war.

Reuter hatte seinen Augen nicht getraut, als er beim Vorbeiziehen auf Gegenkurs die Nummer am Rumpf der anderen Maschine erkannt hatte: Es war die von Losch gewesen!

Anschließend waren nur wenige Worte zwischen ihnen gewechselt worden. Wie selbstverständlich hatte Reuter sich neben die Maschine des Kameraden gehängt, und er war ihm ohne weitere Frage gefolgt, nachdem Loschs „190" wieder zum Steigflug übergegangen war.

Der Himmel rings um sie herum ist zu dieser Zeit frei von anderen Flugzeugen, von den Viermotorigen abgesehen, deren Umrisse jetzt langsam wieder größer werden. Ein dunkles Gefühl bringt Reuter zu der naheliegenden Vermutung, daß Losch diesen Feindflug noch nicht als beendet zu betrachten scheint. Sie haben beide auch noch genügend Sprit, nachdem es ihnen möglich gewesen war, den gesamten Inhalt des 300-Liter-Zusatzbehälters (dieser Tank, der einer Bombe ähnelte, wurde unter den Rumpf angehängt. War er leergeflogen, konnte er abgeworfen werden) vor Beginn des Angriffs zu nutzen und den Treibstoff in die normalen Tanks umzupumpen.

Schweigend fliegen sie nebeneinanderher. In den Kopfhörern herrscht jetzt eine geradezu bedrückende Stille. Auch die fernen Stimmgeräusche sind inzwischen verstummt. Sie steigen immer noch, die Höhenmessernadeln klettern.

7 560 — 7 800 — 8 000!

Der Motor wird müde auf diesen Höhen, man spürt es förmlich. Losch blickt nur in eine Richtung, dorthin, wo die dicken Silberballen langsam poröser werden. Einzelheiten zeichnen sich ab, die hellen Gebilde werden zu Flugzeugen, zu Viermotorigen.

Reuter sieht, daß Loschs „190" langsam dreht. Worte drängen sich auf die Lippen, eine Anfrage vielleicht, möglicherweise sogar ein Vorwurf. Aber es bleibt bei der stummen Zwiesprache der eigenen Gedanken. Ein Blick durch den Luftraum. Nirgendwo ist ein feindlicher Jäger in der Nähe. Sie befinden sich Tausende von Metern weiter oben, in nordwestlicher Richtung.

Wir fliegen mit zwei Maschinen einen Pulk an! Das ist das letzte, was Reuter noch denkt, nachdem alle anderen Möglichkeiten endgültig ausgeschieden sind. Es ist Wahnsinn, heller Wahnsinn. Doch jetzt...

Die Bomber huschen heran, exakt nebeneinander in die Formation geschachtelt. Noch ein gehetzter Blick zu Losch hinüber. Sein Oberkörper ist kaum zu sehen.

In der Flugrichtung zucken Blitze, als Reuter wieder nach vorn sieht. Zwei Focke-Wulf jagen direkt auf die Feuerwand zu, auf eine unsichtbare Mauer aus Tausenden von Geschossen. Vor den langen Bugkanzeln der „Fortresses" zucken die Blitze der Abschüsse. In Sekundenschnelle bekommen die „Boeings" ihre imposanten Dimensionen.

Die 2-cm-Kanonen feuern. Zur Rechten der Schatten von Loschs Maschine. Wieder die Feuerschlangen, die auf die Schar der „Fliegenden Festungen" zuhuschen, irgendwo ihren Weg ins Innere der Bomber finden, kleine Flammenzungen aufsprühen lassen. Wieder der Zug am Knüppel, mit zusammengekrümmtem Körper und jagenden Pulsen. Wieder das grausige Warten auf den letzten, alles entscheidenden Schlag.

Doch nichts geschieht. Unten huschen die hohen Flossen der Bomberleitwerke vorbei. Loschs „190" wälzt sich nach rechts, und Reuter folgt ihm. Sie scheren jetzt nach unten. Geschosse schwirren hinter ihnen her, und noch einmal ist es wie ein Wunder, daß sie ungeschoren durch den Kugelhagel kommen.

Der Atem beginnt sich wieder zu normalisieren. Vor den Augen breitet sich das Bild der Erde aus. Doch nur für Sekunden. Dann richten sie sich wieder auf die großen Höhen, wo vorhin die Kondensstreifen der Jäger wie winzige Sichelbögen zu erkennen waren. Sie sind jetzt nicht mehr zu sehen.

Plötzlich schallt Loschs Stimme krächzend und verzerrt aus den Muscheln der FT-Haube.

„Weg! Sie kommen!"

Es ist so! Wie silberne Fische ziehen sie durch das Meer des Himmels, die runden Köpfe schräg nach unten gereckt. Zwanzig sind es vielleicht, möglicherweise auch mehr. Sie sind noch einige Kilometer entfernt, und die Piloten in den Cockpits werden in diesen Augenblicken sogar die beiden Deutschen vergessen, die diesen überraschenden Schlag soeben geführt hatten. Denn tief unter ihnen spielt sich eine jener Tragödien ab, die der gnadenlose Himmel dieser Jahre schon während vieler Luftkämpfe über seine endlose Bühne gehen ließ.

Zwei Feuersäulen ziehen vor der gläsernen Himmelsschale in die Tiefe. Hinter dem Heck des einen, in grelle Flammen gehüllten Viermotorigen, flattert etwas Weißes: ein Fallschirm, der sich an der Seitenruderflosse verfangen hatte. Ein winziges, dunkles Knäuel hängt am Ende der Halteseile: ein Mensch, ein Mann der Besatzung, der jetzt wahrscheinlich noch mit panischem Entsetzen und wachen Sinnen seinem furchtbaren Ende entgegensieht. Niemand wird die Schreie hören, mit denen er sein Grauen in Laute kleidet, niemand. Nur Sekunden werden vielleicht noch vergehen, bis ihn die lichterloh brennende Maschine von sich stoßen wird, bis das Feuer die Seile durchgebrannt hat, an denen er jetzt noch im feurigen Gluthauch schwebt...

Auch Losch und Reuter verfolgen das grausige Bild, während sie schon jenseits der Oder in steilem Sturzwinkel nach Osten rasen. Immer wieder sehen sie zurück und schätzen die Distanz zu der Meute ihrer Verfolger.

Doch auf einmal erkennen sie, daß die anderen in einen Kurvenbogen übergehen und nach Norden eindrehen.

Sie verzichten darauf, ihrer Erleichterung Ausdruck zu verleihen. Sie sehen einander nur an, denn die Distanz zwischen ihnen beträgt höchstens fünf oder sieben Meter.

Losch zerrt die Atemmaske vom Gesicht, und auch Reuter tut es. Sie haben die 3000-Meter-Grenze schon hinter sich und heulen weiter hinab, der Landschaft zwischen Oder und Netze entgegen. Nördlich von ihnen kommt die Silhouette einer Stadt in Sicht, während sie auf gleichem Kurs den fernen Seen der Mark Brandenburg entgegenstürzen.

Auf einmal ist Loschs Stimme wieder da.

„Ist in der Gegend nicht irgendwo die E-Gruppe?"

„Ja", sagt Reuter, „ja, verdammt. Was, bei allen Teufeln, hast du jetzt eigentlich noch vor?"

„Meinen Motor nachsehen lassen", erwidert Losch, „mit der Zündung muß irgendwas nicht mehr stimmen. Oder ich hab irgendwo ein Loch drin. Weiß es nicht. Auf jeden Fall zieht das Ding nicht mehr richtig ... "

Reuter fühlt sich zu müde und zu erschöpft, um etwas zu erwidern oder gar zu widersprechen. Er denkt nicht einmal daran, daß er als Offizier vor geraumer Zeit einem Oberfeldwebel zu einem Angriff gefolgt war, den sie eigentlich nicht hätten fliegen sollen. Andererseits war das aber nicht einmal so absonderlich, denn in diesen Tagen ließ man bei der Jägerei immer den führen, der das am besten konnte. Und wahrhaftig: Losch konnte es! Vorhin hatte er es wieder bewiesen. Sicher wäre er auch in der Lage gewesen, ein ganzes Geschwader richtig an die Viermots heranzubringen, vielleicht auch deren zwei.

Aber all das spielt im Augenblick keine Rolle mehr. Reuter denkt nur über Loschs letzte Worte nach. Eigentlich hätten sie auch in Stargard oder in Stettin oder sonstwo heruntergehen können. Wo sie das taten, interessierte niemand. Höheren Orts war man schon froh, wenn nach einem solchen Feindflug wie dem heutigen überhaupt möglichst viele Maschinen verhältnismäßig unbeschädigt landeten. Plätze gab es genug, alle größeren waren mit Sprit und Munition bevorratet, und eigentlich konnte jeder noch so kleine Verbandsführer — auch einer, der nur eine Rotte durch den Himmel dirigierte — ganz nach eigenem Ermessen handeln.

Sie fliegen weiter nach Südosten, kaum hundert Meter hoch. Die E-Gruppe! überlegt Reuter, es ist keine üble Idee. Dort werden wir also Tommy wiedersehen. Wenigstens eine Freude an diesem verfluchten Tag.

Reuter kennt die Gegend, denn er fliegt nicht zum erstenmal über dieses herrliche Land. Seen huschen unten vorbei, von bewaldeten Hügeln umrahmt. Die Sonne bestrahlt die Baumwipfel, die Birkenwälder und das weite, fruchtbare Land, in dem man die Schrecken des Luftkrieges nur vom Hörensagen kennt. Bauern arbeiten auf den Feldern, manchmal winken sie zu den zwei Jagdflugzeugen herauf.

Es dauert nicht mehr lange, dann wird es Zeit, das Landemanöver anzusetzen ...

Der Hauptmann steht neben seinem Liegestuhl und sieht zu den Abstellplätzen der 3. Staffel hinüber. Irgendetwas scheint ihm keine Ruhe zu lassen. Er wendet sich jetzt um und sieht zu Kahler hin, der an der Funkbude lehnt und seine Kopfhaube in der Rechten herumpendeln läßt.

Knörr und Thomas unterhalten sich in der Nähe. Kögler steht bei den zwei anderen Oberfähnrichen.

Sie heben jetzt die Köpfe und sehen in nordwestlicher Richtung zum Himmel hinauf. Zwei Focke-Wulf kommen dort an, die allem Anschein nach nicht von diesem Flugplatz stammen, weil hier gewöhnlich nur Schwärme in die Luft geschickt werden.

Schon wenige Augenblicke später scheint es über diese Vermutung überhaupt keine Zweifel mehr zu geben. Die zwei „190" senken jetzt die Motorschnauzen, drücken herab und ziehen im Messerflug am westlichen Platzrand entlang. Der enge Formationsflug in dieser Höhe deutet darauf hin, daß zwei Burschen in den Kabinen sitzen, die dieses gefahrvolle Kunststück bis zur Perfektion beherrschen.

Maler kommt von hinten heran. Er bleibt neben Thomas stehen und deutet zu den beiden Maschinen hinüber.

„Was die wohl hier wollen?"

„Keine Ahnung!" stellt Knörr fest. „Werden wir aber sicher gleich erfahren. Offenbar kommen sie herunter."

Der Hauptmann öffnet den Mund zu einer weiteren Rede, kommt aber nicht mehr dazu. Denn das, was jetzt geschieht, ist bei einer E-Gruppe so ungewöhnlich wie etwa der Besuch einer amerikanischen Luftwaffendelegation.

Die zwei Focke-Wulf preschen im Tiefstflug heran, die Rumpfunterseiten höchstens drei oder vier Meter vom Boden entfernt. Über der Platzmitte ziehen sie etwas hoch, und dann wackeln sie mit den Tragflächen.

Maler reißt überrascht den Mund auf, während Thomas einen Freudenschrei in den Höllenlärm hineinschickt, den die auf Hochtouren drehenden Motoren der beiden „190" über den Platz branden lassen. Knörr beläßt es bei einer ruckartigen Vorwärtsbewegung des Kopfes, während die überall herumstehenden Flugschüler zum erstenmal jenes Flächenwakkeln — das Zeichen für einen errungenen Luftsieg — mit andächtiger Verwunderung beobachten können.

Am jenseitigen Platzrand zischen die zwei Jagdmaschinen jetzt senkrecht in die Höhe, gehen zu einem Turn über und kommen in engem Verbandsflug erneut herunter. flächen, gehen in Steilkurven und scheren dann mit ausgefahrenen Fahrwerken auf das Landekreuz zu.

„Das — das ist doch . . . !" Maler schüttelt in einem fort den Kopf und reibt sich verwundert über die Augen, als ob er fürchte, nicht richtig gesehen zu haben.

„Reuter ist das — und Losch!" heult Thomas, der völlig aus dem Häuschen ist. Er reißt die Arme in die Höhe, rennt auf den Rollfeldrand zu und löst die jungen Piloten durch sein seltsames Gebaren endlich aus ihrer Erstarrung.

Die Landung der zwei Piloten erfolgt genauso meisterhaft wie alles, was sie vorher vorgeführt hatten. Sie sind bereits ausgerollt und knattern nun in einem bemerkenswerten Tempo auf den Liegeplatz der Ersten zu.

Maler drückt immer noch an seiner Mütze herum. Dafür hat er jetzt das Kopfschütteln eingestellt. Von den Abstellplätzen der 3. Staffel rumpelt ein Kübelwagen über das Rollfeld. Hauptmann Loderer sitzt darin, der Chef der Dritten. Anscheinend hat ihn das Auftauchen der beiden „190" ebenso aus dem Häuschen gebracht wie noch manche andere Fluglehrer.

Der Oberfähnrich von Grolmann taucht neben Thomas auf. Aufgeregt deutet er zu den Jagdflugzeugen hinüber und sagt irgend etwas, das im Donnern der Motoren untergeht. Die beiden Focke-Wulf sind höchstens noch fünfzig Meter entfernt. Ihre Leitwerke schwenken herum, und eine dichte Staubwolke wirbelt heran. Kurz darauf verstummen die Triebwerke, und sogar Maler beginnt auf die Flugzeuge zuzulaufen.

Die Kabinen werden geöffnet. Dann kommt der Moment, wo Maler seine Mütze gänzlich vom Kopf reißt.

Losch steht als erster auf der Tragfläche, mit starrem Gesicht, auf das der Schweiß seltsame Kringel gezeichnet hat. Er sieht kurz zu Reuter hinüber und blickt sodann über die unzähligen Köpfe hinweg, die unter ihm aufragen.

Er ist kaum von der Tragfläche und hat den Boden berührt, als gleich drei Männer auf ihn zuschießen. Einer davon ist Maler.

„Losch!" schreit der Hauptmann mit einer Lautstärke, die ihm bis jetzt niemand zugetraut hätte. „Sind Sie es denn wirklich?"

„Herr Hauptmann", sagt der Oberfeldwebel, „das ist aber eine Überraschung!"

„Und ob!"

Maler ist nicht wiederzuerkennen. Er trommelt dem Mann mit der abgewetzten Lederjacke und dem dunklen Wuschelhaar auf den Schultern herum, ein Schauspiel, das die Männer ringsum mit verständlichem Erstaunen zur Kenntnis nehmen. Es dauert noch eine Weile, bis er sich wieder etwas beruhigt hat und Thomas nun dem Kameraden die Hand hinstrecken kann. Er tut es schweigend und wendet sich dann an Reuter, der mit nervösen Bewegungen eine Zigarette zum Mund führt.

„Tommy!" sagt er mit einem mühsamen Lächeln, während er auf Losch deutet. „Dieser verrückte Satansbraten hat mich hierhergebracht. Wir waren östlich von Berlin noch an einem Pulk. Vorher trafen wir uns zufällig nach einer Kurbelei mit den ‚Thunderbolts'. Du kennst ihn ja . . ."

Hauptmann Loderer spricht jetzt mit Losch. Auf dem dunkelgetönten Gesicht des Oberfeldwebels ist immer noch kein Anzeichen von Freude oder eine ähnliche Empfindung zu erkennen.

„Pause!" kreischt Maler plötzlich über das inzwischen wieder aufgebrandete Stimmengemurmel. „Alle Schüler 'rüber zum Unterrichtsraum!"

*

Auf dem Werksflugplatz von Lechfeld herrscht eine für diese Zeiten geradezu märchenhafte Ruhe. Sie hält allerdings nicht mehr lange an, wobei die Störung keineswegs etwa durch eine Alarmsirene hervorgerufen wird. Ein Geräusch zerschneidet jetzt die Stille, das zu diesem Ausweichflugplatz der Messerschmitt-Werke ebenso gehört wie das strenge Zeremoniell absoluter Geheimhaltung, das wie eine unsichtbare Mauer jeden zurückhält, der hier nicht hergehört.

Der Flieger in der hellen Lederjacke gehört hierher. Er kennt auch den Höllenlärm, der von einer der Hallen herüberquillt und wie ein Messer die Luft durchschneidet. Es ist ein immer mehr anschwellendes Heulen, ein jaulendes Toben von vielfacher Orkanstärke, aber in den Ohren des Oberfeldwebels klingt es wie eine zauberhafte Musik.

Ein abwesendes Lächeln liegt auf seinem schmalen, kantig wirkenden Gesicht, während er den Luftraum über dem Flugplatz beobachtet. Das fauchende Brüllen aus einem Triebwerkprüfstand hält immer noch an. Es übertönt auch das dünne Knattern eines Flugzeuges, das in diesen Sekunden der Betonpiste entgegenschwebt.

Der Oberfeldwebel — er heißt Jochen Tarnow — sieht die Maschine daher erst, als sie bereits im Ausrollen begriffen ist. Es ist eine Me 108 „Taifun", eine Kuriermaschine also. Die Tatsache, daß sich von der Flugleitung ein Wagen in Bewegung setzt, deutet darauf hin, daß sich anscheinend keine einfachen Muskoten in der Kabine aufhalten.

Es ist auch so! Als das Kabinendach geöffnet wird, erstarrt der Fahrer des Kübelwagens zu ehrfürchtiger Haltung. Selbst aus dieser Entfernung kann Tarnow noch die weißen Biesen an den Hosen einiger Offiziere erkennen, woraus sich schließen läßt, daß mindestens zwei von ihnen den Generalsrang besitzen.

Der Oberfeldwebel läßt sich durch diese Beobachtung allerdings nicht aus der Ruhe bringen, denn hohe Herrschaften jeglicher Art sind hier sehr oft zu Gast. Sie kommen mit Flugzeugen oder per Wagen, verschwinden in einer der Hallen oder sehen zu, wenn eines der geheimnisvollen Flugzeuge zum Start vorbereitet wird.

Für Tarnow ist das alles wahrhaftig schon etwas Alltägliches. Seit vielen Wochen gehört er bereits zum Luftwaffenerprobungskommando 262, und er weiß Dinge, die alliierte Geheimdienste wahrscheinlich zu vergolden bereit wären.

Die Passagiere der „Taifun" sind mittlerweile in den Wagen gestiegen und fahren — wie üblich — auf die besonders bewachte Halle zu. Nur einer ist zurückgeblieben, eine ellenlange Gestalt, wahrscheinlich Flugzeugführer.

Er sieht jetzt in die Runde, erkennt offenbar den Mann auf dem Hallenvorfeld und schlendert heran. Als er näherkommt, ist an den drei Schwingen auf seinen Blusenärmeln zu erkennen, daß er ein Feldwebel ist.

„Tag", sagt er, an seine Mütze tippend, „ist ja direkt'n Glück, hier jemand zu treffen, mit dem man mal quatschen kann. Gehörst du hierher?"

„Ich glaube schon“, nickt Tarnow. Er nennt seinen Namen, reicht dem anderen die Hand und erfährt, daß der Feldwebel seinerseits den nicht gerade seltenen Namen Müller trägt.

„Wen hast du denn da drüben hergebracht?“

Der baumlange Feldwebel zuckt die Schultern. „Hohe Fracht“, erwidert er dann, „das ist sozusagen mein Handwerk, seit sie mich nicht mehr in'ne ‚Me‘ oder sonst was lassen.“ Er äugt kurz auf das Stückchen Ritterkreuz, das über Tarnows gelbem Fliegerschal herausragt, und seine nächsten Worte klingen wie eine Entschuldigung: „Mich hat's in Rußland erwischt, mußt du wissen. War beim JG ‚Udet‘ (JG 3). Höllische Bruchlandung und so. Anschließend lange Knochenflickerei und nicht mehr frontverwendungsfähig. So war das.“

„Nimm's nicht zu tragisch“, meint Tarnow, das sympathische, mit zahlreichen Narben bedeckte Gesicht des anderen musternd, „wer weiß, wofür das gut ist. So kommst du wenigstens in der Gegend herum und riechst kein Pulver mehr. Hast du noch nicht genug davon?“

„Eigentlich schon!“ erwidert der Feldwebel. „Mit fünfhundert Feindflügen reicht's fast. Aber . . . “, er verzichtet auf den Rest der Worte und wirft Tarnow einen forschenden Blick zu. „Gehörst du zu dem Turbo-Haufen?“

„Hm“, murmelt der Oberfeldwebel, „du scheinst viel zu wissen, wie?“

„Es genügt“, seufzt der Lange, „in solch einer Mühle wie der da drüben ist der Motor nicht laut genug, um nicht vieles zu verstehen, was die Herrschaften reden. Ganz schöner Allgemeinunterricht, kann ich dir sagen. Andererseits bin ich auf all das Zeug mindestens fünfhundertmal vereidigt. — Maul halten, sonst Rübe ab!“ Er lacht und zeigt zwei Reihen perlweißer Zähne. Tarnow muß unwillkürlich daran denken, daß er damit ganz schönes Glück gehabt haben mußte, als die vorhin von ihm erläuterte Bumslandung erfolgte.

Der Generalskutscher zieht nun eine Zigarettenpackung aus der Tasche und hält sie Tarnow hin. Der Oberfeldwebel nimmt eine. Dann rauchen sie.

„Erzähl mal, wie es draußen zugeht“, sagt Tarnow nach einigen Zügen. „Hier sind wir ja wie in einem Kloster.“

„Glaub ich“, grinst der Feldwebel. „Na ja, wie es im allgemeinen steht, wirst du ja selbst wissen. Sonst gibt es nichts Besonderes. Manchmal kommen wir auch zu Frontverbänden und man trifft alte Kumpels. Neulich erst war ich mit einem Divisioner (General einer Fliegerdivision) auf ein paar Plätzen der Reichsverteidigung. Der erste, der mir über den Weg lief, war der alte Losch, immer noch . . . “

„Losch?“ unterbricht ihn Tarnow. „Der Bomberknacker?“

„Gerade der!“ lächelt der Feldwebel. „Er macht immer noch weiter. Scheint 'ne Panzerhaut zu haben. Sie erwischen das Roß einfach nicht. Eine einmalige Type, aber immer kann so was auch nicht gutgehen, meine ich.“

Tarnow sieht vor sich hin. Gedanken und Erinnerungen kreuzen sich. Und dann sagt er: „Ich kenne ihn schon lange. War mal im Osten bei ihm, bei Nowotny (Walter Nowotny, 250 Luftsiege, Brillantenträger)."

„Ach!" wundert sich der Feldwebel. „Na ja, die Welt ist ein kleines Dorf." Er denkt kurz nach und sagt dann: „Graf ist jetzt Kommodore beim JG 11. Bei dem Haufen ist ein ganz alter Kumpel von mir. Sie haben ihn jetzt zum Ritterkreuz eingereicht, habe ich gehört. Tommy ... "

„Was sagst du da? Tommy? Jupp Thomas vielleicht?"

„Hoi", schnauft Müller, „du scheinst ja Gott und die Welt zu kennen. Wo hast du denn den getroffen?"

Der Oberfeldwebel wischt sich über die Stirn. „Den?" erwidert er dann. „Zuerst in der Schule, dann bei der Rekrutenausbildung und später in Frankreich am Kanal."

„Himmel, Arm und Zwirn!" Der Taifun-Pilot schüttelt den Kopf. „Das ist ja'n tolles Ding. Und dann?"

„Dann kamen wir auseinander, und manchmal haben wir uns noch geschrieben. Das ist aber schon lange her. Wo ist er denn jetzt?"

„Bei einer E-Gruppe als Lehrer, sagen sie. Hat wohl auch 'ne Mühle schwer hingeschmissen, und dann das Übliche ... "

„Ich ... "

Tarnow bringt den Satz nicht mehr zu Ende. Von der Halle kommt ein Gefreiter angerannt. Er stottert vor Aufregung.

„Herr Oberfeld", meldet er, „sofort zum Gefechtsstand, ‚Mosquitos' (englische Flugzeuge) im Anflug!"

Müller starrt den Gefreiten an. Aber er kommt nicht mehr dazu, die Frage loszulassen, die ihm offenbar auf der Zunge brennt.

„Mach's gut!" sagt Tarnow zu ihm. „Und wenn du die beiden Kumpels mal triffst, dann grüß sie schön von Jochen Tarnow."

Der Feldwebel schluckt einige Male, ehe er sagt:

„Mach ich, aber du, was ... ?"

„Keine Zeit mehr", erwidert Tarnow nervös, „vielleicht bist du nachher noch da, wenn alles vorbei ist ... "

*

Die Flugschüler der E-Staffel sind in dem barackenartigen Gebäude verschwunden, zusammen mit Maler. Seine Stimme klingt nun durch die geöffneten Fenster zu Reuter und Thomas herüber.

Losch kommt jetzt angestapft, neben ihm Knörr. Auf der Mitte des Rollfeldes holpert Hauptmann Loderers Wagen davon. Weit im Norden heulen einige Focke-Wulf durch den Himmel. Das Motorengeräusch entfernt sich allmählich und verklingt schließlich in der Ferne.

Knörr macht einen ziemlich mitgenommenen Eindruck.

„Tommy", schnauft er, auf Losch deutend, „das mußt du hören, was der mir eben von Maler erzählt hat."

„Von Maler? Ach ja — du kennst ihn wohl von früher?"

„Allerdings!" nickt Losch mit einem unbehaglichen Blick auf die Baracke. „Wir waren mal 'ne ganze Weile zusammen bei Mölders' (JG 51) seinem Haufen. Er war da immer'n Mordskumpel und hat mir zweimal ziemlich gefährliche Brummer (feindliche Jäger) vom Leitwerk weggeschossen. Dann hatte er mal was mit 'nem Goldfasanen, mit einem von den Parteibonzen; ein Landwirtschaftsführer war's, glaub ich. Und eines Tages war er dann weg. Wie es damals weitergegangen ist, hat er mir noch nicht erzählt. Scheinbar haben sie ihn aber schwer 'rangenommen. Er ist dann nicht mehr zu uns gekommen, und heut hab ich ihn zum erstenmal wiedergesehen." Er äugt noch einmal zu der Baracke hinüber und fährt dann fort: „Anscheinend hat er das Gewitter aber gut überstanden. Sein Alter ist nämlich ein hohes Viech im RLM (Reichsluftfahrtministerium). So was ist immer gut, wenn die Richtung mit den Bonzen nicht mehr stimmt." Er spuckt aus und sieht dann Maler entgegen, der mit einer erstaunlichen Eile angelaufen kommt.

„Grau ist alle Theorie", trompetet er, „hab's vorhin schon zu Losch gesagt, daß es eigentlich prima wäre, wenn ihr den Jungs da drüben mal was vom Frontverband und so erzählen würdet. Braucht ja nicht lange zu sein. Also, bitte, meine Herren, Sie können sich denken, was das für die Leute bedeutet."

„Das war's, was mir schon die ganze Zeit auf dem Wecker gelegen ist", knurrt Losch. „Aber es ist wohl nicht zu ändern. Beißen wir also in den sauren Apfel."

Maler setzt sich bereits in Bewegung, und die anderen folgen ihm. Die übrigen Fluglehrer der Staffel sitzen bereits im Vordergrund des Unterrichtsraumes. Ein Stück von ihnen entfernt die etwa fünfzig Flugzeugführer. Ein Raunen wandert durch den Raum, als Losch und Reuter in Sicht kommen.

„Ruhe!" sagt Maler. „Was ihr jetzt zu hören bekommt, hätte euch keiner von uns Lehrern bieten können; wenigstens nicht in so frischer Form, sozusagen. — Das hier ist Leutnant Reuter und das Oberfeldwebel Losch. Sie kommen von dem Frontverband, zu dem ihr ebenfalls einmal gehören werdet, wenn eure Ausbildung hier abgeschlossen ist. Daß sie an diesem Tag schon einiges hinter sich hatten, habt ihr gesehen, als sie hier antanzten. Und nun ist es am besten, wenn ihr Fragen stellt. Aber nicht alle auf einmal. Also los!"

Losch quetscht sich in die Ecke neben der Tür, während Reuter neben Maler stehenbleibt. Sekundenlang herrscht noch eine atemlose Stille. Der Oberfähnrich von Grolmann steht als erster auf, immer noch die gleiche, andächtige Bewunderung in den Augen wie alle anderen. Sogar Kahler, der sich vorhin wieder zu den anderen gesellt hatte, scheint sein furchtbares Erlebnis vergessen zu haben.

„Herr Oberfeldwebel", wendet er sich an Losch, der sich daraufhin langsam von der Wand löst, „Sie sind — Sie sind doch . . . ?"

Losch scheint zu ahnen, was jetzt kommen wird. Vielleicht so etwas wie „Bomberknacker“ oder seine wiederholten Nennungen im Wehrmachtsbericht. Er unterbricht daher den Oberfähnrich und sagt:

„Ich wäre euch dankbar, wenn wir Sachen wie persönliche Erfolge und so weiter aus dem Spiel lassen würden. Das ergibt sich einfach im Laufe der Zeit — wenn man Glück hat. So ist das! Alles andere ... “

Er spricht weiter, in einfachen, unpathetischen Worten. Seine dunkle, rauhe Stimme füllt den Raum, in dem eine atemlose Stille herrscht.

Reuter betrachtet die jungen Piloten und ihre zumeist noch knabenhaften Gesichter. Ihre Augen sind voll gläubiger Zuversicht auf den Mann gerichtet, der ihnen jetzt in schonungsloser Offenheit die ganze Schreckenswelt des Kampfes gegen die alliierten Bomberschwärme vor Augen führt. Doch auf einmal scheinen ihn die starr gewordenen Gesichter zu mahnen, und er geht zu den Techniken des Angriffs über, wie er sie schon bei unzähligen Feindflügen in die Tat umgesetzt hatte.

Mit den Ellbogen auf eine Fensterbank gestützt, läßt Reuter die Worte des Kameraden an sich vorübergleiten. Nur die jungen Gesichter beschäftigen ihn noch, und er denkt daran, welch einem furchtbaren Schicksal sie möglicherweise entgegengehen. Ihre fliegerische Erfahrung und alles andere, was man ihnen an Wichtigem mit auf den Weg zu geben versucht, wird nur Stückwerk sein und bleiben — wenn der grausige Ernst des Frontalltags an sie herantreten sollte. Viele von ihnen werden kaum den ersten Feindflug überleben, die meisten werden schon nach der ersten Woche bei den Staffeln fehlen — vielleicht alle. Und wofür? Hat es denn noch einen Zweck, was wir tun? Da ist er wieder, jener quälende Gedanke, der in letzter Zeit immer öfter auftauchte, jene Frage nach dem Sinn ihrer verzweifelten Einsätze. Was ist es denn schon, wenn wir zehn oder gar hundert Viermotorige vom Himmel schießen? fährt er in seinen düsteren Überlegungen fort. Kommen sie nächstes Mal nicht mit der gleichen Zahl wie am Vortag? Oder: Wie lange wird es noch dauern, bis auch wir irgendwo drunten an der Erde zerschellen: Losch, Mertens, Klein — und ich?

Er wischt sich über die Stirn und sieht wieder zu Losch hinüber. In seinen Gliedern ist plötzlich eine seltsame Müdigkeit. Trotzdem weiß er, daß sie auch morgen und übermorgen und all die anderen Tage wieder fliegen werden — bis es zu Ende sein wird, oder bis ein Wunder geschieht ...

Eine halbe Stunde später laufen sie wieder zu ihren Maschinen. Die ganze Staffel steht am Rollfeldrand, als sie zum Start rollen. Sie donnern nebeneinander über die Grasnarbe, ziehen hoch und verschwinden kurz darauf in westlicher Richtung.

„Weitermachen!“ sagt Maler. Dann geht er zu seinem Liegestuhl, gibt ihm einen Tritt und schreit nach dem Oberwerkmeister.

„Ehlers“, befiehlt er, als der Oberfeldwebel vor ihm steht, „lassen Sie 'ne gute Maschine für mich herrichten. Es wird Zeit, daß ich wieder mal in die Luft komme ... “

Feldwebel Müller, der Taifun-Pilot, steht noch immer an der gleichen Stelle. Das Wort „Mosquito“ spukt weiterhin in seinem Kopf herum, denn auch er kennt natürlich diese Höllendinger, die aus Holz gebaut sind, nachts als Pfadfinder für die Bomber, tagsüber als Aufklärer über dem Reichsgebiet herumziehen und ihrer bemerkenswerten Geschwindigkeit von über 700 km/h wegen weder von einer Me 109 noch von der Focke-Wulf erwischt werden können. Müller hatte schon manchen Kameraden von vergeblichen Jagden auf diese Maschinen erzählen und darüber entsprechend fluchen hören.

Seine Spannung auf das, was hier nun wahrscheinlich recht bald geschehen wird, steigert sich daher von Minute zu Minute. Er ist immerhin einer derjenigen, die von den sensationellen Turbinen-Jagdflugzeugen der Messerschmitt-Werke soviel gehört haben, daß er diese geheimnisvollen Wundervögel sich sozusagen bis ins kleinste Detail ausmalen kann. Gesehen hatte er eine solche Maschine allerdings auch nur aus beträchtlicher Entfernung, und zwar vor einiger Zeit auf dem Augsburger Werkflugplatz. Jetzt aber ...

An dieser Stelle seiner Überlegungen geschieht es. Die Tore einer großen Halle werden geöffnet. Zuerst kommen einige von Müllers hohen Fluggästen in Sicht, dahinter ein kleiner Traktor und wieder hinter diesem die schlanke Rumpfspitze einer Me 262. Fasziniert betrachtet der Feldwebel die rassige Maschine mit den leicht zurückgepfeilten Tragflächen, den darunter angebrachten zylindrischen Triebwerken, dem dreieckigen, länglichen Bug, der auf einem dünnen Fahrwerksbein herumwippt, und dem Leitwerk mit der hochgezogenen Höhenruderflosse.

Ein ganzer Schwall von Mechanikern, zwischen denen sich einige Flugzeugführer befinden, ergießt sich jetzt ins Freie. Zwei der an ihren Lederjacken erkenntlichen Piloten sondern sich jetzt von den anderen ab. Einer davon ist der Oberfeldwebel, mit dem Müller vorhin gesprochen hatte.

Niemand scheint es eilig zu haben. Es ist dies eine Feststellung, die den Feldwebel angesichts des im Anflug gemeldeten „Mosquito“-Aufklärers nicht wenig verblüfft. Er sieht jetzt, wie Tarnow an der Maschine hinaufklettert, sich in die kleine Kabine fallen läßt und sich von einem Wart beim Anschnallen helfen läßt. Andere Mechaniker stehen mit Feuerlöschern in der Nähe. Wenig später gibt einer der Männer des technischen Personals ein Zeichen. An dem linken Zylinder unter der Tragfläche beginnt es zu summen. Dem immer lauter werdenden Geräusch des Riedel-Anlassers folgt jetzt ein fauchendes Knallen, das sich schon kurz darauf mit dem donnernden Lärm vermischt, der aus dem anderen Turbinenaggregat herausfaucht. Meterlange Flammen zischen hinter den Ausstoßöffnungen über die Erde.

Die Maschine setzt sich in Bewegung, rollt auf die Startpiste zu, und ein feuriger Hauch brodelt über den Feldweg hinweg, als das Leitwerk des Strahljägers in seine Richtung schwenkt ...

Oberfeldwebel Tarnow blickt noch einmal auf die Instrumente. Seine Augen huschen über die vibrierenden Nadeln hinter den runden Glasscheiben, während das heulende Geräusch der Turbinenaggregate wie das Rauschen einer fernen Brandung in seinen Ohren dröhnt. Über sein rechtes Knie hinweg beobachtet er den Stand des Gasdruckmessers und der Gastemperaturanzeige. Noch ein schneller routinierter Blick auf die Anzeige für Einspritz- und Schmierstoffdruck, dann wandern die beiden Gashebel langsam zum Anschlag.

Wie von entfesselten Urgewalten wird der Turbo nach vorn geschleudert. Höher und höher wird die Fahrt. Der Bug bohrt sich wie ein spitzes Maul in die Luft, zeigt mit leichtem Rucken auf die Mitte der Startbahn, und die immer schneller dahinjagende Maschine scheint die weiße Betonfläche förmlich in sich hineinzufressen. Mit mechanischen Bewegungen betätigt Tarnow die Seitenruderpedale. Dann ist der Zeitpunkt gekommen, wo das fauchende Geschoß zu pendeln und zu hüpfen beginnt. Sekunden noch, und die Räder der Fahrwerke lösen sich von der Erde.

Von diesem Augenblick an scheint die Nadel des Fahrtmessers mit einer Schnur verbunden zu sein, die den grünlich phosphoreszierenden Zeiger in winzigen Rucken stetig nach oben wandern läßt.

Tarnow hat den Knüppel leicht nach hinten gezogen. Die Fahrwerke sind bereits eingefahren. Wie ein geflügelter Pfeil wühlte sich die Turbinenmaschine in den wolkenlosen Himmel. 1 000 Meter — 1 500 — 2 000! Und wieder einmal hat Tarnow das Gefühl, auf einem Projektil zu sitzen, das mit einer unvorstellbaren Leichtigkeit den großen Höhen entgegenschnellt.

Das Knistern in den Kopfhörern löst ihn aus dem rauschartigen Zustand, der auch diesmal wieder Besitz von ihm ergriffen hatte. Er hört die Stimme eines Sprechers, dessen kleines, mit Funkgeräten vollgestopftes Reich mit jeder weiteren Sekunde ferner und ferner wird. Er nennt Zahlen und Kurswerte und damit die Richtung, auf die sich die Kompaßnadel einzuspielen hat.

Der Oberfeldwebel tut nicht einmal das. Er kennt den ungefähren Standort der einzelnen „Mosquito“, und er weiß, daß es nicht mehr lange dauern kann, bis die Feindmaschine vor der schmalen Frontscheibe auftauchen wird.

Erst auf einer Höhe von 6 000 Metern sieht Tarnow wieder nach unten. Der Gummiwulst der Atemmaske hängt jetzt vor seinem Gesicht. Alles, was vor wenigen Minuten noch so nahe war — der Flugplatz mit den Hallen und den Kameraden —, hat sich mittlerweile in ein winziges Fleckchen Erde verwandelt. Die Turbinen brüllen ihre enorme Kraft in die immer eisiger werdende Luft, und der Mensch, der dem mit immenser Geschwindigkeit durch den Luftraum huschenden Gebilde seinen Willen aufgezwungen hat, denkt auch jetzt noch nicht an das fremde Flugzeug irgendwo in einigen oder noch vielen Kilometern Entfernung. Er spürt auch nicht die seltsame Starre in den Gliedern, den Druck im Magen oder jenes instinktive Ahnen einer drohenden Gefahr, wie das früher der Fall gewesen war. All das ist schon lange von ihm abgefallen, seit jenem Tag, an dem er zum erstenmal eine britische „Mosquito" innerhalb weniger Sekunden in eine erdwärts taumelnde Brandfackel verwandelt hatte.

Er spürt auch dann noch keine Erregung, als er etwa tausend Meter über sich und gut fünf oder sieben Kilometer entfernt die Silhouette einer einzelnen zweimotorigen Maschine erkennt.

Der Bug der Me 262 bleibt in flachem Winkel dem Himmel entgegengerichtet. Nur wenige Augenblicke vergehen noch, bis der Strahljäger über die 8000-Meter-Grenze hinausschießt und sich in einem leichten Bogen nach Norden schwingt. Langsam dreht der spitze Rumpfschnabel auf das vom Sonnenlicht umflutete Flugzeug ein, dessen zweiköpfige Besatzung die einige Kilometer entfernt nach oben ziehenden dünnen Rauchspuren der Turbinentriebwerke bis jetzt noch nicht erkannt zu haben scheint.

Ein schneller Steuerdruck, und die Me 262 schiebt sich in den Lichtkreis der Sonne. Vor Tarnows Augen leuchtet der Gyroskopspiegel des automatischen EZ-42-Visiers. Die vier 3-cm-Kanonen sind eingeschaltet.

Die Tachometernadel vibriert um die 850-km/h-Marke, als der Oberfeldwebel die letzten Steuerkorrekturen vornimmt. Wenige Augenblicke später erkennt er die charakteristischen Rauchstreifen hinter den Motoren der Mosquito, und er schließt daraus, daß sie ihn gesehen haben.

Dennoch werden sie keine Chance mehr haben, denkt Tarnow. Denn mit jeder weiteren Sekunde nimmt die Entfernung zu der „Mosquito" ab, obwohl deutlich zu erkennen ist, daß sie jetzt mit Höchstleistung geflogen wird. Die Hand des Oberfeldwebels preßt sich bereits fester um den Griff des Steuerknüppels, und der Daumen senkt sich dem Knopf entgegen, der auf einen Druck Hunderte von Kanonengeschossen auf feurigen Bahnen durch den Himmel zischen lassen wird.

Dann ist es soweit! Tarnow feuert kurz vor jenem Augenblick, als die „Mosquito" von ihrem Piloten in eine scharfe Rechtskurve gerissen wird. Aber es ist schon zu spät für das herrliche Flugzeug, das nicht zu Unrecht den Beinamen „das hölzerne Wunder" erhalten hatte. Kleine Blitze züngeln aus der linken Tragflächenwurzel, die sich innerhalb weniger Sekunden zu dünnen Feuerschwaden vereinigen.

Die Kanonen der Turbinenmaschine sind bereits verstummt. Aus einer weiten Rechtskurve heraus beobachtet Tarnow die sterbende „Mosquito". Er sieht, wie sich das Feuer zur Kabine hinfrißt und ein Stück der Tragfläche abzubrechen beginnt. Es geschieht kurz vor jenem Moment, wo ein helles Etwas durch den Rauch wirbelt und dann zwei dunkle Gebilde in das weite Nichts hineinstürzen.

Mit jaulenden Triebwerken rast die Me 262 im Messerflug an der lichterloh brennenden Feindmaschine vorüber. Das Wrack der „Mosquito" taumelt wie ein großes, feuriges Rad an den Körpern der beiden Flieger vorbei, die noch im freien Fall durch die sauerstoffarmen Höhenzonen torkeln ...

Das dramatische Schauspiel ist mit bloßem Auge zu beobachten. Es rollt in großer Höhe und etwa zehn oder mehr Kilometer vom Flugplatz entfernt ab. Für die Männer vor der Halle, zu denen sich mittlerweile auch der „Taifun"-Pilot gesellt hat, gleicht die Annäherung der beiden winzig anmutenden Flugzeuge einer Marionettenvorführung, bei der allerdings ein unbestechlicher Lenker die Fäden in der Hand zu halten scheint.

Mit atemloser Spannung verfolgt auch Feldwebel Müller die erregenden Vorgänge. Er hatte schon des öfteren „Mosquitos" in großer Höhe durch den Himmel ziehen sehen, und selbst aus solch einem Blickwinkel war die enorme Geschwindigkeit dieser gefürchteten und praktisch kaum erreichbaren Flugzeuge noch offensichtlich.

Auch jetzt ist das der Fall, aber es ist ebenso deutlich zu erkennen, daß die zweite Maschine, die jetzt aus — scheinbar — leichter Überhöhung von Nordwesten herankurvt, die trennende Distanz in erstaunlich kurzer Zeit überwindet.

Einer der Piloten von der Erprobungsgruppe hat ein starkes Fernglas vor den Augen. Er setzt es jetzt ab und wendet sich an seine Kameraden:

„Gerade schiebt der Tommy die Pulle (Gashebel) hinein", verkündet er, „trotzdem kann es nicht mehr lange dauern ... "

Es dauert tatsächlich nicht mehr lange. Zuerst sind winzige gelbe Striche auf der Flughöhe der beiden Maschinen zu sehen, und dann schallt das Echo der Kanonengarben wie grollender Donner zur Erde hinab.

Schon Sekunden später entsteht über dem einen Flugzeug ein Feuerpünktchen, das rasch größer wird. Sekunden noch, dann verbreitert sich das gelbliche Licht. Aus dem Flämmchen wird ein gewundener rötlichgelber Bogen, der sich immer schneller in Richtung Erde verlängert.

Neben Müller stößt ein Mechaniker den angestauten Atem aus.

„Er hat ihn!" murmelt er und schlägt einem anderen auf die Schulter. „Mensch, Karl, wieder einer ... "

Die Absturzbahn des brennenden Feindflugzeuges verläuft wie der Feuerschweif eines Kometen auf die Erde zu. Der gespenstische Sichelbogen verschwindet jetzt unter dem Horizont, und wenig später fegt der Widerhall einer fernen Explosion über das Land.

Der Feldwebel aus der „Taifun" sieht zu den Männern in den Lederjacken hinüber. Diese nehmen das dramatische Geschehen offenbar ohne jegliche besondere Anteilnahme zur Kenntnis, und Müller stellt erschüttert fest, daß sie einen anderen Ausgang dieses Duells offenbar gar nicht erwartet hatten.

Droben am Himmel ist jetzt wieder das charakteristische Heulen der Turbinenaggregate zu vernehmen. Die Silhouette der Me 262 schält sich aus dem Sonnenglast, wird größer und größer. Von einem jaulenden Geräusch begleitet, jagt das Strahlflugzeug dem Platzrand entgegen, rast im Tiefflug über die Piste und wackelt mit den Tragflächen. Es verschwindet in Sekundenschnelle, schießt in einigen Kilometern Entfernung fast senkrecht in die Höhe, zieht herum und schwebt dann zur Landung an.

Müller schiebt seine Mütze wieder nach vorn, die er vorhin unbewußt weit ins Genick gedrückt hatte. Erst jetzt erinnerte er sich wieder der hohen Herren, die er hierher geflogen hatte. Es ist ihnen anzusehen, wie sehr sie diese Demonstration einer einmaligen fliegerischen Überlegenheit beeindruckt hatte.

Die Me 262 ist bereits ausgerollt. Der Traktor fährt zur Piste hinüber, mit einer ganzen Traube von Mechanikern auf dem hinteren Chassis. Drüben verstummt der Lärm der Turbinen. Kurze Zeit später rollt der Schleppzug auf die Halle zu. Die Maschine wird hineingezogen, die hohen Tore schließen sich.

Aus dem Kreis der Piloten löst sich ein Hauptmann. Müller glaubt sich zu erinnern, daß er Thierfelder heißt. Er geht jetzt dem Oberfeldwebel entgegen, der gerade aus der Halle herauskommt. Ein kurzes Händeschütteln, einige Worte, dann kommen die beiden auf die Gruppe der Unteroffiziere aus der „Taifun" zu.

Irgendwie hat Feldwebel Müller nach den erregenden Geschehnissen das Bedürfnis, noch einige Zeit allein zu sein. Daher entfernt er sich von den anderen Männern und läuft mit nachdenklich gesenktem Kopf am Hallenvorfeld entlang. Als er wieder stehenbleibt und zu der Menschenansammlung hinübersieht, entfernt sich Oberfeldwebel Tarnow gerade von der Menschenansammlung. Kurz darauf steht er wieder vor Müller. Er lächelt, und sein Gesichtsausdruck hat nicht die geringste Ähnlichkeit mit dem eines Mannes, der vor kurzem einen Flug in achttausend Meter Höhe und einen Luftkampf hinter sich gebracht hatte.

„Mensch", sagt der Feldwebel, „ich kann es immer noch nicht glauben. Das ist ja unfaßbar, wie ihr das macht. Geht das denn immer so?"

„Bis jetzt war es noch nie anders", erwidert Tarnow, „aber wir haben es ja auch nur mit ‚Mosquitos' zu tun gehabt und nicht mit Jägern."

Müller schüttelt den Kopf. Erst jetzt scheint er sich an das Naheliegendste in solch einer Situation zu erinnern.

„Übrigens", sagt er, „gratuliere dir!"

„Danke!" Tarnow zündet sich eine Zigarette an. Er sieht danach zu der Halle hinüber und meint dann: „Mit diesem Vogel ist so was wahrhaftig keine Kunst. Vielleicht — na, möglicherweise wirst du das nie begreifen, aber trotzdem ist es so. Auch diesmal haben mir die zwei in der Kanzel fast leid getan. Denn sie haben keine Chance, wenn man mal in ihrer Nähe ist."

„Ich glaub's, ich glaub's wahrhaftig!" sagt Müller unter erneutem Kopfschütteln. „Aber — warum kommen diese Wunderdinger denn nicht an die Front?"

Tarnows Gesicht wird ernst. Er zuckt die Schultern, spuckt aus und erwidert: „Da bin ich überfragt." Und dann, mit einem grimmigen Schmunzeln: „Vielleicht erkundigst du dich mal bei deinen Herren da drüben. Die wissen das wahrscheinlich besser."

Müller versucht ein Grinsen, aber es gelingt ihm nicht. Er wird auch weiterer Worte enthoben, weil ein Mann von der Flugleitung angelaufen kommt und ihm mitteilt, daß er sich zu seiner Maschine begeben solle.

„Mach's gut!" verabschiedet er sich von Tarnow.

„Danke", entgegnet der Oberfeldwebel, „und wenn du mal Losch oder Tommy Thomas wiedersiehst, dann sag ihnen, daß der alte Jochen Tarnow auch noch auf den Beinen steht."

„Werd ich machen." Er reicht dem anderen die Hand. „Und — Hals und Bein!"

„Danke, so was kann man immer gebrauchen ... "

*

Sie stehen alle draußen vor dem Liegeplatz und verfolgen die waghalsige Kurbelei, die in kaum hundert Meter Höhe von drei Focke-Wulf 190 veranstaltet wird.

Kramer, der Spieß, hat sich ebenfalls unter die Flugzeugführer gesellt, zusammen mit dem Oberwerkmeister. Neben dem Hauptfeldwebel steht der neue Staffelführer, ein Oberleutnant namens Manglitz, der bis jetzt nur im Osten eingesetzt war, etwa 80 Abschüsse haben soll und einen recht guten Eindruck macht. Er war erst am Vorabend erschienen, und man hatte daher noch keine Zeit, sich richtig kennenzulernen.

Ein Stück vor Kramer recken Mertens und Klein die Hälse. Sie sind außer Reuter die letzten des alten Stammes an Flugzeugführern. Bödicke war vor einer Woche von einem Feindflug nicht zurückgekehrt, und auch heute weiß noch niemand, welches Schicksal ihn ereilt hat.

Der Leutnant aber war vor einer Viertelstunde mit den beiden Neuen gestartet, die am Vortag von der E-Gruppe zur Staffel gekommen waren. Ihre Namen stehen bereits in Kramers Buch. Sie heißen Kögel und von Grolmann.

Kramer faßt sich erregt zwischen Hals und Kragen, als die drei Maschinen jetzt in engen Kurven um den Platz herumziehen. Sie sind kaum noch fünfzig Meter hoch, und auch der Hauptfeldwebel weiß natürlich, daß dieses mörderische Flugmanöver lediglich dazu dient, die fliegerischen Fähigkeiten neu zur Frontstaffel gekommener Flugzeugführer zu testen. Aber auch jetzt läßt sich noch keine Unsicherheit der beiden feststellen. Sie bleiben auf Position, und Kramer atmet auf, als Reuter wieder zum Normalflug übergeht und das berühmte „Einfliegen" nun mit dem obligatorischen Tiefstflug zu beenden scheint.

Dicht hintereinander donnern die drei Maschinen kaum meterhoch über die Grasnarbe, ziehen hoch und schweben dann aus einer steilen Kurve und einem bemerkenswerten Slipmanöver zur Landung an.

Hauptfeldwebel Kramer bleibt stehen, als sich die anderen in Richtung Halle in Bewegung setzen. Es sind keine besonders angenehmen Gedanken, denen er sich jetzt hingibt. Sie gelten den neuen Flugzeugführern und dem, was sie bei den ersten Feindflügen wohl erwarten wird. Allein schon die spärlichen Erzählungen der Piloten hatten Kramer genügt, um sich ein Bild von der Hölle machen zu können, der die letzten der Staffel Tag für Tag entgegenflogen. Die Überlegenheit der Amerikaner war inzwischen noch stärker geworden, sowohl an Jägern als auch an Bombern.

Seufzend dreht sich der Hauptfeldwebel um und geht in das kleine Gebäude hinein. Er ist zu sehr mit seinen düsteren Überlegungen beschäftigt, um sich über den lässigen Gruß des Ordonnanzgefreiten Kantor zu ärgern. Drinnen steuert er auf einen Stuhl zu. Es vergeht kaum eine Minute, da kommen auch die anderen herein.

Der Oberleutnant setzt sich irgendwohin und schweigt. Offenbar hat er sich entschlossen, nur zuzuhören. Reuter und die beiden Neuen lassen sich an einem der kleinen Tischchen nieder. Über die Gesichter des Unteroffiziers und des Oberfähnrichs ziehen sich mit Staub vermischte Schweißspuren, während Reuter den Flug ohne jede Strapaze hinter sich gebracht zu haben scheint.

„So", sagt er, „meine Herren, das war's vorläufig. Es freut mich, daß ich Ihnen ein Kompliment machen kann, das in ähnlichen Fällen in den letzten Monaten bei uns kaum nötig war. Sie können nämlich fliegen, und zwar gar nicht übel." Er fährt durch sein dunkles Haar und produziert dann ein müdes Grinsen. „Was ja auch kein Wunder ist, nachdem euch Feldwebel Thomas in den Fingern gehabt hat."

Kögel zeigt ein Lächeln, während Grolmann sich immer noch den Schweiß vom Gesicht wischt. Reuter scheint soeben etwas Besonderes eingefallen zu sein. „Wie geht es ihm eigentlich?"

„Wem — Feldwebel Thomas?" erkundigt sich Kögel.

„Ja, natürlich", erwidert Reuter nervös, „wer denn sonst, zum Teufel?"

Der Unteroffizier wirft einen schnellen Blick auf Grolmann, ehe er sagt: „Als wir uns von ihm verabschiedeten, war er noch bei bester Laune. Allerdings . . . "

Reuter hebt den Kopf.

„Was ‚allerdings'? Hat es noch was gegeben mit ihm?"

„Das nicht", fährt der Unteroffizier fort, „aber zu diesem Zeitpunkt hatte er schon eine Kommandierung in der Tasche."

„Ach!" freut sich der Leutnant. „Es stimmt ja! Die Zeit ist für ihn eigentlich um. Er kommt also auch wieder zu uns zurück?"

„Das glaube ich nicht", entgegnet Kögler schulterzuckend, „er hat so etwas angedeutet, daß er zu einer Dienststelle komme, unter er er sich nichts Richtiges vorstellen könne."

„Verdammt", fährt Reuter auf, „was soll denn dieses Gequatsche? Wissen Sie nichts Genaues?"

„Nein, Herr Leutnant!"

Reuter will gerade wieder etwas sagen, als in den Lautsprechern rings um den Flugplatz das verdächtige Krächzen zu hören ist, das meistens einer Durchsage vorausgeht. Sekunden später ist es soweit. Der Sprecher des Gefechtsstandes gibt den Befehl zur Einsatzbereitschaft durch.

Der Blick des Leutnants wandert zwischen Klein und Mertens hin und her, ehe er sich an den neuen Staffelführer wendet.

„Wollen Sie die Einteilung vornehmen, Herr Oberleutnant?"

„Nein", kommt es sofort zurück, „das werden Sie tun, und Sie werden den Haufen auch führen. Ich hänge mich neben einen von euch Alten. Das wird beim erstenmal besser sein."

„Jawohl!" murmelt Reuter, wahrend er in den Taschen seiner Lederjacke mit hastigen Bewegungen nach einer Zigarette fahndet.

Genau 25 Minuten spater starten sie. Der Lärm der Maschinen erfüllt noch die Luft, als Oberwerkmeister Bender sich dem vor der Baracke stehenden Spieß nähert und neben ihm stehenbleibt.

„Hast du die Lagemeldung gehört?"

Kramer wendet sich ihm zu und nickt.

„Es werden jeden Tag mehr, so scheint es jedenfalls."

„Wahrhaftig", murmelt Kramer, den Blick wieder dorthin richtend, wo die vorhin gestarteten Maschinen nur noch als winzige, dunkle Pünktchen zu sehen sind. „Hoffentlich kommen sie alle wieder zurück."

Der Oberfeldwebel mit dem dunklen Drillichrock der Techniker sagt nichts dazu.

*

Draußen vor den Fenstern des Gefechtsstandes leuchtet der Schnee im Schein der Wintersonne. Die gleichen Strahlen huschen über das große dunkle Kreuz am Halsausschnitt des Kommandeurs, darüber das Eichenlaub mit Schwertern. Er spricht von der Luftlage und von dem bevorstehenden Einsatz. Seine Sprache ist einfach, unpathetisch, ohne jede Leidenschaftlichkeit.

Die Flugzeugführer des Turbo-Geschwaders stehen vor ihm, schweigend, nervös und in Gedanken versunken. Der schlanke Major ist einer der erfolgreichsten deutschen Jagdflieger: Walter Nowotny.

Einige Worte noch, dann ist das Wesentlichste gesagt. Viel kann sowieso nicht geplant werden in diesen Tagen, denn eigentlich ist es immer das gleiche, was die Piloten droben am Himmel erwartet: unübersehbare Schwärme von Bombern, mächtige Jägerpulks und irgendwo ein verlorenes Häuflein von Focke-Wulf 190 oder Me 109. Was zu tun ist, ergibt sich aus der jeweiligen Situation, und eigentlich ist nur noch die Richtung von Bedeutung, in welcher die alliierte Bombenarmada dahinzieht.

Schweigend verlassen die Flugzeugführer den Raum und gehen hinaus. Einige unter ihnen sind noch nicht lange bei der Gruppe, trotzdem verbindet sie alle eine bedrückende Ahnung: daß ihr Einsatz zu spät erfolgt sein könnte.

Manche von ihnen blicken über das verschneite Rollfeld, zu den dunklen Buckeln der Betonklötze hinüber, unter denen ihre Flugzeuge stehen.

Zwei Oberfeldwebel haben sich von den anderen abgesondert und laufen über den leise knirschenden Schnee. Sie waren vor einer Woche fast zur gleichen Stunde auf dem Fliegerhorst eingetroffen: Oberfeldwebel Tarnow und der frühere Feldwebel Thomas, der seit geraumer Zeit auch die beiden Oberfeldwebelsterne auf den Schulterklappen trägt. Am Tag der Beförderung hatte ihm ein General auch das Ritterkreuz um den Hals gehängt, aber die Freude darüber war fast so schnell verflogen wie jene, die bei dem überraschenden Wiedersehen mit dem Freund unbeschwerter Jugendtage aufgekommen war. Mittlerweile ist ihr Zusammensein bei diesem Verband für sie schon zu einer Selbstverständlichkeit geworden, und für Thomas haben sogar die Strahlflugzeuge mittlerweile ihre Geheimnisse verloren. Es war ihm in dieser Beziehung ebenso ergangen wie den anderen, die in dieser düsteren Zeit zum erstenmal die Faszination des Dahinrasens mit den heulenden Turbinenaggregaten erlebt hatten. Schon nach dem ersten Start war das triumphale, unbeschreibliche Gefühl von der Atmosphäre stetiger Gefahr überschattet worden, die Tag und Nacht überall rings um die Luftbasis der Strahljäger lauert. Oft kamen die ersten Feindmaschinen schon in den frühen Morgenstunden in Platznähe in Sicht, und der Gedanke, daß Kameraden in Focke-Wulf 190 jeden Start und jede Landung der „Turbos" bewachen mußten, ist eine Last, die sich einfach nicht mehr abschütteln läßt.

Tarnow zieht ein Zigarettenetui aus der Tasche und klappt es auf. Es ist nicht zu übersehen, wie unruhig seine Hände sind. Dann rauchen sie und schweigen dabei. Thomas' Gedanken eilen zurück zu dem Tag, an dem er Reuter und Losch zum letztenmal gesehen hatte. Wie es ihnen wohl ergehen mochte? Ob sie überhaupt noch lebten?

Ein feines Brummen in der Luft läßt die Männer vor dem Gebäude nach Westen sehen. Eine „Taifun" kommt in Sicht und setzt sofort zur Landung an. Die Maschine rollt vor die Flugleitung, und einige Offiziere in Ledermänteln steigen aus.

„Müller", sagt Tarnow, als er den Piloten erkennt, „er war schon einmal in Lechfeld, als ich noch in Thierfelders Haufen flog."

Thomas stellt keine weitere Frage. Drüben am Rand des Rollfeldes fahren Lastwagen zu den Bunkern. Kurz darauf werden vier Me 262 ins Freie gezogen.

„Es wird bald losgehen", murmelt Tarnow, „es ist besser, wir machen uns fertig." Er äugt zu dem glasklaren Himmel hinauf. „Ein Wunder", knurrt er, „daß die Herren von der anderen Feldpostnummer (gebräuchlicher Fliegerausdruck für Feindjäger) noch nicht in der Gegend herumschnüffeln."

„Sie haben es vielleicht nicht eilig", erwidert Thomas. Er dreht sich um, als irgendwo in einiger Entfernung ein Motor anspringt. Kurz darauf werden noch weitere Triebwerke angelassen. Es sind Maschinen der Platzsicherung, die von Monteuren abgebremst werden.

„Komm!" drängt Tarnow, und Thomas folgt ihm zu der Baracke, in der sich ihr Liegeplatz befindet...

Die Kabine ist geschlossen und das Summen der Riedel-Anlasser bereits verstummt. Die Turbinenaggregate speien ihre Flammenzungen in die kalte Winterluft, und das brüllende Dröhnen der Triebwerke hallt weithin über das Land. Die in der Nähe der vier Me 262 stehenden Mechaniker blicken mehr zum Himmel hinauf als auf die Strahljäger, denn jeden Augenblick kann von dort das Unheil in Gestalt überraschend heranpreschender Feindjäger auftauchen.

Bis jetzt sind aber nur die wenigen Focke-Wulf 190 zu sehen, die in Platznähe und in niedriger Flughöhe ihre Kreise ziehen, und es scheint fast, als ob die vier Turbos diesmal völlig ungeschoren zum Feindflug starten könnten.

Es scheint nicht nur so, es ist so. Vom Gefechtsstand her zischt eine grüne Leuchtkugel schräg über das Rollfeld. Wenig später schieben sich die rassigen Flugzeuge an den Start heran. Ein ohrenbetäubendes Fauchen und Heulen liegt in der Luft, als sie nacheinander über die Piste fegen und sich in die Luft schwingen.

Thomas hat noch das Gefühl, soeben von einer Rakete in den Himmel hineingeschleudert worden zu sein, als er in den Kopfhörern zum erstenmal die Stimme der Leitstandsprecherin hört. Sie gibt nur eine Kurszahl an; mehr ist auch nicht notwendig.

Tarnows „262“ dreht ein Stück nach Nordwesten ein und behält dann ihren Kurs bei. Die beiden anderen Maschinen haben sich befehlsmäßig zu einer Rotte zusammengeschlossen und entfernen sich immer mehr.

Den Bug schräg gegen den Himmel gestellt, jagt Thomas' Me 262 in die Höhe. Die Silhouetten der Focke-Wulf rings um den Platz werden immer kleiner. Sekundenlang ruht sein Blick auf der Höhenmessernadel. Bald ist der Zeitpunkt gekommen, wo jedesmal kaum etwas mehr als eine Minute nötig ist, bis wieder eine Distanz von 1000 Metern hinter dem „Turbo“ zurückbleibt.

Die Sauerstoffmaske hängt bereits vor den Mündern der beiden Piloten. Wie Projektile bohren sich die Maschinen mit ihren schlanken Bugs in den Himmel hinein. Die Oberfläche der Erde wird ferner und unwirklicher. Neun Minuten sind vergangen, als die beiden Strahljäger bereits über die 8000-Meter-Grenze hinausjagen.

Weit im Westen hängen dunkle Gebilde am Himmel. Es sind die vordersten Pulks der amerikanischen Bomber. Erst Sekunden nach dieser Entdeckung kommt es Thomas zu Bewußtsein, daß alles anders ist bei diesem ersten Feindflug auf dieser unwahrscheinlichen Maschine. Nirgendwo ist der marternde Druck im Innern zu spüren, auch jene entnervende Spannung nicht, die sich wie ein Krampf in die Glieder senkt, den Schlag des Herzens verändert und den rätselhaften Würgegriff um die Kehle verstärkt. Nur Erwartung ist da, eine seltsame Neugierde fast, und jenes im Unterbewußtsein schlummernde Gefühl um die einmalige eigene Überlegenheit des Flugzeugführers, das einen durch den Luftraum trägt.

Die Mädchenstimme klingt noch einmal aus den Kopfhörern, aber

Thomas achtet kaum auf die Worte. Er hat die Waffen bereits eingeschaltet und neigt die Me 262 jetzt in eine leichte Rechtskurve, als Tarnow auf ihn zuschert. Sie steigen immer noch und ziehen in enger Formation durch die arktische Kälte der großen Höhen.

Unter ihnen kommt die Spitze der endlosen Flugzeugschlange näher, deren Ende sich noch im Horizont verbirgt. Weitab von den ersten Bomberverbänden, vielleicht tausend Meter höher, ziehen die Klumpen ähnelnden Schwärme der amerikanischen Jägereskorte heran.

Die Höhenmessernadel ist nur noch wenige Striche von der 10 000-Metermarke entfernt, als Tarnow zum Normalflug übergeht. Seine Stimme hört sich hohl und verzerrt an, als er die Worte spricht:

„Achtung, wir greifen an!"

„Viktor!" Das Tarnwort für „verstanden" kommt automatisch über Thomas' Lippen. Im nächsten Moment neigt auch er den Knüppel nach vorn. In einem fast spielerisch anmutenden Schwung schwingt sich der „Turbo" nach vorn. Die Bugspitze zeigt auf die Mitte der riesigen Karawane aus viermotorigen Boeing-B-17. Vor den Augen steht das Gyroskopvisier, und der Daumen der Rechten nähert sich dem Auslöseknopf der 3-cm-Kanonen.

Dicht nebeneinander jagen sie in die Tiefe, und Sekunden später haben sie die Flughöhe der Viermotorigen erreicht. Die Scharen der „Mustangs" und „Thunderbolts" hängen jetzt weit über ihnen.

Tarnow stürzt weiter nach unten. Etwa zweitausend Meter unter den „Fliegenden Festungen" fängt er ab und zieht wieder nach oben. Thomas fliegt etwa zwanzig Meter neben ihm. Er sieht die Rauchstreifen hinter den Turbinenaggregaten des Kameraden, seinen leicht nach vorn gebeugten Oberkörper in der Kabine und dann die sonnenschillernden Riesenleiber eines Bomberpulks, auf den sie jetzt von hinten unten zuzischen.

In Sekundenschnelle wachsen die Umrisse der Viermots in all ihrer imposanten Größe vor der Frontscheibe auf. Von links her sprühen dünne Feuerschlangen durch den Himmel. Es sind die Kanonengarben aus Tarnows Waffen. Da drückt auch Thomas den Auslöseknopf. Mit polternden Geräuschen beginnen die Kanonen zu feuern. Die Geschoßbahnen ziehen sich von der Spitze des Pulks wie eine feurige Säge nach hinten.

Schon nach den ersten Feuerstößen wird Tarnows Me 262 in die Messerlage gerissen. Fast im gleichen Moment fliegt Thomas das Manöver nach. Halb aus der Rückenlage heraus senken sich die Bugs der „Turbos" wieder nach unten, während über ihnen greller Feuerschein durch den Himmel blitzt. Mit stockendem Atem wartet Thomas auf das Krachen der Einschläge in der Zelle, aber es geschieht nichts. Sie fauchen weiter der Erde entgegen, und erst auf fünftausend Meter Höhe beginnt Tarnow den Strahljäger abzufangen.

Zum erstenmal nach dem Angriff sieht Thomas wieder nach oben. Das Bild, das sich ihm bietet, ist von schauriger Eindringlichkeit. Inmitten des von ihnen angeflogenen Bomberverbandes scheint ein Vulkan zu brodeln.

Zwei oder drei Flugzeuge waren offenbar zusammengestoßen. In einem Wirbel aus Feuer und roten Explosionsblitzen schmettert der Tod die Unglücklichen in den zerfetzten Maschinen aus dem Himmel, verbrannt oder verstümmelt, in einem dunklen Regen glühender Einzelteile.

In der FT-Haube bleibt es still. Immer noch im Formationsflug schnellen die beiden Turbinenmaschinen wieder in die Höhe, nun schon bald sechs- oder zehntausend Meter von den Viermotorigen entfernt.

Die Turbinen singen ihr tobendes, kraftvolles Lied. Der Pulk, in dessen Mitte vorhin eine breite Lücke entstanden war, rückt wieder zusammen. Die Umrisse der Flugzeuge werden kleiner und kleiner.

Von Norden her kommen „Thunderbolts" herabgestürzt. Ihre gedrungenen Motorschnauzen recken sich dorthin, wo die beiden einzelnen Düsenjäger wieder nach oben ziehen.

Thomas beobachtet sie, und auch Tarnow blickt zu ihnen hinüber. Sie haben keine Chance. Ihre Silhouetten schrumpfen scheinbar in sich zusammen und verwandeln sich innerhalb kurzer Zeit in winzige Silberpunkte.

Auf 9000 Meter Höhe kippt Tarnows Me 262 wieder nach unten, einer Kolonne von Bomberpulks entgegen, die hintereinander aus dem Horizont herausquellen...

*

Es ist Februar geworden, Februar 1945.

Was sich einmal „Reichsverteidigung" nannte, ist Stückwerk geworden, und die wenigen Propellermaschinen, die sich noch auf die oft über hundert Kilometer langen Ströme der Bomber stürzen, sind wirklich die letzten der Letzten. Es gibt weiterhin Geschwader und Gruppen, aber mehr dem Namen nach und praktisch nur noch auf dem Papier. Was von den schwer dezimierten Einheiten noch einsatzfähig ist, wird Tag für Tag in neuen Gefechtsverbänden zusammengefaßt. Es sind dies verlorene Haufen, aus FW 190 und Me 109 zusammengesetzt, deren Piloten nur noch ihre Pflicht erfüllen. Ihre Hoffnung auf die Wundervögel, von denen sie manchmal einige in großen Höhen durch die Jägerpulks der Amerikaner rasen sehen, ist schon lange geschwunden. Das Land, über das sie fliegen, hat sich im Laufe der letzten Jahre in einen riesigen Totenacker verwandelt. Die großen Städte sind nur noch Trümmerwüsten mit Häuserfragmenten, und die Tausende von Bombenkratern inmitten der Ruinenfelder muten wie große Wundmale an. Die Gesichter der Letzten, die auch jetzt noch an den übermächtigen Feind geschickt werden, sind hager geworden, gezeichnet von den schweren Nervenstrapazen der zurückliegenden Kampfjahre.

Auch an diesem Februartag haben sich wieder etwa zwanzig Focke-Wulf von einem der zerbombten Flugplätze gelöst und steigen nun auf die Flughöhe eines von der holländischen Grenze herannahenden Bomberverbandes. Ein Major führt sie, dessen Namen die meisten der Piloten nicht einmal kennen, da er von einem fremden Geschwader stammte und erst am Morgen auf dem Platz erschienen war. Dafür gibt es einen im Verband, der ihnen allen bekannt ist: Losch! Oberfeldwebel Losch!

Am linken Flügel der Formation fliegt das, was von der Staffel des Leutnants Reuter übriggeblieben ist. Außer ihm sind das noch der Obergefreite Klein und Unteroffizier Kögel. Der neue Staffelführer war schon beim zweiten Feindflug im Feuerball einer Explosion zerfetzt worden, der Oberfähnrich von Grolmann zerschellte mit seiner Maschine irgendwo in der Nähe von Rheine auf der Erde, und von Mertens weiß niemand, auf welche Weise er den Tod fand.

Sie haben inzwischen eine Höhe von 8 200 Meter erreicht und fliegen dem Spitzenpulk der Viermotorigen aus frontaler Richtung entgegen. Und auch diesmal ist alles wie unzählige Male zuvor. Nur hockt außer der Angst noch ein anderes Gespenst an Bord: die Verzweiflung.

Einer der Bomber kommt auf Reuters Frontscheibe zu. Die Kanonen beginnen zu bellen, Feuerschlangen züngeln dem großen Ziel entgegen und verschwinden in dem grünlichen Metall. Ein Zug am Knüppel, und die hohen Seitenruderflossen der „Boeings“ zischen wieder unter der Maschine hinweg. In den Kopfhörern erklingt die quarrende Stimme des Majors. Mit mechanischen Steuerbewegungen folgt Reuter den anderen auf ihrem Slip in die Tiefe. Irgendwo an der rechten Flanke des Verbandes steigt ein Feuerschein in den Himmel, und eine der eigenen Maschinen taumelt brennend in die Tiefe.

Es ist ein Anblick, der nicht einmal mehr Entsetzen hervorzurufen vermag, denn solche Bilder gehören bereits zum furchtbaren Alltag ihrer Einsätze, der Reuter in letzter Zeit manchmal wie ein langsames Sterben vorkommt.

Hoch über den Bombern ziehen feindliche Jäger dahin. Doch bis jetzt hatten sie offenbar noch kein Interesse für das armselige Häuflein der Focke-Wulf 190. Vielleicht werden sie aber auch durch etwas anderes in Atem gehalten, der Teufel mochte es wissen.

Doch auf einmal erkennt Reuter die Ursache für das rätselhafte Verhalten der amerikanischen Jägereskorte. Weit über ihrer Flugformation ziehen einige dünne Kondensstreifen durch den mit leichten Zirruswolken bedeckten Himmel. Die Geschwindigkeit aber, mit der sich die kleinen Pünktchen an der Spitze der weißen Schweife durch die großen Höhen bewegen, läßt nur einen Schluß zu: Dort oben müssen Me 262 fliegen...

Die Turbinen fauchen wie urweltliche Lebewesen, aber ihr Laufgeräusch ist weniger einer Zornesäußerung gleichzusetzen als vielmehr einer überschäumenden Kraftentfaltung, einem höhnisch anmutenden Triumph.

Die Erde ist nur noch eine ferne mit Schnee bedeckte Fläche, die in diesen Höhen gar nicht mehr zu der Welt zu gehören scheint. Wenigstens hat Thomas einmal dieses seltsame Gefühl, als er aus dem linken Seitenfenster der länglichen Kabine hinuntersieht. Das vibrierende Spiel der Tachometernadel hat inzwischen schon viel von seiner stummen Faszination verloren, aber der Rausch ist geblieben — dieses unvorstellbare Gefühl des fast schwerelosen Dahinjagens in der Einsamkeit des Himmels, dieser Ritt auf einem Geschoß, das die Dimensionen mühelos in sich hineinzufressen scheint.

Weit im Norden fliegen wieder zwei andere Me 262, mit hochgereckten Seitenruderflossen, die schlanken Bugs wie Haifischmäuler vor den leicht zurückgewinkelten Tragflächen.

Die vier Strahljäger steigen immer noch. Eine leichte Zirrusdecke kommt in Sekundenschnelle auf die Frontscheibe zu. Wenige Augenblicke noch, dann stoßen sie hindurch und schnellen an der Oberseite wieder in das lichterfüllte Blau der großen Höhen hinein.

Es ist schwer, sich wieder daran zu erinnern, daß man sich auf einem Feindflug befindet, auf dem ersten übrigens mit den neuen Raketen unter den Tragflächen. Wie wird die Wirkung sein?

Noch wissen sie es nicht, und sie denken auch nicht mehr darüber nach. Die Aggregate laufen ruhig und gleichmäßig. Drehzahl, Gasdruck und Temperatur stimmen, und die Höhenmessernadel nähert sich der Markierung für 9 300 Meter. In den Kopfhörern erklingt wieder die feine Mädchenstimme. Die Sprecherin des Jägerleitstandes gibt einige Kurswerte durch und verstummt dann wieder; es ist wie immer.

Plötzlich sind andere Geräusche in den Kopfhörern, Worte, die offenbar von Kameraden in anfliegenden Maschinen ausgesprochen werden. Aus dem ruhigen, monotonen Klang ist zu entnehmen, daß sie noch keinen Kontakt zu den Bomberpulks gefunden haben, die zu diesem Zeitpunkt — nach den letzten Lagemeldungen — irgendwo im Raum zwischen der holländischen Grenze und Oldenburg stehen müssen.

Tarnows Me 262 geht in eine leichte Linkskurve. Gleichzeitig richtet sich der Bug dem Wolkenfeld entgegen, und schon Sekunden später stoßen sie wieder hindurch.

Gewohnheitsgemäß eilt der Blick durch den Luftraum. Die beiden anderen Maschinen im Norden sind jetzt so weit entfernt, daß nur noch ein zeitweiliges Blitzen ihrer Kabinen im Sonnenlicht ihren Standort verrät.

Noch scheint die weite, gläserne Himmelskuppel ihnen allein zu gehören. Noch jagen sie mit über 800 Stundenkilometern durch das endlose Revier, und wieder einmal überkommt Jupp Thomas die Erinnerung an frühere Feindflüge in anderen Jagdflugzeugen. Das übliche Rumoren im Magen fehlt diesmal, ebenso wie das Vibrieren der Nerven. Nur die Spannung ist wieder da und sogar das Warten auf den Augenblick, wo sich die ersten Pulks der feindlichen Bomber über den Horizont schieben werden.

Die vorhin noch so fern klingenden Stimmen sind jetzt wieder zu hören, diesmal schon viel deutlicher.

Tarnow wackelt kurz mit den Tragflächen und deutet in südwestliche Richtung.

Eine dunkle Traube von Flugzeugen hängt wie ein unförmiger Schmutzfleck vor dem glasklaren Blau. Sie fliegen noch gut drei- oder viertausend Meter tiefer, und es kann sich nur um einen auf Gefechtshöhe steigenden Focke-Wulf-Verband handeln. Unwillkürlich eilen die Gedanken hinunter zu den Kameraden, und Thomas benötigt nicht die geringste Phantasie, um sich vorzustellen, wie es jetzt in ihnen aussehen wird.

Doch da ist es, als ob dunkle Rauchwolken weit voraus über die schillernde Himmelspartie glitten. Sie werden dichter und länger, ballen sich zu einem dicken Balken. Ein Stück darüber entstehen jetzt winzige Sichelbögen unter dem Zirrusschleier.

Zum erstenmal nach dem Start geht Thomas' Atem schneller. Denn er weiß nur zu gut, was sich unter dieser dunklen Glocke und den weißen Bögen verbirgt: die Pulks der Viermotorigen und die Spitzenverbände der amerikanischen Begleitjagd.

Noch ein Blick zu Tarnow hinüber. Er hat den Kopf wieder ein Stück nach vorn gebeugt, wie der interessierte Beobachter eines gerade beginnenden Schauspiels. Seine Maschine bleibt auf gleichem Kurs. Aber nur für wenige Augenblicke noch. Ohne eine vorherige Ankündigung zieht er sie dann in die Höhe. Thomas fliegt das Manöver sofort nach. Die dünne Wolkenschicht huscht wieder auf den Bug zu, der sich in Sekundenschnelle durchwühlt. Einige hundert Meter über den Zirren dreht Tarnow leicht nach Nordwesten ein. Von rechts her schwimmen die beiden anderen „262“ heran, überdimensionalen Fischen in einem glasklaren Wasser gleich. Kaum eine halbe Minute später unterschneiden sie den eigenen Kurs, scheren zur Linken hoch und jagen in der Richtung weiter, die Tarnow nunmehr eingeschlagen hat.

Einige Worte schallen über das FT, ein kurzer Befehl:

„Raketen einschalten!“

Kleine Hebel schnappen in den Halterungen, Schauzeichen leuchten auf. Unter den Tragflächen sind die 24 Höllendinger in Gestalt der 5-cm-R-4-M-Raketen zu ihrer tödlichen Reise bereit, zusammen mit Hunderten von 3-cm-Geschossen.

Weit unter dem Wolkenschleier kommen die ersten Bomberverbände auf Gegenkurs heran. Etwa tausend Meter über ihnen ziehen etwa zwei- oder dreihundert „Mustangs“ lange Schleifen um den Flugweg der Viermotorigen.

Von den Focke-Wulf 190 ist nichts mehr zu sehen. Dafür tauchen jetzt andere Maschinen in der Höhe der Zirrusdecke auf: sieben oder zehn Me 109.

Thomas hat sie nur für wenige Sekunden im Blickfeld. Tarnow fliegt immer noch auf Gegenkurs zu den Bomberpulks. Die Feindjäger sind aus dieser Überhöhung in aller Deutlichkeit zu erkennen. Aber noch scheint keiner der amerikanischen Piloten die vier Flugzeuge über dem weißen Filigran der Schäfchenwolken ausgemacht zu haben. Die Messerschmitt-

Jäger beeindrucken sie offenbar überhaupt nicht. Sie sind da, aber sie werden auch diesmal keine Gefahr darstellen, höchstens eine nicht allzu ernstzunehmende Bedrohung. Was sollen schließlich sieben oder zehn lächerliche Jäger schon anfangen können. Was schon? Man kennt das schließlich. Die Messerschmitts von der deutschen Höhenjagd sind fast bei jedem Raid (Feindflug) über der eigenen Flughöhe, mögen die Piloten der „Mustangs“ und „Thunderbolts“ denken. Manchmal spielen sie Katz und Maus mit uns. Tun so, als ob sie herunterkommen würden, und wollen uns dadurch nur bluffen, wenn wir uns die Burschen in den Focke-Wulf weiter unten vornehmen wollen. Zuweilen machen wir das Spiel mit, meistens pfeifen wir aber darauf.

Tarnows Stimme scheppert jetzt wieder aus den Kopfhörern. Er gibt den Befehl zum Angriff auf einen Pulk, der gerade auf Gegenkurs heranzieht. Thomas klammert die Rechte fester um den Griff des Knüppels, und sein Körper spannt sich.

Sekunden später schwingen sie in eine Linkskurve und jagen in flachem Sturz auf die vielen Flugzeugschwärme zu, die unter ihnen auf der Rauchstraße ihrer Abgase durch den Himmel ziehen.

Die Zelle vibriert unter den Stößen des Fahrwerks. Mit einer höllischen Langsamkeit vermindert sich die Fahrt. Der Buckel des Betonbunkers kommt näher und näher. Noch vierhundert, noch dreihundert Meter. Da — eine Zugmaschine setzt sich in Bewegung, mit einigen Warten auf den Kotflügeln.

Thomas sitzt immer noch geduckt hinter der Panzerplatte, wie ein Mensch auf der Flucht, der hinter sich Dutzende von Gewehrläufen weiß und jeden Moment auf die tödliche Kugel wartet. Die „Mustangs“, zwischen denen sie vorhin wie durch ein Wunder hatten durchschlüpfen können, haben allerdings mehr als eine Kugel parat — Tausende nämlich.

Das Zugmaschinchen kommt näher. Die Warte in ihren dunklen Overalls springen ab. Für Thomas sind sie in diesen Augenblicken namenlose Helden, die selbst im Angesicht des Todes ihre Pflicht erfüllen. Denn mindestens zehn Feindjäger schwirren um den Platz, in heftige Kurbeleien mit den Focke-Wulf der Sicherungsstaffel verwickelt.

Die Turbinen sind verstummt, und das Tuckern der Zugmaschine ist jetzt überlaut zu hören. In einiger Entfernung wird Tarnows Me 262 auf die schützende Betonhöhle zugezogen. Die Fahrer bewegen die kleinen Vehikel mit Höchstfahrt. Auch durch Thomas' Maschine geht jetzt ein Ruck. Mit dem Leitwerk voraus zerren sie die „262“ auf den Bunker zu. Der Blick zu jener Stelle des Luftraums, wo vorhin die „Mustangs“ zu sehen waren, ist nun wieder frei geworden. Noch einmal glaubt Thomas ein Wunder zu erleben, als er erkennt, daß im Moment keine der Feindmaschinen den Platz anfliegt. Draußen erklingt eine brüllende Kommandostimme. Da erst eröffnet Thomas die Kabine, steigt auf die Tragfläche und springt auf den Boden.

Männer mit verzerrten Gesichtern springen um Thomas herum. Das dickwandige Eisentor schiebt sich krächzend vor die Öffnung der Betonboxe. Mit weichen Knien läuft der Oberfeldwebel um den Bunker herum. Auch Tarnows „262" ist bereits verschwunden. Er kommt jetzt schnellen Schrittes näher, mit grauem düsterem Gesicht, eine Zigarette in der Hand. Schnaufend streckt er Thomas die Hand hin und sieht dann zum Himmel hinauf. Der Luftkampf hat sich inzwischen verlagert, die daran beteiligten Maschinen sind schon viele Kilometer vom Platz entfernt.

Tarnow schüttelt den Kopf und murmelt:

„Daß das noch geklappt hat — ich hätte nicht mehr daran geglaubt."

Thomas will gerade etwas sagen, als jenseits des Rollfeldes in der Flugrichtung die Frontalprofile einiger Jagdflugzeuge in Sicht kommen. Sie dröhnen im Tiefflug heran, und plötzlich züngeln Flammen vor ihren Tragflächen.

„Deckung!" schreit Tarnow, während kaum fünzig Meter rechts eine MG-Garbe über die Erde steppt und das Bellen der Bordwaffen sich mit dem Lärm der Flugmotoren vermischt.

Flach an den Boden gepreßt hören sie die „Mustangs" über sich hinwegheulen.

Es waren noch zehn Focke-Wulf, die sich nach dem zweiten und letzten Angriff auf die Bomber irgendwo wieder vereinigt hatten. Wo die anderen geblieben sind, wird sich auch diesmal erst später herausstellen.

Sie fliegen jetzt in leichtem Bahnneigungsflug nach Süden, irgendeinem der großen Jägerflugplätze entgegen.

Rechts von Reuter hängt eine andere Maschine. Es ist eine Focke-Wulf, die er nur zu gut kennt: die von Losch. Vor einiger Zeit war er von oben herabgeschert, hatte kurz herübergewinkt und dann wieder nach vorn gesehen. Vielleicht hatte er die Nummer am Rumpf von Reuters Maschine erkannt, oder es war ein reiner Zufall gewesen, daß er sich auf diese Position gesetzt hatte. Der Obergefreite Klein und Kögel scheinen nicht mehr in dem kleinen Gefechtsverband mitzufliegen, und es war für Reuter auch nicht festzustellen gewesen, wohin sie nach dem letzten Angriff verschwunden waren.

Im FT ist es ruhig geworden, zu ruhig vielleicht. Nirgendwo scheint im Moment eine Gefahr zu lauern, und die Gedanken bekommen Zeit, Bilder und Erinnerungen zu formen.

Noch einmal sieht Reuter den Augenblick vor sich, als die beiden Turbinenmaschinen sich auf einen der Bomberpulks gestürzt hatten. Von ihren Tragflächen hatten sich plötzlich helle Feuerschweife gelöst, wahrscheinlich jene neuen Raketen, von denen man in letzter Zeit soviel gehört hatte. Die Wirkung war furchtbar gewesen. Innerhalb von Sekunden waren drei Viermotorige in Flammen gehüllt aus dem Himmel gestürzt, während die beiden Turbos mit einer unvorstellbaren Geschwindigkeit wieder nach oben gezogen waren.

Es war ein Anblick gewesen, der alles andere vergessen ließ. Selbst die Feindmaschinen, die weit über den Bombern ihre Kreise zogen. Keine der „Mustangs" oder „Thunderbolts" war heruntergekommen, eine fast unerklärliche Tatsache. Doch sicher war die Anwesenheit der beiden Strahljäger dafür maßgebend gewesen. Vielleicht hatten die Piloten der amerikanischen Begleiteskorte angesichts des grausigen Schauspiels inmitten eines Bomberpulks aber auch nur noch staunend und erschüttert die durch den Himmel zischenden Turbinenmaschinen verfolgt, ohne sich noch daran zu erinnern, wozu sie eigentlich da waren.

Doch da ist noch etwas anderes, was in Reuter plötzlich wieder wühlt wie ein körperlicher Schmerz — und sicher nicht nur in ihm. Zum erstenmal hatte er zwei Me 262 bei einem Angriff beobachten und ihre ungeheure fliegerische Überlegenheit zur Kenntnis nehmen können. Er war Zeuge gewesen, wie sie mit einer geradezu fabelhaften Geschwindigkeit aus den großen Höhen herabrauschten, ihre Salven abfeuerten und dann über dem von ihnen zersprengten Viermotpulk mit spielerisch anmutender Leichtigkeit wieder in die großen Höhen hinaufgejagt waren.

Die Faszination jedoch, die während dieser erregenden Vorgänge auch von ihm Besitz ergriffen hatte, war innerhalb kurzer Zeit einer geradezu lähmenden Ernüchterung gewichen. Und auf einmal war nur noch Haß in ihm gewesen, Haß und Verachtung für den Mann, den sie als Jungen alle verehrt hatten. Nicht erst jetzt hatte sich Reuter der verzweifelte Gedanke aufgedrängt, daß er allein es eigentlich war, der ihnen diese herrlichen Maschinen vorenthalten hatte und das wahrscheinlich auch noch so lange tun würde, bis alles zu Ende sein mußte.

Aber es war besser, nicht mehr daran zu denken. Reuters Blick schweift wieder durch den Himmel. Auch jetzt scheinen sich die Amerikaner, die in großer Höhe zu sehen sind, noch nicht für sie zu interessieren. Die beiden „Turbos" sind schon lange verschwunden, praktisch von einer Sekunde zur anderen, als ob das All sie in sich hineingesaugt hätte.

Losch sieht herüber, und auf einmal ruckt sein Oberkörper nach vorn. Da blickt auch Reuter in die Flugrichtung, und schon im gleichen Moment erkennt er die vielen dunklen Punkte, die weit voraus und einige tausend Meter tiefer durch die Luft ziehen.

Plötzlich gellt ein Schrei aus den Kopfhörern. Reuter zuckt zusammen und reißt den Kopf herum. Während noch der laut herausgeschriene Warnruf in seinen Ohren gellt, erkennt auch er die Dutzende von Feindjägern, die in einer langen Kolonne von Nordwesten her auf sie herabstürzen ...

Einer der Mechaniker, der neben Tarnow und Thomas in einem der zahlreichen Splittergräben rings um den Flugzeugbunker hockt, hebt plötzlich den Arm und deutet in nordwestlicher Richtung zum Himmel hinauf.

„Da!" schreit der Wart. „Da kommen noch welche!"

Tarnow kneift die Augen zusammen. Schon Sekunden später brüllt er: „Focke-Wulf — und droben Amis! Mensch, das wird was geben!"

Sie ziehen die Köpfe ein, als eine Schar „Mustangs" aus allen Rohren feuernd über den Platz fegt. Mit heulenden Motoren verschwinden die Maschinen irgendwo in östlicher Richtung.

Droben am Himmel haben sich die beiden dunklen Klumpen von Flugzeugen inzwischen vereinigt. Blitze und dünne Feuerstriche wischen durch das glasklare Blau. Kaum eine halbe Minute vergeht, bis das erste Flugzeug lichterloh brennend in die Tiefe stürzt. Von Westen her nähert sich eine Focke-Wulf mit eingezogenem Fahrwerk dem Platzrand. Kurz darauf klatscht sie auf den Boden, schlittert noch ein Stück weiter und bleibt dann liegen. Aus dem leichten Dunst, der über den Feldern rings um den Flugplatz liegt, röhrt es jetzt wieder heran. Drei Feindjäger rasen feuernd auf die bauchgelandete Maschine zu und decken sie mit einem wahren Feuerhagel ein.

Tarnow ballt die Hände und schlägt mit den Fäusten voll ohnmächtiger Wut gegen den Rand des Deckungsgrabens. Sein Gesicht ist weiß vor Zorn. Er öffnet den Mund, um irgend etwas hinauszuschreien, aber ein immer stärker werdendes Heulen am Himmel reißt ihm schon die ersten Worte von den Lippen.

Ein funkensprühendes Flugzeug rast vor einem langen Feuerschweif in die Tiefe und zerschellt unter einem hohen Feuerturm einige Kilometer vom Platz entfernt. Der Lärm der Explosion brandet noch über das Land, als eine einzelne Focke-Wulf im Tiefstflug über die Hallen jagt und schon Sekunden später wieder außer Sicht kommt. Doch schon kurz darauf schießt sie wieder in die Höhe und heult dem Knäuel aus Jagdflugzeugen entgegen, das vielleicht zehn Kilometer weiter westlich sich im Kreise dreht.

Tarnow geht in die Knie und drückt den Hinterkopf gegen den Grabenrand.

„Jetzt ist es soweit!" murmelt er, aber nicht einmal Thomas kann die Worte verstehen.

Eine Viertelstunde vergeht noch, bis das Grollen der Flugmotoren an Stärke verliert und zu erkennen ist, daß der Kampf allmählich seinem Ende entgegengeht. Überall rings um den Flugplatz steigen dünne Rauchsäulen in den Himmel, und dunkle Brandwolken wälzen sich über den Horizont. Weit im Norden schwebt ein einsamer Fallschirm der Erde entgegen, und den Männern in den Splittergräben kommt es wie ein Wunder vor, als einige Zeit später zwei Focke-Wulf zur Landung ansetzen. Niemand stört sie dabei. Die Maschinen rollen aus und bewegen sich in höchster Eile auf eine der Splitterboxen zu.

Tarnow stemmt sich in die Höhe und steigt aus dem Graben. Mit gesenktem Kopf und hängenden Schultern schlurft er über den Schnee. Thomas läuft neben ihm her. Sie nähern sich dem Gefechtsstand und gesellen sich zu den Kameraden, die dort in kleinen Gruppen beieinanderstehen. Am Himmel ist nur noch ein fernes, immer schwächer werdendes Dröhnen zu hören. Schweigend blicken sie zum Platzrand hinüber, aber es kommt keine eigene Maschine mehr in Sicht.

Keiner von ihnen spürt die Kälte und den eisigen Hauch des Windes, der den Schnee auf dem Rollfeld in dünnen weißen Fahnen über die Erde treibt, und keiner weiß, welches Schicksal den beiden anderen Maschinen zuteil wurde, die zusammen mit denen von Tarnow und Thomas gestartet waren. Vielleicht waren sie, wie dies schon öfter geschah, auf einem der Ausweichplätze gelandet — vielleicht!

Einige Zeit später sitzen sie wieder im Bereitschaftsraum. Das Radiogerät ist eingeschaltet, und ein Sprecher gibt Meldungen durch. Am Himmel über dem Platz ist es völlig ruhig geworden. Zigarettenrauch weht unter der niedrigen Decke entlang. Die ersten Gespräche flackern auf. Aus dem Radio klingt jetzt Marschmusik.

Tarnow steht auf.

„Komm!“ sagt er zu Thomas. „Ich ersticke hier drinnen!“

Sie gehen hinaus und laufen auf den Rollfeldrand zu. Die bauchgelandete Focke-Wulf liegt immer noch auf dem Schnee, mit zurückgekurbelter Kabine, von Kugeln zersiebt, und Tarnows Stimme klingt rauh und brüchig, als er sagt:

„Bald werden sie den Laden hier wohl dichtgemacht haben ... “

Thomas nickt und wirft seine Zigarette in den Schnee. Er sieht dabei zum Himmel hinauf und erlebt noch einmal jene Spanne von Sekunden, als ihre Raketen dem Pulk entgegenfauchten. Und jetzt?

Er wendet sich um, als er das Brummen eines Lastwagens hört. Es ist ein Luftwaffen-Lkw, der in langsamer Fahrt auf den Gefechtsstand zurollt und dann davor hält. Eine Tür wird geöffnet, und eine Gestalt zwängt sich heraus. Der Mann trägt Pelzstiefel und eine Lederjacke und nimmt jetzt ein Fallschirmpaket entgegen, das ihm offenbar der Beifahrer soeben gereicht hatte.

Tarnows Kopf bewegt sich nach vorn, und dann wischt er sich über die Augen, als ob er glaube, nicht richtig gesehen zu haben. Aber er hatte sich nicht getäuscht.

„Losch!“ sagt er noch, ehe er sich in Bewegung setzt.

Der Oberfeldwebel läßt den Fallschirm wieder auf den Boden fallen, als er die beiden auf sich zulaufen sieht. Nur für wenige Augenblicke lichtet sich der düstere, verbissene Ausdruck seines Gesichtes.

„Ihr?“ murmelt er. „Ihr seid also hier?“

„Losch!“ sagt Thomas. „Mensch, warst du da droben dabei — vorhin?“

Der Oberfeldwebel läßt sich auf den Fallschirm sinken.

Eine Weile vergeht, ehe er den Kopf wieder hebt. Vom Gefechtsstand her kommen andere Flugzeugführer heran. Sie umringen den Mann auf dem Fallschirmpaket, dessen Blick jetzt über ihre Gesichter huscht.

„Feierabend!“ kommt es dann über die zuckenden Lippen Loschs. Er steht auf, zieht eine Zigarette aus der Seitentasche seiner Lederjacke und hält die Flamme eines Sturmfeuerzeuges vor die Spitze. „Reuter“, sagt er dann, „er war ein Stück vor mir, als sie ihn packten. Es war schon vorbei mit ihm, als ich die ‚Mustang‘ hinter ihm erwischte. Explosion — aus!“

Keiner sagt etwas. Schweigend starren sie auf den Oberfeldwebel, der jetzt die Zigarette fallen läßt und sie mit der Pelzstiefelsohle zerquetscht. Viele Sekunden vergehen noch, bis Tarnow die Frage stellt:

„Und du — was war mit dir?“

Losch sieht ihn an und zuckt dann die Schultern.

„Mich haben sie wieder einmal übriggelassen. Meine Mühle liegt irgendwo in der Nähe. Bauchlandung, kein Sprit mehr ... “

Er verstummt und lauscht auf das jaulende Geräusch, das von Osten heranklingt und immer stärker wird. Wenige Augenblicke später zischen zwei Me 262 im Tiefflug über den Platz. Als sie wieder in Sicht kommen, sind bereits die Fahrwerke ausgefahren. Die Landung erfolgt ohne Zwischenfälle.

„Das sind also eure Maschinen“, wendet sich Losch an Thomas.

„Ja!“

Ein Zucken läuft über das Gesicht des Oberfeldwebels. Es dauert noch eine Weile, bis er die Worte hervorstößt:

„Heute morgen hat Reuter noch über diese Vögel geredet, aber — jetzt braucht er ja keinen mehr!“

ENDE

B. Jochim

An der Straße der Bomber

Kriegsjahr 1944
Von der Luftschlacht über Deutschland
zur Invasion in der Normandie
Bericht eines
ehemaligen Jagdfliegers

Es mochte schon eine halbe Stunde vergangen sein, seit sie stur nach Westen zuckelten. Wenn die Wolkenbank, über die sie manchmal fast mit den Bäuchen ihrer Maschinen hinzuschleichen schienen, irgendwo einmal kurz aufriß, blinkten Tausende von Metern weiter unten silbern aufleuchtende Wasserstreifen und manchmal auch die Umrisse einer Stadt zu ihnen herauf.

Vor den Motoren peitschten die Blätter der Luftschrauben eisige Luft in weiße Kreise, während hinter den gedrungenen Leibern der Focke-Wulf-Jäger die Kondenswolken nach rückwarts gischteten.

Weit hinter dem Pulk, etwa tausend Meter höher, flog die Holzaugenrotte (zwei Maschinen zur Sicherung eines Gefechtsverbandes) durch einen Vorhang weißer Zirruswolken.

„Komm mir nicht so nah auf den Frack!" knurrte Oberfeldwebel Vermogen unter seiner Atemmaske in das Kehlkopfmikrophon hinein, als er sich mit seinem Rottenflieger wieder einmal überkreuzte. „Kann mir meine Kotflügel alleine verbeulen!"

„Viktor (verstanden)", kam es von drüben zurück, „leck mich ... !"

„Schnauze halten!" Es mußte der Major gewesen sein, der dies sagte.

Eben, dachte Vermogen. Schnauze halten ist das beste. Während er eine Messerkurve einleitete, suchte er mit zusammengekniffenen Augen den Himmel ab. Nichts — immer noch nichts. Dann ging sein Blick für Sekunden über die Ansammlung von Instrumenten. Auch hier alles in Ordnung.

„Fliegen Sie nach Anton-Berta sechs!" quarrte es in diesem Augenblick durch den Äther. „Dort werden Sie dicke Autos (viermotorige Bomber) finden."

„Viktor", sagte irgendeiner.

„Also doch", fauchte Vermogen vor sich hin, „verdammter Mist, verdammter!"

Fern am Horizont stand ein schwarzer Strich. Er sah aus wie ein Dreckstreifen, aber alle, die sich nun fester in ihre Sitze hineinduckten, wußten, daß es der Feind war, den sie schon seit einer guten Dreiviertelstunde suchten. Er zog, so weit das Auge reichte, auf einer Länge von unzähligen Kilometern seinem Ziel entgegen, irgendeiner Stadt. Es war ein Bild, das sie beinahe täglich sahen, und das ihre Herzen doch immer wieder zum Erschauern brachte.

„Mein lieber Mann!" sagte irgendeiner. Nur das, sonst nichts. Aber es war genug.

Sie lagen jetzt bereits breitseits, und zuweilen warf die Sonne von den gläsernen Kanzeln der Bomber zitternde Reflexe zu ihnen herüber. Und während sich die Fäuste enger um die Steuerknüppel krampften, huschten die Augen über den schwarzen Strich hinaus in jene Höhen, wo sonst die „anderen" zu sitzen pflegten. Aber die Jäger waren noch nicht da. Noch nicht!

„Keine Indianer (Feindjäger)", quäkte eine Stimme.

„Es langt auch so“, kam es von irgendwo zurück.

Die Sonne drückte auf die Kabinen, und in die Atemmasken hinein flossen Bäche von Schweiß. Als Oberfeldwebel Vermogen kurz den Höhenmesser fixierte, stand die Nadel auf achttausenddreihundert Meter. Die schwarze Wand der Bomber war jetzt größer geworden. Unbeweglich wie ein Wall schienen sie in der Unendlichkeit zu liegen. Die Wolkenwand war gewichen, und durch einen Schleier von Dunst hindurch schimmerte das satte Grün der Erde.

Der Jägerpulk flog kaum einen Kilometer seitlich des langen Stromes, als aus den silbernen Rümpfen Tausende von Glühpunkten aufbrachen.

„Verflucht“, sagte Vermogen, „der erste geht schon ab!“

Die Maschine eines jungen Piloten begann plötzlich zu schwanken. Dann senkte sich die rotbemalte Motorschnauze nach unten, um nach einigen weiteren Torkelbewegungen wie ein Pfeil der Erde entgegenzuschießen. Beim Aufschlag war für Sekunden ein kleiner Feuerpilz zu sehen.

Es gab nur wenige, die es nicht bemerkt hatten. Steil standen die Flächen gegen die Erde, als sie vor dem Bomberstrom zum Angriff einschwenkten und dem Gitter aus Tausenden von Geschossen entgegenstießen. Mit tief über den Knüppel geduckten Oberkörpern rasten sie dem stählernen Wall entgegen, mit zusammengebissenen Zähnen und wild pochenden Herzen.

Es waren vielleicht nur wenige, die jetzt kaltblütig den Daumen auf den Kanonenknopf legten, als Kanzeln und Flächen der „Boeings“ immer größer in das Visier hineinwuchsen und die Bordwaffen zu bellen begannen. In Sekundenschnelle prasselten die Leuchtfinger der Geschoßbahnen ihren Zielen entgegen, durch splitterndes Glas, Behälter mit Tausenden von Litern Brennstoff, durch Motoren und Armaturen. Bis weit hinunter zur Erde, wo sich Millionen von Menschen in den Kellern und Bunkern zusammendrängten, drang das rollende Geräusch der Kanonensalven. Hoch oben in den kalten Höhen aber stand die Sonne wie ein unbarmherziges Auge über diesem Kampf.

Als Oberfeldwebel Vermogen mit seinen Rottenkameraden am Schluß des Verbandes gegen den Bomberpulk einschwenkte, war sein Weg von einer Reihe lichterloh brennender Boeings umsäumt. Hinter ihnen senkten sich Fallschirme der Erde entgegen, aber der Strom der Bomber floß dennoch unaufhörlich weiter. Aus der Überhöhung heraus drückte Vermogen seine Maschine gegen eine am Rande des Pulks fliegende B-17, und als der dunkle Schatten unter ihm wegzischte, sah er noch im letzten Augenblick eine grelle Flamme aus der linken Tragfläche seines Zieles aufzukken. Mit einem Ruck trat er das Seitenruder durch. Die Boeing war in eine brodelnde Feuerwolke eingehüllt.

„Paulchen“, schrie er, während er auf den tief unten sammelnden Verband hinabstieß, „hast du‘s gesehen?“

„Klar!“

Vermogen schob seine Fliegerhaube etwas nach hinten und wischte sich mit dem Ärmel der Lederjacke den Schweiß von der Stirn. Der Verband hatte sich inzwischen tatsächlich zu einem neuen Angriff formiert, und es schien so, als ob diesmal ein etwa zwei Kilometer abseits liegender Pulk von hinten angegriffen werden sollte. Der Blick des Oberfeldwebels wanderte jetzt über die Himmelspartie hinter dem Verband. Und plötzlich entdeckte er dicht neben der Sonne einige schwarze Punkte. Sein Hirn hatte diese Erkenntnisse kaum verarbeitet, als er seine Maschine auch schon so steil nach unten wegdrückte, daß er beinahe mit dem Kopf auf das Armaturenbrett geschlagen wäre.

„Adler eins von Holzauge, Adler eins von Holzauge, Indianer aus der Sonne. Aufpassen!"

Es waren etwa dreißig „Mustangs" mit grellroten Luftschraubennaben, die Sekunden später durch die Abwehrkreise der einzelnen Staffeln stießen. Sie schossen aus allen Rohren, ohne daß dieses mörderische Feuer eine Wirkung gezeigt hätte. Für Sekundenbruchteile standen die blauen Sterne auf den grünen Rümpfen wie große Plakate in der sonnenflimmernden Luft, und auch Vermogen riß erstaunt die Augen auf, als die Mustangs nicht die geringste Absicht verrieten, wieder in die Höhe zu kommen. Sie stießen in steiler Fahrt immer weiter nach unten, und niemand hätte sagen können, warum sie diesen Fight mit einem zahlenmäßig gleichen Gegner wohl verabscheuten.

Der Bomberpulk, den sie vorhin hatten annehmen wollen, hatte sich inzwischen nicht viel entfernt. Etwa fünf Minuten später zogen sie erneut durch die Barrikade der Leuchtspurgeschosse, und etwa fünfhundert Meter vor den ersten Maschinen bäumte sich plötzlich die Focke-Wulf des Kommandeurs in die Höhe. Aus der linken Fläche brach ein Feuerball, und Sekunden später torkelte sie wie ein welkes Blatt der Erde entgegen.

„Weiter!" sagte eine Stimme, aber der Gedanke, den „Alten" verloren zu haben, war doch so verwirrend für alle, die seinen Absturz gesehen hatten, daß aus diesem Pulk überhaupt nichts herausgeschossen wurde.

Nach dem Angriff stieß Vermogen, entgegen allen erhaltenen Befehlen, durch die Wolkenbank. Ein eisiger Schreck durchzuckte ihn, als er weit unten einen Feuerpilz sah, der nicht von einem Bomber stammen konnte. Mit vollaufendem Motor — die Nase senkrecht gegen die immer größer werdende Erde gerichtet — stürzte er direkt dem Aufschlag entgegen, seinen Rottenkameraden keine hundert Meter hinter sich.

Die Nadel des Tachometers zuckte bereits gegen den Anschlag, als er in seitlicher Entfernung ein weißes Knäuel bemerkte.

Es war der „Alte", der an seinem Schirm der Erde entgegenpendelte!

Vor lauter Freude hätte Vermogen beinahe vergessen, seine Maschine abzufangen. Als er dies nun wirklich tun wollte, erkannte er mit einem entsetzten Blick auf den Höhenmesser, daß er nur noch dreitausend Meter hoch war. Der Knüppel stand wie ein Fels in der Brandung, und in diesem

Augenblick segnete auch er jenen Mann, der der Focke-Wulf eine elektrische Trimmung mit auf den Leidensweg gegeben hatte. Vorsichtig drückte er den kleinen Hebel nach hinten, und die Motorpartie der Maschine hob sich kurz darauf ganz langsam über den Horizont.

Der Fahrtüberschuß war groß genug, um die Höhe des Fallschirms wieder zu erreichen. Nach der dritten Kurve sah Vermogen, daß der Kommandeur eine Zigarette rauchte.

„Kreuzdonnerwetter", knurrte er ins FT, „der Alte raucht bei Gott 'nen Glimmstengel!"

„Was ist?" kam postwendend die Frage aus dem Äther. „Habt ihr ihn gefunden? Hier ist Adler zwei!"

„Ja, hier Holzauge eins. Er hängt in zwofünf (zweitausendfünfhundert Meter)."

„Großartig. Habt ihr Orientierung?"

„Keine Spur!"

„Scheiße!"

„Eben!"

Vermogen und der kleine Feldwebel Rohr, der in der zweiten Maschine saß, umkurvten ihren Kommandeur noch so lange, bis er auf einer Wiese stand und ihnen zuwinkte. Dann gingen sie wieder auf Höhe und suchten nach einem Anhaltspunkt im Gelände.

Zehn Minuten später fegte Vermogen über die Landebahn des Flugplatzes von Rheine/Westfalen. Nach einer Stunde brachten sie den Kommandeur in einem Kübelwagen zum Flugplatz zurück.

*

Der Major kam auf die Tankstelle zu, an der Vermogen und Paulchen Rohr gerade ihre Maschinen tanken ließen.

„Na", sagte er, „war ja'n tolles Ding heute, was?"

„Stimmt", nickte Vermogen.

Hermeuchen sah zum Himmel hinauf und dann auf seine Füße. „Hab mir ganz schön die Figur verbogen." Er verzog das Gesicht. „Habt ihr mal 'ne Zigarette für mich?"

„Gewiß, Herr Major", sagte Paulchen Rohr, der gerade hinzukam. Er ging dem langen Gruppenkommandeur kaum bis an den Nabel, was aber die Sympathien, die er bei diesem genoß, kaum beeinträchtigte. Der kleine Feldwebel war einer der erfolgreichsten Jäger seiner Gruppe. Nach seinem Soldbuch war er vor einigen Tagen genau vierundzwanzig Jahre alt geworden.

Während der Major den Rauch der Zigarette in sich hineinzog, ruhten seine Augen mit sichtlichem Wohlgefallen auf Vermogen, der zu seinen erklärten Lieblingen gehörte. Nicht nur deshalb, weil er fast bei jedem Einsatz eine „Boeing" abschoß, sondern auch seiner sonstigen Qualitäten wegen. Der Oberfeldwebel war kaum einen Kopf kleiner als sein Gruppenchef. Sein Gesicht mit den grauen Augen war mit zahlreichen Narben bedeckt, die meistens von Streifschüssen stammten, und einmal, als Vermogen wieder eine neue Schramme abbekommen hatte, war dem Major bei einer abendlichen Sauferei die Bemerkung entschlüpft, daß man eher den Teufel abknallen könne, als dieses feuerfeste Stück eines pfälzischen Schauspielersohnes. Im übrigen machte sich dieses Familienerbe bei Vermogen insofern günstig bemerkbar, als er mitunter imstande war, eine ganze Bande von Leuten dazu zu bringen, daß sie vor lauter Lachen das Klo nicht mehr rechtzeitig erreichten.

„Hast du was abgeschossen?"

„Einen Viermot!"

„Und du?"

„Ich hab seinen Hintern bewacht!"

„Du kriegst noch 'nen Orden von der Wach- und Schließgesellschaft."

„Schöner Trost!"

Während sich die drei Flieger eine neue Zigarette anzündeten, herrschte auf dem Platz, der für Großjägereinsatz eingerichtet war, turbulenter Betrieb. Aus allen Ecken und Enden kamen Traktoren und andere Fahrzeuge angefahren. Waffenmixer liefen mit MG-Gurten um den Hals über den Rasen, und Tankwarte stießen die Schläuche in die Füllstutzen.

Das Fieber, das all die Hunderte von stillen Helfern gepackt zu haben schien, wich für einen Augenblick einer allgemeinen Erstarrung, als plötzlich der blecherne Ton einer Handsirene durch die klare Winterluft gellte. Die Mechaniker auf den Tragflächen ließen die Werkzeuge sinken, die Waffenwarte nahmen die Gurte vom Hals, und die Tankwarte verrenkten sich die Köpfe nach der Ursache des Alarms. Bomber waren nirgends zu sehen, also mußte es sich um Tiefflieger handeln, die sich wohl wieder einmal für den Betrieb auf dem Platz interessiert hatten.

„Was das wohl wieder ist?" sagte der Major. „Versteht ihr das?"

„O ja", meinte Vermogen, zum Platzrand deutend, wo sich jetzt vier silbrig glänzende Flugzeugrümpfe gegen den Himmel abhoben, „wir haben Besuch gekriegt!"

„Daß sie der Teufel hole!" knurrte der Major. „Und das muß man sich nun von hier aus angucken! Ist deine Mühle fertig, Vermogen?"

„Weiß nicht! Aber lassen Sie nur, die machen's auch ohne uns!"

Es bedurfte keiner weiteren Erklärung. Von verschiedenen Punkten des Platzes aus belferten plötzlich Feuerstöße der Vierlings-Flak (Flak = Flugabwehrkanonen) in die Höhe. Kaum hatten die ersten Leuchtspuren die Rohre verlassen, als der erste der Silbergrauen in einer seltsamen, fast müde anmutenden Bewegung die Schnauze gegen die Erde richtete, um Sekunden später unter einer fürchterlichen Detonation am Rande des Rollfeldes zu zerschellen.

„Donnerwetter", schrie der Major, „hier ist wahrhaftig noch eine Flak, die schießen kann! Ich freß meine eigene Großmutter!"

„Wieviel wiegt sie?" erkundigte sich Vermogen.

„Was? Ach so, halt die Schnauze! Aber prima, wie die das gemacht haben, einfach große Klasse!“

Während die Mechaniker auf den Flächen langsam aus ihrer Erstarrung erwachten, sah man die drei restlichen Mustangs mit fast an die Erde gedrückten Rümpfen in westlicher Richtung davonziehen.

„Die sind beleidigt“, meinte Paulchen Rohr, an einem Streichholz kauend. „Die Kerle schießen aber auch immer so lange, bis was passiert.“

„Hihi“, kicherte Vermogen, „schätze, dieser Witz müßte schon bald sein goldenes Jubiläum feiern!“

„Hol dich der Teufel!“

„Nicht doch“, sagte der Major, sich seine lange Haarmähne zurechtstreichelnd, „der holt euch noch früh genug. Jetzt aber mal was anderes, Vermogen, du könntest mir deine Maschine pumpen. Wie wär‘s?“

Vermogen machte auf dieses Ansinnen ein reichlich langes Gesicht. „Meine — äh — na ja, aber ... “

„Was ist los? Wartet eine Puppe auf dich?“

„Hm ... “

„Also gut“, grinste der Kommandeur. „Dann muß deine herhalten, Paulchen. Du find‘st ja auch mit dem Zug den Weg nach Hause!“

Bevor der Feldwebel noch den Mund zugebracht hatte, saß der Major schon in der frischbetankten FW 190.

„Du elender Lumpenhund!“ keuchte der Kleine, während der Major zum Start rollte. „Das hast du ja wieder mal fein gemacht!“

„Spricht man so mit einem Vorgesetzten?“

„Wenn es dich nur mal zerreißen würde!“

„Besten Dank, mein Lieber! Aber ich würde mir an deiner Stelle lieber ‘ne Fahrkarte besorgen.“

*

Außer dem jungen Flugzeugführer hatten sie an diesem Einsatztag keine Verluste gehabt und dabei acht Bomber abgeschossen. Ein Erfolg, der in jenen Tagen des Frühjahrs 1944 gewiß beachtlich war.

Als Vermogen über den Platz fegte und auf die gut getarnten Hallen, den Liegeplatz seiner Staffel und all das andere herabsah, was zu dem kleinen Feldflugplatz gehörte, stand neben der Baracke der ersten Staffel ein hübsches Mädchen.

Auf der Höhe des Liegeplatzes zielte Vermogen genau auf die Mitte des Hallentores, worauf die davorstehenden Mechaniker vorsichtshalber zur Seite sprangen. Auf dem Hallenvorfeld trat er auf die linke Bremse, so daß das Spornrad das Rumpfende mit einem eleganten Schwung um hundertachtzig Grad kreisen ließ. Noch ein Aufheulen des Motors, und die Luftschraube stand still.

Der erste, der sich auf die Tragfläche hochrappelte, war Vermogens

1. Wart, ein Hauptgefreiter, der gut ein Zehntel seiner achtjährigen Dienstzeit im Bau verbracht hatte. Trotzdem war er eines der besten Pferde im Stall der Technik, ganz abgesehen von der fast brüderlichen Sympathie, die ihn mit „seinem Flugzeugführer" verband. Diese Anhänglichkeit war letzten Endes auch darauf zurückzuführen, daß der gutmütige Dicke täglich an der Vermogenschen Startverpflegung mitsamt den dazugehörigen Zigaretten teilnahm. Wenn man nicht gerade August zu ihm sagte, hörte er auf den Namen Steguweit, was unschwer darauf schließen ließ, daß er in den Ebenen Ostpreußens einmal seine ersten Hosen zerrissen hatte.

„Grüß dich!" sagte er. „Wie hat er sich benommen, der Bock?" Dabei zeigte er mit stolzem Gesicht auf die Maschine.

„Gut", erwiderte Vermogen, „aber wenn du mir nochmals so auf die Schulter haust, schieß ich dir nächstes Mal 'ne Garbe durch deinen dicken Ranzen!"

„Kaum", meinte August, „wer sollte dann deine Mühle aufs Korn nehmen?"

Vermogen rappelte sich aus dem Sitz und stieg auf die Fläche. Er sprang einem anderen Wart vor die Füße. Nachdem er wohl ein Dutzend Hände gedrückt hatte, griff er nach einer Zigarette und zündete sie an einem der vielen Streichhölzer an, die ihm entgegengehalten wurden.

„Danke", sagte er, einen tiefen Zug nehmend.

Droben reckte August der Dicke seine Augen gerade anklagend zum Himmel. „Heiliges Kanonenrohr", sagte er, „daß du mit diesem zusammengeschossenen Eimer noch bis hierhergekommen bist, ist ein Wunder. Das verdammte Ding sieht ja aus wie ein Sieb!"

„Was?" Vermogen trat wieder hinter die Fläche und schaute hinauf zu der Motorhaube, wo August mit seinen Fingern auf die Einschußlöcher deutete. „Bis wir diesen Mist wieder hingebügelt haben ... "

„Mach dir nichts ins Hemd!" knurrte Vermogen. „Alles Luftlöcher. Dort sind sie mir übrigens lieber als in meinem Fell. Du wirst sie schon wieder zukriegen. Nimm Leukoplast!"

Er ließ die übrigen Mechaniker weiter die Löcher bestaunen und ging über die Betonfläche auf die Liegeplatzbaracke zu. Über seiner Lederkombination hing noch die gelbe Schwimmweste und das, was bei einem Einsatz mit herumzuschleppen war. Er war so in Gedanken versunken, daß er nicht einmal das plötzlich in seinem Rücken aufbrandende Gelächter der Warte beachtete.

Lili sah er erst, als er beinahe über sie stolperte. Er kannte dieses Mädchen erst einige Tage, und es war zwischen ihnen beileibe noch nichts geschehen. Ihr blondes Haar, das weit über die Schultern hing, schillerte im Sonnenlicht. Sie trug eine weiße Bluse und dazu den graublauen Rock der LW (Luftwaffen)-Helferinnen. Zu allem Überfluß hatte sie noch ein paar prachtvoll lange Beine. Wenn sie nicht geschwindelt hatte, war sie gerade neunzehn.

„Lil“, sagte er, „schön, daß du gekommen bist! Haben sie dich fortgelassen?“

„Ja“, nickte sie, und es sah so aus, als ob sie ihm jeden Moment um den Hals fallen würde. Irgendwie hatte Vermogen den verteufelten Eindruck, daß sie zitterte. „Ich habe Angst um dich gehabt!“

„So“, sagte er, weil ihm sonst nichts Gescheiteres einfiel.

Es ist doch schön, wenn sich noch jemand um einen Gedanken macht, dachte er. Alle haben sie irgend jemand, der wenigstens so tut, als ob er sich um sie bekümmere, aber wenn man ganz allein in dieser verdammten Welt steht, tut es gut, mal so etwas zu hören. Er sah sie kurz von unten herauf an, und ein seltsames Glücksgefühl kroch in ihm hoch.

*

Es war Abend geworden. Vermogen öffnete die Tür zu seiner Bude und griff automatisch nach dem Lichtschalter. Er blieb überrascht stehen, als er Lil auf seinem Bett sitzen sah.

Sie saß im matten Schein einer kleinen Lampe, und als Vermogen auf sie zutrat, ging es wie ein Frösteln über ihren Körper. Er nahm sich einen Hocker und setzte sich ihr gegenüber. Sie hielt den Kopf gesenkt, und ihre langen Haarsträhnen hingen vor ihrem Gesicht.

„Lil“, sagte er, „solltest du jetzt nicht drüben in deiner Unterkunft sein?“

„Ja“, erwiderte sie, während ein gleichgültiger Ausdruck in ihr Gesicht trat, „aber ich konnte einfach nicht anders!“

„Na schön!“ Vermogen gab sich alle Mühe, das Vibrieren in seiner Stimme zu tarnen. Er erhob sich und steckte zunächst einmal beide Hände in die Taschen seiner Lederhose. Dann trat er an den kleinen Kofferapparat und schaltete irgendeinen Sender ein. Eine Tanzmelodie klang auf, und nach wenigen Takten sang eine Frauenstimme den Refrain: „Ich tanze mit dir ... “

Plötzlich saß er neben ihr, obwohl er gewiß nicht vorgehabt hatte, das zu tun. Und als er jenen eigenartigen Duft spürte, wie er jungen Mädchen eigen ist, da empfand er ihre Nähe wie ein Geschenk.

„Lil“, sagte er, sie leicht an sich ziehend, „sie werden dich bestrafen!“

„Ist das so wichtig?“

„Nein, vielleicht nicht!“ Er nahm seine Hand von ihrer Schulter und ließ sich auf das Bett fallen. Und während er mit offenen Augen an die Decke starrte, dachte er daran, daß er in spätestens zwölf Stunden wieder dort oben sein würde, wo es keine Barmherzigkeit mehr gibt und keine Gnade. Nur noch Tod, Vernichtung oder Sieg. Und er dachte daran, daß die Sieger von heute schon morgen zu den Vernichteten gehören konnten. Und daß dieses Mädchen vielleicht das letzte war, das er noch gesehen hatte. Irgendwie verkrampfte er sich in die Vision, daß sie einen Tag später sein Zeug aus dem Schrank nehmen, es versiegeln und auf die Kammer schaffen würden. Er dachte an den Jungen, den sie heute heruntergeschossen hatten, und er versuchte sich vorzustellen, wie das in den letzten Sekunden wohl sein müsse. Und je mehr er sich in diese Vorstellungen verrannte, desto wilder loderte die Flamme des Lebenswillens in ihm hoch. Der Gedanke, plötzlich vor dem großen Nichts zu stehen, bereitete ihm fast körperliche Schmerzen.

„Was hast du?"

„Nichts!" Er warf sich mit einem Ruck auf die Seite. Es war wie immer, wenn die Angst in sie hineinkroch und der Gedanke, vielleicht den nächsten Abend nicht mehr erleben zu können, sie zu peinigen begann. Plötzlich spürte er ihre Hand auf seiner Schulter. Ihre Haare fielen auf sein Gesicht. Da riß er sie an sich und küßte sie.

„Warum bist du zu mir gekommen, Lil?"

„Warum? Mußt du das wissen?"

„Nein!" sagte er. „Warum sollte ich auch?"

In diesem Augenblick klang das Geheul der Alarmsirene durch die Nacht.

„Da sind sie wieder", sagte Vermogen, während er sie an sich zog.

„Ja", flüsterte sie, „und nun?"

„Nichts! Du brauchst keine Angst zu haben. Laß sie machen, was sie wollen! Wenn es sein soll, nützt auch die dickste Mauer nichts."

Minuten später drang jener röhrende, vibrierende Ton durch die Luft, der den Menschen in Bunkern und Kellern wieder einmal den Herzschlag stocken ließ. Und während die gespenstischen Arme der Scheinwerfer in die Nacht griffen, kilometerlangen Geisterarmen gleich, tuckerten von der Ferne her die Abschüsse der Flak-Batterien auf. Doch schon bald verklang das Dröhnen der Bombermotoren in der Ferne.

Ihr Kopf sank an seine Schultern, und auf einmal merkte er, daß sie am ganzen Körper bebte.

„Hast du keine Angst vor dem Tod?"

„Doch", erwiderte er, „aber es hat wenig Sinn."

Sie nickte mit geschlossenen Augen. Ihr warmer Atem streichelte zuweilen sein Gesicht, während er über den Sinn ihrer Frage nachdachte.

„Weißt du", sagte sie nach einer langen Pause, „ich stelle mir das jetzt so vor, wie es sein könnte, wenn es plötzlich einmal keinen Krieg mehr gäbe. Und wenn jetzt der Frühling käme, könnte man vielleicht ohne Angst irgendwo hinausfahren. Vielleicht mit einem Wagen, und irgendwo etwas essen in einem netten Lokal. Wie schön das doch sein müßte ... Ich habe das ja noch nicht erlebt, aber neulich habe ich so etwas gelesen."

„Ja", lächelte er, „das müßte sehr schön sein!"

Als er sich erhob, lag sie noch immer mit geschlossenen Augen auf ihrem Platz.

„Du bist müde!" sagte sie, ihn aus halbgeöffneten Lidern beobachtend. „Geh doch schlafen!"

„Ja", lächelte er.

Er zog seine Lederjacke aus und warf sie auf den Stuhl. Lil lag mit dem Gesicht zur Wand.

„Walter“, sagte sie, „du darfst mich jetzt nicht wegschicken. Ich will nur neben dir liegen bleiben, und du darfst nichts Schlechtes von mir denken. Ich will nur in deiner Nähe sein. — Es ist das erste Mal in meinem Leben, daß ich . . . “

„Kreuzdonnerwetter!“ knurrte Vermogen, da er sich nicht mehr anders zu helfen wußte. „Es hat ja kein Mensch gesagt, daß du gehen sollst!“

Seine Hand tastete sich zum Schaltknopf der Tischlampe. Dann flutete die Wärme ihres Körpers zu ihm herüber.

Kurz nach sieben Uhr stolperte der Gefreite Lange über den Flur der Flugzeugführerunterkunft. Obwohl er seine Augen noch nicht richtig aufbekommen hatte, fand er seinen Weg doch mit einer nahezu nachtwandlerischen Sicherheit.

Vor Vermogens Tür machte er halt und klopfte sanft an das Holz. Gleich darauf drückte er die Klinke herunter und betrat den Raum. Mit ein paar vorsichtigen Schritten manövrierte er sich in die Nähe des Bettes, um die dort stehenden Pelzstiefel zu suchen. Als ihm dies gelungen war, wurde seine Haltung für Sekunden reichlich starr. Sofort trat in seine Augen aber auch ein gewisser Ausdruck von Andacht, als er das Mädchen bemerkte, das immer noch friedlich neben Vermogen schlief.

Er murmelte etwas vor sich hin und wollte sich gerade wieder zurückziehen, als er Vermogens Blick auf sich ruhen fühlte. Auf einen entsprechenden Wink trat er an das Bett und beugte sein Ohr in die Höhe der Bettkante.

„Du weißt, was ich dir zerhaue, wenn auch nur ein Wort . . . “

„Ja“, lispelte der Gefreite zurück, „wie üblich! Alle Knochen und die Visage. Ich weiß, Herr Oberfeld!“

Vermogen nickte mit grimmigem Gesicht, und der Gefreite hatte kurz den Eindruck, als ob diese Geschichte hier einer besonderen Note nicht entbehre. Doch zum Nachdenken war es noch zu früh, während andererseits noch eine Menge anderer Stiefel einzusammeln waren. Also schlich sich Lange wieder zur Tür zurück, die kurz darauf mit einem leisen Klicksen ins Schloß zurückschnappte.

Etwa zehn Minuten, nachdem Lil gegangen war, kam der Gefreite wieder zurück, Vermogen saß, eine Zigarette im Mundwinkel, auf der Bettkante und äugte scharf zu dem kleinen Dicken hinüber. Doch dieser trug eine Miene zur Schau, als ob er gerade von einem miserablen und ausgesprochen langweiligen Fußballspiel komme. Vielleicht war sein Gesichtsausdruck etwas zu gleichgültig, aber Vermogen hätte ihn ob dieser seiner Haltung trotzdem umarmen können. Er überlegte kurz, ob er seine Warnung noch einmal wiederholen sollte, aber schließlich entschloß er sich, es doch nicht zu tun.

„Wie ist die Lage?“ fragte er, nachdem er sich geräuspert hatte.

„Glockenklarer Himmel“, sagte der Gefreite, auf dem Tischtuch herumwischend, „Aprilkälte und Schädelbrummen!“

„Wieso?“

„Ich“, sagte der Gefreite, sich an seinen Kopf tippend.

„Das kommt davon!“

„Eben!“ erwiderte die Ordonnanz mit einem schnellen Seitenblick auf das Bett.

Vermogen bemerkte dies aber nicht. Er war mit seinen Gedanken gerade bei dem „glockenklaren Himmel“ und den Möglichkeiten, die sich dabei wieder einmal bieten würden. Denn diese Art von Himmelsbeschaffenheit ohne jede Wolke war allein schon ein Grund, den ganzen kommenden Tag zum Teufel zu wünschen. Sie alle wußten nur zu genau, daß so eine kleine Wolke am Himmel zuweilen mehr wert war als die beste Lebensversicherung. Auch Wölkchen waren so etwas wie Oasen des Kampfes, in denen man zuweilen etwas „Luft“ und neue Kraft holen konnte, wenn die Maschinen von der „anderen Partei“ wieder einmal zu zahlreich waren. Wirklich ein verfluchtes Theater!

„Sind schon Anflugmeldungen durch?“ erkundigte sich Vermogen, in seinem Haarschopf herumwühlend.

„Ich weiß nicht“, sagte der Dicke, „ich habe mich noch nicht darum gekümmert.“

„Ist ja auch egal!“ sagte Vermogen, sich wieder auf das Bett fallen lassend. „Ich bin müde wie ein Hund!“

„Die Nächte sind jetzt auch so kurz“, grunzte der Gefreite gegen die Wand.

„Was meinst du damit?“

„Nichts, gar nichts!“ Der Stiefel, den Vermogen daraufhin durch die Luft warf, klatschte in dem Moment gegen die Tür, als der Gefreite bereits auf den Flur stolperte.

Etwa eine Stunde später ging Vermogen zum Kasino. Es lag gegenüber dem Block der Luftwaffenhelferinnen inmitten von hohen Bäumen, und man konnte sich vorstellen, daß hier in Friedenszeiten einmal ein ganz gemütlicher Betrieb geherrscht haben mußte. Von den Hallen her heulte ein Flugzeugmotor auf, als Vermogen die schwere Eingangstür öffnete. Das auf- und abschwellende Geräusch ging ihm auf die Nerven. Er stieß eine Reihe von Flüchen aus, während er auf den Speiseraum zusteuerte.

Vermogen setzte sich an das Ende der langen Tafel. Als er in Erwartung der Ordonnanz zur Tür blickte, kam gerade Paulchen Rohr herein. Er strahlte wie ein Jüngling beim Tanzstundenkränzchen.

„Grüß dich!“ sagte er, sich mit einem wohligen Seufzer an den Tisch setzend. „Gut geschlafen?“

„Hol dich der Teufel!“ fauchte Vermogen. „Ich wäre jetzt gerade bereit, eine anständige Mütze voll Schlaf zu nehmen.“

Rohr schüttelte verwundert den Kopf, ohne indessen weiter auf dieses

Thema einzugehen. Er war kein Freund von prinzipiellen Erörterungen, und schon gar nicht bei nüchternem Magen.

Nach dem Frühstück machten sie sich in Richtung Liegeplatz auf den Weg. Es herrschte an diesem Morgen ein unfreundliches Wetter. Klar bis in die höchsten Höhen stand der Himmel über den Konturen der Hallen, auf die sie jetzt zugingen, die Hände tief in den Taschen, die Schals eng um den Hals gewickelt, mit hochgezogenen Schultern.

Die Gummisohlen ihrer Pelzstiefel erzeugten ein schlurfendes Geräusch, manchmal knirschte das Leder ihrer Hosen, oder in den dick ausgebeulten Knietaschen klapperte irgend etwas blechern auf.

Sie waren gefüllt mit Leuchtpatronen, Farbbeuteln, Klappmessern, Notrationen und all dem Zeug, das manch einer schon gerne benutzt hätte, wenn es ihm beim Fallschirmabsprung nicht herausgefallen wäre. Sie trugen beide amerikanische Lederjacken mit breiten Schulterklappen und kleinen Täschchen an den Seiten, und auf beider Rücken leuchtete noch schwach die Ölfarbe der knalligen Wappen, die von den amerikanischen Fliegern, denen sie einmal gehört hatten, als Zeichen ihrer Verbandszugehörigkeit und sicher auch wegen der amerikanischen Vorliebe für bemalte oder beschriftete Rückenfronten angebracht worden waren. So zeigten die Ölfarbenreste auf Paulchens Rücken die Konturen einer Bombe, auf der ein Osterhase reitet, während auf Vermogens Rückenpartie eine stark mit dem Spachtel bearbeitete Jungfrau in einem knallroten Kreis aus dem braunen Leder hervor- und in interessierte Augen stach. Sie hatten diese Jacken einmal von amerikanischen Jägern erhalten, die sie über dem Reichsgebiet abgeschossen hatten. Die begehrten Bekleidungsstücke waren natürlich nicht etwa gestohlen, sondern nach kurzem Palaver gegen ein anderes Kleidungsstück ähnlicher Art als „Souvenir“ eingetauscht worden. Die wappenbedeckten Lederrücken waren in den ersten Tagen eine stete Sensation gewesen, bis schließlich ein unmißverständlicher Befehl des Kommodore das Verschwinden der „Gemäldeausstellung“ bewirkt hatte.

Vermogens Stimmungsbarometer stieg erst wieder so richtig, als er August, den Dicken, bemerkte, der sich gerade mit seiner Maschine beschäftigte. Eigentlich sah man von ihm nur die massive Hinterfront, denn der übrige Teil seines Körpers steckte völlig in der Kabine. Als Vermogen noch einige Schritte herantrat, stellte er fest, daß die Schußlöcher vom Vortrag bereits wieder zugeflickt waren. Damit dies geschehen konnte, hatte Steguweit sicher die ganze Nacht in der Werft gestanden.

Er war überzeugt, daß der Dicke das gewiß nicht getan hatte, um sich ein rotes Röckchen oder vielleicht sogar die Korporalslitzen zu verdienen. Daß er darauf keinen Wert legte, war so bekannt wie das Lied vom guten Kameraden. Mithin war dies also nur geschehen, weil er seinen Kahn einsatzklar haben wollte, damit der „Lange“ hineinsteigen und wieder einen Abschuß erzielen konnte.

*

Als sie von der Einsatzbesprechung wieder zu ihrem Liegeplatz zurückkehrten, sprach keiner ein Wort. Sie liefen mit gesenkten Köpfen nebeneinanderher, mit nachdenklichen Mienen, und nur manchmal passierte es, daß einer schnell in den Himmel guckte, der immer klarer wurde.

Die Motoren dröhnten nicht mehr vor der Halle, als sie über den Kiesweg der Liegeplatzbaracke zustrebten. Die Maschinen standen bereits in der üblichen Ordnung auf dem Hallenvorfeld, die Motoren gegen das Rollfeld gerichtet. Aus den Kabinen hingen die Anschnall- und Fallschirmgurte. Es war alles bereit. Die Warte lehnten an den Tragflächen und blinzelten in die Sonne, wenn sie nicht gerade irgendwo an den blanken Rümpfen herumwischten. Manch einem von ihnen, der die Nacht über in der Werft gestanden hatte, fielen vor Müdigkeit bald die Augen zu. Aber sie kämpften den Schlaf tapfer nieder, denn noch wurden sie gebraucht, obwohl sie zumindest ahnten, daß der Einsatzbefehl nicht mehr lange auf sich warten lassen würde.

In diesen Minuten spürte alles auf dem Platz die Ruhe vor dem Sturm. Alle waren in einer nervösen Spannung, und sogar das Flimmern in der Luft paßte zu dieser Atmosphäre der Unruhe und der fiebernden Erwartung. Manchmal huschten von den am gegenüberliegenden Platzrand aufgestellten Maschinen silberne Sonnenreflexe hoch. Dort zog ein Traktor eine Kette von Aggregaten hinter sich her. In der Ferne hoben sich die Dächer von Rotenburg bei Bremen über den Stacheldraht der Platzumrandung. Einmal hörte man sogar eine Turmuhr schlagen. Über den Feldern lag weißlicher Reif, und auf den Gräsern schimmerten blanke Tauperlen. Nur die Kanonenläufe vor den am Platzrand stehenden Jagdmaschinen paßten nicht in dieses Bild eines beschaulichen Friedens, genausowenig wie die Geschützrohre der Vierlings-Batterien, die jenseits der Straße gegen den Himmel ragten.

Im Liegeplatz der „Ersten“ saß Oberleutnant Zwernemann in seiner Stammecke am Fenster. Die Rauchkringel, die von seiner Zigarre aufstiegen, wollten gar nicht so richtig zu dem ernsten und verschlossenen Ausdruck seines Gesichtes passen. Er saß in dieser Ecke, seit sie von der Besprechung zurück waren, und er hatte bis jetzt noch kein Wort geredet. Auch als der Gefreite Grief ihn mit einem Kognak aufzuheitern versuchte, winkte er nur matt mit der Hand. Irgendwie war sein eigenartiges Verhalten dazu angetan, auch den anderen jegliche Laune zu nehmen. Der „Fürst“ und der Fähnrich lagen tief in den Sesseln und bearbeiteten ihre Fingernägel. Der blonde Volker starrte schon seit rund zehn Minuten in eine Illustrierte, ohne eine Seite umzublättern. Nur Paulchen Rohr trug sein übliches Landpfarrergesicht zur Schau.

Vermogen dagegen lag im Schlafraum auf seinem Bett und schlief wie ein Toter. Bis jetzt hatte dies nur der Gefreite Lange bemerkt, als er etwas aus dem Raum holen wollte.

Die anderen aber saßen in den Sesseln oder auf den Bänken und warteten. Der rote Zeiger auf ihren Fliegeruhren beschrieb Runde um Runde.

Wie lange noch? Wie lange würde es noch dauern, bis das Kratzen im Lautsprecher sich wie eine Nadel in die gepeinigten Nerven bohren würde? Es konnte nicht mehr lange sein bis zu jenem Augenblick.

Die 15-Minuten-Bereitschaft war bereits angeordnet.

Der Lautsprecher stand unter der Bank am Fenster. Sie hatten ihn dorthingesteckt, um ihn nicht immerzu sehen zu müssen. Es war genug, wenn man ihn hörte. Und es war in den letzten Monaten noch nie etwas Gescheites durch die Muschel gekommen. Aber das Quarren der Stimme, die den Einsatzbefehl gab, war fast jeden Tag durch den Raum geschallt. Meistens nicht nur einmal. Monat für Monat. Jeden Tag zweimal auf achttausend Meter und durch einen Pulk. Jeden Tag! Viele, die hier schon in den Sesseln gesessen hatten, waren nur einmal mit dabeigewesen oder auch zwei- oder fünf- oder zehnmal. Dann aber waren sie weggeblieben, und andere hatten sich an ihre Plätze gesetzt. Für wie lange?

10.30 Uhr... Immer noch nichts. Wie viele es heute wieder sein werden? Und wie wird es mit den „Mustangs" und „Thunderbolts" sein? Es macht einen verrückt!

Die Zeiger der Chronometer kletterten gerade über die fünfundvierzigste Sekunde vor 10.31 Uhr, als unter der Bank, wo der Lautsprecher stand, ein leichtes Kratzen hörbar wurde, das sich sofort zu einem Brummton verstärkte. Es hatte die Wirkung eines elektrischen Schlages. Durch die Körper der Flieger ging ein Ruck. Ihre Augen hingen wie gebannt auf der Fensterecke. Es war kaum mehr ein Atemzug zu hören. Nur ein leichtes Knistern von Leder oder das Scharren eines Stiefels.

Das Geräusch im Lautsprecher erstarb, und nach einigen Schaltgeräuschen erklang die Stimme des Kommandeurs:

„Von Gruppengefechtsstand an alle! Von Gruppengefechtsstand an alle! Einsatzbereitschaft. Einsatzbereitschaft! — Ende!"

Das letzte Wort war kaum verklungen, als sie wie auf ein Kommando in die Höhe fuhren und zur Tür stürzten. Dumpf tapsten die Gummisohlen der Pelzstiefel auf dem Beton des Hallenvorfeldes, während sie auf ihre Maschinen zurannten. Die Monteure sprangen auf die Tragflächen, mit geröteten Gesichtern. Ihre Hände griffen nach den Anschnallgurten und legten sie um die Schultern des Piloten. Einmal, zweimal, noch ein Fallschirmgurt und noch einer. Und dann die Schultergurte, ein Zug an den Feststellschnallen.

Die Kabinendächer schlossen sich halb. Überall heulten Anlasser auf. Noch ein letztes Mal wischten die Warte mit einem Stück Putzwolle über die ohnehin schon blitzblanken Scheiben. Alles lief jetzt wie ein Uhrwerk. Die ersten Motoren brüllten auf. Andere folgten. Die Mechaniker standen schon hinter den Flächen und horchten auf den Ton der Zylinder. Alles in Ordnung. Noch ein letztes Winken — dann Gas — die Räder drehten sich. Aufpassen, links steht eine Benzintonne und rechts ein Batteriewagen! — Wo ist der Verein? Ah, dort — also dort hinüber... Der „Alte" steht ja schon am Start! Los, Mann, die Pulle 'rein!

Mit aufheulenden Motoren jagen sie über das Feld. Eine ganze Staffel nebeneinander. Und dann die nächste. Und dann wieder die nächste. Man muß das können, diese Starterei, aber sie spart Zeit und Sprit. Fahrwerk 'rein jetzt und Gas zurück. Sie hängen schon im Verband, Fläche an Fläche, die Flügelspitzen kaum fünf Meter vom Rumpf des Nachbarn. Vorn dreht der Chef nach Westen. Die Höhenmesser pendeln schon auf tausend Meter zu. Der Platz ist nur noch so groß wie eine Spielzeugschachtel.

Schon dreitausend Meter. Bald muß der Höhenlader 'reinspringen. Ist immer ein verdammter Knall, wenn sich das Ding einschaltet. Hätten sie auch besser machen können. Wumms! Das war es also! Zieht gleich ganz anders, die Mühle. Was sagen da die von der Leitstelle? Auf 180 Grad drehen? Geht's schon wieder los? Rundflug um Deutschland und dann mit dem letzten Tropfen Sprit und einer flackernden roten Lampe (wenn der Benzinvorrat auf eine Menge abgeflogen ist, die nur noch für zwanzig Minuten Flugzeit reicht, flackert eine rote Lampe am Armaturenbrett auf) auf die „Dicken". Was ist los? Indianer bei den Bombern? Da haben wir den Salat! Wer ist da? Ein General am Mikrophon? Bitte schön, Herr General, ist noch viel Platz hier oben! General muß auch sein. Wie bitte? Scharf 'rangehen trotz Indianern (Feindjägern)?

Manche grinsten ein bißchen, als sich der General meldete. Er hatte gut reden — in seinem Bunker drunten.

Der Verband hat inzwischen die Einsatzhöhe erreicht. Wieder einmal versank unter ihnen die Erde in einem grausilbernen Dunstschleier. Städte und Dörfer, Flüsse und Seen, Straßen und große Grünflächen zogen vorbei. Bis auf einmal der Dunst alles verschluckte. Er verwischte die letzte Verbindung zwischen den eisigen Höhen und der Erde, die unwirklich und fern unter ihnen lag.

Sie waren allein. Doch plötzlich schob sich eine dunkle Traube von Flugzeugen hinter sie, und erleichtert erkannten sie Kameraden, die von anderen Plätzen starteten und zu ihnen gestoßen waren. Zwanzig, fünfzig, hundert ... ! Sie ließen sich gar nicht alle zählen. Sie rückten sich in ihren Sitzen zurecht, und plötzlich war etwas wie Freude in ihnen, vielleicht auch so ein bißchen Stolz und sogar etwas von einem Gefühl der Stärke. Zweihundert Maschinen! Was konnte da schon passieren! Und während sie sich weiter mit der Kleinarbeit des Verbandsfluges beschäftigten, huschten ihre Augen zuweilen hinüber zu den anderen Focke-Wulf.

Eine Meldung geht durch den Äther:

„Eigener Jagdschutz über uns!"

Da haben sie plötzlich den Glauben in sich, daß vielleicht doch noch alles werden könnte. Denn in solchen Mengen waren sie schon lange nicht mehr beieinander. Daher also auch der General am Mikrophon. Lieber General, wenn du uns jeden Tag so zusammenbringst, darfst du auch immer durchs Mikrophon quatschen! dachte Vermogen, während er den Me-109-Verband (Höhenjäger vom Typ Messerschmitt 109) über ihnen betrachtete. Die haben ja bald tausend Meter Höhe mehr. Na, das gibt heut 'nen Klamauk! Was wohl die Herren von der „anderen Partei" sagen?

Und dann waren auch die anderen da!

Der Strom der Bomber war an diesem Tag nicht zu überblicken. So weit das Auge reichte, standen sie wie eine Mauer gegen den Horizont. Ihr Weg war gezeichnet durch eine Bank von Kondensstreifen, die aus ihren Motoren strömten wie riesige Watteschlangen. Ihre Richtung war genau entgegengesetzt zu den deutschen Jägerverbänden. Es gelang gewiß recht selten, einen Angriff so gut anzusetzen. Und manch einer machte im stillen den Bunkerbonzen irgendwo drunten hinter dem Dunststreifen sein Kompliment, denn diese Art von Führung war ganz große Klasse. Sie ersparte das Umgehungsmanöver und vielleicht sogar eine Reihe von Verlusten.

Die wie Schnaken in der flirrenden Luft hängenden Messerschmitt-Höhenjäger zogen immer noch unablässig ihre Kreise, als die erste Welle des Focke-Wulf-Verbandes bereits gegen die Spitzenformation der Bomber stürmte. Rote Feuerbälle gluteten aus den Flächen der Getroffenen, als sich nun Welle auf Welle dem fliegenden Wall entgegenwarf. Tausende von Leuchtspurbahnen durchzogen in seltsamen Bögen die eisige Luft, und wo sie sich einfraßen, gab es keine Chance mehr. Das Gefühl, einmal wieder stark zu sein, begleitete die Jäger auf ihrem Weg zu den Bombern. Bis auf wenige hundert Meter schoben sie sich vor die Kanzeln der Viermots, um dann erst den Kanonenknopf durchzudrücken.

Hunderte von Fallschirmen pendelten schon der Erde entgegen, als wie ein Blitz aus heiterem Himmel eine gewaltige Schar von Feindjägern durch den Höhenjagdschutz hindurch sich in fast senkrechtem Flug auf die Focke-Wulf-Verbände stürzte, die sich gerade wieder zu einem neuen Angriff sammelten.

Der Stich, den die „Mustangs" mit ihrem ersten Angriff geführt hatten, bewirkte zunächst, daß sich die Focke-Wulf in Rotten und Schwärme aufsplitterten. Aus dem eben noch angewandten Verbandsflug war ein Schwirren und Kreisen geworden, und überall zogen sie in engen Steilkurven durch den Himmel.

*

Vermogen turnte ebenfalls in dem Riesenkarussell herum. Nur kurven — kurven — und die Augen auf — keine Sekunde geradeaus — immer nur 'rum und wieder 'rum. Und wenn auch die Augen herauskamen bei dieser wahnsinnigen Kurbelei. Es war das einzige Rezept, das es noch gab. Einmal dachte er daran, daß er ein ähnliches Theater nicht einmal am Kanal erlebt hatte, und dort war wahrhaft allerhand los gewesen.

Seine Maschine hing fast in der Rückenlage, als er aus einer Messerkurve heraus den Knüppel nach vorn drückte, um wieder Fahrt zu bekommen. Da schien ihm der Herzschlag zu stocken, als eine „Mustang" von unten haarscharf vor seiner Motorhaube hochschoß.

Der Schweiß rann ihm in Strömen vom Gesicht, und sein Hemd klebte am Körper. Mit zusammengebissenen Zähnen riß er die Maschine wieder nach oben, um gleich darauf den Fuß ins Seitenruder zu drücken, weil eine Leuchtspurgarbe dicht über seinen Kopf wegzischte.

Als er wieder einmal zurücksah, hätte er jubeln mögen vor Freude, denn keine zwanzig Meter hinter dem Leitwerk seiner Maschine hing Paulchen Rohr. Er fuhr sich mit dem Ärmel über die schweißnassen Augen und schrie ins FT:

„Mann, Paulchen, das ist 'ne Scheiße, was?"

„Wahrhaftig", quarrte die Stimme des kleinen Feldwebels zurück. „'ne ganz anständige sogar!" Und Zehntelsekunden später: „Aufpassen — sie kommen von oben!"

Der letzte Ton dieser Warnung war kaum verklungen, als Vermogen seine Maschine mit einem Ruck nach links unten wegkippen ließ. Da zischte auch schon eine Serie von Leuchtspurgeschossen rechts neben ihm nach unten, gefolgt von drei „Mustangs", die, ihre rotbemalten Schnauzen fast senkrecht gegen die Erde gerichtet, als rasende Schatten hinterherjagten. Vermogen lief das Wasser in kleinen Bächen von der Stirn, aber im Gefolge des ersten Entsetzens kam eine eiskalte Entschlossenheit in ihm hoch. Der Ton des Motors klang jetzt wie eine Säge auf Hochtouren, nachdem er die letzten Gaszentimeter der Notleistung hineingehauen hatte. Sein Blick erfaßte die Leitwerke des „Mustangs"-Trios, das immer weiter in die Tiefe stürzte.

6000 Meter zeigte der Höhenmesser — 5500 — 5000 — 4500 — 4000 — und immer noch preschten die beiden Focke-Wulf mit Vollgas hinter den Amerikanern her. Wir sind schwerer — wir sind fast eine Tonne schwerer ... ! dachte Vermogen. Seine linke Hand drückte den Gashebel immer noch an den Anschlag, während seine vom Schweiß brennenden Augen durch den Leuchtkreis des Reflexvisiers starrten. Er wußte, die „Mustang" mußte noch größer in den Visierkreis hineinwachsen — noch ein bißchen! Der Rumpf des Feindjägers wurde immer größer — die Flächenspitzen wuchsen beinahe schon über den Rand des Visiers. Da drückte Vermogen auf den Kanonenknopf. Die ganze Maschine erbebte im Rhythmus der Abschüsse. Leuchtfäden zischten aus den Mündungen der Kanonen ...

Der Schrei, den sie Sekunden später ausstießen, erfolgte fast gleichzeitig. Es geschah, als der getroffene Jäger zunächst auf eine eigenartige Weise zu torkeln anfing. Dann gischtete aus der Kabinenpartie eine dunkelrote Stichflamme, der eine grelle Explosion folgte. Blechteile flogen durch die Luft. Kurz darauf löste sich ein dunkles Paket aus dem fallenden Rumpf, um wie ein Blatt in die Tiefe zu pendeln.

Aber die Freude war von sehr kurzer Dauer. Und es war ein Glück, daß sie alte Füchse waren, um sich von einem Erfolg nicht zu lange ablenken zu lassen. Denn kaum hatte Vermogen die Maschine in eine leichte Linkskurve gelegt, als er aus großer Überhöhung mindestens ein Dutzend „Lightnings" heranschießen sah, die aus allen Rohren feuerten.

In einer blitzschnellen Reaktion schwangen sie sich in die Innenkurve. Und während die Doppelrümpfigen weiter zu Tal schossen, zogen sie bereits wieder nach oben, dort hinauf, wo die Luftschlacht Freund und Feind weiterhin in Atem hielt.

Immer noch zogen Hunderte von Jagdmaschinen mit weißen Kondensfahnen an den Flächenspitzen ihre Bahn, und auf einmal bemerkte Vermogen, daß etwa tausend Meter weiter unten eine ganze Reihe von Fallschirmen am Himmel hing. Hundert Meter weiter oben erkannte er plötzlich die Maschine des „Alten", der mit seinem Rottenflieger seine Kreise beschrieb. Das Gefühl, das Vermogen beim ersten Auftauchen des amerikanischen Jagdverbandes in einige Verwirrung gebracht hatte, war schon längst wieder geschwunden. Übriggeblieben war nichts als die kalte Routine, die allen, die über sie verfügten, schon immer sehr zuträglich gewesen war.

Trotzdem war es noch nicht möglich, nur den geringsten Überblick über die Kampfsituation zu erhalten, denn es war ein ewiges Quirlen und Kreisen, ein Stürzen und Steigen. Im Blendlicht der Sonne war es unmöglich, zu erkennen, wer nun gerade mit wem im Duell stand.

Vermogen zupfte ein Taschentuch aus seiner Knietasche und preßte es kurz vor die Stirn. Als er es wieder fallen ließ, zuckte ein greller Feuerschein aus nächster Entfernung über ihn hinweg. Mit entsetzt aufgerissenen Augen erkannte er, daß sich zwei Maschinen gerammt hatten. Die Wrackteile spritzten in der Luft herum. Für Sekunden mochten wohl alle, die Zeuge dieses entsetzlichen Zwischenfalls geworden waren, an das Schicksal der Männer gedacht haben, die in den Kabinen der zusammengestoßenen Apparate gesessen hatten. Sie wußten alle, daß es hier nur ein Ende gegeben haben konnte. Und als ob dieser Zusammenstoß eine Art von Ernüchterung über die Gegner gebracht hätte, schossen die „Mustangs" plötzlich in die Tiefe und lösten sich aus dem Luftkampf.

Zwischen den Kommandorufen, die gleich darauf durch den Äther quarrten, tönte monoton immer wieder ein Ruf:

„Es war Zwernemann! Sie haben ihn abgeschossen. Es war Zwernemann ... Es ist ... !"

Vermogen hatte auf einmal den Eindruck, als ob ihm der Hals zugeschnürt sei. Er griff sich mit der Hand an die Kehle. „Zwernemann!" keuchte er. „Der Jupp! Mein Gott, der Jupp!"

Ein Schatten tauchte neben ihm auf, und er erkannte Paulchen, der zur Seite aufgeschlossen hatte. Sein Gesicht war fahl, und über die wenigen Meter, die sie trennten, war die tiefe Ratlosigkeit zu erkennen, die sich in seinem Blick ausdrückte. „Hast du das gehört?"

„Ja!"

Da kam schon wieder die Stimme aus den Kopfhörern:

„Es war Zwernemann — ich hab's genau gesehen!"

„Ruhe!" krächzte es zurück. „Wieder zum Verband aufschließen. Wir machen Luci Anton (Landung)."

Etwa eine Viertelstunde später fielen sie in einem tollkühnen Landemanöver mit dem letzten Tropfen Sprit auf dem Flugplatz von Hildesheim ein. Es war ein Meisterwerk, das sie da vollbrachten, denn sie mußten alle herunter, weil keiner mehr den nötigen Treibstoff zum Durchstarten gehabt hätte. Aber es gelang, und eine Viertelstunde später hatte sie ein Kübelwagen zum Kasino gebracht, wo die Ordonnanzen eine Tafel mit belegten Brötchen gerichtet hatten. Doch es waren nur wenige, die sich der Leckerbissen bedienten. Erst einmal eine Zigarette. Und dann sich langsam daran gewöhnen, daß man noch lebte.

Vermogen lehnte mit dem Gesicht draußen an der Wand des Gebäudes und versuchte der fürchterlichen Magenschmerzen Herr zu werden, die ihn befallen hatten. Er hatte das Gefühl, als ob man ihm ein Dutzend Messer zu essen gegeben hätte, und es dauerte geraume Zeit, bis die Schmerzen wieder einigermaßen nachließen. Als er sich umdrehte, bemerkte er, keine fünf Schritte von sich entfernt, den Kommandeur, der ihm den Rücken zudrehte und eine Zigarette rauchte. Langsam trat Vermogen neben ihn. Das Gesicht des Majors drückte einen Ernst aus, den man sonst noch nie an ihm gesehen hatte. Manchmal zuckte es um seine Mundwinkel. Er bemerkte Vermogen erst, als dieser wieder einen tiefen Atemzug tat, weil die Schmerzen erneut in seinem Magen herumrumorten.

Sie sahen sich kurz an. Dann blickte der Kommandeur wieder in den Himmel. Es war, als ob er dort etwas suche.

„Hast du gehört, was mit Zwernemann los war?“ fragte er nach einer Weile. Seine Lippen bewegten sich kaum, während er sprach.

„Ja.“

Der Major nahm einen tiefen Zug aus seiner Zigarette. Er starrte mit verbissenem Gesicht vor sich hin, und es schien, als ob er die Anwesenheit Vermogens bereits vergessen habe.

Schließlich wandte er sich um und ging mit langsamen Schritten auf die Eingangstür des Kasinos zu.

Vermogen folgte ihm. Als er den Speisesaal betrat, kam aus einem Rundfunkgerät gerade die Meldung, daß der am Morgen eingeflogene Bomberstrom einen Angriff auf Oldenburg gestartet habe, bei dem ...

Auf die nächsten Worte achtete Vermogen nicht mehr. Er suchte mit seinen Augen den Major, der regungslos an einem Tischchen stand und wie fasziniert zu dem Gerät hinüberlauschte. Herrgott, dachte Vermogen, er ist ja aus dieser Stadt! Auch das noch! Seine Frau wohnt doch dort ...

Er legte das Brötchen, das er schon in der Hand gehabt hatte, wieder auf den Teller zurück und ging ins Freie hinaus.

*

Von den dreißig Maschinen, mit denen der Verband am Morgen gestartet war, kehrten am späten Nachmittag genau achtzehn auf den Heimatflughafen zurück. Fünf Flugzeugführer waren in Hildesheim geblieben, wo Beschußschäden an ihren Flugzeugen ausgebessert wurden. Daneben fehlten außer dem abgeschossenen Staffelkapitän der ersten Staffel von der zweiten und dritten Staffel noch fünf Maschinen. Niemand wußte zu dieser Zeit, was mit ihnen geschehen war, aber in allen war immer noch die stille Hoffnung, daß in den nächsten Stunden doch noch ein Lebenszeichen von ihnen eintreffen würde.

Vermogen und Rohr setzten fast gleichzeitig auf dem Rollfeld auf. Ihr Weg zur Halle war dieses Mal kein tempogeladenes Dahindonnern. Und als der Hauptgefreite den Kopf zwischen die Kabinenöffnung steckte, erkannte er am Gesichtsausdruck des Oberfeldwebels sofort, daß irgend etwas Furchtbares geschehen sein mußte.

„Was ist?“ fragte er. „Ist was passiert?“

Vermogen schob die FT-Haube vom Kopf und lehnte sich mit geschlossenen Augen im Sitz zurück. „Ja“, sagte er, „Zwernemann ist gefallen!“

Der Hauptgefreite stand immer noch bewegungslos, als Vermogen nach Sekunden wieder die Augen öffnete. Entsetzt fragte er: „Ist das wahr?“

„Ja“, nickte Vermogen, die Gurte von der Schulter lösend, „ja, es ist wahr!“

Er stieg auf den Boden und ging zum Liegeplatz hinüber. Er fühlte sich so elend, daß er das Gefühl hatte, jeden Augenblick zusammenbrechen zu müssen. Auch die Magenschmerzen machten sich immer noch bemerkbar, von den strapazierten Nerven ganz zu schweigen. Er fühlte nicht einmal mehr das nasse Hemd, das immer noch seinen Körper bedeckte. Nur jetzt hinein in die Baracke, sich hinsetzen und ausruhen und wieder einmal schlafen. Nur schlafen, sonst nichts!

*

Vermogen verließ den Bahnhof der Gemeinde, die einmal die Heimat des gefallenen Staffelkapitäns Zwernemann gewesen war. Man hatte ihn für die Beerdigung deputiert, und der Kommandeur hatte dabei gemeint, daß er als der älteste Flugzeugführer der Staffel am besten dafür geeignet sei. Außerdem habe er den Kapitän ja gekannt, und dann täte es ihm sicher auch mal gut, ein bißchen auszuschnaufen. Er wäre ja gern selbst hingefahren, aber es ginge eben nicht. Er solle seine besten Klamotten anziehen und noch einmal anständig die Knochen zusammennehmen, wenn sie den alten Zwernemann in die Erde legten. Sein Gesicht hatte der Major gegen das Fenster gewendet, als er dies sagte, und Vermogen hätte in jenen Minuten sonst was gegeben, wenn er auch durch ein Fenster hätte sehen können. Denn es gibt Dinge, die einem verdammt auf die Nerven gehen ...

Er stand immer noch auf dem Bahnsteig, als der Bummelzug schon wieder davonprustete. Gewohnheitsmäßig warf er einen Blick auf den Himmel und dann über die Konturen des Städtchens. Es lag irgendwo in Thüringen und hieß Kirchworbis. Wenigstens hatte der lange Koch ihm eine ähnliche geographische Erläuterung gegeben, als er sich verabschiedet hatte. Kein Flugzeuggebrumme war hier zu hören, keine zerbombten Häuser, und eine Stille wie im Märchen.

Der Bahnbeamte, der ihn schon eine Weile beobachtet haben mochte, trat einen Schritt zur Seite und streckte routinemäßig seine Hand aus, um den Fahrschein in Empfang zu nehmen. Es war ein alter Mann, der sicherlich schon einige Jahrzehnte an dieser Sperre stand und Löcher in Fahrkarten knipste. Vielleicht hatte er dies schon einmal ein paar Jahre lang nicht mehr getan, und sie hatten ihn erst wieder geholt, als man die Jungen für den totalen Krieg brauchte. Sein Schnauzbart stand starr in die Luft, als er einen Blick auf den Fahrschein warf. Er tat dies sehr gründlich und knurrte schließlich ein mürrisches „In Ordnung" heraus, während er die kleine Karte wieder zurückgab. Dann aber glitten seine Augen an dem dunkelblauen Tuch von Vermogens Mantel in die Höhe, als ob er sich erst jetzt, nach positiv vollzogener Kontrolle, für die Person des Fahrkarteninhabers interessiere. Als sein Blick jene Gegend erreichte, wo zwischen dem Mantelrevers das Ritterkreuz hervorschaute, ging es wie ein Ruck durch den gebeugten Körper des alten Mannes. In sein Gesicht trat ein Ausdruck von Hochachtung.

Vermogen hatte dies alles gar nicht beobachtet, da er während des Kontrollvorganges die dem kleinen Bahnhof benachbarte Häuserfront beobachtet hatte. Erst als der alte Eisenbahner etwas vor sich hin murmelte, fand er wieder in die Wirklichkeit zurück. „Sagen Sie", erkundigte er sich bei dem noch reichlich fassungslos dastehenden Alten, „hier wohnte doch ein Oberleutnant Zwernemann, ein Jagdflieger, der neulich ..."

„Ja, ja", nickte der Eisenbahner, dem es sichtlich Freude bereitete, mit einer Auskunft dienen zu können, „ganz recht! Da gehen Sie diese Straße und diese Straße — und dann wieder rechts — und dann fragen Sie noch mal! Ja, ja, der Zwernemann! So was! Das ist was mit diesem Krieg!"

Vermogen bedankte sich und trat durch die Sperre.

Die Auskunft, die er erhalten hatte, erwies sich als lückenlos. Nach einem Gang von etwa zwanzig Minuten stand er vor dem Gartentor eines Hauses. Über der Klingel neben der Gartenpforte trug ein Schild den Namen:

„Zwernemann."

Einige Schulkinder, die ihm schon geraume Zeit in vorsichtigem Abstand gefolgt waren, lugten neugierig hinter einer Straßenecke hervor, als er die Klingel drückte. Sekunden später drückte er nach einem leisen Schnurren am Türschloß die Klinke und ging über den kiesbestreuten Gartenweg.

Er hatte gerade den Fuß auf die erste Treppenstufe gesetzt, als sich die Haustür öffnete und eine schwarzgekleidete junge Frau auf die Schwelle trat. Hingerissen starrte er auf das Gesicht unter dem hellen Haarkranz.

„Bitte schön?"

Vermogen erinnerte sich seiner Mission und trat einen Schritt näher. „Ich bin — ich komme von der Staffel, in der Oberleutnant Zwernemann — er war unser Staffelkapitän — ich wollte..."

Ein Schatten glitt über das Gesicht der Frau, als sie Vermogen ihre Hand reichte.

„Sie waren ein Kamerad von ihm?"

„Ja", nickte Vermogen, „aber — darf ich Ihnen — sind Sie... ?"

Ihr Gesicht sank fast auf die Brust. „Ja, ich war seine Frau." Vermogen sah, daß sie weinte. Einen Augenblick lang war er nahe daran, seine Aufgabe in alle Himmel zu verfluchen, denn er hatte sich für so etwas noch nie richtig geeignet, ganz abgesehen davon, daß er weinenden Frauen gegenüber hilfloser zu sein pflegte als ein Kind. Vielleicht tat er aber gerade das Richtige, indem er zunächst überhaupt nichts sagte. Er trat lediglich dicht vor sie hin und berührte leicht ihren Arm.

„Verzeihen Sie", sagte sie, „es ist so schwer für uns alle. So furchtbar schwer!"

Vermogen sagte immer noch nichts. Er bemühte sich, die Rührung hinunterzuschlucken, die in ihm hochgestiegen war. Während er an ihrer Seite durch einen geräumigen Flur in ein Wohnzimmer hineinging, versuchte er sich vorzustellen, wie das wohl gewesen wäre, wenn jetzt an seiner Stelle Jupp Zwernemann plötzlich vor der Haustür gestanden hätte. Sie bat ihn, Platz zu nehmen, und deutete auf einen Sessel.

Sie setzten sich. Ihre Hände lagen verschlungen im Schoß. Wie schön sie ist, konstatierte Vermogen, und er mußte daran denken, wie der gefallene Kapitän sie wohl geliebt haben mußte.

Als er wieder zu ihr hinübersah, begegnete er ihrem Blick. Da fiel es ihm ein, daß er sich noch nicht einmal vorgestellt hatte. Er erhob sich und nannte seinen Namen.

Ein schmerzliches Lächeln trat auf ihr Gesicht. „Sie haben ja auch immer noch Ihren Mantel an. Bitte, legen Sie doch ab!"

Er tat es, und sie ging mit dem Bekleidungsstück hinaus. „Ich habe seiner Mutter gesagt, daß sie gekommen sind", bemerkte sie, als sie wieder zurückkam. „Vielleicht hilft es ihr etwas, wenn sie Sie sieht!"

„Wie hat sie es aufgenommen?"

Sie sagte nichts und senkte den Kopf.

Wenn sie mich einmal beerdigen, dachte er, dann wird keine Mutter mehr um mich weinen. Im Gegenteil, ich habe schon weinen müssen, weil sie von mir ging. Und dann auch noch der Vater. Es wird wirklich niemand um mich trauern müssen. Ob vielleicht Lil... ?

Kurze Zeit später kam die Mutter Zwernemanns in das Zimmer. Vermogen stand starr vor ihr, als sie auf ihn zutrat. So sieht also eine Mutter aus, deren Sohn man bald zu Grabe tragen wird! durchfuhr es ihn, während er seinen Blick auf die schwarzgekleidete Dame gerichtet hielt. In den geröteten Augen stand immer noch etwas, das Verzweiflung, Resignation und stumme Anklage zugleich ausdrücken konnte.

„Gnädige Frau, mein Name ist Vermogen. Ich ... "

„Lassen Sie. Ich weiß, was Sie sagen möchten und doch nicht sagen können. Nehmen Sie bitte wieder Platz. — Sie waren bei meinem Jungen?"

„Ja", sagte Vermogen, „er war mein Staffelkapitän."

„Sie haben auch das Ritterkreuz — er hatte es auch. Ich war immer so stolz auf ihn."

Die junge Frau stand hinter dem Sessel der alten Dame, während diese Worte gesprochen wurden. Sie blickte unentwegt auf einen Sessel, der neben Vermogen in der Nähe der Terrassentür stand. Vielleicht war es der Lieblingsplatz Zwernemanns gewesen.

Zwernemanns Mutter sagte jetzt:

„Wie schön, daß einer von euch gekommen ist. So ist in diesen schweren Stunden wenigstens einer da, der mir etwas zu sagen hat. War er immer gut zu euch?"

„Oh", stammelte Vermogen, dem diese Frage etwas überraschend kam. „selbstverständlich, gnädige Frau. Bei uns — sie sind alle gut — jeder ist zu jedem gut!"

„Natürlich", nickte sie, und ihr Gesicht wurde wieder um einen Schein ernster. „Wie sollte es auch anders sein? Ihr geht ja alle denselben Weg." Ihre Augen wanderten von Vermogen weg zu dem Stück Himmel, das durch das Fenster hindurch zu sehen war. „Ich habe euch immer bewundert." Und nach einer kleinen Pause: „Nicht nur ihn!"

Vermogen saß mit gesenktem Kopf in seinem Sessel. Er hätte gern eine Zigarette geraucht, aber er brachte es nicht fertig, in diesen Minuten um die Erlaubnis dazu zu bitten. Er sah jetzt wieder zu der Frau hinüber, die immer noch regungslos und mit abgewandtem Gesicht dasaß und ihren Gedanken nachzugehen schien. Man wird sie morgen als Mutter eines Helden feiern, dachte er.

„Waren Sie dabei, als es geschah?" Die scharfblickenden Augen lagen wieder fest auf Vermogens Mund, als sie dies sagte.

„Ja", erwiderte er, „das heißt — ich war in der Nähe."

„War es so, wie sie mir geschrieben haben?"

Wieder nickte Vermogen.

Einige Zeit später erhob er sich und bat, sich jetzt verabschieden zu dürfen. Er müsse sein Zimmer aufsuchen und auch noch verschiedenes wegen ... Da er das Wort „Beerdigung" nicht über die Lippen brachte, ersetzte er es durch eine Geste.

„Bleiben Sie gesund!" sagte die alte Dame, als sie seine Hand in der ihren hielt. „Gott gebe, daß euer Opfer ... ", sie machte eine kleine Pause, und es war zu spüren, wie schwer ihr das Wort über die Lippen kam, „ ... und auch seines — nicht umsonst sei!"

Vermogen hätte gern noch etwas gesagt, aber er war nicht überzeugt, daß er die passenden Ausdrücke dafür zusammenbringen würde. So beließ er es bei einem stummen Händedruck.

Es war am Nachmittag des nächsten Tages, als Vermogen, zusammen mit den übrigen Teilnehmern des Trauerzuges, wieder den kleinen Friedhof verließ. Seine Gedanken beschrieben einen dauernden Kreis um die Ereignisse der letzten Stunde. Immer wieder sah er die in Schwarz gehüllten Gestalten der beiden Frauen, flankiert von hohen Luftwaffenoffizieren, neben denen er sich so fürchterlich verloren vorgekommen war. Er dachte an die Rede, die sie gehalten hatten, an die vielen Kränze, die um das Grab gelegt worden waren, und dann an jene Minuten, als in niedriger Höhe seine Kameraden über den Friedhof gefegt waren. Welle um Welle — einmal — zweimal — dreimal. Dann die gütigen Worte des alten Pastors und die Ansprache eines Mannes in Parteiuniform, der vom ethischen Sinn heldischer Pflichterfüllung oder von etwas Ähnlichem gesprochen hatte. Er dachte an den Holzbehälter mit der Reichskriegsflagge oben drüber, in dem die Reste eines Menschen lagen, den man geschätzt und verehrt hatte. Aber was waren diese Gefühle gegen die jener Frau, die aufrecht und fast bewegungslos neben dem Pfarrer gestanden hatte. Eigentlich hätte er auch etwas sagen sollen, als er den großen Kranz mit der Schleife vom Jagdgeschwader 11 an das Grab gelegt hatte. Aber es war einfach unmöglich gewesen.

Er ging ziemlich planlos durch die Straßen und versuchte, mit der Fülle von Gedanken fertig zu werden, die auf ihn einstürmten.

Aus einer Seitenstraße heraus gelangte er schließlich auf den kleinen Marktplatz. Man konnte hier wahrhaftig vergessen, daß Krieg war.

Eine Stunde später saß er wieder im Zug.

*

„Alles klar?“ Die Augen des Kommandeurs huschten kurz über die gesenkten Köpfe der Piloten. „Gut, dann bis nachher!“

Eine Stunde später waren sie bereits wieder in ihrem Revier. Ihr Ziel war ein Bomberstrom, der dieses Mal vom Süden her auf den mitteldeutschen Raum im Anflug war.

Weit vor der ersten Welle flog der Stabsschwarm. Wie angeheftet stand die Nadel des Kompasses auf hundertachtzig Grad, als die Augen des Majors einmal über das Instrumentenbrett huschten. Die Führungsanweisungen, die zuweilen an sein Ohr drangen, waren spärlich.

Sie flogen über einer schillernden Wolkendecke im vollen Licht der Sonne, das sich in Reflexen auf den gläsernen Kanzeln brach.

Was ist das? Wo? Wo sind sie? In hundertsechzig Grad?

Leicht legte sich die Maschine des Kommandeurs auf die linke Fläche, um gleich darauf scharf nach unten wegzugleiten. Der ganze Verband nahm die Schwenkbewegung auf, und Sekunden später stießen sie aus einer Überhöhung von etwa tausend Meter heraus auf den ersten Bomberpulk, der wie ein Haufen großer Vögel unter ihnen in der glasklaren Luft stand.

500 Meter — 400 Meter — 300 Meter — 200 Meter. Die Faust des Kommandeurs klammerte sich enger um den Knüppel. Riesengroß wuchs die Glaskanzel in den Visierkreis. Der Daumen senkte sich langsam auf den Auslösungsknopf der Kanonen. Dumpf hämmerten die Maschinenwaffen. Ein Feuerball — splitterndes Glas — herumfliegende Rumpfteile — die Druckwelle beim Überfliegen — weg... ! Der erste Blick nach hinten. Mit lodernden Bränden im Rumpfteil stürzte die Boeing steil der Erde entgegen.

Das Gesicht entspannte sich. In schnellen Zügen rauschte der Sauerstoff in die Lungen.

Die Jagdmaschine raste so dicht an einem Fallschirm vorbei, daß sich die weiße Seidenglocke beim Aufkommen der Druckwelle gewaltig aufbäumte. Der Major riß die Maschine steil nach oben. Die Luftschraubennabe zeigt in den folgenden Sekunden direkt auf den im Winde hin und her pendelnden Menschenkörper. Dann huschte die „190" daran vorbei.

Der Kommandeur schwenkte auf eine Gruppe von Bombern ein, die aus seitlicher Richtung aus einer dünnen Wolkenschicht hervorkamen.

Ein schnelles Korrigieren des Kurses, ein Blick nach hinten.

Voraus wuchsen die Viermotorigen immer größer ins Blickfeld. Der Oberkörper duckte sich automatisch. Der Daumen lag auf dem Kanonenknopf. Aus den Bugständen der Boeings sprühten Blitze. Geschosse zerfetzten die Metallhaut auf der linken Tragfläche. Das leuchtende Fadenkreuz im Kreis des Visiers hatte ein neues Opfer erfaßt. Dann bellten die Kanonen auf kürzeste Distanz. Ein Feuerwirbel flackerte über die mächtigen Schwingen der B-17. Ein schwerer Preßdruck — vorbei!

Links und rechts scherten die anderen „190" heran.

Weit voraus neue Pulks! Der Major drehte bereits wieder ein.

Noch zweimal stießen sie durch die Phalanx der Bomber.

Vier „Fliegende Festungen" wurden an diesem Tag vom Kommandeur der I./JG 11 brennend in die Tiefe geschickt.

Die Bomber kamen trotzdem wieder. Tag für Tag. Nacht für Nacht. Wenn sich über den zerstörten Städten noch die Brandwolken des Unterganges wie graue Wälle auftürmten, dann zogen hoch über dem Inferno die immer schwächer werdenden deutschen Jägerverbände einem neuen Bomberstrom entgegen.

In den Gedanken der Männer, die sich immer wieder der Übermacht entgegenstemmten, grinste in diesen Tagen ein Gespenst, dessen sie sich kaum mehr zu erwehren vermochten: die Erkenntnis ihrer Ohnmacht diesem endlosen Strom gegenüber, dem sie auch jetzt wieder entgegenflogen. Gewiß, keiner wußte auch nur ungefähr, wie viele es wieder sein würden! Und es interessierte sie vielleicht auch nicht mehr. Wozu auch?

Sie kreuzten den Weg der Bomber an diesem Maitag des Jahres 1944 ungefähr in der Gegend des grenznahen Emslandmoores. Während sie sich aus einer starken Überhöhung heraus auf die Pulks stürzten, mochten sie in jenen Sekunden vor dem Angriff weniger mit sich selbst zu tun gehabt haben als mit dem Bild jener im Horizont verlaufenden Straße, die den Weg der feindlichen Geschwader kennzeichnete.

Es waren Hunderte von Flugzeugleibern, die, bombenbeladen und waffenstarrend, sich ihrem Ziel entgegenwälzten. Und keiner konnte den Fluß unterbrechen. Keiner!

Hätte in dieser Situation etwas nähergelegen als die Frage: Warum noch? Aber sie blieb unausgesprochen.

Vermogen führte an diesem Tag die Staffel. In jenem Augenblick, als er über den von ihm anvisierten und auch getroffenen Bomber wegzog, durchlöcherte eine Garbe aus dem Turm des Heckschützen seine Maschine wie ein Sieb. Er war genau durch die Schußbahn des Sperrfeuers gezogen. Sein Herz setzte einige Schläge aus, als er das Hämmern der Einschläge spürte und gleich darauf jene furchtbare Detonation, die mit der Gewalt eines Blitzes über ihm zusammenschlug. Bevor die Druckwelle ihm das Bewußtsein nahm, bemerkte er wie durch einen Schleier, daß Stücke der Tragflächen durch die Luft wirbelten. Dann stand eine schwarze Wand vor seinen Augen. War das das Ende?

Als er wieder die Augen öffnete, rangen seine Lungen keuchend nach Atem. Eine fürchterliche Hitzewelle stand um seinen Körper. Seine Hände krampften sich wie schutzsuchend um den Steuerknüppel. Doch mit einem jähen Entsetzen erkannte er, daß die Ruder überhaupt nicht mehr ansprachen.

Da erst kehrten seine Sinne wieder völlig in die Wirklichkeit zurück. Er sah die Flammen, die an seinen Füßen emporzüngelten, während der zerborstene Rumpfteil, in dem er hing, in die Tiefe torkelte wie ein welkes Blatt. Verzweifelt hämmerte er mit der Faust auf die kleine Platte am Kabinenrand. Der Sprengschuß hob das Kabinendach, und ein Strom eiskalter Luft schlug auf sein Gesicht. Mit bebenden Händen löste er die Schultergurte, bis ihn plötzlich der Luftsog aus der Kabinenöffnung heraussaugte und ihn mit dem Rücken über den Rumpf warf. Doch in derselben Sekunde wurden die vom Motor her züngelnden Flammen metergroß. Sie leckten bereits an Vermogens Füßen hoch, während seine Hände immer noch in fiebriger Hast an dem Schloß herumdrückten, das die Schultergurte zusammenhielt.

Ein Schrei des Entsetzens kam aus seinem Mund, als die Feuerwelle zum ersten Male über sein Gesicht glutete, aber immer noch gelang es ihm mit den dicken Pelzhandschuhen nicht, das verklemmte Schloß zu lösen.

Als ihm in der grausigen Gluthitze des Feuers langsam die Sinne zu schwinden drohten, als schon eine entsetzliche Müdigkeit sich in ihm ausbreitete, da klammerte er seine Hände noch in einer Aufwallung von Kraft auf das Riemenschloß. Das nächste, was er spürte, war der Schlag, den er durch die Berührung mit der Seitenruderflosse erhielt, dann fiel er wie ein Stein in die Tiefe.

Ein Stück Himmel, und wieder ein Stück Erde, ein grüner Streifen und wieder weiße Wolken. Alles drehte sich, Himmel und Erde. Du fällst — du fällst immer tiefer — du hast ja den Schirm noch nicht gezogen! sagte er sich. Wo ist denn der Griff? Kein Mensch glaubt, wie klar einer denken kann, wenn die Erde so auf ihn zukommt. Langsam näherte sich die ausgestreckte Hand dem großen Metallgriff an der linken Hüftseite. Der Luftstrom stemmte sich dagegen. Noch ein Stück, da ... !

Ein peitschender Schlag. Weit spreizten sich die Beine unter der Wucht des Entfaltungsstoßes. Die weiße Seidenglocke donnerte im Wind wie ein Segel. Dann Ruhe — Stille — fast Frieden — nur die Seide knatterte über dem Kopf.

Bis plötzlich ein pfeifendes Zischen von oben her durch den Himmel dröhnte, stärker wurde und zum donnernden Orkan anschwoll.

Paulchen Rohr!

Rohr aber umkurvt seinen abgeschossenen Kameraden. Immer enger zieht er seine Kreise, und immer dann, wenn er mit der Kabinenseite Vermogen gegenüberliegt, winkt er herüber.

Nach einem guten Dutzend weiterer Runden verschwindet er in der Tiefe, und Vermogen weiß, daß er „unten" auf ihn warten will. Das Bewußtsein, in dieser Einsamkeit den Freund um sich zu wissen, läßt ihn zunächst alles vergessen, was noch vor Minuten um ihn war. Erst dann, als das Motorengeräusch von Paulchens Maschine schwächer wird, erkennt er das Blut, das ihm in einem dünnen Bach aus dem Pelzstiefel des linken Beins herausquillt. Es läuft aber auch aus dem linken Handschuh, und plötzlich bemerkt er, daß seine Lederjacke völlig zerfetzt am Leib hängt. Da reißt er sich die Handschuhe von den Händen und tastete über sein Gesicht. Unter seinen Fingern spürt er einige Fetzen Haut, die unterhalb der Augen im Sog des Windes an seine Nase schlagen, und als er über seinen Kopf fährt, da sind es nur noch kurze Stoppeln, die seine Hände berühren.

Er horcht in sich hinein, ob er Schmerzen spürt, aber es sind keine da. Nirgendwo. Und als er seinen Blick wieder nach unten senkt, da beginnt der grüne Streifen Erde vor seinen Augen zu tanzen. Das Blut, denkt er, das Blut, das ich verliere! Mühsam reißt er die Augen auf, wobei er mit Entsetzen bemerkt, daß sie sich nicht mehr ganz öffnen lassen. Es ist da nur noch ein schmaler Spalt, durch den er hindurchsehen kann, und es scheint ihm plötzlich, als ob auch dieser Schlitz immer schmaler und schmaler werde.

In den nächsten Sekunden gaukeln rötliche Schleier vor seinen Augen, und er spürt, daß ihm die Sinne schwinden. Der Wille und das bißchen Energie, die ihm geblieben sind, richten kaum mehr etwas aus gegen diese ungeheure Müdigkeit, die sich jetzt bleischwer in seine Glieder senkt.

Er kommt auch kaum zu sich, als seine Füße auf einen Acker schlagen. Der Fallschirm steht noch einige Sekunden über den langen Seilen. Dann fällt er rauschend in sich zusammen und fällt über den Körper des Ohnmächtigen.

Die Bauern eines benachbarten Dorfes hatten sich schon in Bewegung gesetzt, als der Fallschirm noch der Erde entgegenpendelte. Es war in ihrer Gegend noch nie vorgekommen, daß einer von den Fliegern da oben zu ihnen herunterkam, obwohl der Weg der Bomber fast täglich auch über ihre Landschaft führte.

Minuten später zogen sie den Fallschirm beiseite, um dann wie erstarrt zu verharren, als sie den Flieger sahen, der wie ein Toter auf dem blutgetränkten Acker lag. Während einige bereits die Mützen abnahmen, gingen zwei jüngere Männer auf die am Boden liegende Gestalt zu. Einer von ihnen schlug die zerfetzte Lederjacke beiseite. Er stutzte, als ihm das Ritterkreuz entgegenblickte, das rauchgeschwärzt am Hals des Piloten hing.

Während dies geschah, drang aus Vermogens Mund ein pfeifender Atemzug, der den am Boden knienden Mann blitzschnell in die Höhe fahren ließ. „Er lebt noch", stammelte er, „er lebt ja noch!"

Da beugten sich auch die anderen über den Bewußtlosen. Einer, der von solchen Dingen anscheinend etwas mehr verstand, riß das Leder an Vermogens durchschossenem Bein auseinander. Es dauerte nicht lange, dann war der gelbe Fliegerschal um die Wunde gebunden, aus der immer noch Blut floß. Mit unsicheren Händen hantierte einer an dem Fallschirm herum, um die Gurte zu lösen. Doch als sie dem Mechanismus nicht auf die Spur kommen konnten, durchschnitten sie die Tragseile mit Messern.

Eine Viertelstunde später beugte sich ein Landarzt über den immer noch ohnmächtigen Flieger und leistete die Erste Hilfe. Am späten Nachmittag brachten sie ihn mit einem Rote-Kreuz-Wagen in das Lazarett der benachbarten Kreisstadt.

Acht Tage lang sah Vermogen nichts mehr von dieser Welt. Acht Tage lang lag eine weiße Binde vor seinen Augen. Darunter war die Dunkelheit.

Acht Tage lang war da nichts als wenige Stunden unruhigen Schlafes und die väterlichen Ratschläge des Arztes bei der täglichen Visite. Und dann die weiche Frauenstimme der Schwester, die ihm erzählt hatte, daß sie eine Nonne sei.

Acht Tage lang bohrte in ihm die verzweifelte Frage, ob sie ihn nicht nur täuschen und beruhigen wollten, wenn sie immer wieder versicherten, daß seinen Augen wirklich nichts geschehen sei. Nur die Lider seien verbrannt, und die müsse man zuerst heilen, bevor die Binde entfernt werden könnte.

Und so wechselte in acht Tagen und Nächten der Glaube daran, daß er wieder würde sehen können, mit der fürchterlichen Vermutung, daß das Licht seiner Augen für immer erloschen sei. Er glaubte an die Worte des Arztes, solange ihr Klang noch in seinen Ohren war, um aber sofort anders zu denken, wenn das Geräusch der Gummisohlen nicht mehr zu hören war.

Manchmal brachte ihn der Gedanke, nie mehr den Himmel sehen zu können, fast um den Verstand. Und die Schwester neben seinem Bett betete zu ihrem Gott, daß er diesem Jungen doch helfen möge und ihm Geduld gebe.

„Schwester, sagen Sie mir, werde ich wieder sehen können? Sagen Sie es mir! Sie können mir alles sagen!"

„Aber, lieber Herr Oberfeldwebel, ich habe doch schon tausendmal gesagt, daß Sie wieder sehen werden. Ich kann es doch nicht andauernd wiederholen."

„Doch, doch, Sie müssen es dauernd sagen, sonst glaube ich es nicht. — O Schwester, es ist ja so furchtbar. Ich werde noch verrückt. Wann kommt diese verdammte Binde endlich herunter? Sagen Sie es, wann?"

„Morgen!"

„Morgen?" Plötzlich kam wieder Ruhe über ihn. „Morgen, ist das wahr?"

„Ja, es ist wahr!" Eine Turmuhr schlug Mitternacht. In dem Krankenzimmer, dessen übrige Betten zur Zeit unbelegt waren, brannte das bläuliche Nachtlicht. Unaufhörlich glitt der Rosenkranz durch die Finger der Nonne. Dann strich ihre Hand mit einem Tuch über die schweißnasse Stirn Vermogens.

„Sie dürfen Gott dankbar sein, daß alles noch einmal so abgegangen ist. Sie werden wieder gesund werden, und später wird man von den Brandwunden in Ihrem Gesicht nur noch wenig sehen. Es hätte schlimmer werden können, denken Sie immer daran. Aber Gott war bei Ihnen, als es geschah!"

„Ja", lispelte Vermogen, „das kann schon sein! — Haben Sie nicht eine Zigarette, Schwester?"

Das ist jetzt schon die vierte, die ich ihm zusätzlich zu seiner Ration gebe, dachte die Schwester, während sie eine Zigarette vom Nachttisch nahm und sie Vermogen in den Mund steckte. Das aufflammende Streichholz beleuchtete für Sekunden ihr gütig lächelndes Gesicht. Sie hatte einen Teil ihrer eigenen Verpflegung eingetauscht, um diese Zigaretten für ihn zu erhalten. Der Küchenfeldwebel, mit dem sie diesen Handel getätigt hatte, war aus allen Wolken gefallen, als sie mit ihrem Wunsch herausgerückt war.

„Seit wann rauchen Sie denn, Schwester?"

„Nein, nein, es ist ... "

„Ach so, für den Flieger wohl, wie?"

Ihr Schweigen war Bestätigung genug.

„Ich würde Ihnen ja gern mehr Zigaretten geben, Schwester, aber Sie wissen ja, es ist alles so knapp!"

„Ich weiß ... "

Sie glaubte, daß es Gott wohlgefallen würde, wenn sie diesem Helden — denn er war für sie ein Held — etwas von dem gab, was sie sich selbst versagen mußte. Ihr Lächeln, mit dem sie ihn beim Rauchen beobachtete, glich dem einer Mutter.

„Schmeckt sie?"

„Ja, Schwester, wenn Sie nicht da wären, wäre ich schon längst gestorben! Wann schlafen Sie eigentlich?"

„Immer dann, wenn Sie schlafen!"

„Aber ich schlafe doch kaum!"

„Ich auch nicht."

Zum erstenmal, seit er in diesem Bett lag, kam aus Vermogens Mund ein Lachen.

Minuten später war er eingeschlafen. Behutsam zog die Schwester die Decke über seine Brust. Auf ihrem Gesicht lag ein glückliches Lächeln. Dann lehnte sie sich in ihrem Sessel zurück und schloß ebenfalls die Augen...

Vermogens Hände lagen auf der weißen Decke, als der Chefarzt des Lazaretts sich am Morgen auf dem Bettrand niederließ.

„Na, wie geht es uns?"

„Ich weiß nicht", kam es in hastigen Worten unter dem Gesichtsverband hervor, „ganz gut, aber — wollten Sie heute nicht... ?"

„Na ja", lächelte der Arzt, Vermogen vorsichtig auf die Schulter klopfend, „nur mit der Ruhe. Natürlich wollen wir heute!"

„Ja?" Vermogen richtete sich halb in die Höhe. „Dann bitte doch — o bitte, tun Sie es doch gleich — ich werde sonst verrückt!"

„So ein Quatsch!" sagte der Arzt jovial. „Wer wird denn wegen ein paar zerschundener Augenlider gleich verrückt werden!" Er bedeutete der Schwester durch einen Wink, die Vorhänge zu schließen. Sekunden später spürte Vermogen eine Flüssigkeit über seine Augenpartie rinnen. Langsam wich der Druck der Binde — sein Oberkörper fiel wie erschlafft zurück. Immer noch lag er mit fest zusammengepreßten Lidern da, das Gesicht starr zur Decke gewandt...

Das erste, was er sah, war eine Vase mit Blumen, die vor seinem Bett auf dem Tisch standen. Er glich in diesem Moment einem Kind, das die Glaskugeln und Kerzen des Weihnachtsbaumes bestaunt. Aber dann, als das Bild des Raumes und der Ärzte immer klarer wurde, warf er die Arme in die Höhe und stieß einen Schrei der Freude aus, daß sich die dicht neben ihm stehende Schwester entsetzt die Ohren zuhielt. Im ersten Überschwang des Glücksgefühls wäre er beinahe aus dem Bett gesprungen, wenn ihn einer der beiden Assistenzärzte nicht noch rechtzeitig abgefangen hätte.

Der Freudentaumel flaute erst dann ein wenig ab, als er wieder einmal Luft holen mußte. Erschöpft ließ er sich in die Kissen zurückfallen. Die Schwester stand währenddessen mit abgewandtem Gesicht neben dem Bett und schneuzte sich.

„Na", sagte der Oberstabsarzt schließlich, „wer hat nun recht gehabt, he?"

Vermogen brachte kein Wort heraus.

„Das ist eine elende Schweinerei!" sagte der Oberstabsarzt, auf einen

Blutfleck deutend, der sich immer mehr auf der Decke in der Gegend von Vermogens verwundetem Bein ausbreitete. „Das kommt davon, wenn man wie ein Ringkämpfer in seinem Bett 'rumhüpft. Jetzt haben Sie Ihre Oberschenkelwunde wieder zum Überquellen gebracht!"

Vermogen schien diesen sanft vorgebrachten Verweis kaum zu hören. Erst dann, als sie ihm das letzte Stück Binde von der ziemlich großen Wunde nahmen, zuckte er zusammen und starrte etwas verständnislos auf den grellroten Kreis des Einschußloches.

„Also dann", sagte der Arzt, nachdem der Verband gewechselt war, „dann wollen wir wieder mal gehen! Ich wünschte mir, daß alle so viel Schwein hätten wie Sie. Wiedersehen also! Oder, wie sagt ihr Flieger doch?"

„Hals und Bein!" grinste Vermogen.

„Natürlich", lächelte der Oberstabsarzt. Er stand schon im Türrahmen. „Hals und Bein heißt es. Ein fast chirurgischer Glückwunsch. Kommen Sie, meine Herren!"

Zwei Tage später kam die Schwester mit einem verlegenen und gleichzeitig verschmitzten Gesichtsausdruck an sein Bett. Es war ihr anzumerken, daß sie etwas Besonderes auszurichten hatte. Ein feines Rot färbte ihre Wangen, als sie in Vermogens Gesicht blickte.

„Es ist — es ist jemand da", sagte sie, nachdem sie vorher noch eine ganze Weile ihre Hände gerieben hatte, „ein Mädchen ist draußen, das sie besuchen möchte." Sie atmete förmlich erleichtert auf, als sie die Botschaft heraus hatte.

„Ein Mädchen? Was für ein Mädchen?"

„Ein schönes Mädchen", lächelte die Schwester, „ein Mädchen mit langen blonden Haaren."

„Was?" stieß Vermogen hervor. „Ein blondes Mädchen, sagen Sie?"

„Ja", nickte die Schwester.

Vermogen war schon halb in der Höhe. „Bitte, dann lassen Sie sie doch herein! — Lil!" Vermogen sank erschüttert zurück.

Sie stand zunächst in der Mitte des Zimmers. Es dauerte noch einige Sekunden, bis sie auf das Bett zuging. Ihre Augen huschten entsetzt über ihn hinweg.

„Walter, daß du noch lebst ..." Ihre Worte gingen in einem Schluchzen unter.

Vermogen lag mit geschlossenen Augen neben ihr. Seine Hände tasteten über ihre Schultern.

„Lil", sagte er nur.

Ihre Finger glitten über seinen Kopfverband.

„Was haben sie mit dir gemacht?"

„Ja", erwiderte er, „was haben sie mit mir gemacht? Sie haben jetzt einmal das mit mir gemacht, was ich sonst mit ihnen gemacht habe. Das ist durchaus gerecht!"

„Du bist immer noch dasselbe Scheusal!“ Sie sagte es mit dem Anflug eines Lächelns, aber ihr Augenausdruck wollte nicht richtig dazu passen. Und auf einmal rollten wieder ein paar Tränen über ihre Wangen.

„Wer hat es dir gesagt? War es Paulchen?“

„Ja“, nickte sie, und ihre Lippen wurden etwas schmaler.

„Warum guckst du auf einmal so böse drein? Was hat er dir gesagt?“

„Ach, laß doch — er ist ein ekelhafter Kerl!“

„Wieso?“ forschte Vermogen, der bereits eine gewisse Ahnung hatte. „Wirst du mir nun genau sagen, was er dir zu berichten hatte?“

„Ach — er — er sagte, sie hätten dir nur ein bißchen die Rübe garniert. Sonst hättest du noch alle Knochen beisammen. Genau das sagte er, dieser Unmensch. Ich hätte ihm beinahe eine 'runtergehauen!“

Vermogen lachte so laut und ausdauernd, daß ihm bald sämtliche Wunden zu pochen begannen.

Nach kurzem Überlegen sagte sie: „Ich habe meinen Eltern geschrieben, daß ich dich kenne, und ... “ Sie machte eine Pause und sah zur Seite. „Ich habe ihnen auch geschrieben, daß du jetzt hier im Lazarett liegst und nachher — daß du — daß du nachher wohl niemanden hättest, bei dem du auf Urlaub ... Also, sie laden dich ein, deinen Genesungsurlaub bei uns zu verbringen!“

Eine Weile starrte er entgeistert in ihr Gesicht. Dann aber begriff er.

„Und du“, fragte er, „wo wirst du sein?“

„Bei dir!“ lächelte sie. „Ich bekomme auch Urlaub!“

Eine Weile sagte er nichts. Nur sein schneller Atem verriet seine Erregung.

„Wo ist es denn? — Wo wohnst du denn eigentlich?“

„In der Heide!“ sagte sie. „Aber“, in ihr Gesicht kam ein verschmitzter Ausdruck, „du darfst nicht überrascht sein, es ist nur ein kleines Häuschen.“

„Ein kleines Häuschen? Mitten in der Heide? Wie klein? Ist es wenigstens so groß, daß wir beide hineinpassen, wenn es regnet?“

„Ja“, lächelte sie, „gerade so groß!“

„Und dort ist kein Krieg.“ Er dachte dabei an die kleine Stadt, in der Zwernemann beerdigt worden war, und er dachte an die Eindrücke, die er damals gewonnen hatte. „Kommen dort keine Bomber oder sonst etwas?“

„Kaum. Was sollen sie dort auch?“

„Lil!“ Er griff nach ihrer Hand. „Du glaubst ja nicht, was das alles für mich bedeutet!“

Während sie noch die näheren Einzelheiten vereinbarten, klopfte es mehrere Male an die Tür, ohne daß sie es bemerkten. Als die Schwester schließlich doch eintrat, lag das Mädchen in Vermogens Armen.

Da die Nonne so etwas noch nicht erlebt hatte, verharrte sie für einige Sekunden in völliger Erstarrung, ehe sie das Zimmer wieder verließ.

*

Runde vier Wochen später ratterte Vermogen mit einem klapprigen Zug durch eine blühende Landschaft der kleinen Bahnstation entgegen, an der Lil ihn erwarten wollte. Er saß in einem Wagen, der sich von einem Viehwaggon nur durch die eingebauten Fenster unterschied: eine Errungenschaft des totalen Krieges. Aber mit der Zeit gewöhnte er sich doch etwas an die Schüttelkur, die wenigstens insofern ganz angenehm war, als sie einige Ablenkung brachte. Denn Vermogen traute dem glasklaren Himmel, der sich weit über das sattgrüne Land spannte, so wenig wie ein Bauer einer geschenkten Kuh. Er wußte nur zu gut, daß seine amerikanischen Luftpartner sich auch mit diesen Kleinzügen zu amüsieren pflegten. Daher wanderte sein Blick auch in jeder Schüttelpause zum Himmel hinauf. Aber sosehr er auch suchte, die gewissen dunklen Punkte kamen an diesem Tag nicht in Sicht. Mit der Zeit verlor schließlich auch er sein Mißtrauen der Luftlage gegenüber.

Endlich hielt der Zug vor der kleinen Station.

Vermogen riß sein Köfferchen aus dem Gepäcknetz und stieg aus. Zunächst sah er nichts als ein kleines Bahnhofshäuschen inmitten einer Wiesenlandschaft, bis er hinter der Sperre etwas Weißes bemerkte: ein Mädchen in einem weißen Kleid.

Er wäre fast gelaufen, wenn ihn die Wunde an seinem Bein nicht zur Mäßigung gemahnt hätte. Mit einem leise hinausgezischten Fluch faßte er sich an die schmerzende Stelle und humpelte dann auf den Bahnbeamten zu, der gedankenverloren mit der Knipszange in seiner Hand spielte.

Vor lauter Freude reichte Vermogen dem Bahnbediensteten anstatt der Fahrkarte den Koffer. Aber der Bahnbeamte war ein in Ehren ergrauter Mann, und da sonst niemand mehr seine Kontrolldienste benötigte, hielt er das Köfferchen so lange, bis Vermogen sich wieder von Lil löste.

„Wollen Sie mir nicht lieber Ihre Fahrkarte geben?“ fragte er dann mit einem verschmitzten Lächeln. „Die ist mir lieber.“

„Zum Teufel“, knurrte Vermogen, „entschuldigen Sie, bitte!“

„Warum?“ lächelte der Alte. „Das kann in einem solchen Fall doch vorkommen.“ Er sah dabei mit einem väterlichen Blick auf Lil.

„Wie geht es dir?“

„Sauwohl“, lächelte er, „nur der Haxen“, er deutete auf sein Bein, „macht mir manchmal noch Scherereien.“

„Aber dein Gesicht hat sich wieder großartig gemacht. Du bist beinahe wieder so hübsch wie früher!“

Vermogen wollte sie gerade an sich reißen, als ein zweispänniger Landauer vor einer langen Staubfahne herangeprescht kam.

„Was ist das?“

„Ach“, meinte sie, „das — das ist unser Taxi!“

„Sauber! Fährt der mit uns zu eurer — Hütte?“

„Ja, das wird er tun. Ganz recht!“ Das Lachen, mit dem sie ihre Worte begleitete, klang beinahe etwas zu lustig. „Richtig, er wird uns zu unserer Hütte fahren!“

Der Kutscher hatte die Pferde dicht neben ihnen gezügelt und blickte jetzt erwartungsvoll von seinem Sitz auf Lil herab.

„Das ist nett, Tobias“, sagte sie, „daß du jetzt schon kommst. Das ist Tobias“, wandte sie sich an Vermogen, „und das“, lächelte sie zu dem alten Kutscher hinauf, „das ist... “

„Das ist wohl er?“

„Ja“, nickte sie, „du hast es erraten, Tobias!“

Der Kutscher fixierte das Ritterkreuz an Vermogens Kragen, ehe er losfuhr.

Vermogen genoß die Fahrt durch die grünen Wiesen wie einen schönen Traum. Sein Arm lag um die Schulter des Mädchens. Er lauschte auf das Geräusch der klappernden Hufe. Der Alte auf dem Kutschbock blickte nicht einmal zurück. Dafür unterhielt er sie mit einem Liedchen, von dem er anscheinend einige Dutzend Strophen wußte.

„Daß es so etwas noch gibt!“ Vermogens Blick glitt über das Land. In den Zweigen sangen Vögel. Der Zauber der Landschaft und die Nähe Lils versetzten ihn in eine wahre Hochstimmung.

Dann war plötzlich ein Dorf da. Weißgetünchte Bauernhäuser unter Strohdächern, rechteckige Quader im Grün, Teil dieses wunderbaren Landes, über dem sich der Himmel in zarten Pastelltönen spannte. Weiße Federwölkchen trieben über den Giebeln der Häuser. Irgendwo ragte ein Brunnen gegen den Horizont.

Minuten später nahm sie wieder ein kleiner Wald auf. Hinter einer Wegbiegung deutete sie nach vorn.

„Hier, das ist die Hütte!“

Vermogen starrte entzückt auf das reizende Landhaus, das inmitten der Waldschneise stand.

Lil lief auf die Gartenpforte zu, aus der gerade eine ältere Dame heraustrat.

„Mama“, sagte Lil, „das ist er!“

„So habe ich Sie mir vorgestellt!“ sagte die Frau „Seien Sie herzlich willkommen! Lil hat mir so viel von Ihnen erzählt, daß ich beinahe meine, ich würde Sie schon lange kennen!“

Er ging zwischen Lil und ihrer Mutter über den knirschenden Kies des Gartenweges auf das Haus zu. Als sie durch die Tür in eine nett ausgestattete Diele traten, hörte er, daß Lils Vater noch bei Patienten sei.

Patienten, dachte er, dann muß er wohl Arzt sein. Und sie hat mir noch kein Wort davon gesagt.

Nach einiger Zeit ging Lil hinaus. Den Geräuschen nach zu urteilen, mußte sie in der Küche herumhantieren. Als sie mit einer Kanne wohlduftenden Kaffees zurückkam, entschuldigte sich ihre Mutter und ging in den Garten hinaus.

„Lil“, sagte er, „das ist ja ein Schloß, in dem ihr wohnt.“

Etwa eine halbe Stunde später kam der Arzt zurück.

Trotz seiner leicht gebeugten Haltung war er so groß, daß er beim Eintritt unter dem Türrahmen den Kopf noch mehr nach vorn nahm. Er hatte volles, graumeliertes Haar.

„Es freut mich", sagte er, Vermogens Hand umspannend, „daß Sie unserer Einladung gefolgt sind. Ich hoffe, Sie sind inzwischen wieder so weit gesundet, daß Sie Ihre Erholung voll und ganz genießen können."

„Ich danke Ihnen", lächelte Vermogen. „Es geht mir schon wieder ganz ordentlich. Unkraut verdirbt nicht!"

„Das meint man oft", erwiderte Dr. Heidenreich. Vermogen bemerkte, daß er gerade damit beschäftigt war, seine Auszeichnungen zu besichtigen. Irgendwie war ihm das unangenehm, und fast schämte er sich darüber, daß er seine ganze Sammlung angelegt hatte.

„Na", sagte Dr. Heidenreich dann, sich seiner Frau und Lil zuwendend, „das ist ja ein kleiner Festtag. Es ist schön", wandte er sich wieder an Vermogen, „einmal einen von euch hier in dieser Einsamkeit zu haben. Ich höre nur immer von euch, aber es geschieht selten, daß sich mal einer hierher verirrt. Tun Sie so, als ob Sie hier zu Hause wären. Ich denke, Lil kann Ihnen helfen, sich einzugewöhnen."

Am Nachmittag des folgenden Tages gingen sie durch den kleinen Laubwald. Wenn Vermogen nicht gerade den Himmel beobachtete, ruhten seine Augen auf dem Mädchen, das still neben ihm herging und ein Lied vor sich hin summte.

Sie trug ein buntes Sommerkleid, und je mehr Vermogen sie betrachtete, desto mehr verstärkte sich in ihm der Verdacht, daß sie außer diesem Seidenfähnchen nicht mehr viel anhabe.

Nach einer halben Stunde Weges kamen sie an einen verträumt daliegenden See. Das Bild, das er bot, war so bezaubernd, daß Vermogen eine ganze Weile fassungslos über den dunklen Wasserspiegel starrte. An einer Stelle, wo das Ufer zurücktrat, breiteten sie eine Decke aus und ließen sich darauf nieder.

„Erinnerst du dich noch", sagte sie, „wie wir damals darüber sprachen, daß man einmal zusammen irgendwo in der Sonne liegen müßte und an keinen Krieg mehr denken? Jetzt haben wir, was wir uns wünschten!"

Sie lag mit geschlossenen Augen auf dem Rücken.

„Ja", lächelte Vermogen, sich auf die Ellbogen stützend, „ich weiß es noch."

„Wieviel Narben und Löcher du hast!" sagte sie, auf seinen Oberkörper und seine Beine deutend. „Ich meine, daß es jetzt allmählich reicht."

Sie sagte das so drollig, daß er unwillkürlich lachen mußte. Dann küßte er sie.

Plötzlich hob er den Kopf und sah zum Himmel hinauf. „Da kommt was", sagte er, „da sind Flugzeuge in der Luft!"

„Das ist aber merkwürdig", meinte Lil, „die müssen ja ganz tief unten sein. Sonst ziehen sie höchstens einmal ganz hoch vorbei!"

„Der Teufel soll mich holen", grunzte Vermogen, die Hand hinter das Ohr haltend. „wenn das keine Focke-Wulfs sind!"

Sekunden später zischte ein Focke-Wulf-Jäger über den Waldrand des jenseitigen Ufers, gefolgt von fünf weiteren Maschinen. Wie ein Wirbelsturm fegten sie über den See, um dann direkt über dem Standplatz Vermogens senkrecht in den Himmel hineinzuziehen.

„Lil!" schrie Vermogen. „Das sind ja unsere! Das ist Paulchen! Ich habe ganz genau die Nummer erkannt!" Er riß jubelnd die Arme hoch. „Hast du sie gesehen? Sie wollen uns besuchen. Diese verdammten Halunken haben mich also doch gefunden."

Die „Halunken" schienen ihn aber bis jetzt noch nicht gefunden zu haben. Da Vermogen Paulchen nur den Namen des Dorfes und die Gegend genannt hatte, in die er fahren wollte, war es klar, daß seine Kameraden einen bestimmten Punkt nicht im Auge haben konnten. Vermogen hätte aber einen Eid darauf geschworen, daß Paulchen nicht eher wieder abziehen würde, bis er ihn irgendwo entdeckt haben würde.

Als die Spitzenmaschine dieses Mal nur wenige Meter über den Wasserspiegel donnerte, winkte Vermogen mit einem Handtuch. Dieses Signal mußte anscheinend genügt haben, da die nachfolgende Maschine sofort ihren Kurs änderte und mit aufbrüllendem Motor herabdonnerte.

Vermogen und Lil kamen eine Viertelstunde lang nicht mehr auf die Beine, da ihnen diese bei jedem der haarscharf angelegten Überflüge buchstäblich unter dem Leib weggerissen wurden. Der Lärm der Flugzeugmotoren grollte über dem See wie ein Gewitter. Bis sie schließlich aus einem weiteren Tiefflug hochzogen und verschwanden.

„Diese verfluchten Salataffen!" schimpfte Vermogen. „Das war doch fast etwas zuviel Anhänglichkeit. Lebst du auch noch?" wandte er sich nun an Lil, die erschüttert auf ihren Knien hockte.

„Ein bißchen", stammelte sie. „Sag mal, seid ihr immer so verrückt?"

„Nicht immer", lachte Vermogen, „nur wenn wir uns über etwas freuen!"

„Das war ja entsetzlich", stöhnte sie, ihre Haare wieder ordnend. „Ich dachte, die wollten uns einstampfen!"

Der alte Tobias striegelte gerade ein Pferd, als sie am späten Nachmittag über die Lichtung auf das Haus zugingen.

„Ein schneidiges Volk, diese Jäger", meinte er. „Bei den Ulanen war das früher doch noch gemütlicher!"

„Das kann sein!" Vermogen gab ihm eine Zigarette, die der Alte dankbar entgegennahm. „Aber ich reite doch lieber in der Luft!"

„Geschmackssache." Tobias wiegte nachdenklich den Kopf. „Auf dem Rücken der Pferde liegt das Glück der Erde."

„Ein hübscher Spruch", nickte Vermogen. „Aber es gibt noch schönere Reitersprüche."

„So?" sagte Tobias interessiert. „Welche denn?"

„Zum Beispiel: Bei Pferden und Frauen muß man auf Rasse schauen!"

*

Es wußte keiner, daß Vermogen ankommen würde, und daher war es kein Wunder, daß er sich auf dem Bahnhof von Rotenburg vergeblich nach einem „fahrbaren Untersatz" umschaute. Über dem Städtchen flimmerte eine greuliche Hitze, als er auf der staubigen Landstraße dem Flugplatz entgegenschlurfte.

Nach den ersten zwei Kilometern war auch sein Fluchvorrat zu Ende. Er blieb stehen und wischte sich wieder einmal den Schweiß von der Stirn. Wäre interessant zu wissen, dachte er, ob die Amis ihre Luftkutscher auch zu Fuß zum Fliegerhorst laufen lassen. Er war nicht überzeugt davon und labte sich längere Zeit an Visionen über gemütlich dahinratternde Jeeps und andere Seligkeiten. Aber es kam trotzdem nichts Motorisiertes. Da dachte er eine Weile an Lil und das Bad im Heidesee. Das half auch wieder für einige Zeit, und als er in der Ferne die Hallen und sogar die Liegeplatzbaracke seiner Staffel deutlich unterscheiden konnte, beschäftigte er sich plötzlich mit dem Gedanken, ob sie auch noch alle da seien. Fast schämte er sich, daß er die ganze Zeit über daran noch nicht gedacht hatte. Sein Gang wurde unwillkürlich schneller. Es war, als ob er die Ungewißheit, wie es Paulchen, dem langen Koch, dem Fähnrich, dem „Fürsten" und den anderen gehe, nicht mehr länger ertragen könne.

Vor dem Eingang blieb er aufatmend stehen und schob die Mütze zurück. Im Schatten der neben dem Wachgebäude prangenden Riesenlinde hielt ein altertümlicher Landstürmer mit dem Gewehr über der Schulter einen gemütlichen Wachschlaf. Er schien etwas kurzsichtig zu sein, denn er beraubte sich erst seiner Rückenlehne, als Vermogen kaum ein Dutzend Schritte von ihm entfernt war.

Dann aber zog ein fröhliches Leuchten über das Gesicht des Mannes. Er gehörte schon einige Jahre zum lebenden Inventar der Gruppe, und er kannte Vermogen sehr gut.

„Ach, der Herr Oberfeld! Wieder zurück? Wie geht's denn?"

„Hundsmiserabel!" knurrte Vermogen, sein Taschentuch über das erhitzte Gesicht breitend. „Ich komme mir vor wie einer der biblischen Jünglinge im Feuerofen."

„Sind Sie etwa vom Bahnhof her gelaufen?"

„Verdammich, ja! Oder meinst du, ich sei auf meinem Koffer gefahren?"

„Kreuzdonnerwetter", sagte der Posten anerkennend, „bei der Hitze!"

Vermogen nickte ergeben vor sich hin und faltete sein Taschentuch wieder zusammen. Dann nahm er sein Köfferchen auf und trat durch die kleine Tür.

„Wie war es denn in der Zwischenzeit?" fragte er, sich noch einmal umwendend. „Sind viele weggeblieben?"

„Von euch keine, soviel ich weiß", sagte der Landser. „Aber ganz genau weiß ich's halt doch nicht!"

„Wann hat ein Oberschnäpser schon mal was genau gewußt!" sagte Vermogen mit hochgezogenen Augenbrauen. „Na, dann mal tschüs!"

„Tschüs!“ repetierte der Posten. Er bezeigte seinen Respekt, indem er seinen Gewehrriemen etwas anruckte.

Grief und der kleine Lange benahmen sich wie wildgewordene Hofhunde, als sie Vermogen über die Schwelle stolpern sahen.

„Macht euch nicht ins Hemd!“ meinte Vermogen, ihnen die Hand gebend. „Ich bin so k.o. wie 'n Zahlmeister nach 'm Exerzieren. Gebt mir was zu Saufen, oder ihr könnt meine Beerdigung vorbereiten!“

„Er ist wieder der alte“, lächelte der kleine Lange vor sich hin, als er eine Flasche entkorkte. „Gott sei's gedankt!“

„War es schön?“

„Das geht dich einen Dreck an“, sagte Vermogen, „natürlich war es schön! Schöner als in dieser Affenmühle jedenfalls. Bist du schon mal in einer Gegend gewesen, wo du wochenlang keinen Ami in der Luft herumgurken siehst?“

„Mein lieber Mann“, staunte der Gefreite, „ist das wahr?“

„Natürlich!“ Vermogen zündete sich eine Zigarette an. Dann fiel sein Blick auf den leeren Sessel. „Hab ich dich vorher nicht gefragt, wie es hier geht?“

„Doch, doch!“

„Haben sie was abgeschossen?“

„Ja“, sagte Grief stolz, „Oberfeld Rohr zwei Viermots, der ‚Fürst‘ eine ‚Mustangs‘ und der Fähnrich einen Dicken!“

„Und von ihnen ist keiner 'runtergefallen?“ In dieser letzten Frage lag höchstes Erstaunen.

„Nee“, meinte Grief, „nicht daß ich wüßte!“

„Wo sind sie heute?“

„Weiß ich nicht. Sie sind um neun Uhr los. Müßten eigentlich bald wiederkommen!“

Vermogen nahm noch einen Schluck und dann noch einen. Beim dritten hatte er schon seinen Schweißmarsch vom Bahnhof nach dem Horst vergessen.

Zwei Stunden später waren sie wieder da. Sie fielen ihm um den Hals wie eine Schar von Franzosen, die auf einem Bahnhof ihren Verwandten mit den ersten Begrüßungsküssen auch gleich einen Schnupfen aufhängen.

„Mensch, nun sagt mir einmal“, erkundigte sich Vermogen, als sie einander gegenübersaßen, „wie kommt das nur, daß in der Zwischenzeit keiner von euch heruntergefallen ist?“

„Die Amis können nicht mehr schießen“, meinte Paulchen, „ich habe mich auch schon gewundert.“

„Verdammt und zugenäht! Ob die noch mehr saufen als ihr?“

„Ich möchte doch sehr gebeten haben“, mischte sich der „Fürst“ ein, „niemand von uns säuft! Wir nehmen höchstens Betriebsstoff zu uns.“

Sie brüllten vor Lachen, und jeder, der sich hier auskannte, wußte, daß auch das ein Mittel war, um die gepeinigten Nerven zu betäuben.

„Ist noch kein neuer ‚Alter‘ in Sicht?“

„Noch nicht!“ sagte der Oberfähnrich, der auf einem Kaugummi herumkaute Er hatte das Zeug in dem Wrack der Boeing gefunden, die er neulich abgeschossen hatte.

„Geht auch so“, grunzte der „Fürst“, „ein Volk kann auch ohne König leben!“

Er erwiderte den mißbilligenden Blick des Oberfähnrichs mit einem aufrührerischen Grinsen.

„Wie isses denn?“ erkundigte er sich dann. „Wird deine Rückkehr heute nicht gefeiert?“

„Natürlich!“ Vermogen kam sich irgendwie wieder wie zu Hause vor. Merkwürdig, dachte er, als ich zu Lil kam, dachte ich auch, ich sei zu Hause. Wo bei allen Teufeln, fühle ich mich denn nun wirklich zu Hause?

Wie es denn nun gewesen sei? Diese Frage wurde von verschiedenen Seiten gestellt. Und als Vermogen von dem Frieden erzählte, den er in Lils Heimat erlebt hatte, da sahen sie ihn an, als ob er der Baron von Münchhausen sei. „Ihr könnt es verdammt glauben“, ereiferte sich Vermogen, als er zu der Ansicht kam, sie fühlten sich von ihm auf die Schippe genommen. „Es war in der ganzen Zeit kein Ami am Himmel. Nur einmal ein Pulk von ein paar Halbverrückten in Focke-Wulfs.“ Er warf einen Blick auf Paulchen, als er dies sagte. „Das wäre eine Gegend, wo wir unsere Luftherrschaft wieder ausbauen könnten.“

„Also, dort oben war nie Alarm oder so was?“ fragte der lange Koch. Sein Gesicht war noch geröteter als sonst, während er diese Frage stellte.

„Eben nicht!“

„Dann werde ich meine Versetzung einreichen“, sagte der von der Scholle verdrängte Bauer. „Ich habe einen Schwarm für ruhige Gegenden.“

Schlaftrunken schlurfte der Gefreite Lange in Vermogens Zimmer und stieß die Fensterläden auseinander. Sein Kopf brummte wie ein BMW 801, denn er hatte die halbe Nacht zusammen mit seinem Kumpel Grief eine Flasche geleert, die aus ihren Geheimbeständen stammte.

Als das Sonnenlicht das Zimmer überflutete, langte er mit einem unsicheren Griff nach dem Wandkalender und riß ein Blatt ab. Wie immer, so versuchte er auch dieses Mal, die auf der Rückseite des Blattes gedruckten Kalendersprüche zu lesen. Aber es stand nichts Gescheites darauf. So drehte er das Blatt um und blickte auf die große Ziffer.

Also war gestern der 5. Juni 1944. Knurrend nahm er Vermogens Pelzstiefel unter den Arm und trollte sich zur Tür hinaus.

Es war inzwischen acht Uhr geworden, und Vermogen, der immer noch im Genuß einer ärztlich verordneten Schonzeit stand, räkelte sich auf die andere Seite. Als er schließlich in der Absicht die Augen öffnete, auch wirklich aufzustehen, war es neun Uhr geworden.

Er hob gerade einen Fuß aus dem Bett, als die Tür aufgestoßen wurde und Paulchen atemlos ins Zimmer stürzte.

„Mensch", keuchte er, „die Amis sind in der Normandie gelandet!"

„Hä?" Vermogen schob sich ein paar Haare aus der Stirn und sah den Kameraden mißtrauisch an. „Wenn du mich verkohlen willst", sagte er drohend, „dann bringe ich dir mit dem Stiefelzieher eine Beule bei, daß du vier Wochen auf der Fresse liegst."

„Es ist so", beharrte Paulchen, „sie sind wirklich gelandet!"

„Ist das wahr?" Vermogen starrte ihn fassungslos an.

„Na, ja doch!" Rohr hätte sich beinahe neben den Stuhl gesetzt. „Verdammich, ist das ein Affentheater!"

„Hör mal!" sagte Vermogen. Er hatte sich wieder auf sein Bett gesetzt. „Die Amis sind drüben gelandet. Ja, wie ist denn das möglich? Ich denke, in der Gegend steht ein Bunker neben dem anderen?"

„Weiß der Teufel", meinte Paulchen kopfschüttelnd, „vielleicht sind sie dazwischen durchgekrochen. Diese Lulatsche bringen doch alles fertig. Vielleicht waren sie unsichtbar?"

„So eine Scheiße!" Vermogen raufte immer noch in seinen wieder herangewachsenen Haaren herum. „Das ist doch wirklich allerhand!"

„Wenn es nur nicht mehr ist!" Der Oberfeldwebel kratzte sich an allen möglichen und unmöglichen Stellen. „Das gibt vielleicht 'nen Mistladen! Wir sollen nämlich 'rüber!"

„Was?" fuhr Vermogen in die Höhe. „Wir sollen 'rüber?"

„Na ja, warum denn nicht? Wir sollen wieder mal Feuerwehr spielen!"

„Na denn", sagte Vermogen, nach einer Zigarette langend, „dann gehen wir also 'rüber!" Er wußte im Moment nicht richtig, ob er sich über die Nachricht freuen oder ärgern sollte. Irgendwie war es ihm klar, daß der Krieg an dieser Front wieder reinen Jägerluftkampf bringen würde. Da er zunächst aber noch so wenig über die eigentliche Lage wußte wie alle anderen, ahmte er einige Minuten lang Paulchens Kopfschütteln nach und spazierte dann wortlos zum Waschraum.

Der ganze Flugplatz glich einem Hexenkessel, als er eine Stunde später zur Halle kam. Trecker fuhren über die Rollbahnen, im Schlepptau lange Schlangen von Wägelchen mit Kistenstapeln darauf. Mechaniker rannten durch die Gegend mit verschwitzten Gesichtern und lachten einander an, als ob eine Sonderzuteilung bevorstehe. Vor den Hallen krochen die Warte in den Maschinen herum, Waffenmixer schleppten Munitionsgurte heran, Tankwagen schepperten über die Betonflächen. Es war ein Betrieb wie in jenen Tagen, wo man zum erstenmal aus den Friedenshorsten heraus sich für den Einsatz fertig gemacht hatte. Vermogen hatte den Eindruck, als ob die Kerle sich auch dieses Mal freuten, endlich wieder 'rauszukommen aus dem ewigen Einerlei, wieder mal fremde Luft zu riechen und all das andere, was dazu gehörte. Und sicher dachte kaum einer daran, daß es sich vielleicht um eine ernste Sache handele, die es jetzt zu bestehen gälte. Krieg ist ja sowieso, und die paar Amis, die dort drüben gelandet sind, die werden sie ja wohl genauso hinaushauen wie die anderen vorher in Dieppe. Überhaupt, vielleicht ist dieses ganze Theater auch insofern gut, als sie jetzt nicht mehr so sehr mit den Bombern nach Deutschland kommen, weil sie drüben das neue Ding versuchen. Aber nun laßt mal, morgen oder übermorgen wird man sehen.

August, der Dicke, arbeitete auf Volltouren. Es war eine neue „190", an der er herumhantierte, und Vermogen wußte, daß es seine Maschine sein würde. Sieht ja ganz gut aus, der Vogel. Hat auch noch 'nen eingebauten Zusatztank und 'ne Notleistung für alle Fälle. Nicht übel. Aber die schweren Kanonen an den Flächen müssen 'raus. Drei-Zentimeter ist Mist im Luftkampf.

Luftkampf? Ja, jetzt geht es wieder los! Was sie wohl für Böcke bringen werden, die von drüben? Man kommt in die Nähe von England, und sicher kommen da auch „Spitfires". Verdammt ungemütliche Krähen, diese Feuerspucker. MG vor den Flächen wie 'n Gartenzaun. Und kurven! Na ja... Wenn man nur wüßte, was dort oben eigentlich los ist. Kein Schwanz weiß etwas Richtiges.

August fuhr herum, als Vermogen ihn in seinen prall hervorstehenden Hintern zwickte. Er strahlte über das ganze Gesicht.

„Es geht nach Frankreich!" grinste er. „Das ist doch prima, was?"

„Hol dich der Teufel!" knurrte Vermogen vor sich hin. Doch der dicke August konnte das nicht hören, weil in diesem Augenblick in der Nähe gerade ein Motor ansprang.

Er turnte über die Tragfläche und hüpfte neben Vermogen auf die Erde.

„Tolles Ding, was?"

„Na ja", meinte Vermogen, „wie man's nimmt!"

„Prima Maschine!" August deutete auf die neue Focke-Wulf.

„Ja? Muß mich nachher mal 'reinsetzen."

„Wie 'n Kinderwagen mit Elektromotor", grinste der Wart. Er schnalzte mit der Zunge wie ein Russe beim Anblick von Wodka. „Ganz prima Kahn!"

„Wenigstens ein Trost!" Vermogen steckte ihm einige Zigaretten in die Brusttasche und drehte sich um.

Er hob sein Gesicht der Sonne entgegen und mußte einige Male niesen. Als er wieder Luft holen wollte, umhüllte ihn gerade eine Staubwolke, die ein vorüberfahrender Schlepper aufgewirbelt hatte.

Einen neuen Chef haben wir also auch bekommen, dachte Vermogen, während er auf die Baracke zuging. Mal sehen, wie er aussieht. Hoffentlich ist es keine trübe Tulpe!

Der Neue schien keine trübe Tulpe zu sein. Er kam auf Vermogen zu, als dieser den Aufenthaltsraum betrat.

Der lange Koch, Paulchen, der „Fürst", Volker und der Oberfähnrich genossen von ihren Sesseln aus die Vorstellung wie ein Schauspiel. Es stellte sich heraus, daß der neue Staffelführer Hiebl hieß. Schon nach dem dritten Wort merkte Vermogen, daß er an der Isar zu Hause sein mußte. Aus seinem Mund kamen so kernig harte Laute, als ob er früher Wilddieb in den bayerischen Bergen gewesen wäre. Sein Gesicht war stark gebräunt. Er war verhältnismäßig klein und trug auf seinem Uniformrock das EK I. Im übrigen war der erste Eindruck, den Vermogen von ihm empfing, ein ausgezeichneter. Daher erwiderte er den Händedruck seines neuen Kapitäns mit aller ihm zur Verfügung stehenden Kraft.

Sie setzten sich, und Vermogen wurde von dem „Fürsten" darüber belehrt, daß der Herr Oberleutnant als Antrittsgeschenk einige Flaschen Kognak spendiert habe.

„Prost, Herr Oberleutnant!"

„Prost!" sagte Hiebl. Über sein Gesicht zog ein glückliches Schmunzeln. „Prost", sagte er dann noch einmal. „Prost Manner!" Er sagte nicht „Männer", sondern „Manner". Das gefiel Vermogen und anscheinend auch dem „Fürsten" ungeheuerlich. Von diesem Augenblick an war der neue „Alte" bei ihm eingeführt. Er schaute noch einmal zu ihm hinüber und stellte fest, daß er eine Hakennase hatte, die der des Oberleutnants Graf verdammt ähnlich war. Außerdem hatte er prachtvolle Zähne und pechschwarze Haare. Ein feiner Knochen, dachte Vermogen, sein Glas hinunterschüttend. Es sieht so aus, als ob sie uns da etwas Richtiges geschickt hätten.

Es stellte sich anschließend heraus, daß der Oberleutnant vorher bei einem in Wien stationierten Jagdgeschwader gewesen war. Dort hatten sie auch mit Bombern zu tun gehabt.

Wie das mit den Erfolgen gewesen sei? Nun, so lalala. Mal von ihnen ein paar, dann wieder ein paar von uns.

„Wie bei uns!" kreischte der „Fürst". „Es ist überall derselbe Scheißladen!"

„Prost, Manner!" sagte der Oberleutnant. Er wandte sich dabei eigentlich an den stiernackigen Feldwebel, dem sie eines Tages den „Fürsten"-titel verliehen hatten. Es schien, als ob er solch mannhafte Ausdrücke wohl zu schätzen wüßte.

Als der Oberleutnant wieder einmal „Prost, Manner!" gesagt hatte, ging Vermogen hinaus.

Planlos schlenderte er an der Halle vorbei, auf den Unterkunftsblock zu.

Plötzlich blieb er wie angewurzelt stehen. War das nicht Lil?

„Lil!" sagte er, als sie auf ihn zukam. „Bist du denn schon da?"

Er warf schnell einen Blick in die Runde und zog sie dann an sich.

„Haben sie dich zurückgeholt?"

„Nein, ich bin so gekommen. Ich konnte nicht mehr bleiben!"

„Bist du schon im Dienst?"

„Nein, ich bin heute morgen erst gekommen."

„Heute morgen erst?"

Er schaute an ihr herunter, und plötzlich wußte er, daß sie jenes Kleid trug, das sie damals angehabt hatte, als sie an den See gingen.

„Komm", sagte er, „laß uns hier verschwinden."

„Ihr kommt fort, ja?“ Es war ein angstvoller Ton in ihrer Stimme. „Ist es wahr, daß die Amerikaner drüben in Frankreich gelandet sind?“

Er nickte nur.

„Lil, es ist so wunderbar, daß du noch gekommen bist — es ist bestimmt nichts Schlimmes — sicher nur eine kleine Sache — sie können ja nicht weit kommen — bestimmt sind wir bald wieder zurück, und die Geschichte ist erledigt — und dann ... “

„Was — dann?“

„Dann ... “ Ja, was dann? Was wird dann sein? Ist der Krieg dann vielleicht zu Ende? Er wußte nicht, was er noch sagen sollte.

„Was hast du?“ fragte sie

„Heute abend“, sagte er, „heute abend fliegen wir ab.“

Sie senkte den Kopf, und dann sah er, daß sie weinte.

In der Abenddämmerung landeten sie mit dem ganzen Verband in Köln-Ostheim. Schon beim Anschweben waren sie baff vor Staunen über die unzähligen Maschinen, die bereits auf dem Platz standen. Es sah fast so aus, als ob man alles, was sich an Jägern noch einigermaßen in der Luft halten konnte, auf diesen Platz konzentriert hätte.

Mein lieber Mann, dachte Vermogen, als er hinter dem Oberleutnant aufsetzte, wenn das die anderen merken und hier Eier (Bomben) schmeißen, dann gute Nacht!

Sie rollten aus und stellten ihre Mühlen auf einem freien Platz ab, den ihnen ein Wart angezeigt hatte.

Wenig später gingen sie zur Flugleitung hinüber. In der Vorhalle waren so viele Hinweisschilder, daß der ganze Laden beinahe wie ein Reisebüro aussah.

Der Chef kam nach wenigen Minuten mit einem Zettel in der Hand zurück und bedeutete ihnen, ihm zu folgen. Überall begegneten sie auf dem kurzen Weg Piloten fremder Staffeln, die zigarettenrauchend auf den Rasenflächen saßen oder diskutierend irgendwo herumstanden. Es war ein Mordsbetrieb, und immer noch landeten weitere Maschinen.

„Dös is a Gaudi“, sagte Hiebl zu Vermogen, „so an Haufen von Maschinen hob i schon lang nicht mehr g‘sehn!“

Vermogen nickte.

Im Kasino aßen sie ein passables Abendbrot. Die Unterhaltung, die dabei an allen Tischen geführt wurde, war ziemlich laut. Und überall dasselbe Thema: Was wird sein?

Acht Stunden später hingen sie über einem tiefliegenden Wolkenfeld. Die Nadeln der Kompasse standen auf 270 Grad. Über ihnen glitzerte der Himmel in schönstem Blau. Einmal schillerten die Türme einer Kathedrale durch ein Wolkenloch. Dann wieder Flußläufe, Eisenbahnstrecken, Wälder und Hügel. Sie flogen in enger Formation, 50, 60, 100 Maschinen. So ein Haufen! dachten sie, da kann doch nichts mehr passieren! Sie wurden nicht einmal nervös, wenn sie durch Wolkenfetzen stießen und für Sekunden nichts mehr sahen als eine weiße Waschküche. Nur ruhig, wird schon wieder! Dann war der große Flugplatz von Dreux plötzlich rechts unter den Flächen. Ein Riesenfeld. Aschgrau schimmerten die Startbahnen durch den Dunst. Die Augen gingen wieder nach oben. Merkwürdig, daß noch gar nichts los ist. Das ist doch hier sozusagen schon wieder Feindesland. Scheint doch nicht so toll zu sein mit dieser Invasion, sonst würden sie hier doch auch schon herumspuken. — Na, man wird sehen!

Doch plötzlich zogen sie weit vorn steil in die Höhe. Leuchtspurgarben zischten an den Kabinen vorbei, und auf einmal wußten sie, daß sie doch da waren. Schlagartig wandelte sich das schläfrige Dahindösen in schärfste Spannung. Also doch! Hoppla, was ist denn das? Sind sie das? Die sehen ja aus wie Zebras! Oh, da haben sie ja schon einen! Und dort unten, was ist denn das?

In steilen Kurven rissen sie ihre Flugzeuge in den Abwehrkreis. Es war verdammt schwer, hierbei die Übersicht nicht zu verlieren, denn überall nichts wie Maschinen und Maschinen, Kreise und Leuchtspurgarben. Wo sind sie denn eigentlich? Kreuzdonnerwetter, die schießen einen noch selbst vom Himmel! Irgendeiner hatte auf die Knöpfe gedrückt. Kanonengarben schillerten grell in das Blau hinein.

Aber dann wußten sie, daß es nur sieben „Mustangs" waren, die gerade den Bahnhof von Dreux gebombt hatten. Man hatte sie überrascht, und die Franzosen mochten große Augen gemacht haben, als sie später die sieben Aufschlagbrände bestaunten. Nom de Dieu, les Allemands!

Sie waren ziemlich erleichtert, als sie nach der Landung in Dreux auf dem Platz herumstanden und den Luftkampf noch einmal durchhechelten. Denn solch ein totaler Erfolg hatte sich schon lange nicht mehr eingestellt. Ihre Zuversicht war gewachsen, wenn sie auch immer wieder vorsichtige Blicke nach dem Himmel warfen und scharf horchten, ob da nicht irgendwo ein Motorbrummen zu hören sei. Die verschüchterten Landser auf der Flugleitung wußten zu erzählen, daß sie in den Tagen zuvor kaum mehr aufs Klo gehen konnten, ohne durch eine Jabo-Garbe zu laufen. Aber jetzt sei das ja anscheinend anders geworden. Wie sie diese sieben „Mustangs" abgeschossen hätten, das sei ja schon eine tolle Sache gewesen. Sie hatten vor Freude ganz rote Gesichter, als sie das sagten, und schleppten eine ganze Menge von Zigaretten bei, die sie gleich verteilten. Man sei ja so froh, daß endlich auch einmal deutsche Jäger angekommen seien. Das sei mit diesen Amis ja nicht mehr auszuhalten gewesen.

„Äh, leck mich!" meinte der „Fürst" zu Vermogen. „Ich glaub nicht an diese Einbildungen. In meinem Magen ist so ein flaues Gefühl."

„Du wirst schon lange nichts mehr getrunken haben, Feldwebel!"

„Verdammt, das meine ich nicht." Der Feldwebel schnüffelte eine ganze Weile in den Himmel. „Es riecht hier nach viel Staub, mein Lieber! Hast du das unterwegs gesehen? Sie haben beinahe jeden Bahnhof ausgeknockt. Das ist hier sicher eine ganz verdammte Scheiße."

„No, Manner", sagte der Oberleutnant, der sich gerade zu ihnen gesellt hatte, „dös war wos, ha?" Er sah so fröhlich drein, als ob er gerade vom Oktoberfest gekommen wäre. „Stinken tut's mer, daß nur die anderen draufgeschossen ham. Hätt leicht a oan derwischen können, wenn mir oaner vor die Flinten kummen wär!"

„Ja, ja", sagte der „Fürst" tiefsinnig, „sie sind eben nicht immer parat!"

Der Oberleutnant nickte. Seine Knietaschen waren so mit Zeug vollgepackt, daß sie jeweils die Größe einer Kokosnuß hatten. Im übrigen paßte diese Ausbeulung gut zu seinen etwas krummen Beinen. Er trug dazu eine rötliche Lederjacke und einen neuen Fliegerschal, der im Vergleich zu den Halsverhüllungen Vermogens und des „Fürsten" wenigstens gelb und nicht grau war.

Am Abend waren sie in Rennes. Auf dem großen Flugplatz herrschte eine richtige Untergangsstimmung. Kein Mensch war zu sehen, als sie ihre Maschinen zu den Landekreuzen hinbugsierten. Es war, als ob alles ausgestorben sei. In den Startbahnen gähnten riesige Bombenkrater, und auch ein Blinder hätte sehen können, daß hier vor noch nicht allzulanger Zeit ein gewaltiges Bombardement heruntergegangen war. In einer Halle schwelten noch ein paar Flammen, und sie waren heilfroh, als sie auf der schmalen Piste endlich ausgerollt waren.

Erst als sie ihre Maschinen abgestellt hatten und auf die Flugleitung zugingen, kam ihnen ein Kübelwagen entgegengefahren. Darin saß ein junger Oberleutnant mit einem Obergefreiten.

„Meine Herren", sagte er zu Hiebl, „seid nur froh, daß ihr erst jetzt kommt! Vor ein paar Stunden war hier noch der Teufel los."

„Dös sieht ma", nickte Hiebl. Er rückte seine Knietaschen etwas zurecht und äugte dann in die Runde. „Schaut sauber aus, dös Platzel, net wahr?"

Er bekam aber keine Antwort. Sie standen um ihn herum und starrten über die weite Fläche. Langsam senkte sich die Dämmerung herab, und eine kühle Brise fächelte von dem nahen Waldstück herüber.

„Sie sind von der 1. JG/11?" fragte der Offizier.

„Jo, freili!"

„Dann darf ich bitten, sich dort drüben zu dem Bunker zu bemühen. Wir haben die Flugleitung dahin verlagert, weil wir annehmen, daß sie heute nacht noch einmal kommen. Nachts die Dicken und tagsüber die Jabos. Man kriegt kaum mehr Luft." Er fuhr sich mit einer müden Handbewegung über die Stirn und stieg dann aus dem Wagen. „Fahren Sie 'rüber, Matuschke", sagte er zu dem Fahrer, „ich laufe."

Ob er schon lange da sei? wollte Hiebl wissen.

„Schon seit vier Wochen!" Er sei früher auch einmal oben gewesen — er deutete kurz in die Luft —, aber jetzt geht es nicht mehr. Prothese am Bein!

„Kruzitürken", staunte Hiebl, „man merkt jo kaum wos!"

„Glücklicherweise", lächelte der Offizier, aber er merke es doch sehr gut. Im übrigen sei ein in der Nähe liegendes Schloß für die Staffel als Unterkunft bestimmt. Ein sehr altes Schloß, aber man könne darin wohnen. Die Verpflegung lasse er hinschicken.

„Danke schön", sagte Hiebl. „Habt's ös vielleicht auch einen Wogen?"

„Natürlich!"

Das alte Château war mehr eine Burg als ein Schloß. Es hatte meterdicke Mauern und daneben kein elektrisches Licht, keine Wasserleitung und ein Klo, das wohl aus dem 14. Jahrhundert stammen mußte. Der „Fürst" fluchte lange, nachdem er die Gesamtanlage besichtigt hatte. Das Gebäude war umgeben von einem urwaldähnlichen Park, in dem ein Teich durch die Nacht glänzte. Die Zimmer, in denen sie hausen sollten, waren kühl wie Eisschränke. Man hatte darin richtige Kommißfeldbetten aufgestellt.

Der Verpflegungswagen kam so gegen elf Uhr abends, und er brachte sogar etwas Trinkbares mit.

„Manner, Manner", grinste Hiebl, als sie die Kiste Flaschen aus dem Wagen hoben, „dös wird a Gaudi!"

Es wurde eine, wenn es für viele auch die letzte wurde. Sie saßen auf der breiten Freitreppe. Hinter den hohen Parkbäumen hervor beschien eine bleiche Mondsichel das nächtliche Gelage. Sie redeten nicht viel. Auch lachten sie wenig. In ihren Gedanken waren sie vielleicht noch bei dem Anblick, den der zerbombte Flugplatz bei ihrer Ankunft geboten hatte. Der Chef erzählte, daß sie am nächsten Tag mit ihrem ersten Einsatz zu rechnen hätten. Er habe vorhin ein Telefongespräch geführt. Über Nacht wollte man ihre Maschinen mit Bombengeräten versehen. Jeder werde eine 500-kg-Bombe drunterkriegen. Wahrscheinlich solle man damit irgend etwas an der Front angreifen. Was, das wisse er noch nicht. „Aber dös ist ja a so Wurscht, prost, Manner!"

„Prost!" sagten sie und tranken.

Es seien Maquis (Widerstandskämpfer) in der Gegend, meinte der „Alte" einmal in eine allgemeine Funkstille hinein. Man habe ihn auch darauf aufmerksam gemacht. Sie sollten nachts aufpassen. Drinnen im Schloß seien Handgranaten und Maschinenpistolen, die sollten sie auf ihre Buden mitnehmen.

„Großartig", ächzte der „Fürst", das sind ja nette Aussichten."

Sie beobachteten wie auf Kommando eine Stelle am Himmel, wo plötzlich Scheinwerfer wie Irrlichter herumgeisterten. Irgendwo in der Ferne ballerte eine Flak. Dann kam plötzlich der Ton von Flugmotoren durch die Nacht, aufheulend und wieder abschwellend.

„Dös wer'n Nachtjäger sein", stellte Hiebl fest. Wie zur Bestätigung seiner Worte zuckte am Horizont ein Feuerblitz auf. Gleich darauf schoß eine Brandfackel auf, die sich wie ein Komet in die Tiefe senkte.

„Sauber", lobte Hiebl, „hoffentlich ham's den Richtigen erwischt!"

Gegen Mitternacht zogen sie auf ihre Zimmer. Der „Fürst" nahm den im Flur stehenden Kasten mit Handgranaten auf seine Schultern und schleppte ihn keuchend die Treppen hinauf. Danach kam er noch einmal zurück und holte sich zwei Maschinenpistolen.

„Woll'n S' auf Hasen jagen?“ erkundigte sich der Oberleutnant, als er auf der Treppe dem schwerbewaffneten Feldwebel begegnete.

„Keineswegs“, antwortete der, „es ist nur wegen der Vorsicht!“

„So was“, murmelte Hiebl vor sich hin, „wie an Wuilddieb kimmt der Kerl doher. Narrische Deifin, die Preiß'n!“

„Was willst du denn mit diesem verdammten Zeug?“ fragte Vermogen, der mit dem „Fürsten“ in einem Zimmer zu nächtigen hatte, als er die Kiste mit Handgranaten entdeckte.

„Sicher ist sicher!“ Der Feldwebel bedachte seine Waffensammlung mit einem liebevollen Blick. „Jetzt können sie kommen!“

„Wer?“

„Die Partisanen.“

„Du hast ja 'nen Knall!“ erboste sich Vermogen. „Wenn die Dinger zufällig losgehen, rauschen wir in die Luft, und sonst niemand. Ich komme mir bei Gott vor wie in 'ner Munitionsfabrik!“

„Red keinen Quatsch!“ sagte der „Fürst“ beleidigt. „Ich hätte keine Ruhe, wenn ich nicht eine Waffe bei mir hätte.“

„Eine Waffe!“ schnaufte Vermogen. „Mit dem Zeug kannst du ja halb Frankreich erobern. Aber des Menschen Wille ist sein Himmelreich! Das sag ich dir“, drohte er, während er sich auf sein Bett setzte. „wenn wir hier hochgehen, schlag ich dir noch drüben in Walhall die Hucke voll!“

Das Telefon am Bett des Oberleutnants klingelte schon um fünf Uhr. Hiebl fuhr in die Höhe und tastete in der Luft herum. Nachdem er sich dreimal an seine eigene Nase gegriffen hatte, bekam er endlich den Telefonhörer in die Hand und meldete sich.

Am Ende der Strippe war der junge Offizier vom Gefechtsstand.

„Herr Hiebl, es tut mir leid. Befehl vom Geschwader: Sofort wecken lassen! Um sechs Uhr dreißig Besprechung hier auf dem Gefechtsstand. Den Wagen werde ich Ihnen schicken. — Ende.“

„Ende“, echote Hiebl. Dann starrte er eine Weile den Telefonhörer an. Dabei versuchte er, das soeben Gehörte noch einmal zu rekapitulieren, was ihm nach einigen Versuchen auch gelang. Unter kernigen Flüchen schwang er sich von der Bettstelle. Während er seine Hose suchte, dachte er darüber nach, was es bei dieser Besprechung wohl Neues geben werde, und er kam zu der Überzeugung, daß der Tag nicht gerade Angenehmes bringen würde.

Als sie zum Platz fuhren, jubilierten die Vögel in den Bäumen, daß es eine wahre Freude war. Ein feiner Dunststreifen lag über den Baumkronen, und in den Wiesen dampften Schwaden von Bodennebel über den Gräsern.

Einmal kamen sie an Flak-Stellungen vorbei. Ein Posten stand mit umgehängtem Gewehr wie ein Denkmal vor der weißen Nebelwand.

„Das sind vielleicht Sitten hier!“ maulte der „Fürst“, als sie sich in den Eingang des Bunkers hineinquetschten. „Hier beginnt der Krieg wohl schon mitten in der Nacht?“

„Reg dich nicht auf!“ meinte Vermogen. Er spuckte dabei am laufenden Band vor sich hin. „Hast du deine Handgranaten auch nicht vergessen?“

„Leck mich!“ murrte der Feldwebel.

Sie paßten kaum mehr in den Bunker hinein, denn zu ihrem größten Erstaunen stellten sie fest, daß schon eine ganze Menge Volk sich an den Wänden des verhältnismäßig kleinen Raumes herumdrückte. Es waren Flugzeugführer der anderen beiden Staffeln, und der Teufel mochte wissen, wann sie hierhergekommen waren.

Neben dem jungen Oberleutnant stand der neue Gruppenkommandeur. Er hatte den Verein erst vor ein paar Wochen übernommen. Sie hatten mit ihm noch wenig zu tun gehabt, da er anscheinend eine etwas große Anlaufzeit zum Eingewöhnen benötigte. Im übrigen war man mit ihm bis jetzt recht zufrieden gewesen. Er mußte aus dem Hamburgischen stammen, das merkte man an seinen eigenartigen Lauten, wenn er zu einem „s“ ansetzte.

Die ganze Gesellschaft hatte sich sofort Zigaretten angezündet, und bald war die Bude so voll Qualm, daß der Flugleitungslandser, der in einer Ecke saß, den Ventilator in Betrieb setzen mußte.

Gesprochen wurde eigentlich wenig, da die innere Spannung zu sehr in ihnen wühlte. Auf einem Tisch in der Mitte des Raumes lag eine große Karte. Manchmal fuhr der Kommandeur mit der Hand über eine große blaue Fläche, und die es sahen, wußten nur zu gut, daß es sich um die Küstengegend im Norden handelte.

Sie hörten sogar für einen Moment zu rauchen auf, als der Kommandeur einen kurzen Blick über die Runde warf und dann zu sprechen anfing.

Seine Worte waren gewiß nicht von Pappe. Er sprach davon, daß man diesen Einsatz, zu dem die Gruppe in einer halben Stunde starten werde, als einen reinen Jabo-Angriff ansehen dürfe. Einsatzziel: die Landungsflotte der Alliierten vor der Invasionsküste. Es gehe darum, den Verband möglichst ungeschoren in achttausend Metern über die Landungsfahrzeuge zu bringen und dann im Sturz die dicksten Ziele herauszuknacken. Hier machte der Offizier eine kleine Pause. Mit einer Hand auf die Karte gestützt, fuhr er mit seiner Rechten über das Kartenbild. Die Stille, die jetzt über dem Raum lag, war wie eine Nervensäge, denn sie wußten, daß sie die Hauptsache noch erfahren würden. Der junge Oberleutnant zog ein Taschentuch und schneuzte sich damit umständlich die Nase. Der Tabaksqualm war inzwischen wieder dichter geworden, weil auch der Landser am Ventilator, durch die eingetretene Stille irritiert, aufgehört hatte, sein Handrad zu drehen.

Dann ging es weiter.

„Männer“, sagte der Kommandeur, „dieser Einsatz wird von uns alles verlangen, und wenn er gelingt, kann es sein, daß wir etwas ganz Großes geleistet haben. Wir werden dort oben... ", seine Hand strich über das Blau der See, „... Schlachtschiffe unter uns haben, Zerstörer und Flak-Kreuzer. Ihr könnt euch denken, daß sie nicht schlafen, wenn wir kommen. Aber wir müssen 'ran, denn solange sie da sind, bringt unsere Infanterie nicht die Schnauze aus dem Dreck. Dann werden auch Jäger dasein. Sie haben einen massiven Luftgürtel über der Landungsflotte aufgemacht. Und dann Sperrballons. Paßt also auf und geht nicht zu tief. Schmeißt das Zeug in mindestens zweitausend Metern ab, und dann 'runter auf das Schwimmbad. Wir werden von See her angreifen, daß ihr noch Land gewinnen könnt, wenn sie euch einen verpassen. Wir fliegen in Schwärmen und stürzen auch in dieser Reihenfolge. Die Handhabung kennt ihr ja. Gerät einschalten, dann stürzen und Ziel nehmen. Dann ein Revi durchbrechen und den Knopf drücken. Macht's gut und — Hals und Bein!"

Er sagte nicht, daß sie jetzt gehen könnten. Er senkte nur den Kopf über die Karte, und es dauerte eine ganze Weile, bis sie mit den Füßen zu scharren begannen und sich langsam aus dem Raum schoben.

Es sagte keiner ein Wort, als sie zu den Boxen hinübergingen, wo ihre Maschinen standen.

Die Gedanken kreisten: Landungsboote, Schlachtschiffe, Flak-Kreuzer, Zerstörer, Luftabschirmung und Bomben. Sie sollten Bomben werfen! Wie war das noch mit dem Zeug? Also, zuerst einschalten, dann...

Sie sahen schon von weitem die länglichen Gebilde unter den Bäuchen ihrer Maschinen hängen. An manchen hantierten noch Waffenmixer.

Bomben werfen! Wenn man mit diesem Zeugs unter dem Hintern in einen Luftkampf gerät! Oder wenn einen die Flak erwischt!

Mit argwöhnischen Blicken kletterten sie unter den Maschinen herum, die Hände tief in den Hosentaschen. Es war noch kalt. Die Nebelschwaden stiegen langsam in die Höhe. Die Zeiger auf den Chronometern kletterten schon auf sieben Uhr zu. Um sieben Uhr fünfzehn sollte es losgehen.

Sie saßen schon in den Maschinen, als plötzlich sämtliche Fla-Geschütze rund um den Platz mit einer fürchterlichen Ballerei anfingen. Das Geschieße galt zwei „Thunderbolts", die jetzt vom entgegengesetzten Platzrand aus hochzogen und dann ihre Schnauzen auf die Startbahn zu senkten. Sekunden darauf bebte der Erdboden, und zwei grelle Stichflammen schossen in die Höhe. Tief an den Boden gedrückt, rasten die beiden Jabos auf den Gefechtsbunker zu und zogen dahinter wieder über die Gebäude weg. Plötzlich fraß sich die Garbe eines Geschützes in den Rumpf der hinteren Maschine. Noch einmal erzitterte die Erde, als das Flugzeug auf den Wiesen hinter dem Platz zerschellte.

„Das fängt ja gut an", sagte Vermogen zu dem dicken August, der mit übernächtigtem Gesicht neben ihm auf der Fläche stand.

„Mir gefällt's hier auch nicht", maulte der Dicke. „Kaum zu glauben, daß das Frankreich sein soll. Anlassen", sagte er dann, „der ‚Alte' hat das Zeichen gegeben."

Wie eine Sirene heulte der elektrische Anlasser auf immer höhere Touren. Dann ein Knattern und Peitschen. Die Luftschraube machte ein paar Bewegungen. Der Motor sprang an. Flammen zischten aus den Auspuffen. Ein letzten Winken.

„Mach's gut, Alter!"

„Hals und Bein!"

Dann rollen sie zum Start. Sie tun es dieses Mal langsamer als sonst, weil sie den Bomben immer noch nicht trauen, auf denen sie praktisch draufsitzen. Vorsichtig manövrieren sie sich an den Bombenkratern vorbei zu jener Stelle, an der der Kübelwagen des jungen Offiziers steht. Er hält zwei große Startflaggen. Es ist ein Riesenauflauf um ihn herum. Zwanzig, dreißig, vierzig, sechzig Maschinen kreisen um die Startstelle. Die Gesichter der Piloten unter den unförmigen Kopfhauben sind bleich. Motoren heulen auf, Staubwolken wirbeln in die Höhe. Der Oberleutnant im Kübel schiebt eine Brille vor die Augen.

7.15 Uhr. Der Kommandeur hebt die Hand und drückt den Gashebel nach vorn. Lange donnert die Maschine über die Graspiste, hinter ihm folgen sie am laufenden Band — hoppeln über das unebene Feld — die Bombe zwischen dem Fahrwerk wippt den Rhythmus der Stöße mit — dann ein leichter Sprung — die Fahrwerke verschwinden in den Flächen — vorn sind sie schon in der Rechtskurve — wie große Hornissen stehen sie vor der Nebelwand, die sich immer mehr in die Höhe zieht. Darüber gleißend und klar die Sonne. Dann steigen sie.

Vor den Gesichtern der Piloten hängen bereits die Atemmasken. Immer wieder wandern die Augen in das weite Rund. Aber noch ist nichts von den anderen zu sehen. Die Westküste Frankreichs liegt Tausende von Metern unter ihnen. Sie steht gegen das tiefe Blau des Atlantiks wie ein scharfer Strich. Weiter drüben liegt England. Das Weiß vor der Küste von Dover und dahinter das Land, das sich dunkel und grau im Dunst verliert.

Tief unten dunkle Punkte, die wie Spielzeuge im Norden vor der Küste stehen. Unaufhörlich zucken Feuerblitze aus den starren Konturen. Wie ein Lauffeuer wandern die Glühpunkte über den dunklen Strich der Küste, an Hunderten und Tausenden von Stellen. Sie kommen immer näher: Artillerieabschüsse!

Die Sonne steht heiß über den Kabinen. Der Schweiß rinnt in Strömen unter den Lederbändern der Kopfhauben hervor.

Das Land ist hinter ihnen zurückgeblieben, und vor ihnen ist nichts mehr als die See. Der Atem geht schneller. Die Handschuhe beginnen an den Händen zu kleben, und die Augen können sich nicht lösen von dem Gewirr aus dunklen Punkten. Jeder weiß, daß es schon im nächsten Augenblick losgehen muß. Jeden Augenblick kann die Hölle über sie hereinbrechen.

Die Nerven vibrieren. Es ist fast wie eine Erlösung, als das Blau des

Himmels unter, über und neben ihnen plötzlich durchsetzt ist mit den schwarzen Knäueln der Flak-Explosionswolken.

Sie sehen jetzt, wie der Kommandeur seine Maschine senkt und hineinstürzt in die schwarze Wand der Flak-Sperre. Sie folgen ihm und tauchen in die Hölle, die in jeder weiteren Sekunde mehr und mehr zum tobenden Orkan wird. Um sie herum ist ein einziges Sprühen von Funken und Flammen. Der Druck der Explosion wirft sie manchmal Dutzende von Metern zur Seite, und das dumpfe Scheppern der einschlagenden Splitter ist für ihre überwachen Hirne jedesmal wie ein Messerstich. Sekundenlang ist nichts mehr zu sehen als dieser tobende Vulkan aus schwarzen Wolkenknäueln, die knallend zerbersten und tausendfach den Tod hinausstreuen über den, der in ihrer Nähe ist.

Die Nadeln der Tachometer stehen fast am Anschlag. Pfeifend stürzen die Maschinen in die Tiefe, unter dem Rumpf die großen Bomben.

Als sie das Sperrfeuer durchstoßen haben und unter sich die Kolosse immer größer in die Visiere hineinwachsen sehen, da weiten sich ihre Augen beim Anblick der vielen nach unten torkelnden Brandfackeln in jähem Entsetzen.

Auf einmal greifen die Geschoßbahnen der leichten Flak nach ihnen; es sind Tausende von Leuchtspuren.

3000 Meter — 2500 Meter — 2200 Meter...

Vor Sekunden hatte Vermogen gesehen, daß einige Maschinen seiner Staffel in grellen Explosionen verschwunden waren, und er denkt darüber nach, wer es wohl gewesen war. Aber trotz aller Verwirrung bewahrt er seinen Verstand, und vielleicht war es auch die aus Hunderten von Einsätzen gewonnene Erfahrung, die ihn jetzt das Leuchtvisier auf einen dicken Schiffsleib richten ließ. Sekunden später zog er langsam den Knüppel an und drückte auf den Auslöserknopf.

Erleichtert spürte er an einem durch die ganze Maschine gehenden Ruck, daß sich die Bombe gelöst hatte.

In diesen wenigen Augenblicken hatten ihm die Leuchtspurgarben, die wie ein Gitter um sie herumlagen, nichts bedeutet. Irgndwie spürte er eine enorme Erleichterung darüber, daß die Bombe weg war. Er drückte die Maschine etwas flacher auf das Land zu, das immer größer aus dem Horizont herauswuchs. Vor sich sah er die Schatten der anderen abfliegenden Maschinen. Obwohl er wußte, daß er die Landungsflotte und die ganze Flak jetzt im Rücken hatte, holte er doch zum ersten Male nach langen Minuten wieder richtig Atem. Die Küste kam schon auf ihn zu, und er zog gerade am Knüppel, um darüber hinwegzusetzen, als ihn ein furchtbarer Schlag nach vorn warf...

Paulchen Rohr stürzte etwa einhundert Meter hinter Vermogen dem grollenden Orkan entgegen. Seine Maschine lag fast senkrecht. Trotz der Hölle, die um ihn herumtobte, war er noch verhältnismäßig ruhig, als er in die schwarzen Explosionswolken des Sperrfeuers eintauchte. Für Sekunden sah auch er nichts als feurige Blitze, tiefschwarze Rauchknäuel und glühende Feuerfäden, die wie ein gleißendes Filigran seinen Weg säumten. Der Daumen seiner rechten Hand lag schon vom Zeitpunkt des Sturzes an auf dem kleinen Knopf über dem Knüppel. Der Hebel am Zündschaltkasten stand auf „Ein“. Der Luftdruck einer schweren Flak-Granate warf ihn einmal aus der Bahn. Ein Zittern ging durch den Leib der Maschine, aber gleich darauf lag sie wieder wie ein Brett in der Luft.

Plötzlich lichtete sich die schwarze Wand, und Tausende von Metern weiter unten standen die grauen Konturen der Schiffe. Mit einem festen Griff drückte der Feldwebel den Knüppel noch ein Stück nach vorn. Der Leuchtkreis des Visiers zeigte jetzt genau auf das Heckteil eines Schiffes, von dem Rohr kurz den Eindruck hatte, daß es ein Kreuzer sei. Er sah immer nur dieses graue, ruhig daliegende Oval und ließ den Daumen leicht auf dem Knopf vibrieren. Er spürte keine Angst, höchstens darüber, daß das vor ihm liegende Ziel verrutschen könnte. Auch dachte er kaum mehr an das Feuer, das ihn umsprühte. Erst als die Leuchtspurbahn der leichten Flak neben der Kabine vorbeizischte, sah er auf den Höhenmesser. Er pendelte auf dreitausend Meter zu.

Dann auf einmal erstarrte er unter einem donnerähnlichen Schlag, der irgendwo vom Leitwerk der Maschine zu ihm hinvibrierte. Immer noch sang der Motor in seinem hellen Ton, aber Rohr wußte, daß er getroffen war. Seine Augen wurden groß und starr, als er plötzlich den Steuerknüppel bis an den hinteren Anschlag ziehen konnte, ohne daß die Ruder im geringsten reagierten. Sein ganzer Körper war mit einem Schlag in Schweiß gebadet, und seine Augen hetzten über die Zeiger am Armaturenbrett wie die eines verfolgten Wildes. Die Nadel des Tachometers ruckte über die 900-km/h-Anzeige und an den kleinen Begrenzungsstift des Anschlages.

Die Motorpartie der Maschine zeigte immer noch auf die graue Wand des Schiffes. Durch das Hirn des Feldwebels flogen tausend Gedanken, und nicht zuletzt der: Es ist aus! In seinem Unterbewußtsein schwelte die Erkenntnis, daß es bei diesem Sturzwinkel unmöglich war, noch mit dem Fallschirm zu springen. Der Schweiß floß ihm jetzt so stark über die Stirn, daß er kaum mehr sehen konnte. Er wischte mit dem Ärmel der Lederjacke darüber und blinzelte dann über den Rand des Motors. Der Atem schien nicht mehr zu funktionieren. Alles in ihm schien stillzustehen. Blitzartig zogen noch einmal Bilder aus seinem Leben an ihm vorbei. Er dachte an die Mutter, an das Mädchen, dem er Briefe schrieb, an Vermogen, an den „Alten“, und bei alldem war es ihm, als ob er nur träume.

Doch er träumte bei einem Sturz von nahezu tausend Kilometern Geschwindigkeit. Auf einmal sah er die Geschütztürme des Kreuzers so deutlich vor sich, als ob er mit der Hand danach greifen könnte. Er sah Männer in wilder Hast herumrennen, und erst in jenem Augenblick, als ihm das Oberdeck des Schiffes riesengroß vor das Gesicht wuchs, ballte sich sein Entsetzen vor dem letzten Augenblick in einen Schrei.

Als der Kommandeur den Verband in der Höhe von Alençon sammelte, waren es noch sieben Maschinen, die mit ihm nach Rennes zurückflogen.

Vermogen verlor für keine Sekunde völlig die Besinnung, obwohl er seine Stirn mit enormer Kraft an die obere Umrandung des Armaturenbrettes geschlagen hatte. Nur ein feuriger Schleier tanzte vor seinen Augen. Er spürte, wie ihm das Blut von der Stirn tropfte, und auch im Nacken rann ein warmer Strom von Flüssigkeit an seinem Hals hinab. Sein Blick erfaßte in diesen Sekunden viele Dinge, ohne sie richtig wahrzunehmen: die über den Strand krabbelnden erdbraunen Gestalten, klumpige Tanks, und dazwischen Feuer, Feuer und noch mal Feuer. Glutstriche und Leuchtpunkte von allen Seiten.

Und auf einmal hörte er auch das unregelmäßige Tuckern des Motors — die Nadeln der Instrumente begannen zu flackern — aber er flog ja noch. Dicht zischte der Rumpf der Maschine über die Stellungen. — Wieder der leichte Schwindel im Kopf — und zwischen allem nur der eine Gedanke: Wenn sie nur nicht wieder zu brennen anfängt!

Zaghaft bewegte die schweißnasse Hand den Knüppel — die Steuer gehorchten noch dem Druck der Hand — aber der Ton des Motors wurde immer unruhiger. — Wo ist eine Wiese? Nichts als Wälle und Gräben und Büsche und Wäldchen... Immer weiter sank der Tourenmesser nach links — und das zehn Meter über der Erde! Vermogen riß die blutverschmierte Atemmaske von der Nase und warf sie auf den Kabinenboden. — Nur noch über die Front hinweg! Aber wo ist sie denn, die Front? Der Motor begann zu schlagen, als ob er sich aus seinen Halterungen herausreißen wollte. Ein knirschendes Krachen wühlte darin herum, und langsam wich die Kraft aus dem zerschossenen Triebwerk. Der Steuerknüppel lag schon hinten am Anschlag, aber nichts vermochte den Rudern mehr Druck zu geben... Vermogens Blick irrte über das vor ihm liegende Land. Aber überall nur Wälle und Büsche. Es waren nur noch wenige Meter, die ihn von der Erde trennten, und er wußte, er konnte die Maschine nicht mehr halten. Blitzschnell löste er die rechte Hand und zurrte die Schultergurte so fest, daß ihm für einen Moment der Atem stockte. Dann schleifte das Spornrad sekundenlag über den Boden. Mit unheimlicher Geschwindigkeit kam ein Erdwall auf den Bug der Maschine zu. Vermogen hob den linken Arm vor die Stirn und drückte das Flugzeug mitten hinein. Die Zündung! durchfuhr es ihn, und er riß den kleinen Schlüssel zurück. Da bohrte sich die Motornase in den Wall. Eine Staubwolke hüllte ihn ein. Erdklumpen flogen in die Höhe. Aber immer noch raste der Rumpf der Maschine über das Gras, eine lange braune Spur hineinreißend. Immer noch war es die hohe Geschwindigkeit, die Vermogen auf den nächsten Erdwall zutrug. Wieder knallte die heiße Masse des Motors auf berstendes Erdreich — wieder knickte Vermoges Oberkörper durch die Wucht des Anpralls nach vorn. Mit überwachen Sinnen vernahm er durch das Krachen hindurch das kochende Geräusch des Motors. Das

Blut aus der Stirnwunde tropfte immer stärker über seine Lederjacke. Nebel flackerten vor seinen Augen. Und dann bohrte sich die Motorhaube in den lockeren Wiesenboden — wie ein Speer, der sich nach dem Flug in die Erde senkt. Langsam hob sich das Heckteil in die Höhe, bis die „190“ fast senkrecht stand. Doch dann senkte sie sich langsam wieder nach hinten.

Gerettet! dachte Vermogen. Es ist wieder einmal gutgegangen! Für Sekunden verharrte er in einer Art wohltuender Erschlaffung. Aber das Brodeln im zertrümmerten Bugteil versetzte ihn sofort wieder in einen neuen Alarmzustand. Mit fahrigen Händen löste der die Anschnallgurte und schlug auf den Sprengteller. Mit einem dumpfen Knall flog das schwere Kabinendach in die Höhe und bohrte sich mitsamt der Panzerplatte einige Meter weiter hinten in die Wiese.

Vermogen atmete in tiefen Zügen die klare Luft in sich hinein. Von unten her verspürte er den Gestank auslaufenden Brennstoffes. Ein Brechreiz begann ihn zu würgen. Plötzlich bemerkte er auf seinen Lippen den salzigen Geschmack des Blutes. Langsam hob er die Lider und starrte über das Gewirr verbeulten Metalls, das sich vor ihm auftürmte. Irgendwie wunderte er sich, daß die Maschine nicht gebrannt hatte. Er bewegte den Kopf, aber sofort senkte sich wieder der schwarze Schleier vor seine Augen. Mechanisch faßte er nach seinem Hinterkopf und betrachtete dann verständnislos seine mit Blut bedeckte Hand.

Einmal hörte er undeutlich etwas wie einen Schuß. Dann noch einmal einen. Vielleicht schossen sie hier sogar? Als etwa fünfhundert Meter neben ihm ein schweres Artilleriegeschoß unter grellem Zischen in die Erde schlug und mit einem peitschenden Knall explodierte, wandte er den Kopf in die betreffende Richtung. Seine Hände lagen fest verkrampft an den Kanten der Rumpfwände. Einmal lächelte er, als das Bild Lils vor ihm auftauchte. Er sah sie ganz deutlich vor sich. Dann war plötzlich ein dumpfes Trampeln in der Nähe.

Mit hastigen Sprüngen näherten sich die Soldaten der Maschine. Sie hatten von ihrer benachbarten Stellung aus die Notlandung des Flugzeuges beobachtet und waren trotz Artilleriebeschuß sofort losgerannt. In ihren gesprenkelten Tarnanzügen sahen sie recht seltsam aus. Schwitzend und keuchend langten sie an der Maschine an und starrten auf das blutverschmierte Gesicht Vermogens.

„Schnell“, sagte einer, „hol ihn ’raus! Aber vorsichtig! Ich denk, er hat was an der Erbse! Macht nur voran, die Kerle drüben schießen sich bestimmt nach hier ein!“

Ächzend hoben sie den bewußtlosen Flieger aus seinem Sitz und trugen ihn zur Seite. Sie hatten kaum hundert Schritte zurückgelegt, als der Luftdruck eines Artillerieeinschlages sie wie eine Riesenhand an den Boden preßte. Als der Splitterregen vorüber war, hoben sie langsam die Gesichter. Dort, wo vorher noch das Flugzeug gelegen hatte, gähnte jetzt ein tiefer Trichter.

„Heiliger Sankt Baldrian", stammelte einer, „man könnte fast meinen, wir hätten ein bisserl Schwein gehabt!"

Sie nahmen den immer noch wie leblos daliegenden Vermogen in die Höhe und schafften ihn über einen Erdwall.

Eine gute Viertelstunde später stolperten sie mit ihrer Last in das Kellergewölbe eines alten Schlosses.

„Habt ihr ihn?" erkundigte sich ein junger Hauptmann. Er stand von einer Kiste auf und kam auf die schwer atmenden Soldaten zu. „Fein, Jungs! Geht nach oben und holt ein paar Matratzen. Und sagt dem Doktor Bescheid. Er ist drüben im anderen Keller."

„Das muß 'n Sonntagskind sein", sagte ein langaufgeschossener, rotblonder Gefreiter, „kaum haben wir ihn 'rausgeklaubt, haben sie seine Kiste in Grund und Boden gestampft."

Der Doktor kam schneller, als man dies normalerweise von ihm gewöhnt war. Er hatte sich sofort auf die Beine gemacht, als sie ihm erzählten, daß sie einen von den Fliegern im Keller hätten, die vorhin über der Landungsflotte Bomben geworfen hatten. Der Medizinmann war schon im besten Reservealter und hatte denselben Schlamassel schon einmal mitgemacht. Er war eigentlich nur durch einen puren Zufall zu dieser Fronteinheit gekommen. Man wußte von ihm, daß er über eine eigene Lebensphilosophie verfügte. Früher hatte er einmal in einem hessischen Bauerndorf Landleute und ihre Kühe gleichermaßen mit seinen medizinischen Fähigkeiten beglückt.

„Schöner Mist", brummte er, als er sich über Vermogen beugte. „Hinten ein Splitter und vorn 'ne Platzwunde. Dazu anscheinend 'ne nette Gehirnerschütterung. Aber er wird's schaffen." Er beugte sich über Vermogen und tupfte mit einem Mullstück das Blut aus seinem Gesicht. Dann befühlte er die Wunde am Hinterkopf. „Nicht so schlimm", murmelte er dabei. Er holte ein Verbandspäckchen aus seinem Kasten und behandelte die Wunde sehr sorgfältig.

Während er auch die Stirnwunde verpflasterte, brummte er was von „armen Teufeln" und „alles doch für die Katz". Einmal schaute er dabei dem jungen Offizier in die Augen. Es dauerte eine Weile, bis sie wieder auf den Verwundeten blickten.

„Schön liegenlassen!" ordnete der Doktor an. „Er wird bald wieder auf diesseits umschalten. Hab schon üblere Sachen gesehen." Er stand auf und klopfte sich den Staub von den Knien. Plötzlich schien er etwas entdeckt zu haben. „Was ist denn das?" fragte er neugierig, sich noch einmal zu dem Bewußtlosen niederbeugend. Seine Finger glitten durch den Blutbrei, der sich auf Vermogens Brust gesammelt hatte. „Gib mal ein Stück Mull!" sagte er zu dem jungen Hauptmann. Als er das Gewünschte in der Hand hielt, putzte er das Blut zur Seite und wischte dann auf einem Gegenstand herum, den er unter dem Revers der Lederjacke herausgezogen hatte.

„Haben Sie das schon gesehen, Schaiber?"

„Nee“, sagte der Hauptmann. „Was denn?“

„Er hat denselben Halsschmuck wie Sie!“

„Wahrhaftig!“

„Was hat er denn für ’nen Dienstgrad?“

„Weiß nicht — das heißt — wir können ja mal nachsehen.“

Er griff in Vermogens Taschen und fand schließlich den roten Frontfliegerausweis.

„Toll“, sagte der Doktor, „lauter Helden um mich ’rum! Ich geh wieder in meine Bude zurück!“

Der Offizier hatte die letzten Worte kaum mehr gehört. Er zog sich einen Schemel heran und setzte sich neben den Schlafenden. Manchmal kamen schwere Seufzer über die Lippen Vermogens.

„Lil — Lil . . . ?“

„Aha“, lächelte der Offizier, „Lil heißt sie also, ein hübscher Name.“

In diesem Augenblick erbebte die Erde unter einem Granateinschlag. Die Flamme der auf dem Tisch stehenden Kerze flackerte wild hin und her. Der Blick des Offiziers wanderte mißtrauisch zu der gewölbten Decke und dann wieder zu Vermogen zurück.

Sekunden später läutete das Telefon.

„Gefechtsstand ‚Roter Mohn‘“, sagte der Hauptmann. „Jawohl, Herr Major. Gewiß! Mit Angriff jederzeit zu rechnen. Schön, jawohl — höchste Alarmbereitschaft — gut, jawohl, Ende.“

Langsam sank der Hörer auf das Feldtelefon zurück. Eine Zigarette wanderte in den Mund des Offiziers. Es gab kaum eine Front, an der er nicht schon gewesen war. Aus seinem linken Ärmel ragte der Lederhandschuh einer Handprothese. Aber es ging trotzdem noch. Man hätte es ja gewiß leichter haben können — irgendwo in einem Stab. Aber dann schon lieber hier vorn bei den Landsern so lange mithalten, bis es eben nicht mehr weiterging.

Sie wollen also angreifen, die Herren von drüben. Schön! Das war zu erwarten. Der Hauptmann zog Bilanz: Fünf MG 42, soundsoviele Maschinenpistolen. — Nun, es reichte noch. Wenn sie nicht von oben pfeffern, dann wird man es sicher schaffen . . .

Er zündete die Zigarette an der Kerzenflamme an und stieg die Treppe hoch. Die dicken Sohlen seiner Schuhe verursachten kaum einen Laut. An der Ecke des Gebäudes machte er kurz halt und spähte nach Norden. Am Horizont sah er die weißen, leberwurstartig in der Luft stehenden Sperrballone der Landungsflotte und darüber, in großen Höhen, Hunderte von dunklen Punkten. Seine Lippen preßten sich zusammen, und seine Kinnbacken begannen zu mahlen. Plötzlich vernahm sein geschultes Ohr ein heulendes Pfeifen. Mit einem Satz sprang er an die Mauer und warf sich zu Boden. Das Geschoß landete mitten in dem dicht mit Bäumen bewachsenen Schloßpark. Das Krachen von Holz folgte, vermischt mit dem Heulen herumsausender Splitter, dem Donner der Explosion. Mit in die Erde gekrallten Händen ließ der Hauptmann den Guß von Erde und Steinen über sich ergehen. Dann erhob er sich und beklopfte fluchend seine Tarnjacke.

Mit langen Sätzen hastete er durch den Park und von dort über einen Feldweg auf einige Bauernhäuser zu. Die Turmspitze einer kleinen Kirche ragte über die winkligen Gebäude. Immer wieder nach Norden sichernd, sprang die hagere Gestalt durch die schmale Dorfstraße. Hinter den letzten Häusern bog er nach links ab und rannte auf einen Friedhof zu, dessen weiße Steinkreuze bizarr über die kleine Mauer lugten. Etwa zehn Schritte vor der Umrandung hörte er wieder das bekannte Pfeifen. Wieder warf er sich flach auf die Erde, aber dieses Mal bohrte sich die Granate in einer verhältnismäßig weiten Entfernung in den Boden. Für Sekunden dachte der Hauptmann daran, daß er auch seine Ordonnanzen hätte ausschicken können, um diesen Befehl zu überbringen. Aber er hätte es sicher nicht fertiggebracht, sie jetzt zu wecken. Ein Lächeln flog über sein Gesicht, als er sich vorstellte, wie sie zusammengerollt in der Ecke des Kellers geschlafen hatten, als er losgerannt war. Sie waren die ganze Nacht unterwegs gewesen, und er wußte, was das hieß.

Mit einem gewandten Sprung turnte er über die Friedhofsmauer, um dann geduckt hinter ihr entlangzugehen. Wenig später sah er seine Männer. Sie hatten sich hinter der Mauer eingegraben und lagen rauchend oder kartenspielend in ihren Fuchshöhlen.

„Na“, sagte er, sich vor einem der Löcher niederkauernd, „wie fühlt ihr euch?“

„Sehr gut“, sagte einer, einen bezeichnenden Blick auf die hinter ihm stehenden Grabkreuze werfend, „da sind wir wenigstens gleich an der richtigen Stelle, wenn wir krepieren.“

„Red nicht so ’nen Quatsch!“ meinte der Hauptmann, sich den Schweiß von der Stirn wischend. „Der Gefechtsstand hat angerufen. Es ist mit einem Angriff zu rechnen. Paßt auf und laßt euch nicht über die Ohren hauen!“

„Schon gut“, erwiderte ein junger Unteroffizier. „wenn diese verdammten Flieger nicht wären, könnten sie mich sonstwo ... Aber diesen Brüdern dort oben soll der Teufel trauen.“

„Das kann schon sein“, murmelte der Hauptmann, sich an seiner Sitzfläche kratzend.

„Was ist übrigens mit dem Flieger, den sie heruntergeschossen haben?“ erkundigte sich ein anderer.

„Er ist drüben bei mir im Keller! Hat ein paar Löcher im Kopp.“

„Mensch“, meinte ein Obergefreiter, „wenn man das so gesehen hat, wie sie die Kerle ’runtergeputzt haben! Also, bei allem Wohlwollen, dann schon lieber hier auf’m Friedhof verrecken.“

„Wie man’s nimmt!“

Nach diesem kargen Dialog widmeten sie sich wieder ihren Zigaretten, oder sie sahen durch die kleinen Löcher, die sie in die Wand gebrochen hatten, zu dem schmalen Strich hinüber, wo sich vor dem grauen Dunst die Küste abzeichnete. In ihren verschmierten Tarnanzügen stachen sie nicht viel von der Erde ab, in der sie Schutz gesucht hatten. Die Stahlhelme hatten sie der Hitze wegen ins Genick geschoben, wobei die gelösten Halteriemen ihnen wie kleine Schaukeln vor dem Gesicht herumbaumelten. Als der Hauptmann sich eine Zigarette in den Mund steckte, flakkerten ihm drei Streichhölzer entgegen. Sie schätzten ihn. Es war schon mehr als einmal vorgekommen, daß er trotz seiner kaputten Hand Kameraden aus der Feuerlinie gezogen hatte, ganz abgesehen davon, daß er für sie sorgte wie ein Vater.

Von der Küste her wummerten immer noch die Abschüsse dicker Kaliber, und jedesmal, wenn es drüben aufbrüllte, peinigte sie die Frage, ob das wohl ihnen gelten könnte. Mit gespannten Gesichtern und schräggehaltenen Köpfen lauschten sie dann auf das Näherkommen der Granate, um jedesmal erleichtert aufzuatmen, wenn das Geschoß irgendwo in der Gegend landete.

Einmal kamen über die Friedhofsmauer die Köpfe zweier Landser zum Vorschein, die fluchend und schimpfend zwei Eßkanister über die Umrandung bugsierten. Wenig später kamen sie auch an das Loch, vor dem der Hauptmann kniete, und füllten eine wohlriechende Erbsensuppe, in der teilweise sogar Fleischstücke schwammen, in die bereitgehaltenen Kochgeschirre.

„So“, sagte einer, sich auf den Grabenrand setzend, „nun möchte ich mir aber für eine Viertelstunde Ruhe ausgebeten haben.“ Er zog einen Löffel aus einer der vielen Taschen des Tarnanzugs und begann zu essen.

„Werd's bestellen“, lächelte der Hauptmann, „werd' gleich drüben anrufen.“

Sie lachten und spähten zuerst noch einmal durch die Mauerlöcher, bevor sie sich endgültig mit der Erbsensuppe beschäftigten.

Doch plötzlich stellten sie wie auf ein Kommando die Kochgeschirre auf den Grabenrand und fuhren blitzschnell in ihr Loch zurück. Der Hauptmann warf sich mit einem Schwung an die Mauer und drückte das Gesicht auf den Boden. Sekunden später gurgelte eine Granate über den Friedhof und bohrte sich etwa hundert Meter von den Schützenlöchern in die Grabreihen. Eine riesige Erdfontäne stieg in die Höhe und überrieselte sekundenlang die Umgebung mit einem Gemisch aus Erdbrocken, Steinen und sonstigem Dreck. Die Männer aber lagen mit angehaltenem Atem in ihren Höhlen und horchten auf das Geprassel, das um sie herum niederging. Splitter fuhren zischend über die Erde oder bohrten sich unter dumpfem Knall in die Mauersteine über ihren Köpfen. Und als sie gerade damit anfingen, den Dreck von sich zu wälzen, da heulte schon der nächste Koffer durch die Luft.

In den folgenden fünfzehn Minuten durchlebten die Männer, die in dem donnernden Toben des Trommelfeuers ihre Hände immer tiefer in die weiche Erde schoben, wieder einmal all jene Stationen, die es vor dem jederzeit möglichen Schritt ins Jenseits durchzustehen gilt. Als das infernalische Heulen endlich verstummte, hoben sie zaghaft die Köpfe etwas in die Höhe und starrten mit geröteten Augen in die Runde. Langsam lösten sich die Hände aus den Erdkrumen.

Auch der Hauptmann schob seine Mütze, die er über die Augen gezogen hatte, langsam wieder etwas höher und richtete sich auf.

„Verdammter Sauladen!" fluchte er. „Man könnte glauben, die haben uns gemeint." Er tastete mit seiner linken Hand in den neben ihm liegenden Erdbrocken herum, weil er seine Zigarette vermißte. Nach kurzem Suchen fand er den Stummel und steckte ihn wieder zwischen die Lippen.

Auf einmal gellte ein Schrei über den Friedhof:

„Sie kommen!"

In Sekundenschnelle waren sie aus ihren Löchern heraus und warfen sich neben das Maschinengewehr, das einige Schritte neben dem Schützenloch seinen Lauf durch ein Mauerloch glitzern ließ. Kurz darauf ratterte die erste Garbe über die Wiesenfläche.

Zu Tausenden prasselten die Geschosse den Angreifern entgegen, die in einer Entfernung von etwa dreihundert Metern gerade über den freien Raum zwischen zwei kleinen Erdwällen rannten.

Der Hauptmann aber sah zunächst nichts. Für ihn war im Augenblick kein Guckloch frei. Er lag dicht neben dem MG-Schützen. Immer noch ratterte das Maschinengewehr wie eine hell singende Säge, und immer noch lag der verzerrte Ausdruck auf dem Gesicht des MG-Schützen.

Gerade rutschte der zweite Gurt in das Schloß des MG, als der Gefreite plötzlich mitten in der Bewegung verhielt und mit dem Kopf auf den Kolben des Gewehres fiel. Für Sekunden saß der Hauptmann fassungslos neben ihm und starrte auf das dünne Rinnsal Blut, das aus einem kleinen Loch zwischen den Augenwurzeln des MG-Schützen herausrieselte.

Als der Hauptmann das Schloß des MG spannte und durch das Mauerloch blickte, war der Angriff bereits zusammengebrochen. Nur hinter einem Erdwall, der etwa zweihundert Meter entfernt sein konnte, zeigte sich manchmal eine schwache Bewegung. Da ließ er eine Garbe über die zitternden Büsche streichen, hinter denen sich die Amerikaner wohl verborgen haben mochten. Danach rührte sich für eine Weile nichts mehr. Bis plötzlich das trockene Abschußgeräusch eines Granatwerfers aufklang. Gleich darauf schlug das erste Geschoß beinahe in den Trichter, den die Granate vorhin aufgewühlt hatte.

„Verflucht, verflucht!" knurrte der Hauptmann, während er sich enger an die Wand preßte. Plötzlich dachte er daran, daß sie drüben auch wohl Scharfschützen haben müßten. Dies fiel ihm ein, als er den toten MG-Schützten wieder bemerkte. Er zog seinen Kopf etwas zur Seite und sah sich um.

Der Mann vom MG schien vorläufig der einzige Verlust zu sein. Vorsichtig näherte der Hauptmann sein Gesicht dem Mauerloch. Es war nichts mehr zu sehen. Auch hinter den Erdwällen war alles ruhig. Eine Weile wartete er noch gespannt auf einen neuen Granatwerferabschuß, aber es geschah nichts mehr. „Werden sich eingraben", knurrte er vor sich hin, „und uns heute nacht einen Besuch abstatten. Der Teufel soll sie holen!"

Er lag noch bei den Männern, bis die Dämmerung kam. Hinter den Erdwällen hatte sich bis dahin nichts mehr gerührt, und trotzdem war es klar wie dicke Tinte, daß die Amerikaner dort immer noch lauerten. Man hätte sich allerdings vorstellen können, daß sie die Nacht abwarten wollten, um sich wieder zurückzuziehen. Oder sie warteten auf ihre Flieger. Wahrhaftig, dachte der Hauptmann, sicher werden sie uns morgen ihre Jabos auf den Hals hetzen. Ein kleiner Stellungswechsel wird sicher nichts schaden. Er überlegte, wo er die Kompanie neu einsetzen könnte, und kroch dann über die Mauer. Auf dem Weg zum Gefechtsstand kauerte er sich manchmal an den Boden und betrachtete gebannt das Spiel der Scheinwerfer über der Küste. Unaufhörlich stiegen dazwischen bunte Leuchtkugeln hoch und überfluteten das Land mit einem bengalischen Lichterzauber. Am ganzen Horizont blitzte es unaufhörlich. Es war ein dauerndes Aufzucken wie bei einem Wetterleuchten. In regelmäßigen Abständen bebte die Erde unter irgendeinem Einschlag, und manchmal hörte er genau das Grollen der Explosionen. Trotzdem verspürte er eine beachtliche Erleichterung darüber, daß ihnen jetzt eine Atempause vergönnt war.

Der Doktor saß neben Vermogen auf seinem Hocker, als er den Keller wieder betrat.

Vermogen hatte sich auf seinem Lager aufgerichtet und rauchte eine Zigarette. Um seinen Kopf trug er einen weißen Verband, und es war eigentlich jetzt erst richtig zu sehen, wie dreckig sein Gesicht war. Es schien dem Hauptmann, als ob sie sich in der Zwischenzeit gut unterhalten hätten, denn auf beider Gesichter lag noch der Abglanz eines Grinsens.

„Das ist unser Hauptmann", sagte der Doktor zu Vermogen.

Vermogen war durch diesen Hinweis doch etwas überrascht, da an dem Äußeren dieses Offiziers nichts auf diesen Dienstgrad hindeutete.

Er machte sich etwas steif und nannte dann seinen Namen.

„Freut mich", sagte der Hauptmann. „Freut mich, daß Sie wieder klar sind. War wohl 'ne schöne Schweinerei dort oben, he? Haben die Geschichte von hier aus ziemlich gut beobachtet."

„Ja?" Vermogen richtete sich noch etwas mehr in die Höhe. „Waren — ich meine, haben Sie sehen können, ob viele von uns heruntergekommen sind?"

Der Hauptmann tauschte mit dem Doktor einen schnellen Blick. Es war ihm anzusehen, daß er mit der Formulierung einer Lüge beschäftigt war. Aber er konnte sehr schlecht lügen. Als er in Vermogens Gesicht blickte, wurde ihm klar, daß er bereits durchschaut war. Da machte er mit der Hand eine vage Bewegung. Es seien schon einige heruntergefallen. Aber es sei ja möglich, daß das vielleicht amerikanische . . .

„Nein!" Vermogen sagte das mit einem zornigen Lächeln. „Das waren schon unsere. Der Teufel soll alles holen! Wenn ich mir diesen Einsatz nachträglich überlege, könnte ich verrückt werden."

„Warum?" fragten der Hauptmann und der Doktor fast zur gleichen Zeit.

„Weil — weil ein solcher Einsatz bei hellem Tageslicht und einer solchen Abwehr von vornherein ein Wahnsinn ist."

„Aha", lächelte der Doktor. Er sah so aus, als ob er alles verstanden hätte. Der Hauptmann dagegen trug plötzlich ein verbissenes Gesicht zur Schau. Er stand auf und ging an den Tisch, auf dem die Kerze stand. Es war ihm bei dieser Unterhaltung eingefallen, daß er der Mutter des Soldaten schreiben müsse, der vorhin hinter seinem MG den Kopfschuß bekommen hatte. Solche Briefe waren ihm schon immer ein Greuel gewesen. Aber er hatte trotzdem schon sehr viele schreiben müssen.

„... Ihr Junge fiel so tapfer, wie er lebte und kämpfte, und er hatte keine Schmerzen mehr ... "

„Wie ist es mit ihm?" fragte der Hauptmann mit einem Blick auf Vermogen. „Ist er transportfähig?"

„Eigentlich nicht so richtig", erwiderte der Doktor. Er zuckte dabei mit den Schultern. „Aber wenn es sein muß, dann schon!"

„Heute nacht geht ein Sanka (Sanitätskraftwagen) wieder zurück nach Le Mans", sagte der Hauptmann zu Vermogen. „Sie könnten mitfahren und dann Ihre Einheit suchen."

„Wunderbar", lächelte Vermogen, „das ist ja großartig."

„Hoffentlich", meinte der Hauptmann, „auf diesen verdammten Straßen ist jetzt nachts immer allerhand los. Präparieren Sie sich für Mitternacht. Um diese Zeit müssen sie kommen."

Mit den Händen in den Hosentaschen kam er wieder zu Vermogen hin.

„Kommen Sie gut 'raus hier! Und kommt bald wieder!" Er zeigte mit der Hand an die Decke. „Wir könnten euch gebrauchen. Ich glaube, wenn ihr nicht da seid, wird es für uns hier recht sauer."

Er hoffte, sagte Vermogen, daß es trotz allem doch noch klappen werde.

Das hoffe er auch, meinte der Hauptmann.

Er hatte kaum ausgesprochen, als ein donnerähnlicher Schlag den ganzen Keller erbeben ließ. Von oben hörte man das Geräusch zusammenfallender Mauern und das Knirschen von Steinen. Dann war es wieder ruhig. Nur die Kerze flackerte noch.

„Was ist denn das?" erkundigte sich der Doktor. Er nahm ein Monokel aus der Tasche und klemmte es ein. „Schießen die etwa auf uns?"

„Ach nein", erwiderte der Hauptmann, auf den Kellerausgang zugehend. „Es handelt sich doch nur um ein Schützenfest. Wissen Sie noch nicht, daß die Bauern im Dorf drüben mit Böllern schießen?"

„Hol sie der Henker!" fluchte der Doktor. „Hoffentlich haben sie mir nicht meine Bude zusammengeschossen. Ich hatte doch drei herrliche Pullen im Schrank."

„Der Dachstuhl ist völlig im Eimer“, sagte der Hauptmann, als er wieder zurückkam. „Eine Granate muß durchgefahren sein. Aber Ihre Bude steht noch.“

„Dafür sei gedankt!“ sagte der Doktor erleichtert.

Der Hauptmann ging in die Ecke und weckte die dort schlafenden Landser. Sie fuhren sofort in die Höhe und gähnten. „Los, 'raus jetzt!“

Schlaftrunken wankten die beiden Soldaten mit dem Hauptmann die Kellertreppe hinauf.

„Es ist etwas unruhig hier“, meinte der Doktor, als sie wieder allein waren. Er zog eine kleine Flasche aus der Tasche und entkorkte sie. Dann nahm er einen tiefen Schluck.

„Man muß hier vorbeugen,“ sagte er wie zur Erläuterung, „die Luft ist sehr ungesund.“

Das könne schon richtig sein, lächelte Vermogen, nachdem auch er einen Schluck genommen hatte.

Der Doktor nahm Vermogens Arm und fühlte ihm den Puls. Als er damit fertig war, nickte er zufrieden vor sich hin. Ob er Kopfschmerzen habe?

Es gehe, meinte Vermogen. Aber die habe er vielleicht auch noch vom letztenmal.

Der Arzt wollte sich gerade etwas eingehender nach dem „letzten Mal“ erkundigen, als der Explosionsdruck eines Granateinschlages ihn regelrecht von seinem Stuhl warf. Die Kerze verlöschte. Als das ungeheure Getöse und Gezische wieder abgeebbt war, kroch er fluchend auf dem Boden herum und entzündete ein Streichholz. Er steckte die Kerze wieder an und suchte dann nach seinem verlorenen Monokel. Es dauerte nicht lange, bis er es wiederfand. Erst als er es wieder im Auge hatte, schüttelte er den Kopf und deutete nach dem Treppenaufgang.

„Das war ja 'n schöner Brocken“, sagte er, die Schultern hochziehend. „Wenn man bedenkt, was da alles passieren kann ... “

Obwohl es Vermogen auch nicht richtig wohl war bei dem Gedanken, daß jeden Augenblick die Bude über ihm zusammenbrechen könnte, konnte er nach dieser Bemerkung des Doktors doch ein Grinsen nicht unterdrücken.

Da trugen sie den Hauptmann in den Keller. Seine Uniform bestand nur noch aus Fetzen. Dazwischen quoll an vielen Stellen das Blut hervor. Die Männer, die ihn trugen, legten den Körper dicht vor dem Doktor auf den Boden. Sie taten es mit einer scheuen Behutsamkeit. Ihre blutverschmierten Hände hielten sie steif von sich ab. Der Hauptmann war kaum mehr wiederzuerkennen. Aus seinem Mund drang ein Stöhnen.

Vermogen und der Doktor starrten entsetzt auf den wie leblos daliegenden Körper. Es dauerte lange, bis der Arzt sich schließlich hochrappelte und die Soldaten fragte, wie das eigentlich passiert sei.

Sie wüßten es nicht, sagten sie, sie wollten gerade zum Gefechtsstand, da hätten sie ihn am Rand des Granattrichters im Hof gefunden. Sie senkten die Augen, während sie diese Auskunft gaben, und wischten dabei das Blut an ihren Hosen ab.

„Großer Gott", sagte der Doktor. Er nahm die Kerze vom Tisch und stellte sie auf den Boden. Dann beugte er sich über den Körper des Hauptmanns und nestelte in Bauchhöhe an den Kleiderfetzen herum.

Seine Hand zuckte zurück, als ihm plötzlich Gedärme entgegenquollen. Gleich darauf schoß ein Blutstrahl in die Höhe. Auf dem Gesicht des Arztes standen Schweißtropfen. Er wischte sich über die Stirn und hinterließ dabei einen breiten Streifen von Blut.

„Was ist, Doktor?" ächzte der Hauptmann. Er war bei voller Besinnung. Seine Augenlider waren nur halb geöffnet. Seine Zähne waren so fest zusammengebissen, daß die Backenmuskeln wie Stränge heraustraten. Er mußte furchtbare Schmerzen haben. Aber er erduldete sie.

„Wasser!" lispelte er nach einer Weile. „Wasser!"

Nein, wollte der Doktor sagen, Sie dürfen nichts trinken. Aber dann sah er nach den Landsern und gab ihnen einen Wink. Einer kam mit einem Trinkbecher voll Wasser zurück. Sie setzten es dorthin, wo in dem blutverschmierten Gesicht die Lippen sein mußten. Der Todgeweihte trank in hastigen Zügen. Als der Becher schon halb geleert war, erfolgte ein schwerer Hustenanfall. Das Blut schoß in Strömen aus den Wunden.

Die Soldaten standen dabei und starrten mit vor Schreck geweiteten Augen auf diesen grausig zugerichteten menschlichen Leib. Fast konnten sie sich nicht mehr vorstellen, daß dies kurz vorher noch ihr Chef gewesen sein sollte. Auch Vermogens Blick lag entsetzt auf dem zuckenden Körper.

Sekunden später fiel der Kopf des Hauptmanns zur Seite. Er war tot.

Es war ein Uhr nachts, als der Doktor sich von Vermogen verabschiedete. Es schien ihm irgendwie schwerzufallen, denn er sah immer zur Seite, während er sprach.

„Machen Sie es gut und kommen Sie gut zurück!"

„Danke. Dasselbe wünsche ich Ihnen auch!"

In Begleitung eines Unteroffiziers, der in Anbetracht der vielen Granattrichter, die zu umgehen waren, pausenlos fluchte, ging Vermogen durch den Park auf die Landstraße zu. Dann quetschte er sich auf den Beifahrersitz des weißgestrichenen Wagens. Im hinteren Raum hörte man Stimmen. Das seien auch Verwundete, sagte der Unteroffizier. Hoffentlich klappe alles. Das sei hier eine verdammt windige Ecke.

Als sie durch Alençon fuhren, graute schon der Morgen. Da lenkte der Fahrer den Wagen in ein kleines Wäldchen. Sie stiegen aus und warfen sich aufatmend unter einen Baum.

„Und so geht das jetzt jede Nacht", sagte der Chauffeur. „Soll noch einer sagen, die Sanis machten nichts mit."

In Le Mans erwischte Vermogen auf dem Flugplatz eine „Taifun", die zufällig nach Rennes fliegen sollte. So kam es, daß er bereits am späten Nachmittag auf den Gefechtsstandbunker des Flugplatzes zuging.

Der junge Oberleutnant sah ihn an wie ein Gespenst, als er vor ihm stand.

„Sind Sie nicht — Sie sind doch . . . ?"

„Ja", lächelte Vermogen, „ich war vor drei Tagen auch dabei." Er setzte sich auf einen Hocker. Dann suchte er nach einer Zigarette und sah wieder auf den Oberleutnant.

„Wo sind sie?"

Das Gesicht des Offiziers wurde tiefernst. Er spielte mit einem Bleistift, ohne zunächst etwas zu sagen. Der Landser am Ventilator drehte anscheinend aus Langeweile an der Kurbel. Leise begann das Scheibenrad zu schnurren.

„Es sind . . . ", schluckte der Oberleutnant, „. . . es sind von Ihrer Staffel drei Maschinen zurückgekommen. Insgesamt waren es sieben. Einige Flugzeugführer sind wie Sie zu Fuß angekommen. Das ist alles, was ich weiß." Er blickte auf seine Hände, während er dies sagte.

Vermogen nickte nur, deutete eine Ehrenbezeigung an und ging wortlos hinaus. Der Gefreite vom Ventilator folgte ihm und führte ihn zu dem hinter dem Bunker stehenden Kübelwagen. Dann fuhren sie los.

Sie rollten am Rand des Flugplatzes entlang. In den Boxen standen keine Maschinen mehr. Nur am Wäldchen schimmerten die Umrisse eines Flugzeugs durch ein Tarnnetz. Je mehr sie sich dem Schloß näherten, desto mehr beschäftigte sich Vermogen mit der Frage, wen er wohl noch antreffen werde.

Dann war plötzlich der Park da. Sie fuhren die schnurgerade Straße auf den Eingang zu.

„Danke!" sagte Vermogen zu dem Landser. Er gab ihm ein paar Zigaretten und stieg dann vorsichtig aus dem Wagen.

Als er sich umdrehte, sah er den „Fürsten" auf der Treppe sitzen. Er hatte den linken Arm in einer Schlinge und ein großes Heftpflaster auf der rechten Gesichtshälfte.

„Mensch", sagte er, „du bist also auch noch da?"

„Ja", erwiderte Vermogen.

Der „Fürst" zuckte hilflos mit den Schultern.

„Wer ist noch da?"

„Der Oberleutnant — er ist im Lazarett!"

„Was . . . ?"

„Sie haben ihm die Hand operieren müssen. Splitter!"

„Und wer noch?"

„Der Oberfähnrich! Er ist drinnen. Hat sich das Gesicht verbrannt."

„Und . . . ?"

„Und ich", sagte der Feldwebel.

„Und Paulchen? Und der lange Koch? Und Volker?"

Wieder Schulterzucken.

„Ich weiß es nicht! Bis jetzt — niemand weiß etwas!"

Vermogen ging mit langsamen Schritten auf die Treppe zu und setzte sich auf die erste Stufe. Den Kopf in die Hände gestützt, saß er dort lange Zeit. Der „Fürst" ließ sich neben ihm nieder, ohne daß er es gemerkt hätte. Er dachte nicht daran, wie jetzt alles weitergehen würde. Das war so gleichgültig. Aber daß die Kameraden alle nicht mehr wiederkommen sollten, dieser Gedanke erfüllte ihn mit dumpfem Schmerz. Die Bilder der Tage und Monate, die sie miteinander verbracht hatten, zogen in schneller Folge vor ihm vorüber.

Es dauerte lange, bis er sich wieder des still neben ihm hockenden Kameraden erinnerte. Aber er war noch nicht fähig, etwas mit ihm zu sprechen.

Langsam stand er auf und wandte sich um.

„Und jetzt?"

„Ich weiß es nicht!" erwiderte der andere.

*

Niemand wußte es.

Sie wußten es erst, als sie eines Tages in einer endlosen Kolonne über die Landstraßen Bayerns auf den großen Drahtkäfig zuliefen, den die Sieger für sie gebaut hatten.

Da wußten sie es, obwohl sie es immer noch nicht glauben wollten. All die Tausende von Stunden Krieg, Opfer, Verzicht, Treue und selbstloser Hingabe sollten umsonst gewesen sein? All die Schmerzensnächte in den Lazaretten, all die Millionen von toten Kameraden? Wofür waren sie dann eigentlich gestorben? Wofür waren sie mit neunzehn, mit zwanzig, mit dreißig, mit vierzig oder noch mehr Jahren irgendwo für immer geblieben?

Niemand wußte es.

Es war Sommer geworden, als Vermogen den Stacheldraht zum erstenmal von draußen sehen durfte. Zusammen mit dem „Fürsten" und dem Oberleutnant stiegen sie am Bahnhof von Nürnberg von dem Lastwagen, den ein Neger hergefahren hatte. In ihren Brusttaschen knisterten die Entlassungsscheine.

Ihre Füße steckten immer noch in Pelzstiefeln und ihre Oberkörper in Lederjacken. Niemand hatte ihnen das genommen. Man war mit ihren Uhren zufrieden gewesen. Sie trugen kleine Beutel mit ein paar Habseligkeiten. Das war alles, was ihnen sechs Jahre Krieg eingebracht hatten. Wenn sie gingen, klapperten die Orden in ihren Hosentaschen. Sie trugen sie schon lange dort. Auch die hatte man ihnen gelassen.

Am Bahnhofsvorplatz blieben sie stehen und starrten mit müden Gesichtern über die Ruinen. Pausenlos fuhren amerikanische Jeeps an ihnen vorbei, mit singenden Soldaten darauf. Die Beifahrer hatten die Beine über die Kotflügel gelegt und kauten, als ob sie es bezahlt bekämen.

Sie standen beinahe eine halbe Stunde, denn sie brauchten so lange, um sich zu vergewissern, daß sie auch nicht träumten. Dann gingen sie zum Bahnhof hinüber.

Der Wagen, in dem Vermogen dem kleinen Heidebahnhof zufuhr, war immer noch von der gleichen Beschaffenheit. Nur war er diesmal vollgestopft mit Menschen, die Koffer neben sich stehen hatten und mit gleichgültigen Blicken auf die vorüberfliegende Landschaft starrten.

Doch dieses Mal wartete kein Kutscher mit einem Zweispänner vor der kleinen Station. Vermogen ging mit gesenktem Kopf den Weg entlang. Auch die Stille des Waldes, durch den er sich später mit brennenden Füßen hindurchschleppte, war die gleiche geblieben. Je weiter er ging, desto mehr vertiefte sich in ihm das Gefühl, daß er nach Hause zurückkehre. Seine Schritte wurden immer schneller. Zum erstenmal nach langen, langen Monaten fühlte er etwas wie Freude in sich.

Einige Zeit später sah er inmitten der Lichtung das kleine Haus. Eine Weile stand er am Rand des Weges. Dann ging er auf das Gartentor zu, und er dachte nur noch an Lil.

Beim Klang der Türglocke schlug ihm das Herz vor Aufregung bis zum Hals hinauf. Er lehnte sich an die Mauer und schloß beim Geräusch der auf dem Flur herankommenden Schritte die Augen.

Lils Gesicht wurde fahl, als sie ihm gegenüberstand. Ihre Hände hoben sich, dann sank sie ihm entgegen.

ENDE

Hans Holl

Fernspähtrupp in 8000 Meter Höhe

Die dramatischen Feindflüge deutscher Fernaufklärer zwischen dem Golf von Biskaya und der norwegischen Küste

Wie Phantome huschten sie über die Wasserwüste des Atlantik, monströsen Vögeln vergleichbar, die einem imaginären Ziel entgegenstrebten. Auf den rund 24 Meter langen Rümpfen und den fast 33 Meter weit gespannten Tragflächen schimmerten die Balkenkreuze der Luftwaffe im Licht der Sonne, die schon weit im Süden stand.

Vor fünfeinhalb Stunden waren die fünf FW 200 der 2. Staffel des Kampfgeschwaders 40 auf einer der Pisten von Bordeaux-Mérignac gestartet und seewärts über die Biskaya-Küste abgeflogen.

Eine Ewigkeit schien inzwischen vergangen zu sein. In gelockerter Verbandsformation dröhnten die viermotorigen Maschinen über die leicht bewegte See. Dreißig Männer wurden von ihnen südwestwärts getragen, dem Seeraum zwischen Portugal und den Azoren entgegen.

Im Heckstand der einen „Condor" blickte der Obergefreite Paul Mattner über den Lauf des MG 15 zum Himmel hinauf und dann wieder hinunter auf die See. Sonst gab es auch nichts zu sehen, wenigstens jetzt noch nicht. Denn bald mußte der Zeitpunkt nahen, wo der von Gibraltar in Richtung England fahrende britische Geleitzug in Sicht kommen würde. Eine unsichtbare Brücke aus Funksignalen spannte sich von ihnen zu dem U-Boot, das in der Nähe des Konvois stand. Bei der Einsatzbesprechung am frühen Morgen war auch das zur Sprache gekommen.

Der Obergefreite umklammerte den Kolben des Maschinengewehres und legte das Kinn darauf. Das Gefühl des Alleinseins, des Ausgestoßenseins aus der Welt, wollte sich wieder in ihn hineinschleichen, aber auch dieses Mal fand er wieder ein Rezept dagegen. Er lenkte seine Gedanken bewußt zum fernen Festland hinüber, zum Platz ihrer I. Gruppe und zu der Stadt an der Gironde, durch deren Straßen er noch gestern gelaufen war. Am Morgen dann der Start, der Flug hinaus über das Meer, in der Ferne noch einmal die Landspitze von Kap Finisterre und danach vor dem Bug nichts mehr als die endlose See und der weite Himmel.

Kap Finisterre! Soviel Latein war vom Gymnasium her noch hängengeblieben, um den Namen der Landspitze an der Nordwestkante Spaniens auseinanderzunehmen und einmal daran zu denken, daß diese Bezeichnung wohl von finis terrae abgeleitet worden sein mußte. Das aber hieß nichts anderes als „Ende der Erde" oder gar „der Welt". Wer mochte in längst verklungenen Zeiten diesen Namen einmal ausgetüftelt haben? Spanische Seefahrer des Mittelalters vielleicht, als sie mit ihren Galeonen aufs Meer hinauszogen und ihnen der letzte Blick auf die Landnase wie ein Abschied von der Welt vorgekommen war? Außerdem: Was hatte sich dort unten im Laufe der Jahrhunderte nicht schon alles abgespielt!

Columbus mit seiner „Santa Maria" und den zwei anderen klapprigen Segelschiffen war westwärts gefahren, um den Seeweg nach Indien zu entdecken und Amerika zu finden. Weiter droben, in der Bucht von Lissabon, hatte Spaniens Philipp II. am 29. Mai 1588 130 Kriegsschiffe verabschiedet, die von ihm auf die Reise geschickt worden waren, um Englands Ketzerkönigin Elizabeth den „Marsch zu blasen". Mit der Bekehrungsexpedition war es allerdings nichts geworden. Die Engländer waren auf der Hut, und ihre Admirale Drake, Hawkins und Frobisher hatten die spanische Armada schon zwischen Calais und Dünkirchen völlig zerrupft.

Calais, Dünkirchen! War rund 352 Jahre später, im August letzten Jahres, nicht eine andere Armada von dieser Gegend aus aufgebrochen, um die Engländer wieder einmal das Fürchten zu lehren? Dieses Mal allerdings nicht mit Galeonen, sondern mit Bombern, Stukas, Zerstörern und Jagdmaschinen, die alle das Hakenkreuz auf dem Leitwerk trugen.

Der Obergefreite wischte über das MG-Schloß, und wieder einmal hatte er das Gefühl, die spanischen Schiffe drunten auf dem Meer mit geschwellten Segeln dahinziehen zu sehen. Was einem während dieser endlosen Stunden des Anflugs auf irgendein Ziel nicht doch alles durch den Kopf ging! Aber er schätzte solche Gedankenspiele, denn sie ließen vieles von dem vergessen, was in nächster Zukunft und vielleicht sogar schon in kurzer Zeit geschehen konnte. Waren diese mittelalterlichen Seefahrer nicht so etwas Ähnliches wie sie: Menschen, für die der Raum zwischen den Kontinenten fast schon zur zweiten Heimat geworden war?

Die Wirklichkeit stellte sich wieder ein, als sich der Begriff „Fernaufklärer“ zum Vergleich anbot.

Welch ein klangvoller Name, und welch eine nüchterne Realität sich dahinter verbarg: Flüge über die Zeitspanne eines ganzen Tages und darüber, mit nahezu 9000 Liter Sprit in den Tanks, dazu Bomben in den Schächten oder unter den Tragflächen, Stunden für Stunden nur das Rauschen der Motoren im Kopfhörer, meistens die endlos erscheinende Route an der Westküste Irlands entlang, hinauf bis zu den Orkney-Inseln und dann endlich der Bogen hinüber nach Norwegen, zu den Flugplätzen von Stavanger-Sola oder Drontheim. Oder aber, wie an diesem 9. Februar 1941, eine Aufgabe, bei der es nichts mehr aufzuklären gab und die viermotorige Maschine wieder einmal zum Fernkampfbomber geworden war.

Auch die anderen links und rechts hatten Bomben an Bord. So die „Condor“ von Hauptmann Fliegel, dem Kapitän der 2./KG (Kampfgeschwader) 40, ebenso die drei restlichen FW 200, von den Oberleutnants Adam, Buchholz und Schlosser als 1. Piloten gesteuert. Und in der Kanzel des eigenen Vogels Oberleutnant Bernhard Jope, das As des Geschwaders. Man hätte mehr als die doppelte Breite einer stattlichen Landstraße hinter sich bringen müssen, wenn man jetzt durch den langen Rumpf zu ihm hingehen wollte. Am 30. Dezember letzten Jahres hatten sie ihm das Ritterkreuz verliehen, und vielleicht würde nach ihm keiner mehr einen solchen Erfolg verzeichnen können, wie er ihn zwei Monate vorher, am 24. Oktober 1940, vor der irischen Dunegal Bay hatte erringen können.

Jope! Was mochte jetzt in ihm vorgehen? Dachte er vielleicht an die Zeit bei der Lufthansa, wo er noch auf friedvollen Flügen Passagiere anstelle von Bomben und Maschinengewehren durch die Luft transportiert hatte?

Seine Stimme klang plötzlich aus den Kopfhörern, und Mattner er-

FW 200 „Condor“ C 5

Besatzung: 6–8 Mann;
Spannweite: 32,84 m;
Länge: 23,84 m;
Höhe: 6,30 m;
Gefechtsgewicht: 22 700 kg;
Höchstgeschwindigkeit: 406 km/h in 5000 m;
Landegeschwindigkeit: 116 km/h;
Triebwerke: vier BMW Bramo 323 R2 mit je 1000 PS;
Reichweite: 4100 km;
Gipfelhöhe: 8500 m;
Bewaffnung: zwei MG 151, 20 mm, vier MG 15, 7,9 mm;
Bombenlast: 5600 kg;

Die FW 200 „Condor“ war der einzige im Einsatz bewährte Fernbomber der Deutschen Luftwaffe, entwickelt aus einem Verkehrsflugzeug, das seinen Konstrukteuren in den dreißiger Jahren durch beachtliche Langstreckenflüge viel Ruhm einbrachte. Die von Prof. Kurt Tank entwickelte Maschine wurde im Juli 1937 — damals mit Pratt & Whitney-Motoren zu je 760 PS — erstmals geflogen. Serienflugzeuge erzielten anschließend spektakuläre Flugwegrekorde. So z. B. am 10./11. August 1938 von Berlin nach New York in 24 Stunden, 56 Minuten, zwölf Sekunden (255,49 km/h), am 13./14. August 1938 von New York nach Berlin in 19 Stunden, 55 Minuten (320,91 km/h) und vom 28. bis 30. November 1938 von Berlin nach Hanoi.
Mitte 1940 wurde auf Anordnung des Reichsluftfahrt-Ministeriums aus dem Verkehrsflugzeug ein Bomber entwickelt, der die Serienbezeichnung „FW 200 C“ trug. In der Folgezeit waren die „Condors“ hauptsächlich beim KG 40 in Südfrankreich stationiert. Sie wurden das „Auge der Kriegsmarine“ über den Weiten der Nordsee und waren gleichzeitig Fernbomber und Fernaufklärer mit dem Ziel, den alliierten Geleitzugsverkehr zu bekämpfen. Bei einem dieser Einsätze gelang dem damaligen Oberleutnant Jope der größte Erfolg. Er setzte vor der irischen Küste mit einer „Condor“ im Oktober 1940 den britischen Truppentransporter „Empress of Britain“ in Brand. Das schwer havarierte 42 348-BRT-Schiff wurde anschließend beim Versuch, es in einen irischen Hafen zu schleppen, von einem deutschen U-Boot durch Torpedotreffer versenkt (U 32, Kapitänleutnant Jenisch).
„Condor“-Maschinen flogen während des ganzen Krieges als Fernaufklärer weiter. Bei der Schlacht um Stalingrad waren sie in geringer Zahl auch als Versorgungsflugzeuge eingesetzt, brachten Munition und Verpflegung in den Kessel und nahmen Verwundete mit zurück. Zwischen 1940 und 1944 wurden 262 FW 200 der C-Serie gebaut.

kannte schon aus den ersten Worten, daß sie ihr Ziel erreicht hatten. Und während das große Flugzeug sich in eine leichte Kurve legte, sah er am Rumpf entlang die Silhouetten vieler Schiffe. Es waren allerdings keine spanischen Galeonen, sondern jeweils fast zehnmal so große Frachter und Tanker. Die von den Decks der Sicherungsfahrzeuge aufsprühenden Leuchtspurstriche verscheuchten die letzten romantischen Anwandlungen von einer Sekunde zur anderen. Der Krieg hatte die trostlose Monotonie des Anfluges unterbrochen, und die zuckenden Abschüsse der Flak (Flugabwehrkanonen) brachten den Heckschützen von Jopes „Condor“ völlig in die unbarmherzige Wirklichkeit zurück.

Die Kurve war beendet, und in einer Höhe von fünfzig Metern dröhnte die viermotorige Maschine neben den anderen dem britischen Gibraltar-Konvoi HG 53 entgegen. Mit Höchstgeschwindigkeit brausten die fünf Fernkampfflugzeuge im Quertiefangriff auf die vierzehn Schiffe zu.

Mattners Zeigefinger lag am Abzugsbügel der Bordwaffe. Durch das Lärmen der Triebwerke hörte er das Hämmern der zwei 20-mm-MG 151 im Drehturm über der Kanzel und in der Nase des Bombenschachtes zusammen mit dem Rattern des vorderen MG 15. Drüben aus Oberleutnant Adams Maschine schlängelten sich ebenfalls Geschoßgarben auf die See hinab. Die glutenden Kugelketten vermengten sich mit den Lichtspurfäden der Schiffsflak.

Mit stockendem Atem wartete der Obergefreite auf den Augenblick, wo das angeflogene Schiff unter ihm durchhuschen würde. Erst dann war seine Zeit gekommen. Erst dann würde er den Abzug durchreißen. Aber noch war es nicht soweit, und auch die Bomben hatten sich noch nicht gelöst. Erst 250 Meter vor dem angegriffenen Schiff würden sie ausgeklinkt, gegen die Breitseite des Schiffes fallen und dann nach einer kurzen Verzögerung ihre Vernichtungskraft entladen. Würde es auch dieses Mal gelingen?

Draußen schien sich der Himmel mit einem Gitternetz aus Feuerstrichen bedeckt zu haben. Aber noch waren alle Maschinen da! Noch hatten die Granaten der feindlichen Flak nichts angerichtet — noch nicht! Wie endlos lange sich Sekunden dehnen konnten! Wann tauchte unten endlich das Deck des Frachters auf, die Aufbauten, die Masten?

Da — ein kaum spürbarer Ruck ging durch die Zelle. Die vorderen Bordwaffen hämmerten immer noch. Unter Hauptmann Fliegels Maschine taumelten vier dunkle Gebilde gegen die Schiffe, die sich schon in aller Deutlichkeit auf dem Wasser abzeichneten: Bomben!

Mattner hatte den Lauf des Maschinengewehres bis zum Anschlag nach unten gedrückt. Ringsum flitzten die Leuchtspuren der Schiffsflak vorbei. Und dann sah er unter sich den Frachter. Das MG begann zu feuern. Die Garben zischten gegen das Deck, dann wurde der lange Frachter ferner. Sekunden später wieder ein Schiff, wahrscheinlich einer der Bewacher. In Mattners Augen spiegelte sich das Blitzen der Abschüsse. Das ganze Oberdeck schien Feuer zu speien. Jeden Moment konnte eine Granatenserie den MG-Stand zerfetzen, aber wie durch ein Wunder kam die große Maschine durch.

Der Obergefreite rang nach Atem. Erleichterung wollte sich einstellen, aber sie wäre so sinnlos gewesen wie sonst etwas. Immer noch fegten Leuchtspuren heran, zischten über das Heck hinweg und in den Himmel hinein. Und dann kam der Augenblick, wo die ersten Bomben riesige, blitzsprühende Wassertürme aus dem Meer hoben.

Aus einer flachen Kurve heraus sah Mattner auf die schaurige Szenerie der Vernichtung herab. Eines der Schiffe schien von einer Riesenfaust aus dem Meer geschleudert zu sein. Auch weiter drüben stiegen grelle Explosionspilze in die Höhe. Masten und Aufbauten wurden in die Luft gewirbelt. Aus den Kopfhörern erklang das Krächzen von Stimmen, aber der Obergefreite achtete nicht darauf.

Die anderen Maschinen kamen wieder in sein Blickfeld, und fast konnte er es nicht begreifen, daß sie noch alle da waren. Feuer wälzte sich über die See, von ausgelaufenem Öl genährt. Nun schon viele Kilometer entfernt, drehten die fünf FW 200 nach Nordosten ein. Die Wasseroberfläche war immer noch höchstens fünfzig Meter unter ihnen. Mattners Blick irrte durch den Himmel, und dann sah er die dicken weißen Streifen, die aus den Tragflächen einer „Condor" herausquollen und vom Fahrtwind zersprüht wurden.

Wer von ihnen hätte nicht gewußt, was das bedeutete! Treibstoff lief aus den Flächentanks durch Löcher, die von Geschossen herausgestanzt worden waren. Und das rund sechs Flugstunden vom Einsatzhafen entfernt!

Die angeschossene „Condor" kam näher, stach noch tiefer auf die See hinab. Die große Kennzahl auf dem Rumpf wurde sichtbar. Es war die Maschine von Oberleutnant Adam! Wie würde es weitergehen? Vor dem geistigen Auge zogen die Gesichter der Kameraden vorüber, auch das von Karli Kühn, dem Kumpel vieler Monate. Zuckten vielleicht schon in der nächsten Minute die Flammen über die Tragfläche? Noch geschah es nicht.

Doch da drehte Oberleutnant Jope schon zum nächsten Angriff ein. Mattners Hände schlossen sich fester um den Kolben des Maschinengewehrs. Noch einmal in die Hölle des Abwehrfeuers! Noch einmal die heraufzischenden Glutfäden der Geschoßgarben ...

Der Obergefreite merkte nicht, wie er sich unwillkürlich duckte. Den Oberkörper über die Waffe gebeugt, sah er auf die See hinab, die nach den vorhin erfolgten Bombendetonationen immer noch zu kochen schien. Wrackteile trieben auf dem Wasser herum, wurden von Strudeln erfaßt. Dazwischen die Köpfe von Menschen in wild schaukelnden Booten.

Vorn im Bugraum feuerten sie schon wieder. Das Leitwerk schien inzwischen noch näher an das Wasser herangekommen zu sein. Und dann huschte erneut ein Schiff unter dem Rumpf durch. Die letzten Bomben waren soeben gefallen. Jene Sekunden waren wieder da, in denen sich alles auf die Nähe des Todes konzentrierte. Der Schweiß floß in Strömen über den Körper. Wie eine riesige Zielscheibe mußte die Maschine jetzt in den Visieren der Richtkanoniere dort drunten hängen. Mit kaum 300 Stundenkilometer Geschwindigkeit dröhnte sie über das Schiff, unter dem die auf Verzögerung eingestellten Bomben in diesen Augenblicken schon kurz vor der Explosion standen.

Mattner hatte den Abzug des MG durchgerissen, ohne sich dessen bewußt zu werden. Er sah die Garben auf das Deck klatschen, blickte für Sekundenbruchteile in die Abschußflammen von Geschützen. Doch auch dieses Mal wurde die Schiffswand kleiner, als ob sie in sich zusammenschrumpfe, und die Maschine dröhnte durch die Luft, als ob nichts geschehen wäre. Das MG vor Mattners Körper ratterte immer noch. Er schoß, bis die Trommel leer war.

Den Blick immer noch auf die stetig winziger werdenden Silhouetten der Schiffe gerichtet, ließ er entsetzt die Hände sinken. Der Schweiß lief ihm in die Augen, aber in seinem Inneren war wieder jenes unvergleichliche Gefühl, das er in den letzten Monaten schon so oft verspürt hatte: noch zu leben, in einer Maschine zu sitzen, aus der kein Feuer herausleckte, dem Tod wieder einmal entronnen zu sein!

Nur langsam beruhigte sich der hektische Schlag des Herzens. Die Stimmen in den Kopfhörern drangen endlich ins Bewußtsein. Sorgenvolle Worte galten den Kameraden in der „Condor", die einige Kilometer entfernt über das Meer flog. Die sprühenden weißen Streifen des ausfließenden Treibstoffes waren nicht mehr zu sehen. Wahrscheinlich war der zerschossene Tank bereits leer.

Weit in der Ferne verschmolz die Rauchwand über dem Konvoi mit dem Dunst über dem Horizont. Mit unsicheren, tappenden Schritten ging Mattner zu den beiden Kameraden an den Funkgeräten. Keiner von ihnen drehte sich nach ihm um. An die Rumpfwand gelehnt, sah der Obergefreite wieder aufs Meer hinaus. Sein Blick erfaßte die einzelne „Condor" tief über der See.

Wann würde sie für immer im Meer verschwinden? Oder schafften sie es trotzdem noch?

*

Der Hauptgefreite Kruse lehnte wie ein aufrecht stehender schwarz gewandeter Bär an der niedrigen Holzbude, in der ein zahnloser norwegischer Großvater „Pölzer" verkaufte. Dabei handelte es sich um Würstchen, die innen anstelle von Fleisch mit Fischzeug gefüllt waren. Kruse, Gerätewart bei der Bildstelle der 1. (F)120 in Stavanger-Sola, konnte die schalen Gebilde zwar nicht leiden, aber er redete in der Wartezeit bis zur Rückkehr einer Maschine gern mit dem schrulligen Alten. Dieser sprach übrigens ein gut verständliches Deutsch, und der bullige Kruse wußte mittlerweile auch, daß er das während seiner Seemannjahre auf deutschen Frachtern gelernt hatte.

Sie ärgerten sich gerade wieder ein bißchen, redeten über den Krieg und den Endsieg, was der Norweger anscheinend nicht so recht glauben wollte, und freuten sich nebenbei über den Frühling, der mittlerweile mit der Räumung der letzten Schneereste beschäftigt war.

Mitten im schönsten Palaver näherte sich von den Hallen am Platzrand her ein dicker Mensch. Er trug eine Lederjacke und daran ein schief hängendes EK I, hatte Pelzstiefel an und ein Lächeln auf dem Vollmondgesicht. Als er nahe heran war, tippte er an seine speckige Schirmmütze, hob sich auf die Zehenspitzen und patschte dem baumlangen Kruse auf die Schulter. Anschließend begrüßte er zuerst den Norweger, nannte ihn einen „Fischmörder" und zog dann eine R 6-Schachtel aus der Tasche. Der Hauptgefreite bekam sofort große Augen und kurz darauf eines der Stäbchen.

Während der Norweger in seinem Verschlag neue Würste auf den Holzkohlenrost schmiß, gingen sie auf das in der Nähe stehende Haus zu. Die Bildstelle war darin untergebracht. Kruse übersah den strafenden Blick des lattendürren Spießes, der schon jahrelang vergeblich versuchte, ihm das Leben schwerzumachen, und lauschte dabei auf den dröhnenden Baß des Jagdfliegers an seiner Seite.

Oberfeldwebel Richter lag mit seinem Haufen am südlichen Platzrand zusammen mit einigen Me 109, die in den letzten Monaten kaum etwas zu tun gehabt hatten. Der Krieg war hier oben wirklich auszuhalten, und wahrscheinlich ließ es sich auf diesem großen Flugplatz sogar besser leben als in Berlin oder im Ruhrgebiet, wo die Engländer schon seit geraumer Zeit nachts ihre Bomben warfen. Über Stavanger-Sola tauchten sie nur ganz selten auf, und auch dann waren es meistens nur einzelne „Blenheim"-Bomber, die kurz am nächtlichen Himmel herumrumorten und sich dann von der Flak verscheuchen ließen.

Ganz abgesehen davon, daß niemand auf Bomben neugierig war, fand man die verhältnismäßige Beschaulichkeit auch so in Ordnung. Denn schließlich hatte es in den letzten Jahren nichts als Siege gegeben, halb Europa war schon von deutschen Truppen besetzt, und vermutlich waren die Engländer die letzten, die noch an die Reihe kommen würden. Sah nicht alles schon nach einem nahenden Abklingen des Krieges aus, nach dem „Endsieg"? Der Kampf auf dem Balkan war ebenfalls ein einziger Erfolg gewesen, die Kameraden von der Fallschirmtruppe hatten die Insel Kreta genommen, und mit der Sowjetunion bestand ein Nichtangriffspakt. Wie, um alles in der Welt, sollte da noch etwas schiefgehen können?

Kruse und Oberfeldwebel Richter waren von der gleichen Zuversicht beseelt wie alle anderen. Wer hätte es ihnen auch verdenken können? Zudem freuten sie sich über die Maisonne, die jeden Tag wärmer auf die Landschaft rings um den Stavanger-Fjord herabstrahlte. Die letzten Schneeflecke schmolzen wie Butter auf dem Ofen, am Himmel über dem Platz war es so ruhig wie über einem Stadtpark, nirgendwo lauerte eine Gefahr, und an den Friedhof jenseits der Hallen dachten sie in dieser

Stunde so wenig wie an den unbegreiflichen Flug des Führerstellvertreters Rudolf Heß vor kaum zwei Wochen nach England.

„Wenn man dich so anguckt", eröffnete Kruse das Gespräch, „dann muß man sich immer wieder fragen, wie du in eine Me 109 hineinpaßt!" Er sagte das in der schwerfälligen Sprechweise der Ostpreußen, und das vertrauliche „Du" konnte er sich seit jenem Tag vor einigen Wochen erlauben, an dem er dem Dicken auf seinem Beiwagenkrad das Lenken eines Motorrads beigebracht hatte.

„Mach dir darüber keine Sorgen", schmunzelte der Oberfeldwebel, ohne eine Spur von Wirkung zu zeigen, „es quetscht sich halt so zusammen. Bei dir Fleischpaket ginge es allerdings wahrscheinlich überhaupt nicht."

„Hätte auch gar keine Lust dazu", meinte Kruse zur Bildstelle hinüberäugend, wo der supergiftige Hauptfeldwebel Körner gerade einen Gefreiten von der Auswertung zusammenschiß, „mir genügt mein Geschäft."

„Hm", machte Richter, über diese Wendung der Unterhaltung offensichtlich nicht erfreut, „aber mal was anderes: Wer saß denn in der Maschine, die vorhin gestartet ist?"

„Leutnant Heidenreich und sein Verein", erwiderte der Hauptgefreite.

„Ah, der!" Der Oberfeldwebel schüttelte den Kopf. „Ist er wirklich so ein verrückter Hund?"

„Ich kenne ihn nur vom Boden", feixte Kruse, „und da leistet er auch schon allerhand. Müßtest ihn mal sehen, wenn er nach einem Feindflug drüben in der Auswertung herumtrippelt und die Kerle durcheinanderbringt. Stuhl in Vorhalte und so! Aber für ihn ist das sicher nur ein Spaß. Außerdem hat er dann meistens seinen Seelentrost schon in sich. Ist ja auch zu verstehen. Wenn ich mir vorstelle, was die Jungs mitmachen. Verflucht, nee . . . "

„Kann sein", sinnierte Richter, „mein Fall wäre das auch nicht. Allein mit einer Krähe über England und so. Stur und brav geradaus durch den Flakzauber. Dann die Jäger." Er schüttelt sich. „Da ist einer von unseren Flitzern halt doch was anderes." Das immer tiefer werdende Grinsen auf dem breitflächigen Gesicht des Hauptgefreiten ließ ihn innehalten. „Was hast du denn?"

„Ist mir soeben eingefallen", japste der Hauptgefreite, bibbernd vor innerem Frohlocken. Sein gewaltiger Brustkasten bebte. „Hab' gerade dran denken müssen, wie du die Besatzung von Leutnant Ebert ins Wasser gefeuert hast."

„Verdammt", knurrte der Oberfeldwebel, „sonst hast du wohl keine Sorgen, was?" Er schnaufte einige Male tief durch, zwang dann aber den gespielten Grimm von seinem rundlichen Gesicht und ein Schmunzeln darauf.

Sie redeten zwar nicht darüber, aber sicher dachten sie daran. Die Geschichte hatte sich etwa fünfzig Kilometer vor der norwegischen Küste abgespielt. In die Monotonie des Liegeplatzbetriebes bei den Jägern war vor einiger Zeit plötzlich die Meldung vom Anflug einer zweimotorigen britischen Maschine geplatzt. Der dicke Richter war daraufhin mit einem Rottenflieger gestartet, hatte die „Blenheim" prompt entdeckt und sich auf nichts mehr eingelassen. Erst später, als der Vogel bereits unten lag, war ihm klargeworden, warum der „Blenheim"-Pilot beim Auftauchen der beiden Jagdmaschinen so ausdauernd mit den Flächen gewackelt hatte. Es war nämlich einer von der eigenen Couleur gewesen, eben jener Leutnant Ebert mit seiner Besatzung.

Stunden zuvor hatten Ebert und die Seinen einen Husarenstreich geliefert, der seinesgleichen suchen mochte. Bei der Rückkehr von dem Dämmerungseinsatz nach Scapa Flow waren sie von der britischen Flak angeschossen worden. Da sie aber schon einmal zwei Tage in einem Schlauchboot über die Nordsee geschaukelt waren, hatten sie keine Lust mehr auf eine Wiederholung einer solchen Badekur. Herunter mußten sie aber, weil die Maschine nicht mehr lange mitmachen würde. Also beschlossen sie, auf einem englischen Platz zu landen. Das taten sie auch. Die Luftbasis war erleuchtet, die Pistenbefeuerung eingeschaltet, und so landete Ebert die Ju 88 mitten in einen regelrechten Hochbetrieb hinein. Sie rollten aus, drückten sich an den Platzrand, und das Wunder geschah: Niemand wollte zunächst etwas von ihnen. Erst später, als die deutsche Ju 88 am Platzrand entdeckt wurde, suchte man nach ihnen, allerdings ohne Erfolg. Sie hatten sich in eine Hütte verzogen, die britischen Mechanikern anscheinend als Aufenthaltsraum diente, zu dieser nächtlichen Stunde aber leer war. Während ihres anschließenden Herumirrens sahen sie eine „Blenheim", die mit laufenden Motoren in der Nähe stand, und da kam Leutnant Ebert die Idee seines Lebens. Wahrscheinlich erinnerte er sich in jenen Augenblicken daran, daß er vor einiger Zeit Gelegenheit gehabt hatte, an Bord einer notgelandeten Maschine des gleichen Musters die Eigenarten dieses Flugzeuges kennenzulernen. Das Weitere war eine Angelegenheit weniger Minuten. Sie schickten den britischen Mechaniker, der die Maschine abbremste, kurzfristig ins Jenseits, setzten sich hinein, und ab ging es. Das zweite Wunder geschah, und der Start glückte. Warum sie kein Nachtjäger verfolgte, wußten sie wohl auch heute noch nicht. Vielleicht war keiner da, oder ihr Verschwinden mit dem geklauten Vogel war bei dem Trubel rings um den Platz vorläufig gar nicht aufgefallen. So flogen sie also in Richtung Norwegen, und erst später dachten sie daran, daß außen die britischen Kokarden aufgemalt waren. Das war natürlich genügend Grund für ihren Funker, sich noch intensiver mit den Funkgeräten des ausgeliehenden Flugzeuges zu beschäftigen. Aber der Gefreite konnte die Kästen nicht überlisten. Mit Gottvertrauen und dunklen Ahnungen flogen sie weiter, bis dann Richter und sein Katschmarek auftauchten. Dann knallte es, und die Notwasserung war fällig. Ein Seenotflugzeug holte sie aus dem Wasser, und selten dürften Seenotflieger so dämlich geglotzt haben wie zu jenem Zeitpunkt, als sie deutschen Fliegern aus einem englischen Schlauchboot in ihre Maschine halfen.

„Wann wirst du das endlich hinuntergeschluckt haben?“ erkundigte sich der Oberfeldwebel und zündete sich eine neue Zigarette an.

„Nie!“ gluckste Kruse. „So was Herrliches gibt's nicht mehr. Das ... “

Er verzichtete auf den Rest des Satzes, weil am Himmel über dem Stavanger-Fjord ein immer stärker werdendes Brummen zu hören war. Wenig später kam ein großes Flugzeug in Sicht, das auf den Platz zudröhnte.

„Ein Hilfskreuzer* kommt!“ sagte Kruse andächtig. „Wollen wir mal rüber, wenn sie gelandet sind?“

Richter nickte und sah dabei zu der „Condor“ hinauf, unter deren breiten Tragflächen bereits die Fahrwerke herauskamen. Der mächtige Apparat verlor an Höhe und brummte auf eine der Betonpisten zu.

„Komm!“ Kruse zog den Oberfeldwebel am Ärmel seiner Jacke und deutete auf das in der Nähe stehende Krad. „Wenn Paul Mattner in der Krähe sitzt, kriegen wir vielleicht sogar was Feines mitgebracht.“

„Dann vorwärts!“ erwiderte der Oberfeldwebel und schleckte sich über die Lippen.

Die „Condor“ war schon unten, als sie an den Hallen entlangfuhren ...

*

Eine gute Stunde war bereits vergangen, seit die Bergflanken über dem Stavanger-Fjord hinter dem Dunst verschwanden. Die Ju 88 hatte inzwischen eine Höhe von 6000 Metern erreicht, aber die Höhenmessernadel kletterte immer noch.

Der Feldwebel hinter dem Steuerhorn sah wieder einmal zu dem Leutnant im Kommandantensitz hinüber, der mit gelösten Gurten neben ihm hing wie auf einem Klubsessel. Er hieß Heidenreich und war nach Mühls Meinung — und nicht nur nach seiner — so ziemlich das verrückeste und nervenloseste Geschöpf, das er je in einem Fernaufklärer durch die Luft transportiert hatte. Auf der Kartentasche über seinen Knien lag eine Zeitschrift. Er hatte den Leuchtbleistift in der Hand und kritzelte darauf herum. Schorsch Mühl ließ einen Schnaufer los, als er erkannte, daß er sich tatsächlich mit der Lösung eines Kreuzworträtsels beschäftigte.

Doch so etwas paßte zu ihm wie eine Faust aufs Auge, und wieder einmal versuchte Mühl die überschwappende Last seiner Erinnerungen durch einen Seufzer zu kompensieren. Wie oft hatten sie diesen Menschen mit dem stark gekräuselten schwarzen Haar, der mittelgroßen Statur und seiner unvergleichlichen Sturheit nicht schon in die Hölle gewünscht — und nachher im Geist den Hut vor ihm abgenommen. Damals zum Beispiel, als er sich im Feuer der englischen Flak über Liverpool das Erfliegen einer Bildskizze in den Kopf gesetzt hatte. Als ob das Züngeln der Explosionsblitze und das Spalier der Sprengwolken lediglich ein Empfangsfeuerwerk dargestellt hätte, waren auf seinen Befehl ganze zwölf Bildstreifen

* Luftwaffenausdruck für die FW 200.

über der Stadt zu fliegen gewesen. Und das alles immer hübsch in der gleichen Höhe, damit nachher der Maßstab stimmte, selbstverständlich auch mit der nötigen Überlappung der Bildrandstreifen. Die Flak hatte sie nicht erwischt, eine Tatsache, die Schorsch Mühl auch jetzt noch so wenig begreifen konnte wie die anderen hinter ihm: Toni Langleitner, Obergefreiter und Bordschütze der „Dora“, sowie Karl Thieme, Unteroffizier und Funker.

Was heute wieder alles passieren konnte, daran dachte man am besten gar nicht. Auf jeden Fall war es schon ein gewisser, wenn auch recht armseliger Trost, daß kein Aufklärungsflug über dem englischen Festland anlag, sondern ein solcher nach Scapa Flow, dem Hafen der britischen Heimatflotte auf den Orkney-Inseln.

Das monotone Dröhnen der Motoren wirkte einschläfernd. Inzwischen war eine Höhe von 7000 Meter erreicht und bereits überschritten worden. Die Sauerstoffmasken hingen schon lange vor den Gesichtern. Auch Heidenreich hatte sich den Gummiwulst bei 4000 Metern vor das Gesicht gestülpt, ohne dabei den Blick von seinem Rätsel zu wenden. Der Teufel mochte wissen, wo dieses Mannsbild die Ruhe hernahm.

Mühl sah auf den Wasserspiegel der See hinab. Wieder einmal überkam ihn das Gefühl von Verlorenheit. In den Kopfhörern war nur das übliche Rauschen. Heidenreich liebte es nicht, wenn überflüssiges Zeug geredet wurde. Sie taten ihm auch diesmal den Gefallen, obwohl es ihnen nicht leichtfiel.

Die Minuten schlichen dahin. Nichts zeigte sich auf der grünlichen Riesenfläche des Meeres, die von Horizont zu Horizont zu reichen schien.

Heidenreich ließ jetzt die Zeitung auf den Boden rutschen und steckte sich eine Zigarette an. Man konnte das machen in der Kanzel einer Ju 88, vor allem dann, wenn man sich selbst die Erlaubnis dazu erteilte. Der Leutnant schielte nach den ersten Zügen zu Schorsch Mühl herüber, und allein schon am Glitzern seiner Augen erkannte der Flugzeugführer, daß er offenbar wieder bis zur Halskrause mit Tatendrang geladen war.

Diesmal unterließ Mühl den Seufzer, weil es ohnehin keinen Wert gehabt hätte. Sekunden später sagte doch einer etwas. Langleitner meldete sich von der Bodenwanne. Was er über die Bordverständigungsanlage schickte, brachte sogar Heidenreich auf andere Gedanken.

„Flugzeug rechts vom Kurs“, quarrte seine Stimme aus den Kopfhörern, „dicker Brummer!“

Vier Augenpaare blickten in die Richtung, wo sich im Widerschein des Sonnenlichtes die Konturen einer großen Maschine abzeichneten. Sie flog anscheinend auf Gegenkurs. Ihre Umrisse wurden rasch größer.

„Eine ‚Condor‘!“ sagte der Funker, und es stimmte.

Schweigend betrachteten sie die immer mächtiger wirkende viermotorige FW 200. Kameraden von der I./KG 40 aus Bordeaux-Mérignac mußten in dem monströsen Vogel sitzen, und vielleicht würden sie auch an diesem Tag ihre lange Flugroute in Stavanger beenden.

Die Besatzung schien die einsame Ju 88 in der Zwischenzeit ebenfalls entdeckt zu haben. An den Wölkchen hinter den Motoren war zu erkennen, daß die Geschwindigkeit gedrosselt wurde. Wenig später schwenkte das Aufklärungsflugzeug mit seinen fast 33 Meter Spannweite auf die „Dora" ein. Auch Schorsch Mühl hatte unwillkürlich die Gashebel heruntergezogen. Aus der Kanzel der „Condor" winkten sie herüber, und auch Heidenreich hob die Hand zum Gruß. Dann war die unvermutete Begegnung hoch über der Nordsee beendet. Die beiden Maschinen entfernten sich voneinander, und der Flug in ein ungewisses Schicksal wurde fortgesetzt.

Das Schweigen hatte sich an Bord der „Dora" ausgebreitet. Für Sekunden huschte Heidenreichs Blick über die zahlreichen Instrumente am Armaturenbrett. Danach ließ er sich noch tiefer in den Sitz sinken und schloß die Augen.

Schorsch Mühl dachte daran, daß er ja eigentlich nicht nur Kommandant der Maschine, sondern auch ihr Beobachter war. Aber auf diesen Flügen in Richtung Scapa Flow gab es unterwegs selten etwas zu beobachten, und auch keine Kursprobleme waren auszutüfteln. Die Kompaßnadel stand auf 280 Grad, und wenn nicht der Himmel herabfallen sollte, dann brauchte nur noch die entsprechende Zeit zu vergehen, bis die Orkney-Inseln und somit das Ziel auftauchte.

Beim nächsten Hinübersehen gab es keinen Zweifel mehr darüber, daß Heidenreich sich für ein Nickerchen entschlossen hatte. Auch das war so eine Angewohnheit von ihm. Mühls Blick schweifte durch die Bugverglasung in Flugrichtung. Die See lag unter ihnen wie grünliches Glas. Wie oft hatte er dieses Bild schon in sich aufgenommen während der letzten Monate und sich seine Gedanken darüber gemacht.

Fernaufklärer! Welch ein phantastisches Geschäft. Er wurde manchmal daran erinnert, wenn nur das gedämpfte Laufgeräusch der Motoren in die Kanzel klang und der Tod nicht in irgendeiner Form gegen die Kanzel klopfte. Fernaufklärung, das bedeutet stundenlange Flüge, allein auf sich gestellt, zu irgendeinem Ziel und dort im günstigsten Fall „nur" das Feuer der Flak. Tausende von Metern weiter unten zuweilen winzige Striche über den gegnerischen Flugplätzen — ein Zeichen dafür, daß Jäger starteten. Und dann der sture Flug über den Zielraum, den Blick auf den Höhenmesser und den Variometer gerichtet. Ringsum das Krepieren der Flak-Geschosse, das Flirren der Explosionsblitze, das Heranfauchen der Preßwellen. Und rechts neben sich dieses nervenlose Denkmal von einem Leutnant, der selbst dann noch wie eine Statue dasaß, wenn hinten der Bordmixer und unten der Funker mit den Maschinengewehren herumknallten, feindliche Jäger durch die Gegend kurvten und ihre Garben um die Maschine zwitscherten.

Doch bisher war das Glück mit ihnen gewesen, wenn auch jedesmal der liebe Gott seinen Daumen dazwischen gehabt haben mußte, wie man so schön zu sagen pflegte. Die anderen, die nicht in den Genuß solch vielfäl-

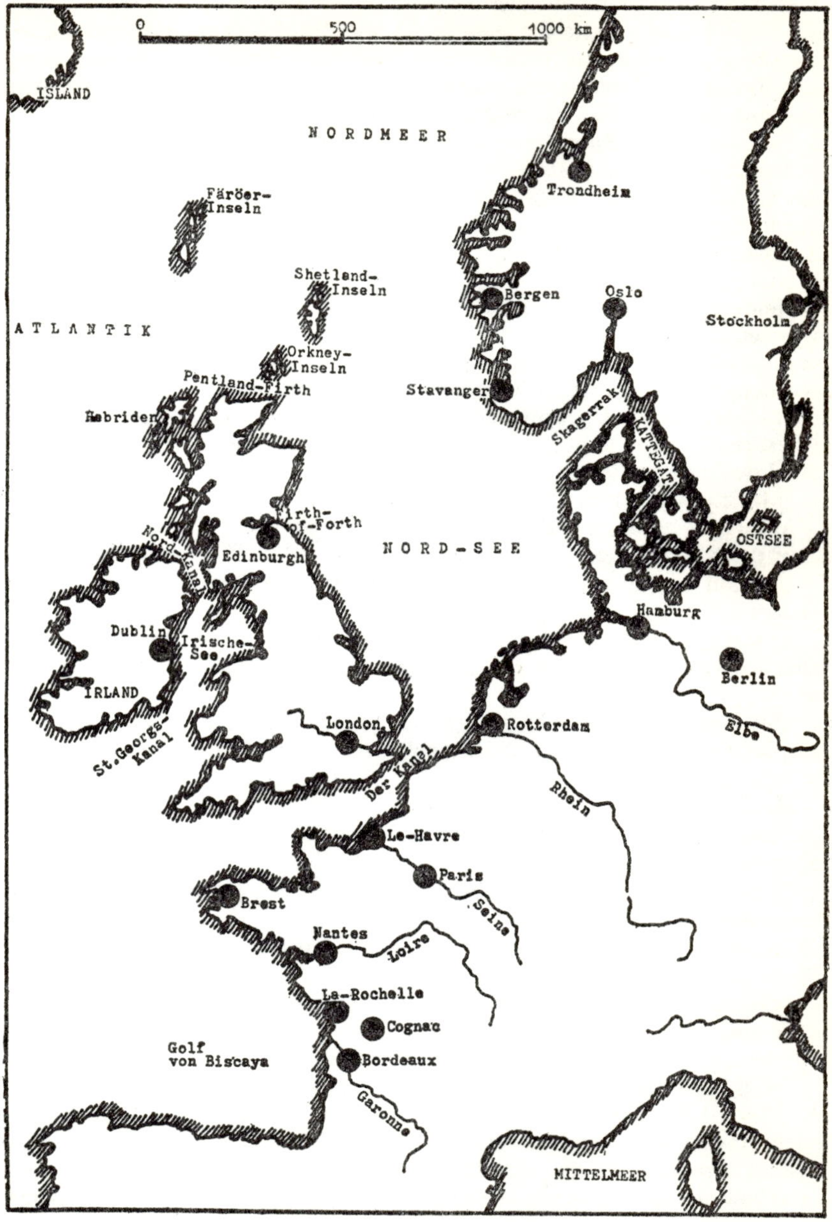
0
500
1000 km
ISLAND
NORDMEER
Trondheim
Färöer-
Inseln
Shetland-
Inseln
Bergen
Oslo
Stockholm
ATLANTIK
Orkney-
Inseln
Pentland-Firth
Stavanger
Hebriden
Skagerrak
KATTEGAT
Firth-
of-Forth
NORD-SEE
OSTSEE
Nord-Kanal
Edinburgh
Hamburg
Dublin
Irische-
See
Berlin
IRLAND
London
Rotterdam
St.Georgs-
Kanal
Elbe
Der Kanal
Rhein
Le-Havre
Paris
Brest
Seine
Nantes
Loire
La-Rochelle
Cognac
Golf
von Biscaya
Bordeaux
Garonne
MITTELMEER

tiger Wunder gekommen waren, lagen schon irgendwo dort unten in den Tiefen der See — oder auf dem Friedhof neben dem Flugplatz von Stavanger-Sola. Manche hatte die Feuerwehr aus den Maschinen herausgeholt, die schon als fliegende Wracks vom Feindflug zurückgekommen waren, von unzähligen Geschossen durchsiebt, mehr als einmal mit Kameraden an Bord, die tot in der Kanzel lagen.

Es hatte keinen Sinn, daran zu denken, und auch dieses Mal gelang es Schorsch Mühl, die düsteren Erinnerungen zu verscheuchen. Er sah wieder nach Südwesten, dorthin, wo im August vorigen Jahres über England die Luftschlacht begonnen hatte. Inzwischen hörte man nicht mehr viel darüber, vor allem machten sie kein solches Trara mehr wie vor ein paar Monaten.

Heidenreich schob sich wieder in die Höhe, als ob in seinem Kopf ein Wecker gerasselt hätte. Er tat es kurz vor jenem Augenblick, wo weit voraus über der Kimm ein grauer Streifen sichtbar wurde: Die Küste Nordenglands. Mit jeder weiteren Minute würden die Konturen jetzt deutlicher werden. Irgendwo dort drüben hinter dem Dunststreifen mußte Aberdeen liegen. Weiter oben der Flugplatz von Peterhead. Noch ein Stück weiter nördlich der Jägerplatz von Wick. Ob die Tommys auch dieses Mal zu spät starten würden?

Mühl sah hinunter auf die See. Der Bug der Ju 88 schob sich bereits über die Küstenlinie.

Und auf einmal wußte er, daß sie dort unten an diesem Tag rechtzeitig gestartet waren.

Er sah zu Heidenreich hinüber, der ein Fernglas vor den Augen hatte, es jetzt absetzte und dann an den Schaltern für die Bildgeräte herumfummelte.

„Sie kommen!“ sagte Mühl, und er spürte, wie die wirkliche oder nur gespielte Bierruhe des Leutnants auf dem Beobachtungssitz ihn wieder einmal in Harnisch brachte.

Heidenreich zuckte nur die Schultern.

„Das ist ihr gutes Recht!“ quäkte es aus den Kopfhörern. „Aber bis sie oben sind, haben wir noch eine Menge Zeit!“

Er blickte wieder in die Flugrichtung. Unter der gläsernen Kanzel lag bereits die weit nach Süden vorspringende Landnase von Ronaldshay. „Zehn Grad weniger“, sagte er einige Sekunden später, „auf den Pentland Firth zu und dann zuerst einmal einen Streifen in genau 360 Grad!“

Schorsch Mühl schluckte und nickte. Zu mehr reichte es nicht. An die Flak rings um die Bucht von Scapa Flow schien dieser Gemütsathlet überhaupt nicht zu denken. Oder er wollte nicht.

Da ging es auch schon los! Die ersten Schüsse lagen so dicht unter der Ju 88, daß die Maschine gewaltig ins Schaukeln kam. Und unten, vielleicht noch zweitausend Meter tiefer, schraubten sich zwei oder drei Hurricanes herauf, vielleicht auch Spitfires. Wie gleichgültig das war. Jede einzelne konnte dafür sorgen, daß es bald keine „Dora“ mehr gab. Vor wenigen Augenblicken hatte Mühl sie zum letztenmal gesehen. Sie hielten sich während der Kletterei etwa über Duncansby Head und kamen dadurch ihrer Flak nicht ins Gehege.

Soeben redete Heidenreich wieder. Im Hinblick auf das immer bedrohlicher werdende Flak-Feuer konnte Mühl es zunächst kaum glauben, was er da gerade ins Mikrophon geschrien hatte:

„Ruhiger halten die Mühle, verdammt noch mal! Wie soll da nachher der Maßstab stimmen!"

„Wir sind noch nicht im Anflug!" fauchte der Feldwebel, während er die Kurve nach Norden einleitete.

„Sehe ich", knurrte Heidenreich zurück, „aber gleich ist es soweit!"

Wenige Augenblicke später schaltete er die Bildgeräte im Rumpf der Ju 88 ein. Kleine Elektromotoren trieben jetzt die 30 Zentimeter breiten Bildstreifen über die Objektive. Das der größten Kamera hatte eine Brennweite von 75 Zentimetern. Ringsum war der Himmel bereits mit unzähligen Sprengwolken der Flak bedeckt. Pausenlos flitzten von den Rändern der Bucht um Scapa Flow neue Granaten herauf. Es war wieder einmal wie bei einem Ritt auf dem Pulverfaß. Jeden Augenblick konnte eines der Geschosse alles in Fetzen reißen. Manchmal war in den Kopfhörern das erregte Atmen des Bordmechanikers und des Funkers zu hören. Mühl löste die Hand vom Steuerhorn und wischte sich den Schweiß aus den Augen. Neben ihm blickte Heidenreich wie von einem teuren Logenplatz auf den Schlupfwinkel der britischen Heimatflotte hinunter. Er hatte die Arme über der Brust verschränkt, während sich ringsum die Pforten der Hölle geöffnet zu haben schienen. Zuweilen war vor lauter Sprengwolken der Wasserfleck zwischen den Inseln Mainland im Norden und Hoy sowie Kirkwall zu beiden Seiten der Bucht kaum zu sehen. Und jedesmal, wenn eine neue Preßwelle die Ju 88 nach oben drückte und ins Wakkeln brachte, schüttelte die Statue auf dem Beobachtersitz lediglich mißbilligend den Kopf.

Schorsch Mühl war schon zufrieden, daß er nichts darüber sagte. Die Zeit war wieder einmal gekommen, wo er ihn am liebsten zu allen Teufeln gewünscht hätte. Wenige Minuten später ergab sich ein neuer Grund dazu. Sie hatten inzwischen den Südrand von Kirkwall und damit das Nordende von Scapa Flow erreicht. Da schepperte Heidenreichs Stimme wieder aus den Kopfhörern:

„Drehen und dasselbe noch einmal! Leicht überlappen, also um einige Grade weiter nach Westen, wie gehabt!"

Mühl sah ihn an, und ihre Blicke begegneten sich. Doch die blanke Wut in des Feldwebels Augen störte Heidenreich anscheinend nicht im geringsten. Verzweifelt legte der Feldwebel die Ju 88 in eine neue Kurve. Als der gläserne Bug herum war, merkte er, daß die Flak ihr Feuer einzustellen begann. Noch einige Sprengwolken, dann kam nichts mehr herauf. Von einer düsteren Ahnung erfüllt, suchte er die Jäger. Er sah sie sofort. Sie hatten höchstens noch 5000 Meter zurückzulegen, bis sie auf ihrer Flughöhe waren. Drei an der Zahl. Es gab jetzt auch keinen Zweifel mehr darüber, daß es sich um Hurricanes handelte.

„MG feuerbereit!“ sagte Heidenreich, und das war alles. Er hielt es nicht einmal für nötig, in die Kanzelspitze zu rutschen, wo ein 13-mm-MG 131 auf ihn wartete.

Die „Dora“ flog also ihren zweiten Bildstreifen. Heidenreich sah jetzt nicht mehr nach vorn. Sein Blick war dorthin gerichtet, wo sich die Jäger in die Höhe schraubten. Jede Sekunde wartete Mühl auf einen Befehl, der sie aus dieser höllischen Situation herausbringen würde, aber er tat das immer noch vergeblich. Er reihte einen Fluch an den anderen, lautlos natürlich, doch auch das fruchtete nichts. Über seinem Kopf hing der Kolben eines 7,9-mm-MG 81, aber die Waffe war ihm jetzt so gleichgültig wie sonst etwas. Was sollte sie nützen, wenn die Tommys von hinten richtig auf die Brausen drückten?

Bei einem schnellen Seitenblick stellte er fest, daß die drei Feindjäger nur noch Minuten brauchen würden, bis sie in Aktion treten konnten. Die Ju 88 hatte inzwischen die Hälfte der Bucht wieder hinter sich gebracht. Da erst kam der erlösende Befehl:

„Neunzig Grad nach Osten und dann runter auf See!“

Schorsch Mühl tat es sofort. Die Aufklärungsmaschine drehte, und der Bug kippte nach vorn. Mit der Gelassenheit eines Buchhalters, der nach Feierabend seine Bleistifte sortiert, hantierte Heidenreich an einigen Schaltern herum. Er bewegte nicht einmal den Kopf, als sie kaum hundert Meter höher über die hochgereckten Bugs der drei Feindjäger huschten und ostwärts der Nordspitze der Insel Burray auf die See hinausflogen.

Mühl hielt das Steuerhorn leicht nach vorn gedrückt, und Heidenreich schien damit zufrieden zu sein. Er schränkte nun nicht mehr die Arme vor der Brust, trommelte mit den Händen dafür aber auf seinen Knien herum.

Zum erstenmal klang die Stimme des Funkers aus der FT-Haube. Er lag in der Bola (Bodenlafette), während er die Worte ins Mikrophon rief:

„Sie kommen nach!“

„Das war zu erwarten!“ bemerkte Heidenreich lakonisch. „Aber wir werden jetzt etwas Saft zulegen. Noch ein bißchen andrücken, Mühl! — So ist es recht!“

Die Höhenmessernadel zuckte nach unten. Schorsch Mühl sah nicht mehr nach hinten. Er hatte auch so das Gefühl, auf einer heißen Herdplatte zu hocken. In der Bordverständigung blieb es still. Das sollte aber noch lange nicht heißen, daß nichts mehr passieren konnte. Nur dieser verdammte Respekt vor Heidenreich war wohl schuld daran, daß sich keiner mehr muckste. Er tat es jetzt selbst nach einem kurzen Blick nach rückwärts, und der Teufel mochte wissen, ob der Hohn in seiner Stimme echt war.

„Ganz schön anhänglich, die Herren! Noch ein bißchen mehr Prass (Fahrt)!“

Schicksalsergeben drückte Mühl die Steuersäule noch etwas nach vorn, und die Tachometeranzeige reagierte sofort. Die Geschwindigkeit wurde immer höher, ebenso das Heulen des Fahrtwindes. Welch ein Glück, daß man mit der Ju 88 einen Apparat unter dem Hintern hatte, dem man im Sturzflug einiges zumuten konnte. Trotzdem hätte Mühl darauf geschworen, daß noch irgend etwas passieren würde. Ein unbestimmbares Gefühl sagte es ihm. Seine Nervosität wurde immer größer. Heidenreichs Befehls, noch einen zweiten Streifen zu fliegen, ging ihm wieder durch den Kopf. Aber so war das immer. Es hatte allerdings keinen Sinn, einen einzigen weiteren Gedanken daran zu verschwenden, denn die Tommys hingen sicherlich auch jetzt noch hinter dem Leitwerk. Schließlich hatten sie vorhin ja nur einzukurven und ebenfalls nach unten wegzudrücken brauchen. Und alles wegen diesem ...

Es reichte nicht mehr für den Ausbau der Zornaufwallung, weil Heidenreich sich wieder hören ließ. Er hatte die ganze Zeit über nach hinten gesehen und mußte daher wissen, wie es dort aussah.

„Ausatmen!" sagte er. „Die Herren haben aufgegeben. Anschließend ein Hoch auf die Ju 88 und dann Sauerstoffmasken ab, weil wir wieder auf Schnaufhöhe sind!" Er drehte den Oberkörper und klopfte seinem Flugzeugführer auf die Schulter. „Und Sie, Verehrter, können jetzt Ihr Gift aus dem Blick ablassen."

Die Sauerstoffmaske baumelte bereits neben seiner rechten FT-Muschel, und auch Schorsch Mühl zerrte das Gummigebilde von der Nase. Er brauchte sein Gift nicht mehr abzulassen, denn es hatte sich schon bei den letzten Worten Heidenreichs verflüchtigt. Das jungenhafte entwaffnende Lächeln auf seinem Gesicht tat ein übriges. Und eigentlich wäre es wieder an der Zeit gewesen, vor diesem Verrückten da drüben im Geist den Hut abzunehmen.

Doch schon der nächste Blick nach unten erstickte das aufkeimende Hochgefühl von einer Sekunde zur anderen. Ein Schatten huschte über das Meer, darüber eine einmotorige Maschine. Das aufflackernde Entsetzen in Mühls Blick ließ Heidenreichs Schmunzeln gerinnen. Ahnungsvoll wandte er den Kopf, und dann sah auch er die einzelne Spitfire, die kaum einige hundert Meter tiefer aus einer Messerkurve heraus auf Gegenkurs drehte. Es war bereits überflüssig, darüber nachzudenken, wo der Feindjäger hergekommen war.

Fast gleichzeitig gellten jetzt die Stimmen des Funkers und die des Obergefreiten Toni Langleitner aus den Kopfhörern.

Mühl saß immer noch wie erstarrt hinter dem Steuerhorn, den Blick auf die „Spitfire" gerichtet, die jetzt von unten herauf zum Angriff ansetzte. Ihre Garben kreuzten sich mit den Glutschnüren aus den eigenen Bordwaffen. Schon im nächsten Moment war es, als ob einige riesige Steine auf die „Dora" gefallen seien. Entsetzt beobachtete Schorsch Mühl, wie vom rechten Motor die Verkleidungsbleche wegflogen. Einige hundert Meter links von der Kanzel zog die „Spitfire" vorbei, halb im Rückflug.

Es spielte schon keine Rolle mehr, daß eine Garbe aus einem der Bord-

MG im Rumpf der Feindmaschine verschwand, denn sie hatte ihr Ziel wahrscheinlich erreicht. Es wäre sinnlos gewesen, die Triebwerksanzeige zu beobachten, denn der spuckende und schüttelnde Motor gab bereits seinen Geist auf. Mühl hörte das Stimmengewirr der Kameraden wie aus weiter Ferne. Resigniert blickte er auf die Luftschraube des zerschossenen Triebwerks, die sich wohl nicht mehr lange drehen würde. Noch einige Schläge, dann stand sie auch schon ...

Mit mechanischen Bewegungen schaltete Schorsch Mühl die Zündung aus. In seinem Hirn hatten sich einige Worte Langleitners gespeichert, die darauf hindeuteten, daß der Engländer getroffen worden sei und landeinwärts verschwinde. Heidenreich sah herüber, aber auch jetzt zeigte sich noch keine Wirkung auf seinem Gesicht. War es denn zu fassen? Während Mühl die schiebende Maschine austrimmte, hörte er seine helle Stimme wieder:

„Verbitte mir jede Aufregung, Herrschaften! Schließlich haben wir ja noch einen Motor!"

Mühl war viel zu erledigt, um ihn für diese läppische Bemerkung noch die Pest an den Hals zu wünschen.

Dreitausend Meter unter ihnen schimmerte die Wasserfläche des Meeres herauf. Die norwegische Küste schien am Ende der Welt zu liegen.

*

Die Motoren der „Condor" waren verstummt. Fast zwanzig Warte, darunter auch solche, die lediglich von ihrer Neugierde hergetrieben worden waren, standen um die Maschine herum und staunten.

Kruse und der Dicke von den Jägern waren soeben angekommen. Die Besatzung der FW 200 hatte wieder Boden unter den Füßen, was nach vierzehn, sechzehn oder noch mehr Flugstunden sicherlich ein Vergnügen war.

Der Obergefreite Mattner sah Kruse sofort. Schließlich ragte der Hauptgefreite neben dem Beiwagenkrad und hinter der Schar von Mechanikern mit seiner respektablen Körperlänge wie ein Turm in die Höhe. Mattner bückte sich, nahm eine Tasche auf und machte sich auf den kurzen Weg. Vor Monaten hatte er den sympathischen Kameraden hier zum erstenmal getroffen. Da auch Mattner lange Zeit in Ostpreußen gelebt hatte, war zwischen ihnen bald eine Art von Freundschaft entstanden, die bei jeder weiteren Landung der „Condor" vertieft worden war.

„Altes Haus!" schrie Mattner, mittlerweile in Reichweite von Kruses gewaltiger, ihm bereits entgegengestreckter Pranke angekommen. „Ist ja herrlich, daß du mich wieder auf dem Bahnhof abgeholt hast." Sie drückten sich die Hände, wobei Mattner auf den Oberfeldwebel schielte. Kruse klärte ihn darüber auf, um wen es sich handelte, und äugte dabei beziehungsvoll auf die am Boden stehende Segeltuchtasche.

Er wurde nicht enttäuscht, denn Mattner hatte etwas mitgebracht. Allerdings holte er die Flasche mit dem bräunlichen Inhalt erst in der Kantine hervor. Diese, eine Baracke auf dem Hügel am Ostrand der großen Luftbasis, beherbergte zu dieser Zeit nur zwei Unteroffiziere. Sie verschwanden noch rechtzeitig, um durch den Anblick einer Flasche französischen Kognaks nicht die Maulsperre zu kriegen. Denn Getränke dieser Art waren in Norwegen so selten wie Zigaretten. Auch an solche hatte Mattner gedacht, und Oberfeldwebel Richter betrachtete die Köstlichkeiten wie etwa ein Archäologe, der sich in altägyptischen Grabkammern der Mumie einer bisher noch vermißten Königin gegenübersieht.

Der Hauptgefreite Kruse hatte inzwischen das Wasser in seinem Mund zurückgedrängt, während Richter noch einmal beschäftigt war. Die nun auf dem Tisch stehende Flasche zog den feisten Kantinier wie ein Magnet hinter der primitiven Theke hervor. Er brachte gleich vier Gläser mit, ließ sich sein „Schweigegeld" einfüllen und verdrückte sich dann.

Anschließend begann wieder einmal das große Erzählen. Es war kein Wunder, daß auch Oberfeldwebel Richter die Augen herausschraubte, denn solche Flüge, wie sie der Obergefreite hinter sich zu bringen hatte, waren auch für ihn eine absolute Neuigkeit und daher von entsprechendem Interesse. Mattner sprach davon wie über etwas völlig Alltägliches. Auf eine Frage Kruses ließ er jetzt die Ereignisse des Feindfluges vom 9. Februar noch einmal abrollen. Dabei berichtete er den zwei anderen auch, daß die angeschossene „Condor" noch nach Hause gekommen sei. Später hatten sie auch die Ergebnisse des Funkhorchdienstes mitgeteilt bekommen. Danach seien an jenem Tag aus dem britischen Geleitzug (HG 53) durch ihre Bomben fünf Schiffe versenkt worden. Es waren die englischen Frachter JURA, DAGMAR I, VARNA und BRITANNIC sowie das norwegische Schiff TEJO mit insgesamt rund 10 000 BRT.

„Mann", sagte Richter andächtig, „da schippert ihr also mit diesen riesigen Kähnen über einen Geleitzug, und das auch noch im Tiefflug, und schmeißt eure Bomben drauf." Er zerrte den Knoten seines Fliegerschals herunter, als ob es ihm plötzlich zu heiß geworden wäre. „Da sind doch sicher auch Zerstörer und solches Zeugs dabei, oder?"

„Natürlich!" nickte Mattner und nahm einen Schluck.

„Und die haben doch 'ne Menge Flak!" schnaufte der Oberfeldwebel. „Wenn ich mich nicht täusche, machen eure Krähen doch kaum dreihundert Stundenkilometer?"

„Nicht einmal das!" seufzte Mattner: „Aber Glück gehört halt auch dazu."

Richter machte den Mund zu und sah zu Kruse hinüber. Der aber blickte auf sein Glas und zeigte ein glückliches Lächeln. Vielleicht hatte er gar nicht zugehört. Aber der Oberfeldwebel wollte noch etwas anderes wissen. „Sag einmal", wandte er sich wieder an den Bordschützen aus der „Condor", „der Oberleutnant mit dem Ritterkreuz, ist das euer Kommandant?"

„Ja", erwiderte Mattner, „es ist Oberleutnant Jope!"

„Hm!“ machte Richter, während jetzt auch Kruses Interesse zu erwachen schien. „Und woher hat der den Dödel (Jargon-Ausdruck für Ritterkreuz)?“

„Das weiß sogar ich“, schmunzelte Kruse, „weil er einen Mordspott versenkt hat. Wie hieß der Kasten wieder, Paul!“

„Die EMPRESS OF BRITAIN!“ antwortete Mattner.

Dem Oberfeldwebel schien ein Licht aufzugehen. Es hob ihn förmlich in die Höhe.

„Der war das?“ ereiferte er sich. „Das war doch — wie groß war das Ding?“

Mattner wußte das ganz genau.

„So etwas über 42 000 Tonnen (42 348 BRT). War ein Truppentransporter. Wir haben ihn so hundert Kilometer vor Irland entdeckt und in Brand geworfen. Nachher hat ihm ein U-Boot (U 32, Kapitänleutnant Jenisch) den Rest gegeben.“

Richter wischte sich den Schweiß von der Stirn. Offensichtliche Hochachtung spiegelte sich in seinem Blick.

„Verdammt“, sagte er, „und niemand hat euch einen verpaßt?“

„Nein“, lächelt Mattner, „sonst wäre ich wohl nicht mehr hier!“ Vor der Baracke hielt ein Motorrad. Ein Obergefreiter kam hereingestürzt. Es war einer von der Bildstelle. Als Kruse seinen Gesichtsausdruck bemerkte, schob er sich sofort in die Höhe. Der andere sah ihn und kam auf den Tisch zugelaufen.

„Karl“, keuchte er, „es ist was mit Heidenreich. Vor einer Viertelstunde haben sie es auf der Funkstelle gehört. Sie machen Einmotorenflug, und man weiß nicht . . . “

„Den Rest kannst du dir sparen“, sagte Kruse und reichte dem anderen sein Glas. „Da, kipp es aus! Weiß es unser Oberleutnant schon?“

„Deswegen bin ich ja hier!“ nickte der Obergefreite. „Hab euch vorhin hier rauffahren sehen. Sie suchen dich überall. Mach ja, daß du Leine ziehst!“

„Bin schon unterwegs“, murmelt Kruse. Er reichte Mattner die Hand. „Bist ja heute abend noch da, Paul. Bis später. — Oberfeld, kommen Sie mit?“

„Selbstverständlich!“ erwiderte Richter, und sie verließen den Raum. Draußen blickte Kruse über den Flugplatz in Richtung Stavanger-Fjord.

„Einmal hat das ja kommen müssen!“ sagte er, während er den Kickstarter durchtrat . . .

*

Die Ju 88 hing wie die berühmte reife Pflaume in der Luft, jeden Moment bereit, den kurzen Weg nach unten anzutreten. Zumindest hatte Schorsch Mühl dieses Gefühl, und es verstärkte sich mit jeder weiteren Minute. Der noch intakte Motor wimmerte in hohen Tönen, wie ein geschundenes Vieh, das nicht mehr lange mitmachen würde.

Sie hatten schon mehr als die Hälfte der Flugstrecke zur norwegischen Küste hinter sich, aber was noch vor ihnen lag, genügte, um die armselige Hoffnungsflamme immer wieder ins Flackern zu bringen.

Feldwebel Mühl hatte seinen Groll auf den Leutnant an seiner Seite schon längst vergessen. Das Kreuzworträtsel lag seit langem unter den Sohlen von Heidenreichs Pelzstiefeln, aber auch jetzt war noch keine Spur von Besorgnis auf seinen Zügen zu entdecken. Er steckte soeben zwei Zigaretten an und schob eine davon Schorsch Mühl in den Mund. Das Ding schmeckte wie Kamelmist, und am liebsten hätte Mühl das Stäbchen wieder ausgespuckt. Als er den Kopf zur Seite drehte, holte Heidenreich aus den unergründlichen Tiefen seines Gemüts wieder einen jener Sprüche hervor, von denen er in der vergangenen Stunde schon einige losgelassen hatte:

„Von Kommandant an alle: Wie ist die Stimmung an Bord?"

Aus den Kopfhörern Mühls kamen Geräusche, als ob sich die beiden anderen hinter ihm gerade verschluckt hätten. Dann klang es fast gleichzeitig aus den Membranen:

„Gut, Herr Leutnant!" Heidenreich lächelte tatsächlich.

„Das wollte ich mir auch ausgebeten haben, Herrschaften. Übrigens: Wann gestorben wird, bestimme ich!"

Schorsch Mühl verdrehte die Augen und nahm die Zigarette aus dem Mund. Er erinnerte sich unwillkürlich an ein Buch vom U-Boot-Krieg. Die Kommandanten gaben meistens ähnliche Weisungen von sich, wenn über ihnen die Wasserbomben krachten. Solche zum Beispiel: „Keine Angst! Die übernimmt der Kommandant für die Besatzung!"

Wie lächerlich das alles war, und wie gut es andererseits wieder tat. Wo nahm dieser Mensch in solch einer Situation aber nur die Kraft für Aufmunterungsversuche dieser Art her? Oder wollte er damit nur jenen üblen Druck aus dem Magen verscheuchen, der bei ihm sicherlich der gleiche war wie bei allen anderen an Bord? Der Teufel mochte es wissen! Andererseits spielte es auch keine Rolle.

Von dunklen Ahnungen erfüllt, horchte Mühl wieder auf das Singen des Motors. Ein Wunder müßte geschehen, wenn er durchhalten würde. Denn schließlich war die schwere Maschine nicht umsonst mit zwei Triebwerken ausgerüstet worden. Was dann passieren mußte, wenn der Quirl (Luftschraube) nach einigen letzten tuckernden Geräuschen stehenbleiben sollte, daran dachte man besser nicht.

Trotzdem ließen sich die Gedanken daran nicht verdrängen. Bilder schoben sich vor das geistige Auge, eines nachhaltiger als das andere. Da war ein Tag bei der Seenotstation. Sie hatten gerade welche ausgeladen, die von einer Do 24 in einem Schlauchboot weit draußen auf See entdeckt worden waren. Die Gesichter der Kameraden hatten nichts Menschliches mehr an sich: aufgedunsen, von der Sonne verbrannt, mit zerplatzten, wulstigen Lippen, grotesken Masken ähnelnd, fratzenhaft, wie aus einem schaurigen Traum. Die restlichen zwei aus dem Viermannschlauchboot benötigten keine Hilfe mehr. Sie hatten schon unterwegs den Rest ihrer Qualen hinter sich gebracht.

Es war eine Szene, die nicht für die Kamera eines Kriegsberichters getaugt hätte. An was man nicht alles dachte, wenn man dem Ende entgegenbangte, in irgendeiner Form. Wie deutlich sich da das wirkliche Gesicht des Krieges entpuppte, die Kehrseite allen soldatischen Ruhms. Und wie bitter die Überlegungen wurden, die man daran verschwendete. Siege und Erfolge waren prächtige Vorlagen für seitenlange Illustriertenberichte. Doch wie gestorben wurde, wie die im Schlauchboot Verdursteten aussahen, durch welche Folterkammer sie gegangen waren — all das war höchstens ein schnelles Vergessen wert.

Der Tod hatte wahrhaftig schon hundertmal an die Bordwand geklopft, aber in einer solchen Situation waren sie mit der „Dora" noch nie gewesen. Die düsteren Bilder verschwanden vor der Erinnerung, und vor den Augen gewann die endlose Wasserfläche wieder ihre reale Gestalt.

Langsam drehte Schorsch Mühl den Kopf. Heidenreich hatte die Karte auf den Knien. Er steckte eine Entfernung ab und drehte dann am Knemayr (Rechenscheibe) herum. Aber er sagte nichts. Als er herübersah, war sogar das Lächeln wieder auf seinem Gesicht. Eine Weile blickte er auf den Silberkreis der Luftschraube vor dem Backbordmotor. Seine Wangenmuskeln bewegten sich, und seine Hände tasteten über die Rechenscheibe. Er rang mit irgend etwas, und vielleicht war jetzt auch für ihn der Zeitpunkt gekommen, wo seine innere Kraft zu erlahmen begann. Schorsch Mühl beobachtete sein gesenktes Gesicht, und es fiel ihm ein, daß er sogar noch ein Jahr jünger war als er selbst.

Er wollte gerade wieder durch die Frontscheibe sehen, als der Kopf des Leutnants sich nach oben bewegte. Noch einmal schielte er sekundenlang auf das Rechengerät über seinem rechten Knie, dann hörten sie ihn wieder: „Noch eine Viertelstunde, dann haben wir's! Es kann also gesungen werden!"

Den Atem ausstoßend, verzog Schorsch Mühl das Gesicht. Vielleicht sah es sogar nach einem gequälten Lächeln aus. Die Stille legte sich wieder wie eine Marter auf die Nerven. Hinten am Ende des Kampfraumes schienen sie dem Obergefreiten Langleitner gerade durchzugehen. Heidenreich preßte die Lippen zusammen, als der Obergefreite die Melodie eines bekannten Liedes ins Mikrophon plärrte und dazu den abgewandelten Text herausschrie:

„Siegreich wollen wir England schlagen, baden wie ein tapferer Heeheheld!"

Der Leutnant brauchte nur wenige Sekunden bis zur nächsten Reaktion. „Wunderbar!" sagte er. „Hat das Lied noch 'ne Strophe?"

Die Frage schien den Obergefreiten wieder auf den Teppich gebracht zu haben.

„Nein, Herr Leutnant", kam es zurück, „ich ... "

„Schon gut!" sagte Heidenreich, und zum erstenmal war ein Unterton von Müdigkeit herauszuhören. Seine nächsten Worte paßten dazu: „Wann gebadet wird, bestimmt dieses Mal der liebe Gott!"

Dann war das Schweigen wieder da. Niemand unterbrach es mehr. Vier Augenpaare waren in die Flugrichtung gewendet.

Der Motor lief noch, aber schon wenige Minuten später sah Schorsch Mühl bei einem zufälligen Blick auf die Instrumente, daß die Nadel des Drehzahlmessers kaum merklich nach links wanderte. Das Entsetzen in seinen Augen und die Starre in seiner Haltung waren zu deutliche Alarmsignale, als daß Heidenreich sie nicht bemerkt hätte. Sein Kopf ruckte herum, und dann sah auch er die nach unten wandernde Anzeige. Ihre Blicke begegneten sich, und sie wußten, daß ihre Chancen jetzt auf ein Minimum zusammengeschrumpft waren.

Sie hatten auch keine Möglichkeit mehr, etwas zu tun. Die Bordwaffen, zusammen mit der verbliebenen Munition sowie die Fallschirme und anderer Ballast waren auf Heidenreichs Befehl schon vor geraumer Zeit ins Meer geworden worden. Es war geschehen, um das Gewicht der Maschine zu vermindern.

Ein Atemhauch in Mühls Nacken veranlaßte ihn, den Kopf zu wenden. Toni Langleitner stand hinter ihm, den Blick wie fasziniert auf die grünlich schillernden Markierungen des Drehzahlmessers gerichtet. Aber auch er sagte nichts. Wozu auch?

Heidenreich blickte über das Meer, als ob er auf diese Weise die schon so nahe und doch so unendlich ferne Küste heranholen könnte. Mühls Hände klammerten sich fester um das Steuerhorn. Er wußte, mit welcher Geschwindigkeit sie bisher über die See gezogen waren, und ein einziger Blick auf die Borduhr genügte, um eine überschlägige Rechnung zu ermöglichen. Danach waren sie höchstens noch dreißig bis fünfzig Kilometer vom Festland entfernt. Aus größerer Höhe hätte sich die Küstenlinie wohl schon längst vor dem Horizont abgezeichnet. In kaum fünfhundert Metern aber konnte man sie höchstens ahnen — und hoffen, daß man sie noch einmal sehen würde.

Keiner sagte mehr etwas. Auch Heidenreich saß wie erstarrt auf dem Beobachtersitz, den Oberkörper weit nach vorn geneigt, mit mahlenden Kiefern. Schorsch Mühl brauchte nicht mehr zu ihm hinüberzusehen, um zu wissen, daß er ebenfalls in bohrender Unruhe nur noch auf den Augenblick wartete, wo sich ein graubrauner Farbstreifen über die Kimm heben würde.

Aber es war immer noch nichts zu erkennen. Die Wasserfläche der Nordsee schien sich auch weiterhin ins Endlose zu dehnen, und das Singen des Motors wurde stetig höher. Eine magische Gewalt mußte Mühls Blick erneut auf den Tourenzähler gelenkt haben: Die Nadel war wieder um einen Strich zurückgefallen.

Unten huschten die weißen Schaumzungen über den leicht bewegten Wellen vorbei. Wie tief mochte die See an dieser Stelle sein? Wie sinnlos solche Überlegungen waren. Immer enger kreisten die Gedanken jetzt um den Augenblick, wo der Motor verstummen und die Notwasserung unumgänglich sein würde. Wie viele Sekunden konnten ihnen bleiben, um die Kanzel zu verlassen? Würden sie hinten das Schlauchboot noch rechtzeitig herausbringen?

Der Schweiß brach aus den Poren. Er floß so stark, daß es überflüssig gewesen wäre, ihn wegwischen zu wollen. Der Laufton des Triebwerks hatte schon eine verzweifelte Ähnlichkeit mit einer Totenklage. Wie lange würde es sie noch durch die Luft ziehen? Zehn Minuten oder nur noch eine? Wie das Herz plötzlich zu klopfen begann, während die Gedanken den so lächerlich geringen Raum bis zur Küste überbrückten, der dennoch immer unerreichbarer zu werden schien.

Heidenreich erwachte wieder aus seiner Erstarrung. Er blickte auf die Karte, hantierte an der Rechenscheibe, warf dann einige Zahlen auf seinen Notizblock und drehte sich um.

„Thieme, geben Sie unseren Standort durch!"

Der Funker griff nach dem Blatt und dann nach einem Skalenknopf.

Ein knallendes Geräusch aus dem Motor ließ Schorsch Mühl zusammenzucken. Auch Heidenreich duckte sich wie in Erwartung eines Schlages. Eine dunkle Rauchwolke wehte hinter der Tragfläche davon. War es jetzt zu Ende? Nein, der Motor lief noch ...

Doch da schnellte Heidenreichs Kopf nach oben, und schon im nächsten Moment sah auch Mühl den feinen Strich über der Wasserlinie. Ein Schrei der Freude ballte sich in seiner Kehle, aber er brachte ihn nicht heraus.

Zum erstenmal seit vielen Minuten war nun wieder eine menschliche Stimme zu hören. Fast andächtig murmelte Heidenreich die Worte ins Mikrophon:

„Die Küste!"

Sekunden der Stille folgten. Dann gellten die Stimmen des Funkers und Toni Langleitners fast gleichzeitig auf. Sie sagten eigentlich nichts. Sie schrien nur ihre Erleichterung heraus. Heidenreich tat nichts dagegen. Er hatte sich an der Sitzlehne herunterrutschen lassen und wischte sich mit dem Ärmel der gelben Fliegerkombination über die Stirn.

Voraus bekam der dünne Strich Konturen. Kleine Buckel schoben sich daraus hervor. Mit jeder weiteren Sekunde wurden die Umrisse deutlicher.

Und der Motor lief immer noch!

Erst jetzt merkte Schorsch Mühl, wie erledigt er war. Seine Hände zitterten, und sein Atem flatterte nur so. Er horchte nicht mehr auf den Laufton des Triebwerks, denn wenn es jetzt stehenblieb, genügten einige Leuchtkugeln, um drüben an Land eine Rettungsaktion auszulösen. Die Berge des Stavanger-Fjords waren schon genau zu erkennen. Der Kurs, auf dem Heidenreich sie herangeführt hatte, stimmte fast auf den Zentimeter. Was war er doch für ein großartiger Kerl!

Diesmal zuckten sie nicht mehr zusammen, als aus dem Motor eine weitere Rauchfahne herausschoß und einige kurze Knalltöne erklangen. Sie sahen nur noch die Küste, die große Bucht, an deren Rand der Flugplatz lag. Ob sie ihn noch erreichten?

Mit stockendem Atem blickte Schorsch Mühl auf die weiße Schaumlinie der Brandung. Sie war nur noch wenige Kilometer entfernt. Unten huschte ein Vorpostenboot vorbei, dann noch eins. Im Motor bellte es wieder, aber niemand kümmerte sich darum. Sie verloren Höhe, aber auch das spielte keine Rolle mehr. Die Maschine schien jetzt in der Luft zu stehen, so unendlich langsam schob sich die Küste heran. Dahinter die runden Buckel der Hallen ...

Noch einen Kilometer vielleicht. Unwillkürlich sah Schorsch Mühl auf die Fahrwerksknöpfe herab. Wie herrlich es wäre, wenn sogar noch eine exakte Landung durchgeführt werden könnte.

Doch da polterte es wieder im Motor, und dieses Mal erholte er sich nicht mehr. Einige tuckernde, fauchende Geräusche noch, dann wurden im Laufkreis des Propellers die einzelnen Blätter sichtbar.

In einer impulsiven Reaktion drückte Mühl die Steuersäule nach vorn. Der Bug neigte sich mit entnervender Langsamkeit der See entgegen.

Nur noch das Rauschen des Fahrtwindes drang jetzt in die Kanzel. Entsetzt spürte der Feldwebel, wie die Maschine nach unten durchsackte. Doch dann legte sich die Strömung wieder an, und sie segelten über die letzten hundert Meter. Der Küstenrand lag scheinbar zum Greifen nahe vor ihnen, aber es war unmöglich, daß sie ihn noch erreichten. Näher und näher kamen die Schaumkronen. Etwa zwanzig Meter über den Wellen zog Mühlen die Steuersäule nach hinten.

Rund vierhundert Meter vor der Brandung schleifte die Heckpartie zum erstenmal über das Wasser. Ein gurgelndes Geräusch drang in die Kanzel. Dann senkte sich der Bug nach unten, und die „Dora" klatschte auf die See. Sekundenlang schoß sie wie ein Torpedo darauf weiter, bis die Bremswirkung des Wassers ihre Vorwärtsbewegung verlangsamte. Ein letztes Gischten und Gurgeln, dann wurde es still. Nur noch das Glucksen und Schmatzen der Wellen am Rumpf waren zu hören. Langsam, fast unmerklich sackte die Ju 88 mit dem Symbol des Trakehnerbrandes — dem Staffelabzeichen der 1./F 120 — auf dem Bug unter die Wasseroberfläche. Der Strand war höchstens noch hundert Meter entfernt. Wie durch wehende Nebelschwaden sah Schorsch Mühl die menschlichen Gestalten, die am Ufer herumrannten. Auch Heidenreich mit sich überschlagender Stimme gebrülltes: „Raus, nichts wie raus!" drang wie aus weiter Ferne an sein Gehör. Mit mechanisch erfolgenden Griffen löste er die Gurte und griff nach dem Notabwurfhebel.

Plötzlich jedoch verhielt er mitten in der Bewegung. Auch Heidenreich stand da, als ob ihn jemand in eine Salzsäure verwandelt hätte. Mit geweiteten Augen starrte er auf das Wasser neben dem Rumpf, das plötzlich nicht mehr stieg. Unter ihnen scheuerte es jetzt, als ob Sand gegen die Metallhaut der Zelle kratze. Und dann begriffen sie, daß sie nicht weiter sinken würden.

Die Sandfläche unter dem seichten Wasser trug die Maschine!

Heidenreich sank auf seinen Sitz zurück. Sekundenlang stierte er noch fassungslos auf die Wellen in halber Höhe des Bugs, dann sank sein Kopf gegen die Brust.

Nicht nur er war während der nächsten Sekunden unfähig, auch nur einen Ton herauszubringen. Trotzdem hatte er das Wunder als erster begriffen, obwohl er noch nichts sagte. Dafür hörten die Landser kurz darauf Gelächter, das auf einmal aus ihm herausbrach, doch keiner dachte daran, daß es nur die Reaktion seiner gepeinigten Nerven war.

Er klatschte sich noch lachend auf die Schenkel, als einige Soldaten auf die Maschine zuwateten. Erst als sie schon ganz in der Nähe waren, hatte er das Gröbste hinter sich.

Und dann erlebte Schorsch Mühl es zum erstenmal, daß ein Leutnant namens Heidenreich ihn an die Brust drückte und ihm auf dem Rücken herumklopfte.

Heidenreich hörte erst damit auf, als er am Strand einen Kübelwagen stoppen und dann einige Gestalten herausspringen sah. Eine davon wäre nie zu verwechseln gewesen. Der Offizier, der jetzt am Rand des Wassers stehenblieb, war noch ein Stück größer und stattlicher als der hinter ihm auftauchende Hauptgefreite Kruse: Hauptmann Orlowski, ein Bild von einem Mann, dunkelhaarig, Chef der 1. Staffel.

Mit ausgebreiteten Armen nahm er Heidenreich in Empfang. Neben ihm zappelte Oberleutnant Fandorra* herum, völlig aus dem Häuschen. Er war Heidenreichs bester Freund, und man konnte sich leicht vorstellen, wie es jetzt in ihm aussah. Orlowskis Hände klopfen nun nacheinander auf die Schultern von drei weiteren bis zur Brust völlig durchnäßten Figuren. Thieme, der Funker, kam als letzter an die Reihe. Dann erst sprach der Hauptmann einige zusammenhängende Worte:

„Heidenreich, Sie Glückspilz!“

Schorsch Mühl wunderte sich nicht einmal über das, was er anschließend von seiner Nervensäge zu hören bekam:

„War halt Maßarbeit, Herr Hauptmann!“

Der Trubel dauerte noch so lange, bis Orlowski die Besatzung der „Dora“ in seinen Wagen kommandierte.

Während der „Kübel“ davonrollte, war es dem Hauptgefreiten Kruse bereits klargeworden, daß er niemals trockenen Fußes an die Bildgeräte im Rumpf der halb abgesoffenen Maschine herankommen würde. Erstaunlicherweise schien ihm nicht einmal das etwas auszumachen.

Nach einer üblen Schufterei war es soweit. Er packte die Kamera in das Beiwagenkrad und brummte damit zur Bildstelle.

Körner erwartete ihn vor dem Eingang. Anscheinend hatte er von der Notwasserung der „Dora“ noch nichts gehört, sonst hätte er beim Anblick des tropfnassen Hauptgefreiten nicht so die Augen herausgeschraubt.

---

* der Name ist verändert.

„Wie sehen denn Sie aus?“ kreischte er

Kruses breites Gesicht verzog sich zu einem Grinsen, das nur Hauptgefreite wie er in solcher Vollkommenheit zu beherrschen pflegten.

„Die Maschine lag schließlich im Wasser, Herr Hauptfeld!“ berichtete er mit rollendem „l“.

Körner pumpte seinen schmalen Brustkasten mit Luft voll. Dann ging es weiter:

„Was, Mann, wollen Sie mich auf den Arm nehmen?“

Der Hauptgefreite Kruse sah an ihm herunter, als ob er sagen wollte: Auf dem kleinen Finger tät' ich dich balancieren, du Bohnenstange. Dann setzte er zu der nötigen Erläuterung an.

„Herr Leutnant Heidenreich sind vorhin dicht vor der Küste heruntergegangen. Aber alles ist wohlauf. Die Kameras wahrscheinlich auch!“

„Heidenreich?“ schnaufte Körner. „Ach nee!“ Der Anflug eines Schmunzelns huschte über sein Spitzmausgesicht, während Kruse die schweren Kameras wie Spielzeug aus dem Beiwagen holte und damit in Richtung des gegenüberliegenden Labors verschwand.

Auch er wußte nur zu gut, wie „prächtig“ der Dürre mit den Kolbenringen an den Ärmeln und Heidenreich sich miteinander vertrugen. Irgendwas mußte da mal passiert sein, und die „Zaunlatte“ — wie sie Körner unter sich nannten — bekam jedesmal einen Basiliskenblick, wenn der Leutnant im Auswerteraum der Bildstelle oder auch nur in der Nähe des Hauses auftauchte.

Vor dem niedrigen Gebäude, in dem das Labor untergebracht war, lungerte eine Figur auf einem mit bräunlichen Metholflecken bedeckten Arbeitsmantel herum. Es war der Obergefreite Kaspar, ein gelbgesichtiger Bursche mit einer Hornbrille auf der Stupsnase, die ihm das Aussehen eines Apothekers verlieh. Im Gegenteil zu Körner schien er über das „Bad“ der „Dora“ informiert zu sein.

„Na!“ meinte er und ließ seine Hängebacken schaukeln, während er auf die Kameras in Kruses Pranken deutete. „Fixiersalz dürfte in den Kästen ja schon genügend drin sein, oder?“

„Weiß ich nicht!“ sagte Kruse und schob sich an ihm vorbei. „Auf jeden Fall leben sie alle noch, und Heidenreich wird sicher bald antanzen und die Filme sehen wollen. Wenn du also keine Lust zur Sondergymnastik hast, dann klemm dich hinter deine Soßen.“

„Nur mal langsam!“ brummte der Obergefreite. Er war Kruse in das kleine Schapp gefolgt, das ihm als Büro diente. Mit routinierten Handgriffen nahm der Hauptgefreite die Kassetten ab und schob sie über den Tisch. Schweigend nahm der Bekittelte sie an sich und ging auf den Entwicklungsraum zu. Kruse stapfte hinter ihm her. Auf dem Gang stand ein knabenhaftes Kerlchen, um dessen Schulter ebenfalls ein Arbeitsmantel schlotterte. Er hieß Pfaff, war Flieger (niedrigster Dienstgrad) und erst vor einer Woche zum Haufen gekommen; sozusagen also noch ein Lehrling, dessen Betreuung der Obergefreite Kaspar übernommen hatte.

„Komm mit!“ sagte er zu dem Langen mit der Nickelbrille, der Abiturient und Sohn eines betuchten Vaters mit einer hohen Partei-Charge sein sollte. „Damit du endlich einmal ein Fixierbad von einem Entwickler unterscheiden lernst.“

Kaspar hatte das Entwicklergemisch bereits in einen der hohen Behälter geschüttet. Daneben stand ein gleichartiger, ovaler Kübel mit Fixierbad. Innerhalb von kaum einer Minute hatte er das dreißig Zentimeter breite Filmband aus der Kassette geholt und auf den Rollenständer gesteckt. Dieser verschwand jetzt in der Entwicklerbrühe.

Kruse lehnte an der Wand, eine Zigarette im Mund. Kaspar warf ihm einen giftigen Blick zu, während er den kleinen Elektromotor auf den Spulenhalter steckte. „Wenn du den Glimmstengel ansteckst“, knurrt er, „kannst du dein Testament machen.“

„Dummes Gequassel“, gab der Hauptgefreite zurück. Der Motor begann zu summen, und das Filmband lief durch den Entwickler. Ein feiner Ruck verriet, daß es schon durch war. Der Motor schaltete automatisch zurück, und das gleiche begann noch einmal. Über dem Arbeitstisch tickte eine Uhr, die Kaspar vorhin eingestellt hatte. Der Lange mit der Brille lehnte neben ihm und starrte voll scheinbarer Andacht auf den Entwicklerbottich.

„Und wenn nun was drauf ist?“ fragte er nach einer Weile in das Summen des Motors hinein. „Wie geht es dann drüben weiter?“

Der Obergefreite sah ihn mitleidig an, schielte kurz zu dem grinsenden Kruse hinüber und seufzte schließlich.

„Na ja“, sagte er nach kurzem Nachdenken, „soviel müßest du auf der Schule eigentlich schon gelernt haben, du Flasche ... “

„Das schon“, fiel ihm der andere ins Wort, „aber ich meine, wie geht es weiter, wenn sie drüben in der Auswertung was entdeckt haben?“

„Das ist doch ganz einfach“, belehrte ihn der Obergefreite mit einer Stimme, die nicht viel Lust an seinem Lehramt verriet, „wenn ganz dicke Hunde auf dem Film sind — ich meine dicke Pötte, Schlachtschiffe oder so was —, dann wird das gleich weitergegeben. Wenn nicht, dann machen wir Fotos, und die gehen dann auf den Weg nach oben.“

„Hm“, sagte der junge Bildstellenmensch und verriet damit, daß er sich gerne Gedanken machte, „was hat das aber im allgemeinen für einen Sinn?“

„Mann“, knurrte der Obergefreite, während er nach dem Rasseln der Uhr den Motor abstellte, den Film herausnahm und in den Wasserbehälter stellte, „das ist doch klar wie dicke Tinte! Sind zum Beispiel bestimmte Schlachtschiffe in Scapa Flow, dann können sie nicht irgendwo anders sein, und das ist für die Führung natürlich wichtiger als dein Abitur. Oder wenn sie Geleitzüge filmen, dann weiß man, wo sie sind sind, kennt ihre Route, kann bei der Auswertung unter Verwertung des Bildmaßstabes ihre Tonnage feststellen und dann U-Boote oder sonst was dagegen ansetzen. Kapiert?“

„Aha“, nickte der Flieger Pfaff, „das wollt’ ich hören!“

„Und alles umsonst!“ seufzte Kaspar, während er die Filmrolle mitsamt dem Entwicklungsgerät ins Fixierbad stopfte und den Motor wieder draufsetzte. „Verschwinde und hol den Methylalkohol, damit das Ding da nachher gleich trocknet. Und wisch die Trockentrommel ab, ja?“

„Bin schon unterwegs“, erwiderte der Junge und schob sich durch die Lichtschleuse nach draußen.

Kruse hatte inzwischen seine nächsten Worte beisammen.

„Das hättest du sehen sollen“, kicherte er, „der Vogel ist kurz vor dem Strand ins Wasser gefallen. So weit sind sie mit einem Motor noch gekommen. Manchmal könnte man meinen, der Heidenreich hätte einige Schutzengel unter der Kombi.“

„Wird wohl so sein“, murmelte der Obergefreite, und diesmal steckte er den Film in den Wasserbehälter, „ist das eigentlich wahr, daß sie ihn zum Ritterkreuz eingereicht haben?“

„Man hört’s“, erwiderte Kruse, „hoffentlich wird er dann ein bißchen ruhiger.“

„Mich kratzt das nicht im geringsten“, meinte Kapsar trocken. Er zog den Film heraus, spulte ihn auf und schaltete die rote Laborleuchte ein. Im Schein des Lichtes wurden die gestochen scharfen ersten Aufnahmen sichtbar. Die Bucht von Scapa Flow war darauf zu sehen, und an einem der Ränder eine Reihe kleiner Gebilde, die Weberschiffchen ähnelten.

„Oh“, murmelte der Obergefreite, „der Flug hat sich anscheinend gelohnt...“

Das fand auch der Unteroffizier Gmeiner. Er saß im Auswerteraum und kurbelte das bereits völlig getrocknete Filmband an der erleuchteten Milchglasscheibe des Auswertegerätes vorbei. Als ein absolutes As unter seinesgleichen benötigte er nicht einmal eine Lupe, um sich einen ersten Eindruck über den Wert des Filmmaterials zu verschaffen. Die auf dem Zelluloid sichtbaren Umrisse von Schlachtschiffen, Kreuzern oder anderen Seefahrzeugen waren ihm im Laufe seiner Tätigkeit schon so vertraut geworden, daß er auch ohne Berechnungen wenigstens ungefähr Größe und jeweilige Klasse der fotografierten Schiffe feststellen konnte.

Hinter ihm stand Oberleutnant Bender, der Chef der Bildstelle, und neben ihm einige andere Auswerter.

„Na“, sagte er, „da scheint der olle Heidenreich ja wieder mal prächtige Sachen in den Kasten gekriegt zu haben.“

„Sieht ganz danach aus!“ nickte der Unteroffizier und nahm jetzt eine Lupe zur Hand.

Bender, ein hochgewachsener Offizier mit einem hageren Gelehrtengesicht, drehte sich um, als draußen eine vertraute Stimme zu hören war. „Na, Söhnchen“, sagte einer, der nur Heidenreich sein konnte, „du wirst ja immer weniger. Wenn du kein Koppel um den Bauch hättest, würdest du bestimmt auseinanderfallen.“

Körner, der Hauptfeldwebel, ließ die Ungeheuerlichkeit mit feuerrotem Gesicht über sich ergehen. Heidenreich klopfte ihm zu allem Überfluß auch noch auf die Schulter, ehe er den Auswerteraum betrat und Bender die Hand reichte. Noch während dies geschah, schielte er bereits auf den Film vor der Mattscheibe.

„Was Gescheites drauf?"

„Ja", lächelte Bender, „glücklicherweise nicht nur Seewasser." Er betrachtete den verräterischen Glanz in Heidenreichs Augen und meinte dann: „Gegen eine mögliche Erkältung hast du wohl schon was getan, wie?"

„Natürlich!" schmunzelte Heidenreich und trippelte auf das Auswertegerät zu.

Der Hauptgefreite Kruse hockte nicht auf dem Sattel seines Motorrads, sondern auf dem Flugzeugführersitz der „Kurfürst". Er tat das manchmal, wenn er seine Arbeit im Rumpf einer startbereiten Ju 88 erledigt hatte und die Besatzung noch immer nicht eingetroffen war. Die Hände um die Griffe des Steuerhorns geklammert, blickte er über die Dächer der Hallen hinweg auf die Sonne, die schon ziemlich weit im Südwesten stand. Er rekapitulierte noch einmal die Handgriffe, die er vorhin ausgeführt hatte, und kam zu der Überzeugung, daß alles getan worden war. Die Kassetten steckten auf den Bildgeräten, die Kabel waren in Ordnung, die Schalter auch.

Vor der Halle tauchte der Oberwerkmeister auf. Er sah hinüber, erkannte die bärenhafte Gestalt hinter dem Kanzelglas, tippte beziehungsvoll gegen die Stirn und drehte sich wieder um.

Kruse hatte ihn schon wieder vergessen. Er liebte diese Minuten auf dem Flugzeugführersitz. Sie genügten ihm auch, um Träume zu kompensieren, die er schon längst zu den Akten gelegt hatte. Vor vielen Jahren war auch in ihm einmal der Wunsch existent gewesen, einen dicken Brummer dieser Art zu fliegen, aber sie hatten ihn seiner Augen wegen nicht genommen. So war er Gerätewart einer Bildstelle geworden, um wenigstens die Atmosphäre auf den Flugplätzen zu erleben, das Dröhnen von Motoren, den vertrauten Gestank von Treibstoff zu spüren und vor allem das eigenartige Duftgemisch in der Kanzel einer Maschine.

Die gnadenlose Realität des Einsatzalltags hatte im Laufe der Zeit das ihrige dazu beigetragen, ihn den letzten Rest seiner früheren Sehnsüchte vergessen zu lassen. Zu vielen Kameraden hatte er in der Zwischenzeit schon vor dem Start die Hände geschüttelt, um sie nie mehr wiederzusehen. Andere waren wieder zurückgekommen, als Tote auf dem Kanzelboden liegend, entweder von den Geschossen eines Feindjägers oder der Flak getötet. Oder solche ohne jede Verletzung, mit einem durchschossenen Atemschlauch, Opfer des Höhentodes. Oft hatte er schon zugehört, wenn davon die Rede gewesen war. In jedem Fall sollte schon die Spanne von einer Minute genügen, um nach unterbrochener Sauerstoffzufuhr einen der Kumpels schmerzlos und auf eine heimtückische Weise ums Leben zu bringen. Ein winziger Splitter in den Gummischlauch genügte schon für ein solches Ende.

Auf der Ringstraße kam ein Wagen angefahren, und Kruse schob sich aus dem Sitz. Er stand noch auf der untersten Sprosse der Einstiegsleiter, als Oberleutnant Ehrlich und seine Besatzung auf die Maschine zukamen. Von der Halle spritzte der 1. Wart der „Kurfürst" heran und rasselte seine Klarmeldung herunter. Dann kam Kruse an die Reihe.

„Danke", sagte Oberleutnant Ehrlich und stülpte die Kopfhaube über sein braunes Lockenhaar. Sein sonnengebräuntes, scharfgeschnittenes Gesicht war auf die vor ihm aufragende Maschine gerichtet. Weitere Warte waren inzwischen von der Halle hergekommen. Ohne noch etwas zu sagen, stieg Ehrlich in die Kanzel und ließ sich auf den Kommandantensitz fallen.

Oberfeldwebel Meister, sein Flugzeugführer, ein Wiener mit einem knochigen Gesicht und buschigen Brauen über den wasserblauen Augen, klopfte Kruse auf die Schulter und ging dann ebenfalls auf die schmale Leiter zu. Sie hatten zwar noch etwas Zeit, aber Ehrlich schätzte es, wenn er sich vor dem Start mit Meister noch einige Minuten allein unterhalten konnte.

Unteroffizier Kerner, der Funker, zwang ein gequältes Lächeln auf sein schmales, pickeliges Gesicht, während er Kruse die Hand reichte, und dann auf das Leitwerk zuging.

Der letzte von der „Kurfürst"-Besatzung, Unteroffizier Kreuzer, blieb bei Kruse stehen. Die Sonne spiegelte sich auf seinem schwarzen Haarpelz. Der Reißverschluß seiner Kombination war noch nicht heraufgezogen, so daß man das EK I (Eisernes Kreuz I. Klasse) und die Goldene Frontflugspanne auf seiner Fliegerbluse sehen konnte. Er war trotz seiner kaum 21 Jahre einer der „Alten" der Staffel, stammte aus dem Badischen und war im übrigen das, was man als einen hübschen Burschen hätte bezeichnen können. Sein dunkelhäutiges Gesicht hatte Ähnlichkeit mit dem eines bekannten Filmschauspielers. Er war von hoher, schlanker Gestalt, und seine Erfolge bei den Mädchen waren entsprechend.

„Wohin geht's eigentlich?" fragte Kruse.

Der Unteroffizier zündete sich eine Zigarette an und rauchte in hastigen Zügen.

„In die Gegend zwischen den Shetland- und den Orkney-Inseln", sagte er und warf die kaum angerauchte Zigarette wieder weg. „Ein Geleitzug soll dort herumfahren. Die daran hängenden U-Boote haben den Kontakt verloren, und wir sollen ihn wieder herstellen helfen."

„Meine Fresse!" murmelt Kruse. „Ein weiter Weg. Na ja, schlimmer als Scapa Flow ist es sicher auch nicht."

„Weiß man nie!" erwiderte Kreuzer, den Kombi-Reißverschluß nach einem Blick auf die Kanzel in die Höhe ziehend. „Es kann überall stinken!"

Kruse wußte darauf nichts zu sagen. Er streifte das ausdruckvolle Gesicht des Kameraden mit einem schnellen Seitenblick. Aber er spürte selbst, wie kläglich ihm der Versuch mißlang, ein bißchen Aufmunterung in seine nächsten Worte zu legen: „Macht nur keine Zicken! Du weißt ja, daß morgen abend droben im Speisesaal der große Tamtam stattfindet. Tanzkapelle Heinz Wehner, ein Mädchen vom Film und so."

„Erinnere mich nicht daran", murmelt Kreuzer. Er holte tief Luft und reichte Kruse dann die Hand. „Bis spä..." Er sprach das Wort nicht zu Ende, sondern zuckte nur die Schultern und schob sich mit einem matten Lächeln an dem Gerätewart vorbei.

Kurz darauf stieg er die Leiter hoch. Der Funker war schon drinnen. In der Kanzel gab Oberfeldwebel Meister das „Achtungs"-Zeichen. Dann summte es im linken Triebwerk. Mit knallenden Geräuschen sprang der Motor an, anschließend der andere. Die Maschine stemmte sich mit bebender Zelle gegen die Bremsklötze. Noch ein kurzer Probelauf, dann war es soweit.

Kreuzer hielt sich hinter dem Flugzeugführersitz auf, während die Ju 88 vorbeirollte. Er hob die Hand und winkte herunter. Kruse drehte sich um, weil die hinter dem Leitwerk hochquellende Staubwolke auf ihn zuwanderte. Die „Kurfürst" verschwand in Richtung Start.

Der Hauptgefreite stand immer noch auf dem gleichen Fleck, als die Aufklärungsmaschine einige Minuten später mit dröhnenden Motoren über die Betonpiste flitzte und dann über dem Stavanger-Fjord außer Sicht kam.

Es dauerte noch eine Weile, bis der Hauptgefreite Kruse seine Werkzeugkiste aufnahm und sich dem Beiwagenkrad näherte. Er fuhr zur Bildstelle und ließ das Gespann vor dem Eingang stehen. Heidenreich kam gerade heraus. Mit seinen Beinen schien irgend etwas nicht in Ordnung zu sein. Beinahe wäre er die hohe Steintreppe heruntergefallen. Er lief auf das benachbarte Kasino zu, ohne den Bullen neben dem Motorrad zu bemerken.

Kruse sah ihm schmunzelnd nach. Wie gut er ihn verstehen konnte...

Zehn Minuten später stand Kruse schon wieder vor den Hallen. Er hatte etwas mit dem Oberwerkmeister zu besprechen und gab sich jetzt der Lieblingsbeschäftigung aller Hauptgefreiten hin: dem Nichtstun.

Da kam Oberfeldwebel Richter auf der Ringstraße in Sicht. Er deutete in die Richtung, wo vorhin die „Kurfürst" verschwunden war.

„Wohin sind die denn gezwitschert?"

„Zu irgendeinem Geleitzug bei den Shetland-Inseln", erwiderte Kruse und betrachtete die unförmigen Pelzstiefel des Dicken. Er hatte ausnahmsweise einmal seine Uniformbluse an. Die daran hängenden Auszeichnungen verdeutlichten, daß er während der letzten Jahre nicht nur spazierengegangen war. Trotzdem juckte es den Hauptgefreiten zu der Bemerkung: „Bei euch ist wohl überhaupt nichts mehr los, wie?"

„Verdammt!" knurrte Richter. „Was kann ich dazu? Schließlich können wir nicht mit Möwen herumkurven. Blöde Frage übrigens." Er musterte den feixenden Gerätewart und meinte dann: „Ist dein Kumpel von der ‚Condor' noch nicht bei dir aufgetaucht?"

„Nein", sagte Kruse, „er ist sicher droben in der Unterkunft. Wollte aber sowieso zu ihm rauf. Kommste mit?"

„Klarer Fall", nickte Richter und stiefelte auf den Rücksitz zu. Kruse startete, dann rollten sie auf der Ringstraße entlang.

Unterwegs kamen sie an einer Schar von Ju 88 vorbei, die schon geraume Zeit auf dem Platz stationiert waren. Sie trugen den stürzenden Adler des KG 30 an den Rumpfseiten. In der Nähe rannten etwa zwölf oder fünfzehn halbnackte Gestalten hinter einem Fußball her.

Kruse nahm plötzlich das Gas heraus und trat auf die Bremse. „Mensch", sagte er nach hinten, auf eine einzelne Figur am Rand des Getümmels deutend, „da ist er ja".

Der Mann drehte ihm den Rücken zu. Kruse fuhr noch ein Stück, stellte dann den Motor ab und stupste den Bordschützen aus der „Condor" mit dem Vorderreifen schließlich sanft in den Südpol. Paul Mattner fuhr erschreckt herum, faßte sich aber sofort wieder.

„Du?" freute er sich, um dann den Oberfeldwebel durch eine lässige Ehrenbezeigung zu erfreuen. „War gerade auf dem Weg zu dir!"

„Ich auch", lächelte Kruse, während er abstieg und auf die Spieler zeigte. „Hätte ich mir ja eigentlich denken können. Wo ein Fußball rollt, darfst du ja nicht fehlen."

„Könntest recht haben", schmunzelte Mattner.

Einer von den Kickern kam angerannt. „Wollt ihr nicht mitspielen?"

Der Obergefreite hatte schon die Jacke herunter. Kurz darauf stand er in der Sporthose da. Anscheinend hatte er das Treiben von den Unterkünften aus beobachtet und von vornherein die Absicht gehabt, etwas mitzumischen. Ohne sich noch um die anderen zu kümmern, hüpfte er davon. Einer aus der Spielerrunde teilte ihn zu einer der Parteien ein, dann trat er in Aktion. Kruse wußte, daß er früher in der Jugendmannschaft eines bedeutenden Vereins gespielt hatte. Es war keine Minute vergangen, da knallte er dem gegnerischen Tormann bereits einen Ball über die Linie.

Richter und der Hauptgefreite Kruse waren vor dem Motorrad stehengeblieben und rauchten eine Zigarette. Rein zufällig fiel der Blick des Jägerpiloten auf die in der Nähe abgelegten Kleider der Fußballer. Ein Oberleutnantsrock lag dort, darauf am breiten schwarz-weiß-roten Band ein Ritterkreuz. Doch dann zog ihn die turbulente Kickerei wieder in ihren Bann. Mattner schob gerade einem stattlichen Burschen mit gewellten blonden Haaren den Ball zu. Doch dieser trat darüber, und die Chance war dahin.

„Mann", hörte sie ihn jetzt schreien, „bist du vielleicht eine Flasche!"

„Das kann sein", gab der Blonde zurück, „deswegen höre ich jetzt auch auf." Er drehte sich um und näherte sich den abgelegten Bekleidungsstükken. Richter und Kruse bekamen fast gleichzeitig große Augen.

„Himmel", sagte Kruse, „das ist ja Baumbach!"

Sie hatten sich natürlich nicht getäuscht. Der Mann mit dem leicht gewellten, hellblonden Haar ging auf die Klamottenpakete zu und griff nach jenem, auf dem das Ritterkreuz lag. Er zog sich an, klemmte das Ordensband um den Hals, stülpte den Kragen darüber und zündete sich dann eine Zigarette an. Wenige Augenblicke später schoß Mattner mit dem Ball am Fuß heran. Plötzlich erstarrte er mitten in der Bewegung, ließ den Ball rollen und ging auf den Offizier zu.

„Herr Oberleutnant", sagte er verdattert, „das mit der ‚Flasche' vorhin — ich bitte um Entschuldigung."

„Macht nichts!" lachte Werner Baumbach. „In diesem Fall haben Sie sogar recht gehabt. Los, spielen Sie weiter. Nur durch Sie können wir das Match noch gewinnen!"

„Jawohl!" druckste Mattner, aber die Überraschung steckte ihm auch in der Folgezeit noch so in den Knochen, daß er nichts mehr zusammenbrachte.

Das Spiel ging zu Ende, und er kam wieder zum Krad zurück. Baumbach war bereits zu den Maschinen hinübergegangen, und auch die anderen zerstreuten sich irgendwohin.

„Hast du ihn denn nicht gekannt?" kicherte Kruse. „Das ist doch Baumbach vom KG 30, der den englischen Kreuzer versenkt hat."

„Der?" staunte Mattner. „Wahrhaftig, jetzt erinnere ich mich wieder an Bilder von ihm. Mensch, mir ist es ganz anders geworden vorhin."

„Das hätten Sie sich sparen können", meinte Richter, der Baumbach ebensogut kannte wie Kruse, vor allem seine herzliche, liebenswürdige Art. „Der hat noch keinen gefressen. Ein prima Kerl ist das!"

„Den Eindruck habe ich auch", murmelte Mattner, während er sein Hemd überstreifte. „Morgen früh, noch vor Tagesgrauen, hauen wir übrigens wieder ab. Schade, hätte mir das Remidemi bei euch hier zu gern angeguckt. Aber bei uns unten in Frankreich hört man ja auch nicht gerade die Erdachse rasseln. Kommt ihr heute abend noch 'n bißchen rauf in die Kantine?"

„Mit Selterswasser?" fragte Kruse scheinheilig.

„Damit nicht!" schmunzelte Mattner. „Ich hab noch ein Fläschchen. Ich muß mich natürlich zurückhalten. Du kennst das ja — wegen morgen! Also, bis später dann!"

„Kannst mitkommen", sagte Kruse, „ich muß sowieso hinauf zur Schreibstube."

Sie saßen kaum auf dem Beiwagen-Krad, als von Westen her eine Maschine auf den Platz zuflog. Wie auf ein Kommando hoben sie die Hände vor die Augen und blinzelten gegen die Sonne. Die Konturen einer Ju 88 zeichneten sich im Widerschein des Lichtes ab, und schon jetzt sahen sie, daß das linke Fahrwerk halb heraushing.

„Großer Gott!" stammelte Kruse. „Wo kommt der denn her?"

Keiner wußte es, im Augenblick spielte das auch keine Rolle mehr.

Junkers Ju 88 A-4

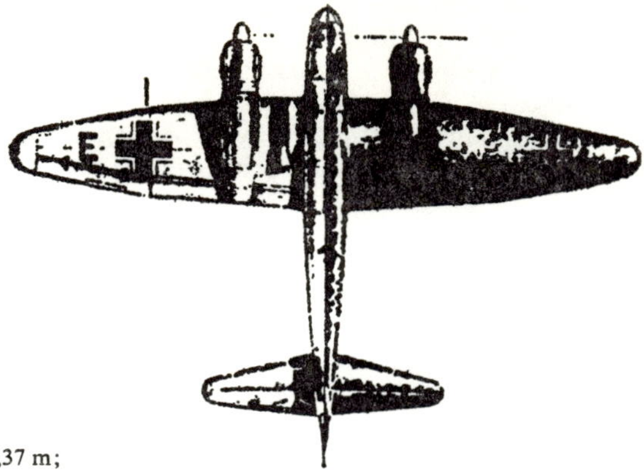

Spannweite: 18,37 m;
Länge: 14,36 m;
Höhe: 4,80 m;
Verwendungszweck: Mittelstreckenbomber, Mehrzweckflugzeug;
Triebwerke: zwei Jumo 211 B-1 mit je 1200 PS;
Besatzung: vier Mann;
Gefechtsgewicht: 12 122 kg;
Geschwindigkeit: 472 km/h in 5300 m;
Reichweite: 2730 km;
Gipfelhöhe: 8235 m;

Bewaffnung: 1 MG 131,13 mm, im Bug, vom Beobachter bedient; 1 MG 81 in der Frontscheibe, vom Flugzeugführer bedient; zwei MG 81, 7,9 mm, hinten, vom Bordschützen bedient; 1 MG 81 (Zwilling) im hinteren Teil der Bola (Funker);

Die Ju 88, von der es über 50 Versionen gab, war ein „großer Wurf" auf dem Sektor der Mittelstreckenbomber, was auch heute noch Fachleute der damaligen Feindseite zu vermerken pflegen. Der Erstflug des Prototyps erfolgte bereits am 21. Dezember 1936, und schon das 5. Versuchsmodell errang am 19. März und am 30. Juni 1939 mit 517,004 km/h über 1000 km und mit 500,786 km/h über 2000 km (mit 2000 kg Nutzlast) aufsehenerregende Rekorde. Die Maschine, zunächst als unbewaffneter Schnellbomber mit hoher Geschwindigkeit projektiert, wurde später doch bewaffnet und außerdem sturzfähig gemacht. Später, von 1940 ab, als die Ju 88 bei den Frontverbänden geflogen wurde, zeigte es sich, daß man mit dieser Maschine praktisch alles machen konnte. So war sie zu verwenden als: Sturzbomber, Horizontalbomber, Tag- und Nachtjäger, Tiefangriffsflugzeug, Torpedobomber, Aufklärer und einiges mehr. Ihr Einsatzdebüt lieferte die Ju 88 während der Schlacht um England und beim Luftkrieg gegen Seeziele rings um die Britischen Inseln. Dabei waren Besatzungen der Kampfgeschwader 26 und 30 besonders erfolgreich. Vor allem der damalige Hauptmann Baumbach fügte der feindlichen Flotte mit seiner Ju 88 schwerste Schläge zu. Maschinen dieses Typs flogen in jener Zeit auch als Fernaufklärer im Verband der 1./F 120 von Stavanger/Norwegen nach dem britischen Flottenstützpunkt Scapa Flow, und droben im Eismeer attackierten Ju-88-Horizontal- und Torpedobomber die alliierten Geleitzüge nach Murmansk, wobei besonders der Konvoi PO 17 furchtbare Verluste erlitt. Im übrigen waren Ju-88-Maschinen praktisch an allen Fronten eingesetzt: im hohen Norden, in Rußland, Afrika, im Mittelmeer usw. Im weiteren Verlauf des Krieges wurde die Ju 88 auch als schwerbewaffneter Jäger (mit 7,5-cm-Pak), vor allem aber als Nachtjagdmaschine eingesetzt. Auch hierbei übertrafen die Erfolge alle Erwartungen. Insgesamt wurden von 1939–1945 rund 15 000 Ju 88 gebaut, wobei an den einzelnen Serien 3000 Änderungen vorgenommen worden waren.

Dafür war es ihnen schon jetzt klar, daß die bevorstehende Landung der Maschine mit einer Tragödie enden konnte. Wenn es dem Flugzeugführer nicht gelang, das Fahrwerk wieder hinein- oder ganz herauszukriegen, dann war wahrscheinlich die Hölle los.

Drüben am Start stieg eine rote Leuchtkugel in die Höhe. Vor den Hallen setzte sich bereits ein Feuerwehrfahrzeug in Bewegung, dahinter der Sanka. Keiner der Männer sagte mehr etwas. Sie sahen zu, wie die Ju 88 über den Hallen einkurvte und dann in schräger Sliplage dem Boden entgegenschwebte.

„Er will das Fahrwerk wegscheren", sagte Richter mit tonloser Stimme. „Hoffentlich gibt es keinen Überschlag."

Die Maschine war bereits dicht über der Erde. Schon weit von den Hallen entfernt rollte der Feuerwehrwagen jetzt am Rand der Betonpiste entlang. Der unbekannte Pilot hatte die schwer havarierte Ju 88 neben die Betonbahn dirigiert. Mit stockendem Atem sahen die drei Männer neben dem Motorrad, wie plötzlich dicke Erdklumpen hochgewirbelt wurden. Gleichzeitig hörten sie den berstenden Knall des Aufschlages. Und dann hätten sie am liebsten die Augen geschlossen ...

*

Sie hatten inzwischen eine Höhe von 4000 Metern erreicht und zogen die Atemmasken vor die Münder. Jener Zeitpunkt war wieder gekommen, wo das Gefühl der Einsamkeit sich einzuschleichen begann. Die norwegische Küste war schon längst im Meer verschwunden, und der ferne Horizont schien das Ende der Welt darzustellen.

Fred Kreuzer hockte auf einem Fallschirmpaket neben der Bola und betrachtete den Rücken des Funkers. Er hatte den Oberkörper über das schmale Brett mit der Morsetaste gebeugt, und es war durchaus möglich, daß er kurzfristig abgeschaltet hatte.

Tief unten schillerte der grünliche Wasserspiegel der Nordsee. Eine schläfrige Stille hatte sich ausgebreitet, seit die letzten Gespräche über die Bordverständigung gewandert waren.

Ein Blick auf die Uhr ließ Kreuzer erkennen, daß sie bis zum Seeraum vor den Shetlands noch gut eine Stunde zu fliegen haben würden. Er lehnte den Kopf zurück und spürte das Vibrieren der Zelle.

Während er auf das monotone Rauschen der Motoren lauschte, wanderten seine Gedanken zu den letzten Minuten vor dem Start zurück. Kruses breites Bauerngesicht tauchte vor der Erinnerung auf, dazu seine Worte über die Wehrbetreuungs-Veranstaltung am morgigen Abend. Aber es war nicht gut, in diesen Zeiten und viereinhalbtausend Meter über dem Meer an so etwas zu denken.

Sein Blick richtete sich wieder nach vorn, und er schob sich in die Höhe. Er brauchte nur wenige Schritte zurückzulegen, um Meisters Sitz zu erreichen. Wie oft war er dort während der zurückliegenden Feindflüge schon gestanden, und wie oft war er auch schon auf dem Platz hinter der Steuersäule gesessen. Und auch jetzt juckte es ihn wieder in den Fingern, das Segment zu halten, den Druck der Ruder zu spüren, dieses große Flugzeug zu beherrschen, ihm seinen Willen aufzuzwingen.

Schon lange trug er schließlich den Wunsch mit sich herum, sich zur Flugzeugführerschule zu melden und dadurch seinen großen Traum vielleicht verwirklichen zu können. Bis jetzt war das nur während jener Stunden teilweise möglich geworden, wenn Meister ihn während der Werkstattflüge in größeren Höhen ans Steuer gelassen und ihm dabei die Grundbegriffe des Fliegens theoretisch und auch praktisch erläutert hatte.

Der Oberfeldwebel wandte den Kopf und sah zu ihm herauf. An den sich verengenden Fältchen um seine Augen war zu erkennen, daß er lächelte. Dann blickte er wieder in die Flugrichtung.

„6000 Meter reichen vorläufig!" erklang jetzt Oberleutnant Ehrlichs Stimme. „Der Kurs ist gut!"

Die „Kurfürst" kletterte über die letzten paar hundert Meter und wurde dann in die Horizontlage gelegt.

Kreuzer drehte sich um und ging an der hinteren Seite der Kanzel und sah wieder aufs Meer hinab. Eine Minute reihte sich an die andere. Einige tausend Meter über der Maschine hatte sich eine Zirrus-Schicht wie ein weißes Filigran vor das Blau des Himmels gebreitet. In den Kopfhörern war nur das Knistern des Transformatorengeräusches zu vernehmen. Doch auf einmal mischten sich einige jähe Atemzüge dazwischen, und dann Meisters erregte Stimme:

„Da drüben sind sie!"

„Wahrhaftig!" sagte Oberleutnant Ehrlich. Sekunden einer spannungsgeladenen Stille folgten, dann einige schnell herausgestoßene Befehle.

Schon in der nächsten Sekunde drehte die Ju 88 leicht nach Norwegen ein und blieb vorläufig auch auf diesem Kurs.

Die Hände um die Schlösser der Maschinengewehre geklammert, blickte Fred Kreuzer auf die See hinunter. In weiter Ferne zeichneten sich die Umrisse der Shetland-Inseln wie verschwommene Striche über dem Meeresspiegel ab.. Davor winzige Gebilde, kaum größer als dicke Streichhölzer, fünf — sieben — zehn — zwölf: der gegenerische Geleitzug!

Wie das Herz plötzlich wieder klopfte und wie der Atem flatterte. Wie weit mochten sie noch entfernt sein? Zehn oder zwanzig Kilometer? Waren Kriegsschiffe dabei? Noch war das nicht zu unterscheiden. In den Kopfhörern erklang wieder die Stimme des Oberleutnants. Er erteilte Befehle an den Funker. Sicherlich mußte er jetzt den Standort des Konvois durchgeben. Alles war wie weggewischt, was die Gedanken noch soeben erfüllt hatte. Die kaum merklich größer werdenden Umrisse der Schiffe auf dem Meer waren wie Magnete, die den Blick anzogen und ihn festhielten. Was würde in den nächsten Minuten geschehen?

Sie drehten auf die Südspitze des Geleits ein, um es dann wahrscheinlich in der Längsrichtung zu überfliegen. Der Schweiß quoll wieder aus den Poren, obwohl an Wärme in der Kanzel wahrhaftig kein Überfluß herrschte. In der Bordverständigung war es still geworden. Ein schneller Blick über die Schulter. Jochen Kerner bewegte die Morsetaste. Unter dem Rumpf hing die Schleppantenne wie eine dünne Sichel nach hinten. Die „Kurfürst" schwenkte jetzt nach Norden ein. Die ersten Schiffe mußten bald unter den Tragflächen durchziehen.

Plötzlich hatte Kreuzer das Gefühl, als ob unter der Maschine ein Vulkan ausgebrochen sei und ein feuriger Gluthauch nach oben zische. Fünf oder sechs dunkle Sprengwolken, aus denen zuckende Blitze hervorsprühten, quollen unter dem Leitwerk in die Höhe. Die Maschine schaukelte, als ob sie von einem Orkan erfaßt wäre. Mit vor Entsetzen geweiteten Augen starrte der Unteroffizier auf den Geleitzug hinab. Und jetzt sah er auch die charakteristischen Konturen von Kriegsschiffen, die den Konvoi begleiteten. Aus den kleinen, spitzen Schalen, dünnen Muscheln vergleichbar, züngelten winzige Feuerpunkte, kaum größer als ein Stecknadelkopf. Glutende Striche stiegen daraus hervor und wühlten sich mit unheimlicher Geschwindigkeit in die Höhe.

Kreuzers Körper zog sich zusammen, aber wie sinnlos war das doch. Mit stockendem Atem starrte er auf die feurigen Geschoßbahnen, die jetzt pausenlos heraufzischten. Die Ju 88 flog zu diesem Zeitpunkt etwa über der Mitte des Geleits, und es waren mindestens drei oder vier Zerstörer oder andere Sicherungsfahrzeuge, die querab des Konvois nun ihre Granaten in den Himmel jagten.

Auf einmal war es, als ob die Welt untergehe. Ein berstendes Krachen und Knirschen mischte sich in das Dröhnen der Motoren. Eine riesige Axt schien auf das Flugzeug herabgekracht zu sein, um es mit einem Hieb zu zerschmettern.

Während Unteroffizier Fred Kreuzer herumschnellte, sah er durch das Kanzelglas, wie dicht unter der Maschine ganze Kaskaden von Feuerschnüren aus einer wabernden Sprengwolke herausfauchten.

Alles Weitere spielte sich so schnell ab, daß der Verstand es gar nicht mehr zu erfassen vermochte. Die Geschoßexplosion lag so nahe, daß das Grollen der Detonation sogar den Lärm der Motoren übertönte. Verzweifelt suchte Kreuzer nach einem Halt, als sich die Ju 88 hochbäumte und in steilem Winkel nach oben stieg. Und während er gegen die Rumpfwand geschleudert wurde und auf den Fallschirmpacken fiel, sah er ein Gitterwerk von Splitterbahnen vor Meister und Ehrlich herumflirren. Ein gellender, gurgelnder Schrei drang ihm aus den Membranen der Kopfhaube entgegen. Es geschah in jenem Augenblick, als Meisters Kopf nach hinten zuckte und sein Körper dann zur Seite rutschte. Ein riesiger Luftstrom fauchte durch das von Sprengstücken zerfetzte Kanzelglas. Eine von vielen Böen hatte die Ju 88 inzwischen erfaßt und sie wieder nach unten gedrückt. Torkelnd schaukelte sie durch das Inferno, mit wackelnden Flächen und schrill heulenden Motoren.

Ringsum schien der Himmel weiterhin Feuer zu speien, als Fred Kreuzer nach vorn wankte. Er verlor erneut den Halt, riß instinktiv die Arme hoch und bekam die Rückenlehne des Flugzeugführersitzes zu packen.

Oberfeldwebel Meister hing immer noch halb zur Seite. In den Kopfhörern waren stöhnende Laute zu hören, dazwischen halberstickte Flüche, die in ein röchelndes Gurgeln übergingen. Die Ju 88 kippte jetzt auf die rechte Fläche. Die Druckbö einer neuen Geschoßexplosion riß den Flügel wieder nach oben und schleuderte die Maschine auf die andere Seite.

Meisters rechte Hand hielt das pausenlos hin und her wippende Steuerhorn noch umkrampft. Sein Oberkörper neigte sich soeben wieder in die Vertikale. Mit leichenblassem, verzerrtem Gesicht zog er am rechten Steuergriff. Das Flugzeug reagierte zunächst kaum, aber dann richtete sich der seewärts gesenkte Bug doch ein wenig auf. In flachem Bahnneigungsflug jagte die Ju 88 nun querab vom Konvoi nach Nordwesten.

Oberleutnant Ehrlich saß noch immer wie erstarrt auf seinem Sitz, den Blick auf den Blutfleck gerichtet, der sich auf Meisters linkem Oberarm ausgebreitet hatte. Jochen Kerner, der Funker, stand hinter ihm, die Hände um das kleine Klapptischchen vor den Funkgeräten gekrampft. Durch die großen Löcher, von den Splittern ins Kanzelglas gefetzt, drang ein eisiger Luftstrom herein. Er schnitt wie mit Messern in die Gesichter.

Doch keiner der Männer achtete darauf. Drei Augenpaare waren auf den Oberfeldwebel gerichtet, von dem in diesem Augenblick ihr aller Schicksal abhing. Die Schiffsflak drosch immer noch herauf, als ob sie dem gefährlichen Gegner in der Nähe des Konvois den Fangschuß geben wolle. Aber auch das Bersten und Krachen der Explosion, wie ferner Donner über dem Laufgeräusch der Motoren zu hören, drang kaum in das Bewußtsein der Männer in dem Kampfraum der Aufklärungsmaschine.

Seit dem Augenblick, wo eines der Stahlstücke Meisters Oberarm wie ein rasend schnell bewegtes Rasiermesser aufgeschlitzt hatte, waren vielleicht kaum zehn Sekunden vergangen. Trotzdem erfaßte Fred Kreuzer erst jetzt, was das Blut in Wirklichkeit bedeutete, das in einem dünnen Strahl aus dem zerfetzten Kombinationsärmel des Oberfeldwebels herauslief. Keiner von ihnen brachte ein Wort heraus, und es verging noch eine Weile, bis Ehrlichs schrille Stimme das lastende Schweigen durchbrach. Er stieß die Worte zu jenem Zeitpunkt hervor, als Meisters Kopf nach vorn sank und sein Oberkörper hinter dem Segment hin und her zu wakkeln begann:

„Um Gottes willen, Meister . . . !“

Vielleicht hatte ihm das Entsetzen die Sprache verschlagen, wer wußte es schon.

Die Rechte des Oberfeldwebels umklammerte immer noch den einen Steuergriff, während der linke Arm schlaff neben seinem Oberkörper herumbaumelte. Die Maschine flog weiterhin in der bisherigen Richtung, Hinter ihr wurden die Sprengwolken der Flak spärlicher, je weiter sich die Ju 88 von dem Konvoi entfernte.

Panik schwang in Ehrlichs Stimme mit, als er jetzt die Worte herausschrie:

„Meister — so sagen Sie doch etwas!"

Wieder vergingen einige Sekunden. Dann hob der Oberfeldwebel langsam den Kopf, aber anscheinend gelang es ihm nicht, Ehrlich das Gesicht zuzuwenden.

„Ich — ich kann nicht mehr — Herr... !"

Sein Kopf sackte wieder nach vorn, und im Dröhnen der Motoren schien das höhnische Lachen des Todes mitzuschwingen. Keiner dachte daran, daß wie durch ein Wunder keiner der Motoren getroffen worden zu sein schien. Nur die durch die Kanzel patschenden Splitter hatten die Maschine erreicht. Aber was von ihnen angerichtet worden war, hatte eine noch viel schwerwiegendere Wirkung heraufbeschworen.

Jochen Kerner schob sich an Kreuzer vorbei, ein bereits aufgerolltes Verbandspäckchen in den Händen. Er beugte sich über den Flugzeugführersitz und riß die blutgetränkten Stoffetzen an Meisters Oberarm herunter. Eine lange, klaffende Wunde kam zum Vorschein, aus der das Blut in einem dünnen Strahl herausquoll.

Ehrlich hatte die Gurte gelöst und stand jetzt neben dem Ohnmächtigen. Er hielt mit beiden Händen das Steuerhorn und brachte die Maschine in leichte Schwingbewegungen. Der Funker hatte den Verbandsmull bereits auf die Wunde gedrückt und schlang die weiße Binde um den Oberarm.

Auf einmal begegnete Fred Kreuzer dem Blick des Oberleutnants. Das Zittern in seiner Stimme war nicht zu überhören, als Ehrlich sagte:

„Kreuzer, nehmen Sie das Steuer — ich — ich hoffe, daß Sie die Maschine wenigstens halten können!"

Kerners Oberkiefer zuckte hoch, doch dann schien er begriffen zu haben. Seine Hände näherten sich bereits dem blutbeschmierten Verschluß der Anschnallgurte vor dem Leib des Flugzeugführers. Die Laschen schnappten heraus, und dann zogen sie Meister vom Sitz. Ehrlich hielt das Steuer immer noch umklammert. Er gab es erst frei, als Kreuzer nach einem Blick auf den Höhenmesser die Atemmaske vom Gesicht zerrte und sich dann auf den Flugzeugführersitz schob.

Er sah nicht mehr, daß der Oberleutnant und Kerner den Flugzeugführer weiter nach hinten zogen, ihm einen Fallschirm unter den Kopf legten und sich über ihn beugten. Er war noch nicht einmal imstande, die ganze Tragweite der Entscheidung zu erfassen, vor die ihn das Schicksal gestellt hatte.

Der Boden zwischen seinen Füßen, die jetzt auf den Seitenruderpedalen standen, war rot gefärbt vom Blut des Kameraden. Er zog das Segment halb unbewußt leicht nach hinten, und etwas wie eine lächerliche Beglükkung überkam ihn, als er merkte, wie die Maschine dem Ruderdruck gehorchte. Trotzdem saß er noch wie eine Marionette hinter dem Steuer, unfähig, sich zu konzentrieren. In seinem Hals schien eine Flamme zu schwelen, seine Hände zitterten, und ähnlich ging es in seinem Körper zu.

Doch allmählich wich der Schock von ihm, und eine eigenartige Ruhe erfüllte ihn. Das Bewußtsein, für das Leben der drei anderen in seinem Rücken verantwortlich geworden zu sein, überwog plötzlich alles andere. Er erinnerte sich an den Kurs, den er während vieler Rückflüge schon auf dem Kompaß beobachtet hatte, und er trat leicht gegen das rechte Seitenruder. Der Bug drehte sich, während er die Kompaßnadel verfolgte und gleichzeitig das pendelnde Miniaturflugzeug im künstlichen Horizont beobachtete. Eine Aufwallung von Freude schoß in ihm hoch, nachdem sich die Nadel auf den üblichen Rückflugkurs eingespielt hatte und er feststellte, daß er die Flughöhe halten konnte. Die Anzeige stand auf 3500 Meter, und vielleicht war es gut, diese Marke einzuhalten.

Er drehte den Kopf, als Oberleutnant Ehrlich wieder neben ihm auftauchte und ihm eine Hand auf die Schulter legte. Es war eine Bewegung, die mehr sagte als viele Worte; eine Geste, in der alles Vertrauen lag, das sie auf ihn setzen konnten. Ehrlich hantierte jetzt neben ihm herum. Er hatte den Steckkontakt von Kreuzers Kopfhaube in der Hand und schob ihn in den Anschluß. Danach hörte der Bordmechaniker der „Kurfürst" seine Stimme wieder:

„Kreuzer, werden Sie es — schaffen?"

„Ich weiß es noch nicht, Herr Oberleutnant." Und dann die bange Frage: „Wie geht es dem Oberfeld?"

Er sah, wie Ehrlich die Schultern zuckte und dann auf die See hinunterstarrte. „Er ist immer noch bewußtlos — die Wunde hat ziemlich geblutet — Kerner hat ihm schon das dritte Verbandspäckchen draufgedrückt." Er wischte sich den Schweiß von der Stirn und sah auf den Kompaß. „Sie haben ja sogar den richtigen Kurs!"

Fred Kreuzer nickte nur, und auch der Oberleutnant sagte nichts mehr. Minuten vergingen. Manchmal sah der Unteroffizier nach hinten. Er konnte Meisters Gesicht nicht erkennen. Der Rücken des Funkers verdeckte es. Er kauerte auch jetzt noch neben dem Flugzeugführer.

Immer öfter wanderte Ehrlichs Blick herüber. Bewunderung spiegelte sich darin — und ein armseliges bißchen Hoffnung. Er fragte nicht, wie es weitergehen sollte. Es würde schon ein Glück sein, wenn sie mit der Maschine wenigstens die Nähe der Küste erreichten. Dann blieb ihnen immer noch Zeit für weitere Erwägungen.

Auch Kreuzer dachte daran, während er sich bemühte, die Ju 88 auf Höhe und Kurs zu halten. Was würde dann geschehen, wenn sie in der Nähe des Platzes waren? Er wußte, daß er es nie fertigbringen würde, die Maschine heil an den Boden zu bringen. Selbst der Versuch einer Bauchlandung mußte einem selbstmörderischen Wagnis gleichkommen.

Er lächelte, während Ehrlich ihm ein Stück Schoka-Kola vor den Mund hielt und ihn dann fragte, ob er eine Zigarette wollte. Er wollte eine, und der Oberleutnant zündete sie ihm an. Jedesmal, wenn er daran gezogen hatte, nahm Ehrlich sie ihm aus dem Mund und reichte sie dann wieder herüber.

Manchmal sah Fred Kreuzer, wie unruhig die Hände des Oberleutnants über die Navigationsgeräte und die Karte über seinen Knien tasteten. Sie waren jetzt schon fast eine dreiviertel Stunde auf dem Rückflug. Bald mußte der Zeitpunkt kommen, wo der schwerwiegende Entschluß zu fassen war.

Doch auf einmal war ein Gedanke da, der wie ein Stich durch das Hirn fuhr: War ein Fallschirmabsprung denn überhaupt möglich? Was sollte in solch einem Fall denn mit dem Oberfeldwebel geschehen? Würde er nicht ertrinken, wenn sie ihm den Schirm umlegten und ihn aus der Maschine warfen, ehe sie selbst zum Sprung ansetzten? Und was würde erst mit ihm passieren, wenn der Absprung über Land erfolgen sollte? War es nicht ein Verbrechen, einen Ohnmächtigen einer solch tödlichen Gefahr auszusetzen?

Oberleutnant Ehrlich sah wieder herüber, und ihre Blicke begegneten sich erneut. Das Gesicht des Kommandanten war fahl geworden, seine Lippen zuckten, dann sagte er, als ob er die Gedanken des Unteroffiziers geahnt hätte:

„Es ist ausgeschlossen, daß wir springen, Kreuzer. Das würde Meisters Tod bedeuten!"

„Ich — ich habe eben auch daran gedacht, Herr Oberleutnant!"

Sekunden verstrichen in quälender Stille, dann sagte Ehrlich:

„Deswegen müssen Sie die Maschine irgendwie herunterbringen. Es geht nicht anders. Gott helfe Ihnen und uns ... "

*

Rings um die große Luftbasis hielten Hunderte von Männern den Atem an und starrten auf das Flugzeug, das jetzt wie ein Kreisel über die Grasnarbe neben der Startbahn rotierte. Noch konnte es keiner begreifen, daß es dem Flugzeugführer vor wenigen Sekunden tatsächlich gelungen war, das herausstehende Fahrwerk entweder abzureißen oder in die Fläche zurückzudrängen. Sie waren auch gar nicht fähig, daran zu denken, denn die Katastrophe konnte immer noch erfolgen.

Kruse schickte heisere Laute in das Krachen und Poltern, das wie dumpfe Donnerschläge zu ihnen herüberklang. Er hatte solche Bruchlandungen nicht zum erstenmal erlebt und wußte nur zu gut, welch ein schauriges Ende sie nehmen konnten.

Die Maschine schlitterte immer noch über das Gras, eine Wolke aus Blechteilen und Erdbrocken hinter sich lassend.

Die zersplitterte Kanzel blieb jetzt für einige Sekunden in einer Richtung. Doch dann wurde die Ju 88 erneut zur Seite gedreht. Eine der bereits völlig demolierten Flächenspitzen bohrte sich in den Boden. Die Maschine ruckte in die Höhe, und der Überschlag schien alle Hoffnungen zu ersticken. Doch da ließ ein gütiges Schicksal das halbe Wrack wieder zurücksinken. Der hochgereckte Flügel klatschte auf die Erde, die Vorwärtsbewegung wurde merklich langsamer. Nach einem letzten Schleifen über wenige Meter blieb das Flugzeug endlich stehen.

Der Feuerwehrwagen drehte ein und fuhr mit Vollgas auf die qualmende Ju 88 mit den abgerissenen und verbogenen Luftschraubenblättern zu. Auch der Sanka-Fahrer (Sanka = Sanitätskraftwagen) preschte heran.

Zu diesem Zeitpunkt hatte Kruse auch das Beiwagenkrad in Bewegung gesetzt. Er fuhr so schnell über den holprigen Boden, daß der hinten sitzende Oberfeldwebel wie ein Spielball auf und nieder hüpfte. Dem Obergefreiten Mattner im Beiwagen ging es nicht viel besser.

Sie brauchten nicht lange, bis sie in der Nähe waren. Die Feuerwehrleute, baumlange Norweger, umringten das Flugzeug, Luftschaumdüsen und andere Löschgeräte in den Händen. Nur das Schwelen und Rauchen hielt an.

Kruse trat auf die Bremse und rannte davon. Die anderen folgten ihm. Er erreichte die Ju 88 fast zusammen mit den Leuten aus dem Sanitätswagen. Auch einige Feuerwehrmänner rannten herbei.

Aus kaum drei Metern Entfernung sah der Hauptgefreite ein aschfahles Gesicht auf dem Flugzeugführersitz, das sich ihm jetzt langsam zuwandte. Daneben hing eine blutüberströmte Gestalt auf dem Platz des Beobachters. Der Mann hinter der Steuersäule wollte jetzt offenbar das Kanzeldach lösen, aber es ging nicht. Die Norweger halfen ihm. Sie hatten Äxte in der Hand und zertrümmerten damit das bereits an vielen Stellen zerborstene Glas.

Wenig später torkelte der Flugzeugführer der fremden Maschine über das Gras. Schon nach wenigen Schritten ging er in die Knie und blieb sitzen. Unter dem geöffneten Reißverschluß seiner Kombination kamen die Dienstgradabzeichen eines Oberfähnrichs zum Vorschein. Er war seinem Gesicht nach ein blutjunges Kerlchen. Die blonden Haare klebten ihm in der Stirn.

Dutzende von Soldaten umringten die Maschine. Einer gab dem Flugzeugführer eine Zigarette. Hinter ihm zogen sie jetzt den Beobachter aus der Kanzel und legten ihn auf eine Trage. Er preßte die Hände vor das blutende Gesicht. Anscheinend hatte er nur Schnittwunden erlitten.

Oberfeldwebel Richter und der Bordschütze aus der „Condor“ standen nebeneinander, als die Feuerwehrmänner den dritten Mann aus der zerbrochenen Kanzel holten. Er taumelte zwischen ihnen herum wie ein Betrunkener und lief dann wieder auf die Maschine zu. Zwei Sanitäter schoben einen anderen Mann heraus, der keine Lebenszeichen mehr von sich gab. Die Atemmaske hing neben seiner Kopfhaube, und ein Stück des Zuführungsschlauches baumelte daran herum.

Mit langsamen Handbewegungen nahm Kruse die Mütze ab. Auch die anderen taten es nacheinander. Keiner brauchte zu fragen, was mit dem Unglücklichen passiert war, der zerfetzte Atemschlauch sagte alles. Irgendwann während des Einsatzes mußte eine Kugel oder ein Splitter ihn zerfetzt haben, und der Höhentod hatte dem Leben des Kameraden ein

Ende gesetzt. Vielleicht hatten sie seinetwegen sogar hier die Landung versucht.

Einer der Sanitäter nahm ihm die Kopfhaube ab. Das Gesicht eines vielleicht Neunzehn- oder Zwanzigjährigen war jetzt voll zu sehen. Es wirkte so ruhig und friedlich wie das eines Menschen, der sich zum Schlafen niedergelegt hat.

Schweigend standen Männer des technischen und fliegenden Personals sowie zahlreiche Offiziere vor der Maschine. Neben dem jungen Flugzeugführer hielt sich ein Leutnant auf, der wahrscheinlich zum KG 30 gehörte. Die Zigarette fiel aus den Händen des Oberfähnrichs, als der tote Kamerad in den Sanka gelegt wurde. In dem schmalen Laderaum saß der Beobachter, dem man bereits einen Kopfverband angelegt hatte.

Ohne ein Wort zu sagen, drehte sich Kruse um und ging zu seinem Motorrad. Gemeinsam fuhren sie zu den Hallen hinüber. Ein PKW hielt kurz darauf in ihrer Nähe. Hauptmann Orlowski und Heidenreich stiegen aus. Sie sahen zu der Bruchmaschine hinüber, die von einem Bergungswagen soeben vom Platz geschafft wurde.

Auf dem Hallenvorfeld kam ein Radfahrer an. Er war einer von der Funkstelle. Dicht vor dem Hauptmann ließ er das Rad auf den Beton fallen und übergab ein Funkformular.

Kruse preßte die Lippen zusammen. „Da ist sicher noch was passiert!“ murmelte er, während Hauptmann Orlowski den Spruch las. Am Zurückzucken seines Kopfes war deutlich zu erkennen, wie schwerwiegend der Inhalt der Meldung sein mußte.

Kurze Zeit später wußten sie es alle:

Oberfeldwebel Meister lag bewußtlos an Bord der „Kurfürst“, schwer verwundet, und der Bordmechaniker flog die Maschine!

Es war ihnen klar, was das bedeutete.

*

An Bord der „Kurfürst“ war die Hoffnungslosigkeit eingekehrt. Die Maschine flog immer noch in etwa 3500 Meter Höhe, und es hatte Kreuzer keine Schwierigkeiten bereitet, sie in der Luft zu halten. Angesichts der vielen Stunden, die er neben Oberfeldwebel Meister schon hinter dem Segment gesessen hatte, war es auch keine Kunst, die Ju 88 geradeaus zu fliegen, manchmal kleine Korrekturen auszuführen. All das war eine Kleinigkeit gegen die Gedanken, die immer drohender wurden.

Was würde geschehen, wenn die Küste in Sicht kam?

Sie hatten bis jetzt nicht mehr darüber gesprochen. Oberleutnant Ehrlich hockte auf seinem Sitz, starr wie eine Statue. Es waren inzwischen schon mindestens 5 Minuten vergangen, seit er wieder einmal nach hinten gegangen war und sich über den Oberfeldwebel gebeugt hatte. Meister war schon vor längerer Zeit zu sich gekommen, hatte einige unverständliche Worte gemurmelt, dann war sein Kopf wieder zur Seite gesunken. Die

Ohnmacht schien inzwischen aber durch einen Schlaf der Erschöpfung abgelöst worden zu sein.

Jochen Kerner saß auch jetzt noch neben ihm. Seit er die verhängnisvolle Funkmeldung an den Platz durchgegeben hatte, war er nicht mehr von seiner Seite gewichen. Sein Blick lag wie beschwörend auf dem blassen Gesicht des Oberfeldwebels, als ob er ihm dadurch Kraft einflößen könnte. Aber Meister rührte sich nicht. Sein erschlaffter Körper ruhte auf dem Kanzelboden, und tiefe Atemzüge verrieten, daß er anscheinend wirklich schlief. Die Blutung an der Wunde war schon vor geraumer Zeit völlig zum Stillstand gekommen.

Mit jeder weiteren Minute wurde die Spannung unerträglicher. Kreuzer spürte, wie ihm der Schweiß aus allen Poren brach. Plötzlich sah er, daß Oberleutnant Ehrlichs Kopf in die Höhe ruckte. Alarmiert huschte sein Blick über die Instrumente, aber der Kommandant schien etwas anderes entdeckt zu haben. Und dann sah auch Fred Kreuzer den dünnen Streifen an der Kimm:

Die Küste Norwegens!

Von einer Sekunde zur anderen klopfte sein Herz bis zum Hals hinauf. Aus Oberleutnant Ehrlichs Gesicht wich die Farbe. Er machte eine hilflose Handbewegung, stopfte dann völlig sinnlos die Navigationsunterlagen in seine Tasche und sah herüber.

Die Unruhe in Kreuzers Händen wurde so stark, daß sie sich auf das Steuer übertrug. Die Ju 88 machte einige schwankende Bewegungen mit den Flächen. Der Oberleutnant merkte es, aber auch jetzt sagte er noch nichts. Langsam drehte er den Kopf und sah nach hinten. An der plötzlichen Starre in seinem Blick erkannte Kreuzer, daß irgend etwas geschehen sein mußte. Er hätte nicht nach hinten sehen brauchen, denn im gleichen Augenblick gellte Kerners Stimme auf. Wie einen Jubelschrei stieß er die Worte ins Mikrophon: „Er ist zu sich gekommen, Herr Oberleutnant — er ist!“

Er verstummte, als er Ehrlichs Blick begegnete. Oberfeldwebel Meister hatte sich mit seiner Hilfe halb aufgerichtet und lehnte mit dem Rücken an der Kanzelwand.

Kreuzer hinter dem Segment blickte wieder in die Flugrichtung. Er sah die Küstenlinie immer deutlicher aus dem Meer wachsen, erkannte die Konturen von Erhöhungen und schluckte die Angst hinunter, die würgend in seiner Kehle hochstieg.

Der Bug der Ju 88 schob sich bereits über die Inseln vor dem Hafen von Stavanger, hinter dem sich die Bergflanken rings um den Fjord in den Himmel reckten. Der Unteroffizier hatte bereits wieder vergessen, daß Meister nicht mehr ohnmächtig war und hinter ihm neben dem Funker hockte. Sein ganzes Denken war auch jetzt noch auf den Zeitpunkt konzentriert, wo vielleicht ein neues Wunder geschah oder ihr aller Leben schlagartig zu Ende gehen würde. Er sah alles so deutlich vor sich, als ob es bereits hinter ihm läge: den Flugplatz, die Rettungsfahrzeuge vor den

Hallen, heraufziehende rote Leuchtkugeln, Trauben von Menschen am Rollfeldrand. Dann würde er den Geradeausflug beenden und eine Kurve einleiten müssen! War das nicht schon der Augenblick, wo der Tod nach ihnen greifen konnte? Würde es ihm überhaupt gelingen, eine Kurve zu fliegen, ohne daß die Maschine abschmierte? Und wenn er das tatsächlich fertigbringen sollte, wie könnte er die Ju 88 je an den Boden bringen? Und wie würde es sein, wenn sie wirklich unten wäre und nach irgendeiner Seite ausbrechen wollte? Er dachte daran mit stockendem Atem, während neue Schweißbäche über sein Gesicht rieselten.

Unten war bereits der Fjord, und Oberleutnant Ehrlich schob sich wieder neben ihn. Wie unter einem Zwang sah Kreuzer nach hinten, und neues Entsetzen schoß in ihm hoch. Meister hockte immer noch an der gleichen Stelle, mit gesenktem Kopf, wie ein Mensch, aus dem alle Kraft gewichen war.

Jenseits der Berge leuchteten die Startbahnen von Stavanger im Sonnenlicht. In den Kopfhörern erklang ein trockendes Räuspern, dann war Oberleutnant Ehrlichs Stimme zu hören:

„Kreuzer — versuchen Sie es!"

Die Kehle war immer noch wie zugeschnürt. Ein leichter Druck auf die Steuersäule. Der Bug neigte sich nach unten. Im Hirn hämmerte und dröhnte es. Schleier waberten vor dem Blick. Schweiß rann in die Augen. Die Arme schienen von elektrischen Strömen durchpulst zu werden.

Doch da griff erneut das Schicksal ein, und keiner der beiden Männer auf den Vordersitzen sah, was hinter ihnen geschah.

Fassungslos blickte der Funker auf den Oberfeldwebel, der jetzt auf seine Kopfhaube deutete, Sekunden vergingen noch, bis Jochen Kerner begriff. Doch dann packte er den Kontakt zu Meisters Kopfhaube und steckte ihn in einen Anschluß. Erschüttert blickte er auf den Flugzeugführer, der jetzt die Knie anzog und sich in die Höhe zu schieben versuchte.

Oberleutnant Ehrlich und Kreuzer zuckten wie unter einem Schlag zusammen, als sie Meisters rauhe, matte Stimme hörten. Entsetzt zog der Unteroffizier am Steuerhorn, als die Maschine nach vorn kippte. Im gleichen Moment spürte er einen heißen Atemhauch in seinem Genick, und dann sah er Meisters Oberkörper neben sich. Etwas wie ein Lächeln huschte über das bleiche Gesicht, als Ehrlich seine Überraschung mit zusammenhanglos hervorgestoßenen Worten ins Mikrophon schrie. Aber dann schnellte er in die Höhe und umklammerte den Oberkörper des schwankenden Kameraden.

Die untersetzte Gestalt knickte ein und sank auf den Rand des Beobachtersitzes. Kreuzer starrte den Oberfeldwebel immer noch wie ein Gespenst an. Aber seine nächsten Worte ließen ihn bereits mit fahrigen Bewegungen zu den Anschnallgurten greifen. Er war kaum aus dem Sitz, als Meister sich darauf niedersinken ließ.

„Anschnallen!" keuchte er. „Bleib neben mir und — wenn es nicht mehr geht — mach, was ich sage — es — muß schnell gehen!"

Seine Rechte drückte die Steuersäule bereits nach links. Die Ju 88 schob in eine Linkskurve, während er mit zusammengepreßten Lippen durch die Bugverglasung starrte. Ehrlich sah herüber, mit bebenden Lippen und flackernden Augen. Tausend Worte schienen ihm auf der Zunge zu brennen, aber er brachte kein einziges hervor.

Meister dirigierte die Maschine wie in Trance nach unten. Noch einmal schob die Ju 88 in eine Kurve. Nur die Rechte des Oberfeldwebels lag auf dem Steuerhorn. Der Schweiß floß in Bächen über sein Gesicht. Die Erde kam näher und näher. Voraus das Landekreuz am Anfang der Startbahn. In Kreuzer stieg das blanke Entsetzen hoch, als der Kopf des Oberfeldwebels nach vorn sank. Doch schon im nächsten Moment hob er ihn wieder. Seine Lungen jagten nur so.

„Fahrwerk — Landeklappen!“ Es war mehr ein Flüstern, das soeben aus den Kopfhörern gedrungen war.

Oberleutnant Ehrlich ruckte in den Gurten nach vorn, ließ sich dann aber wieder zurückfallen. Mit wenigen Handgriffen betätigte Kreuzer die Schalter. Die Bremswirkung wurde sofort spürbar, als die Fahrwerke ausfuhren, kurz darauf die Landeklappen.

Auf einmal hob Meister die linke Hand und legte sie um den Griff des Steuerhorns. Die Erde flitzte bereits auf die Maschine zu. Das Gesicht des Oberfeldwebels wirkte wie eine wächserne Maske. Noch zehn Meter, noch fünf. Kreuzers Herzschlag schien zu stocken. Er dachte auch jetzt noch nicht daran, daß er nicht angeschnallt war. Mit geweiteten Augen sah er, wie Meister die Steuersäule zurückzog. Im gleichen Moment färbte sich der Mull auf seinem Oberarm mit neuem Blut. Sekunden später der erste Stoß. Die Laufräder hatten die Erde berührt, die Maschine rollte.

Die Steuersäule vibrierte vor der Brust des Oberfeldwebels. Mit roboterhaften Bewegungen trat er die Seitenruder durch. Vielleicht war es nur noch jahrelange Routine oder instinktive Reflexe, die ihn in kurzem Wechsel die Pedale treten ließen.

Da erst wich die Starre aus Kreuzers Körper. Er beugte sich nach vorn und riß die Gashebel herunter. Die Motoren verstummten, und nur noch das Pfeifen der Reifen drang in die Kanzel. In Meisters Gesicht schien kein Blutstropfen mehr zu sein. Sein Kopf sank immer mehr nach vorn. Die Vorwärtsbewegung verlangsamte sich, und dann kam der Augenblick, wo der Oberkörper des Flugzeugführers über das Steuerhorn kippte.

Noch ein Dutzend Meter, ein letzter Schub des Tonnengewichts, dann rollte die Ju 88 auf die linke Pistengrenze zu, drehte sich in einem leichten Bogen und blieb stehen ...

*

Über den Bergen des Stavanger-Fjords kämpfte der Dunst noch mit den Strahlen der Morgensonne. Vor einiger Zeit war die „Condor“ darin verschwunden und auf ihre lange Reise gegangen.

Der Hauptgefreite Kruse hatte etwas Muße für Erinnerungen verschiedener Art. Er stand jetzt wieder einmal vor der Halle. Seine Arbeit war getan. Die von Leutnant Fandorras Besatzung geflogene Ju 88 hatte sich kurz nach der FW 200 von der Piste geschwungen. Wie man hörte, war auch diese Maschine auf den alliierten Geleitzug angesetzt worden, den die „Kurfürst" gestern entdeckt hatte.

Unwillkürlich blickte Kruse zur Startbahn hinüber, wo sich gestern nachmittag der allgemeine Schrecken wenig später in ein mächtiges Hallo verwandelt hatte. Noch jetzt sah er die Szene vor sich, wie Fred Kreuzer nacheinander von allen möglichen Leuten an die Brust gedrückt worden war, nachdem Ehrlich seine Tat mit wenigen Worten erläutert hatte. Dem Oberfeldwebel Meister hatte niemand auf die Schultern klopfen können. Er hing, nachdem die „Kurfürst" zum Stillstand gekommen war, bewußtlos über dem Steuerhorn, und niemand würde wohl jemals seine einmalige Energieleistung vergessen können, der vier Männer und eine wertvolle Maschine ihre weitere Existenz verdankten. Wie einen Toten hatten sie ihn aus der Kanzel gebracht, mit schweißüberströmtem, leichenblassem Gesicht, und der von einem Splitter getroffene Arm war neben der Trage herumgependelt, als ob er nicht mehr dazu gehöre. Die anderen drei hatten sich zuerst einmal auf ihre Buden geschlichen und waren auf ihre Matratzen gesunken. Der Spieß hatte Sonderwachen mit dem Auftrag vor die Tür gestellt, jedem in den Hintern zu treten, der auf dem Flur auch nur einen Pups von sich geben sollte. Doch schon wenige Stunden später waren sie wieder munter gewesen. Die Wirkung der anschließenden „Geburtstagsfeier" machte sich in Kruses Kopf auch jetzt noch bemerkbar.

Er griff an seinen Nacken und massierte daran. Aber die Kognaks, denen der ziehende Schmerz zu verdanken war, pfiffen ihm etwas.

Trotzdem reichte es noch zu einigen Gedanken an Paul Mattner. Wo würde er jetzt sein? In der Gegend der Shetland-Inseln oder schon weiter gegen die Färöer zu? Es würde trotzdem wieder Nacht werden, bis sie Bordeaux erreicht hatten. Manchmal waren sie sechzehn Stunden unterwegs.

Drüben neben der Startbahn planierten Männer einer Baukompanie die Grasfläche, in die von der notgelandeten Ju 88 tiefe Furchen gerissen worden waren. Mittlerweile wußte man, daß die fremde Besatzung von Dänemark aus zu einem Aufklärungsflug gestartet und über See von einem englischen Jäger angegriffen worden war. Dabei hatte der Bordmechaniker den verhängnisvollen Schuß in den Atemschlauch erhalten. Schon wenige Stunden nach der Bruchlandung war eine Ju 88 auf den Platz eingeschwebt. Sie hatte die Besatzung und den toten Kameraden mitgenommen.

Mit dröhnendem Schädel sah Kruse zum Liegeplatz der Jäger hinüber. Auch dort hatte sich vor einer halben Stunde etwas ereignet, das man im Hinblick auf die bisher so spärlich erfolgten Anflüge feindlicher Maschinen zunächst kaum hatte glauben wollen: ein Alarmstart! Zwei Maschinen waren über die Betonbahn gezischt und über dem Meer verschwunden. Einer von den Jägern war anschließend vorbeigekommen und hatte erzählt, daß Oberfeldwebel Richter in der einen „109“ gesessen sei. Richter! Der Hauptgefreite wollte den Kopf schütteln, besann sich aber noch rechtzeitig und ließ es. Ob sie auch diesmal wieder vergeblich durch die Luft schwirren würden — wie schon so oft zuvor?

Bis zum B-Krad waren es nur wenige Schritte. Kruse ließ den Motor kommen und fuhr zur Bildstelle hinüber. Unteroffizier Gmeiner hockte auf der Treppe. Sie hatten ihn gestern nachmittag herumgescheucht wie einen Rekruten. Der ganze Auswerteraum war gerammelt voll gewesen mit Offizieren, und jeder hatte die Nervosität vergrößern helfen. Ehrlich und seine Besatzung hatten großartige Aufnahmen von dem Konvoi mitgebracht. Alles war so eilig gewesen, daß der Chef die Auswerteergebnisse schon vom Lichtkasten weg telefonisch weitergegeben hatte. Welch eine Aufregung! Und welch ein Glück war es, Hauptgefreiter zu sein!

Unteroffizier Gmeiner kam auf das Krad zu. Er stieß die zwischen seinen Fingern glimmende Zigarette gegen den Himmel.

„Wer ist da vorhin weg?“

„Leutnant Fandorra!“

„Allmächtiger!“ seufzte der Unteroffizier, und sein schmales Gesicht drückte Sorge aus. „Dann gute Nacht, Marie. Ausgerechnet heute müssen die noch zum Feindflug starten, wo doch heute abend ... “

Er verzichtete auf den Rest der Worte, weil am Himmel in Richtung Stavanger ein immer stärker anschwellendes Heulen zu hören war. Sie hoben die Hände über die Augen und blickten in den Sonnenglast. Kurz darauf wurden darin die dunklen Konturen von zwei Me 109 sichtbar, die in steilem Winkel auf die Erde herabstießen. Es verging kaum eine halbe Minute, bis sie die Hallen erreicht hatten. Eines der beiden Jagdflugzeuge bewegte die Tragflächen und donnerte dann mit wackelnden Flügeln im Tiefflug gegen den Flugplatz.

„So was gibt es doch nicht!“ staunte Kruse. „Da hat einer ja was abgeschossen!“

„Wahrhaftig“, nickte Gmeiner, „es sah so aus.“

Kruse saß schon wieder im Sattel. Mit pfeifenden Reifen bog er um die Hausecke und knatterte auf die Halle zu. Er kam dort an, als die beiden Maschinen zur Landung einschwebten. Vom Jägerliegeplatz kam eine ganze Prozession von Männern über das Rollfeld gelaufen.

Die beiden Me 109 waren inzwischen ausgerollt und drehten auf die Ringstraße ein. Sie waren aber so weit entfernt, daß die Kennziffern auf den Rümpfen nicht zu erkennen waren. Nach einem prüfenden Blick in das Halleninnere gab Kruse wieder Gas und preschte davon. In der Nähe der Liegeplatzbaracken war ein beträchtlicher Trubel zu beobachten. Warte trugen gerade eine füllige Gestalt auf den Schultern herum. Kruses Ahnungen wurden bestätigt.

Es war der Dicke, Oberfeldwebel Richter!

Nach kurzer Mühe gelang es dem Hauptgefreiten, sich in seine Nähe durchzuboxen. Der Oberfeldwebel war gerade am Erzählen. Fassungslos hörte Kruse zu, daß er einen Aufklärer abgeschossen hatte.

Noch konnte niemand wissen, wie schnell sich die Engländer für diese Leistung revanchieren würden.

Gegen Abend zog sich der Krieg in eine Ecke zurück und wartete. Die Überraschung, die er bereithielt, sollte noch viel nachhaltiger ausfallen als die Vorstellung einer prominenten Wehrbetreuungstruppe in der Speisesaalbaracke. Das Gebäude glich außen übrigens einer gewaltigen Scheune, während der Innenraum mit einer einstigen Wikinger-Halle eine große Ähnlichkeit hatte — zumindest, was die architektonische Gestaltung und die Kargheit der Ausstattung anbetraf.

Einige Stunden vor Beginn der großen Schau war letzteres allerdings nicht mehr so spürbar. Hunderte von Stühlen standen nebeneinander, und im Vordergrund hatten emsige Helfer unter dem Geschrei einiger Hauptfeldwebel und anderer sachkundiger Anführer eine Bühne errichtet.

Die Schar der Vorbereiter war noch bei den letzten Handgriffen, als sich draußen bereits die ersten Soldaten versammelten. Einige Zeit später erschienen Gruppen von Offizieren, alle in bester Gala. Leutnant Heidenreich und Oberleutnant Ehrlich trafen ein, und auch Fred Kreuzer war schon wieder auf den Beinen. Der Haufen wurde immer dichter, denn es lagen sehr viele Leute auf diesem großen Flugplatz. Keiner redete mehr von seinem Alltagskram, von Einsätzen oder ähnlichem, vor allem aber nicht vom Krieg. Dieser saß immer noch in seiner Ecke und lachte schadenfroh. Sein Festbeitrag war zu dieser Zeit nämlich schon unterwegs.

Der Hauptgefreite Kruse hatte messerscharfe Bügelfalten in der Hose. Er sah so ordentlich aus, daß man ihn kaum mehr erkannte. Sein breites Lachen war eine einzige Vorerwartung, und den anderen ging es ebenso.

Welch ein Ereignis in diesem fremden Land! Mädchen würde man an diesem Abend sehen, Tänzerinnen, und sogar eine veritable Filmschauspielerin: Dorit Kreysler! Vom Clou des Abends ganz zu schweigen: von Heinz Wehner und seiner berühmten Tanzkapelle. Wirklich, alle hatten alles vergessen, was sie vielleicht vor Stunden noch peinigte und bedrängte, mit Sorge oder Todesangst erfüllte. Oberleutnant Ehrlich lachte mit Heidenreich und Hauptmann Orlowski, der mit seiner stattlichen Erscheinung wie ein Gutsbesitzer vor einem Abendempfang wirkte. Irgendwo tauchte Werner Baumbach auf, einige Offiziere seiner Gruppe neben sich. Spieße rannten geschäftig herum, und selbst der Bildstellen-Hauptfeldwebel Körner war so festlich und gemütlich gestimmt, daß er sich mit Unteroffizier Gmeiner und dem Obergefreiten Kaspar vom Labor unterhielt.

Schließlich war es soweit. Die hohen Türflügel wurden geöffnet, scharenweise drängten sich die Männer in den Raum mit der hohen Decke. Stühle und Flüche fielen, der Kampf um die besten Plätze setzte ein.

Chargen fuhren dazwischen und sorgten für Ordnung, und dann starrten sie alle auf die Bühne, der Dinge harrend, die da kommen würden.

Keiner spürte in diesen Augenblicken Mitleid mit den Kameraden auf Wache oder jenen an den Fla-Geschützen rings um den Platzrand. So etwas war Schicksal, und wen es traf, den traf es eben so. So standen die Ausgeschlossenen zu dieser Zeit eben in der Nähe ihrer Kanonen oder stampften wütend über das Rollfeld, die Blicke zu dem fernen Gebäude auf dem Hügel gerichtet, wo Heinz Wehner und die Seinen gerade die Bühne betraten.

Und dann ging es los. Das große Orchester zeigte, daß es nicht zu Unrecht so beliebt war. Bekannte Melodien nährten Erinnerungen und Sehnsüchte an das andere Leben, dem der Krieg ein jähes Ende bereitet hatte.

Das Orchester verstummte, und die Diva kam, deren Bild viele in ihrem Spind angeheftet hatten. Staunende, große Augen waren auf sie gerichtet, als sie einige Chansons sang und dann Geschichten erzählte.

Einige Zeit später schien die Halle von einem Erdbeben erfaßt worden zu sein. Lange, wohlgeformte Mädchenbeine riefen Begeisterungsstürme hervor, und die von der „Kurfürst“ dachten schon lange nicht mehr an ihren Oberfeldwebel, ohne den sie jetzt vielleicht überhaupt nichts mehr sehen oder hören würden. Es schien auch keinen Morgen zu geben, keine nächste Woche, keine neuen Feindflüge, Leutnant Fandorra, der den Einsatz zum Konvoi ungeschoren hinter sich gebracht hatte, erinnerte sich sicherlich auch nicht mehr an die Stunden über der Nordsee und das furiose Flakfeuer, mit dem sie von den Begleitfahrzeugen empfangen worden waren.

Die Mädchen hatten gerade ihren zweiten Tanz hinter sich. Oberfeldwebel Richter war aufgesprungen und hüpfte Kruse auf dem rechten Fuß herum. Aber was machte das schon! Welch ein Abend, welch ein Erlebnis! Immer wieder knallten die Pranken des Hauptgefreiten gegeneinander. Das Leben triumphierte. Es gab kein Scapa Flow mehr, keine Bordschützen mit durchschossenem Atemschlauch, keine Särge, in die verstümmelte Leichen geschaufelt wurden. Nur noch jene trügerische Freude, die schon längst zur Sonderzuteilung geworden war.

Draußen stand der Krieg und rieb sich die Hände. Er wußte, daß sein Auftritt nicht mehr lange auf sich warten lassen würde. In den Flakstellungen rings um den Platz schimpften sie auch nicht mehr. Sie standen schon seit einiger Zeit in Gefechtsbereitschaft und lauschten von den Geschützen zu den Bunkern hinüber, wo die Telefone nicht mehr zu Ruhe kamen. War es wieder einer der vielen blinden Alarme, oder sollte diesmal tatsächlich etwas unterwegs sein?

Das Wimmern der Alarmsirene beseitigte die letzten Unklarheiten. Die Geschützführer stürzten aus den Bunkern und schrien ihre Befehle in die Nacht.

Droben im Speisesaal auf dem Hügel verstummte das Schluchzen der Saxophone und das Weinen der Geigen. In das lähmende Schweigen hinein gellten Stimmen und zerstörten in Sekundenschnelle die letzten Reste der großen Illusion.

Den Schlußakkord zu dem großen Fest hatte der Krieg intoniert. Er war über dem Stavanger-Fjord als drohender, dunkler Ton zu hören, untermalt vom hektischen Trommeln der Flak.

Zu Hunderten standen die Männer vor dem Gebäude und betrachteten das flirrende Feuerwerk der Leuchtspurbahnen. Zwischen dem Hämmern der Fla-Waffen wurde das Brummen von Flugzeugen immer lauter und durchdringender. Ein feines, stetig mehr anschwellendes Pfeifen mischte sich jetzt in das Höllenkonzert, das von den nahen Bergwänden in grollendem Echo zurückgeworfen wurde.

Sekunden noch, dann begann der Boden unter den Füßen zu beben. Eine Serie von Blitzen zuckte vor den Hallen auf.

Im Licht der Scheinwerfer verwandelte sich hoch am Nachthimmel ein silbernes Kreuzchen in eine lodernde Fackel. Wie ein Komet zog die getroffene Feindmaschine der Erde entgegen.

Doch zu dieser Zeit züngelten bereits Flammen aus der Werfthalle, und ein glutroter Schein füllte die Finsternis mit gespenstischen Reflexen.

*

Der Mann in dem einsamen Flugzeug hoch über der Nordsee dachte noch einmal an jene Nacht, obwohl inzwischen schon über drei Jahre vergangen waren. Er tat es zu einem Zeitpunkt, als sich der runde, verglaste Bug seiner Maschine dorthin richtete, wo rund 450 Kilometer entfernt die Südspitze Norwegens liegen mußte. Wie ein Stück aus einem Relief tauchte die Küste wieder vor seinem geistigen Auge auf, die er früher nach langen Feindflügen schon so oft herbeigesehnt hatte.

Da war die Landnase von Mandal und weiter droben, meistens unter einem weißlichen Dunstschleier versteckt, der von steilen Felswänden begrenzte Schlauch des Stavanger-Fjords. Er sah den Verlauf der Linien so deutlich, als ob sie sich unter ihm in Wirklichkeit abzeichnen würden.

Ein Blick auf den Höhenmesser ließ ihn erkennen, daß die Distanz zwischen ihm und dem Wasserspiegel des Meeres bereits 8000 Meter betrug. Es war dies eine Höhe, die Länder und Inseln zusammenrücken ließ. Das Gesicht der Erde schien aus diesem Blickwinkel zu schrumpfen. Millionenstädte wirkten wie Stecknadelköpfe und weite Landstriche als Flekke, die man mit einer Hand hätte überdecken können.

Aber all das war nur ein Teil des Wunders, in dessen Mittelpunkt er wieder einmal zu stehen glaubte. Der Traum, der schon nach dem Start in Burg bei Magdeburg erneut begonnen hatte, hielt ihn immer noch gefangen. Und obwohl er das alles an diesem Tag schon zum zehnten Mal erlebte, kostete es ihn Mühe, seine Gefühle und Empfindungen den Realitäten unterzuordnen.

Jedoch die Sprache der leicht vibrierenden Instrumentennadeln war unbestechlich und ohne Fehl. Hinter einer der dunklen Scheiben mit den grünlichen Markierungen zeigte der Staudruckmesser (Tachometer) eine Geschwindigkeit von 780 Kilometer an, und wieder einmal versuchte der Oberfeldwebel die Tatsache zu begreifen, daß er in einem Aufklärungsflugzeug saß, das fast zweihundert Kilometer schneller war als alle eigenen und feindlichen Motorjäger.

Ein Wolkenschleier schoß auf ihn zu, und der lange Bug der Arado 234 wühlte sich in die quirlende Wand. Wie ein geflügelter Riesenfisch schoß die Maschine durch die wabernden Dunstfetzen. Ein leichter Zug am Knüppel ließ den „Hecht" in die Höhe schnellen, immer weiter hinein in die endlose Kuppel des Himmels.

Der grüne Spiegel der See schimmerte jetzt wieder unter den leicht zurückgewinkelten Tragflächen, an denen die Junkers-Turbinen-Aggregate ihren fauchenden Lärm erzeugten. Die Ausstoßflammen zuckten hinter den länglichen Triebwerksgondeln wie dicke Elmsfeuer, während das Strahlflugzeug, einem winzigen Steuerdruck gehorchend, in leichter Kurvenlage nach Südosten eindrehte.

Es kostete Mühe, den Blick von den Instrumenten zu lösen und sich nicht in der Hochstimmung zu verlieren, die immer wieder nach einem greifen wollte.

Welch ein Wunderwerk, welch eine Maschine! Hatte sie einen, seit die Nordseeküste hinter dem Leitwerk zurückgeblieben war, nicht fast alles vergessen lassen, was an düsteren Bildern in der Erinnerung zurückgeblieben war: die Landschaft Rußlands, die endlosen sowjetischen Kolonnen vor Ostpreußen, Polen und den anderen östlichen Grenzen des Reiches, die Schatten der drohenden Katastrophe und sogar den eigenen Flugplatz, der schon seit vielen Wochen zu einer Art tödlicher Falle geworden war. Oder das Heulen der Alarmsirenen, die Ströme amerikanischer Bomber über Deutschland, die Ruinenfelder der Großstädte und das namenlose Elend, dem man überall begegnete.

Der Blick wanderte wieder nach Norden. Dort droben, wo die grünblaue Gabel des Stavanger-Fjords jetzt von einer verschneiten Landschaft umgeben sein mußte — wie anders war doch noch alles gewesen. Niemand hatte die Frage nach dem Sinn ihres Opfers gestellt, und keine Feindflüge nach England und Scapa Flow, und sogar der Tod so vieler Kameraden, all das war zwar als etwas Schreckliches, aber auch als etwas Unumgängliches hingenommen worden. Doch allmählich waren Vertrauen und Glaube abgebröckelt wie Putz von einer hohlen Fassade, die Zuversicht hatte sich in Entsetzen verwandelt angesichts der Tragödie, die auch heute ihr furchtbares Gewicht noch nicht ganz verloren haben: Stalingrad, Kursk, der Rückzug in Rußland! Ganze Armeen waren geopfert worden, Hunderttausende von Kameraden! Und nun standen die Besiegten von damals bereits vor den deutschen Grenzen. Auch dort drüben, jenseits des Rheins!

Ein Blick auf die Uhr. Es war noch etwas Zeit bis zur Rückkehr an die ferne Erde und somit in jenes Stück Welt, über das Tag und Nacht der Vernichtungswirbel des Krieges hinwegbrauste. Doch welch ein Friede herrschte hier oben, und welch ein Geschenk waren dieser Flug und diese Maschine! Wie herrlich müßte es sein, einmal in solch einem Flugzeug durch den Himmel ziehen zu können, ohne Waffen und Bomben an Bord, ohne das Lauern auf Gefahren und die Nähe des Todes — ohne Krieg! Waren damit nicht schon die Grenzen der eigenen Hoffnung erreicht? War man nicht nur einer jener Bevorzugten, denen das Schicksal noch das beispiellose Erlebnis des Fliegens mit diesem technischen Wunderwerk vergönnt hatte? Alles andere wäre nur ein Teil der großen Illusion gewesen, die sich schon längst verflüchtigt hatte. Denn auch diese Maschinen würden das Verhängnis nicht mehr abwenden können, sie glichen doch bereits seltenen, in große Käfige gesperrte Vögel, von unzähligen Wächtern umringt. Vielleicht waren sie schon wieder da, wenn der Werkstattflug über das Meer zu Ende ging: Dutzende von Feindjägern, wie ein Fliegenschwarm um den Platz schwirrend, mit Hunderten von Kanonen und Maschinengewehren an Bord, die alles in Sekundenschnelle beenden konnten.

Noch einmal drehte der Bug des Turbinen-Aufklärers nach Norden. Durch die Düsternis der Gedanken zog plötzlich wie ein Sonnenstrahl die Erinnerung an die Monate auf einem großen Flugplatz. Wie fern schien doch der Tag, an dem eine Ju 88 mit einem Bordschützen hinter dem Steuerhorn der norwegischen Küste entgegenflog. Und jener Abend, an dem im Speisesaal auf einem Hügel über Stavanger-Sola Heinz Wehner gespielt hatte! Kruse, der dicke Richter von den Jägern, Oberfeldwebel Meister, Oberleutnant Ehrlich, Kerner, Leutnant Heidenreich und Hauptmann Orlowski! Wo waren sie geblieben? Könnte man je ihre versteinerten Gesichter an jenem 22. Juni 1941 vergessen, als schon am frühen Morgen die Nachricht vom Krieg mit Rußland verlesen wurde? Waren sie nicht völlig fassungslos gewesen, sogar Heidenreich, der an jenem Tag schon das Ritterkreuz am Hals hängen hatte (seit dem 3. 6. 1941)? Dem Unteroffizier aus Oberleutnant Ehrlichs Besatzung, den sie einige Wochen später zur Flugzeugführerschule nach Deutschland geschickt hatten, war es wahrhaftig nicht anders ergangen.

Und jetzt? War es einem nicht manchmal, als ob das alles schon unendlich lange zurückliege, auch der erste Alleinflug mit einer Ju 88, die Monate auf der Blindflugschule und schließlich der erste Einsatz von Charkow aus in Richtung Wolga ...

Oberfeldwebel Fred Kreuzer wischte sich über die Stirn. Noch einmal schweifte sein Blick durch die Weiten des Himmels. Es war wie ein Abschiednehmen.

Mit jaulenden Triebwerken drehte die Turbo-Maschine gegen die Nordseeküste ein. Der Anblick der Erdoberfläche lenkte die Gedanken zu dem Flugplatz im Westen von Berlin. Die Zeiger der Borduhr näherten

Arado Ar 234 B-1

Verwendungszweck: Einsitziger Aufklärer mit Strahlantrieb;
Besatzung: ein (auch zwei) Mann;
Triebwerke: Jumo-004-B-Turbinen mit je 890 kgp Schub;
Spannweite: 14,44 m;
Länge: 12,66 m;
Höhe: 4,20 m;
Gewicht: 9200 kg;
Geschwindigkeit: 780 bis 900 km/h;
Reichweite: 1950 km;
Gipfelhöhe: 11 500 m;
Bewaffnung: zwei MG 151, 20 mm, nach hinten feuernd, Pilot zielte über Periskop-Visier;
Bombenlast: 1000 kg;

Die Arado 234 war der erste einsatzfähige und auch zum Einsatz gebrachte Strahlbomber der Welt. Die Maschine war für diesen Verwendungszweck konstruiert, wurde später allerdings auch als Aufklärungsflugzeug eingesetzt. Im letzten Kriegsjahr, als die alliierte Luftherrschaft über Deutschland und den besetzten Westgebieten vollkommen war, hatten praktisch nur noch Flugzeuge mit diesen Geschwindigkeiten und einer solchen Gipfelhöhe die Chance, Aufklärungen zu fliegen und Punktziele mit Bomben anzugreifen. Der Erstflug der Ar 234 erfolgte am 15. Juni 1943. In den Jahren 1944/45 wurden nur noch rund 220 Flugzeuge dieses Typs gebaut. Die Ar 234 erzielten bei ihrem Auftauchen über den von Amerikanern und Engländern besetzten Gebieten eine ähnliche Wirkung wie die ersten Düsenjäger vom Typ Me 262. Vor allem die nach hinten gerichteten Bordkanonen waren für alliierte Jäger eine besondere Überraschung. Die ersten Versionen der Ar 234 wurden noch mit einem Startkarren in die Luft gebracht, die Einsatzversion besaß jedoch ein Dreiradfahrwerk. Bei der Landung wurde die Fahrt mit einem Bremsfallschirm vermindert.

sich der achten Morgenstunde. Es war noch Nacht gewesen, als der Arado-Aufklärer, von zischenden Hilfsraketen vorwärtsgeschleudert, sich von der Piste gelöst hatte. Der Start zu einer späteren Zeit hätte einem Selbstmordversuch gleichkommen können. Nur in der Spanne zwischen Nacht und Tagesgrauen bestand die größte Aussicht, nicht schon während des Rollens auf der Betonbahn in einen Haufen brennenden Schrotts verwandelt zu werden. Welch eine Zeit, welch ein Krieg — welch ein Wahnsinn!

Der Bug war im schrägen Winkel der Bucht von Wilhelmshaven zugeneigt. Wieder einmal blickte Kreuzer auf die Flammen hinter den Triebwerken und dann auf die Instrumente. Wie ein Geschoß fegte jetzt die Arado 234 durch die Höhen des Himmels, und das Gesicht unter der dunklen Kopfhaube wandte sich jetzt immer öfter nach Westen.

Aus dieser Richtung mußten sie kommen — wenn sie nicht schon da waren und auf ihn warteten. Der Rausch des großen Erlebens war verflogen und hatte einer bangen Sorge Platz gemacht. Der Magen krampfte sich zusammen, und eine Schreckensvision reihte sich an die andere: der Flugplatz, ringsum die Schwärme von Feindmaschinen, auf der Landebahn eine anschwebende Arado 234, darüber, aus allen Rohren feuernd, allierte Jäger. Auf der Rollfeldmitte ein lichterloh brennendes Flugzeugwrack. An den Platzrändern die Feuerblitze der Flak. In weiterer Entfernung einige Focke-Wulf 190 der Platzsicherung. Verlorene in einer gewaltigen Übermacht.

Sollte es auch an diesem Morgen wieder so sein?

Die 4000-Meter-Zone war passiert, und Oberfeldwebel Fred Kreuzer zerrte die Atemmaske vom Gesicht. Im Südosten stand eine müde Novembersonne am Himmel. Über der norddeutschen Tiefebene hingen bleigraue Schneewolken wie gewaltige Säcke über einem riesigen Totenfeld. Rechts vom Kurs schimmerte der Mündungsschlauch der Elbe herauf. An ihren Ufern eine Stadt, deren Ruinenwüsten sich jetzt immer deutlicher abzeichneten: Hamburg! Die Höhenmessernadel wanderte nach unten. Mit pfeifenden Geräuschen jagte das Strahlflugzeug der Erde entgegen. Kreuzer merkte nicht, wie er sich immer mehr zusammenduckte. Seine Augen suchten die Erdoberfläche ab. Huschten sie nicht schon irgendwo herum, „Mustangs", „Thunderbolts" oder die doppelschwänzigen „Lightnings"? Vielleicht waren sogar „Spitfires" dabei. Ihr Anflugweg wurde immer kürzer, seit im Westen die Dämme gebrochen waren. Voraus zog sich das Band der Autobahn von Berlin nach Hannover durch das verschneite Land.

2000 Meter — 1500 . . . !

Die Spannung trieb den Schweiß aus den Poren. Immerfort kreiste der Blick durch den Himmel. Wann würde die demütigende Jagd beginnen? Wo waren sie?

Da!

Der Oberkörper ruckte nach vorn, und der Blick saugte sich an den Silhouetten einiger einmotoriger Flugzeuge fest, die nördlich der Autobahn nach Osten flogen. Es war die genaue Richtung auf den eigenen Platz!

Wie plötzlich die Hände zitterten und das Herz flatterte! Aber nur für wenige Sekunden, dann war wieder jener sinnlose, verzweifelte Zorn da, der das Blut in den Kopf und wirre Flüche auf die Lippen trieb. Wie viele waren es? Drei — vier — sieben? Ob es sich etwa um eigene Maschinen handelte, um Kameraden vom Platzschutz?

Doch da stiegen winzige Feuerstriche in die Höhe, und die armselige Hoffnung erlosch von einer Sekunde zur anderen. Der Körper erschlaffte, und wie zum Hohn streifte der Blick die Instrumente. Das Fauchen der Triebwerke drang ins Bewußtsein, während die Höhenmessernadel unter die 1000-Meter-Marke sank. Die Leuchtspuren der Flak wurden dichter und zahlreicher, und mit jeder weiteren Minute wurden die Silhouetten der drunten herumkurvenden Flugzeuge deutlicher. Wie gut man sie schon kannte: Es waren „Thunderbolts"!

Kreuzers Blick irrte durch den Luftraum, und seine Augen erfaßten die vertrauten Umrisse des Flugplatzes im Nordosten von Magdeburg. Es hatte keinen Sinn, die Bodenstation zu rufen, denn niemand würde ihm helfen können. Unbewußt legte er die erdwärts heulende Maschine in eine Nordkurve und drehte dann nach Westen ein. Der Treibstoff in den Tanks würde reichen, um einen der Düsenjägerflugplätze in der Nähe von Osnabrück zu erreichen. Würde ihn dort aber nicht die gleiche Situation erwarten?

Achthundert Meter zeigte der Höhenmesser, und dann blieb die Nadel auf der Markierung stehen. Aus leichter Kurvenlage blickte Kreuzer in die Tiefe. Er brauchte viele Sekunden, bis er die Feindmaschinen wieder sah. Sie zogen weit nördlich der Autobahn nach Osten. Überrascht schloß er die Augen, um sie schon im nächsten Moment wieder zu öffnen. Waren es inzwischen nicht mehr geworden? Und was sollten die engen Kreise, die sie jetzt zogen?

Da durchzuckte ihn ein Gedanke, der eine winzige Hoffnung in ihm hochsteigen ließ. Unwillkürlich drückte er den Knüppel nach vorn. Das Jaulen des Fahrtwindes wurde stärker, und die Erde schien nur so auf den runden Glasbug zuzuflitzen. Sekunden noch, dann sah er es in aller Deutlichkeit. Jubel wollte in ihm hochsteigen, als er die vier Focke-Wulf 190 erkannte, die nun in einem wilden Getümmel zusammen mit den Thunderbolts über der Erde herumflitzten. Leuchtspuren flirrten durch den Himmel. Irgendwo zuckte ein Feuerschein inmitten des Haufens auf.

Eine rätselhafte Macht schien die nächsten Handgriffe auszuführen. Die Strahlmaschine neigte sich steiler nach unten. Weit voraus schälte sich das Oval des Flugplatzes aus dem Weiß des Schneeteppichs. Kreuzer sah nur noch die Gasse, die ihm ein gütiges Schicksal und die Kameraden dort drüben geöffnet hatten.

Noch ein Blick auf das Periskop-Visier. Hinter dem Leitwerk drohte keine Gefahr. Das Herz trommelte wieder, und die Pulse hämmerten. Jede

Sekunde war kostbar. Immer näher kam der Flugplatz und damit der Anfang der Landebahn.

Fünfhundert Meter, vierhundert, dreihundert!

Drüben, wo der Luftkampf tobte, zog ein dünner Feuerschweif am Horizont hinab. Kreuzer sah es in der Spanne eines Augenblicks. Dann konzentrierte er sich wieder auf den langen Streifen, der auf den Bug zuhuschte: die Landebahn. Er spürte, wie die Nervosität durch seinen Körper raste. Mit fahriger Bewegung drückte er Knöpfe und Schalter. Noch hundert Meter Höhe! Unten huschte die Erde vorbei, ein Ruck ging durch die Maschine, die Fahrwerke waren ausgefahren.

Und dann kam der Moment, wo die ringsum lauernde Gefahr ihre Bedeutung verloren hatte. Die Augen wanderten von der Erde zu den Instrumenten und wieder zurück. Ein Gedanke schoß durch das Hirn: Wenn sie jetzt kommen, dann ...

Doch die weiße Schneefläche schien schon zum Greifen nahe. Noch ein Druck auf das Steuer, dann ein leichtes Ziehen. Röhrend senkte sich die Turbinenmaschine der Landebahn entgegen. Dann polterten die Räder über den Boden. Ein Griff nach einem Schalter, und hinter dem Leitwerk zischten die langen Bänder des Bremsfallschirms heraus. Die Geschwindigkeit verlangsamte sich, die Korrekturbewegungen mit dem Seitenruder wurden spärlicher. Dann war es geschafft.

Erleichterung wollte hochwallen. Freude, Jubel, aber das hagere Gesicht unter der Kopfhaube blieb starr, verzerrt und gespannt. Das Pfeifen der Reifen und das Fauchen der Triebwerke waren verstummt. Eine lähmende Stille hatte sich in der Kabine ausgebreitet. Wie gebannt hing Kreuzers Blick auf der Himmelspartie über den Hallen, während er die Gurte löste und sich in fieberhafter Eile losschnallte. Der heranrollende Traktor blieb nur eine Wahrnehmung am Rand seines Bewußtseins.

Und dann erstarrte er mitten in der Bewegung, als er einige hundert Meter über dem Platz die ersten „Thunderbolts" (amerik. Jäger) heranrasen sah ...

*

Der Hauptgefreite wirkte wie ein aufrecht stehender Bär, so groß und massig sah er aus. Er hielt sich in der Nähe der Flugleitung auf, einen Rucksack neben sich auf dem Boden. Sein Erstaunen über das Schauspiel, das er soeben erlebt hatte, schien stärker zu sein als jede Art von Furcht. Offenbar registrierte er die hintereinander über den Platz flitzenden Feindjäger nur im Unterbewußtsein, denn sein Blick war immer noch auf das in einigen hundert Metern Entfernung zum Stillstand gekommene Strahlflugzeug gerichtet. Unter dem Rumpf schob sich jetzt eine schmale Leiter heraus, auf der nun zwei in Pelzstiefeln steckende Beine sichtbar wurden.

Auf dem breitflächigen Gesicht des Soldaten vor der Flugleitung spiegelte sich ungläubiges Erstaunen, als er den vom Platzrand herantuckernden Traktor sah. Einige Warte in dunklen Kombinationen saßen auf den Kotflügeln, mit eingezogenen Köpfen, die Blicke auf den Trubel am Himmel gerichtet. Sie stoppten jetzt vor dem Flugzeug mit dem langen Rumpf, befestigten am Bugrand eine Zugstange und sprangen dann wieder auf den Trecker. Der Flugzeugführer stand neben dem Fahrer, als der eigenartige Apparat zu einem Buckel am Platzrand gezogen wurde, unter dem sich wahrscheinlich eine bombensichere Abstellbox verbarg.

Was weiter geschah, konnte der Hauptgefreite nicht mehr beobachten, denn die Amerikaner oder Engländer oder Franzosen in den Jagdmaschinen über dem Platz brachten sich nunmehr sehr nachhaltig in Erinnerung. Entsetzt sprang der Hauptgefreite zur Seite, als eine Geschoßgarbe über die Ringstraße spritzte und die Kugeln auf ihn zutanzten. Trotz des Höllenkonzertes der Flak hörte er das Zwitschern der Geschosse und das Sirren der Querschläger. In schnellen Sprüngen hastete der Hüne um die Ecke des Gebäudes und ließ sich in einen Splittergraben rutschen.

Er hatte schon vieles gesehen, in Rußland, in Afrika, auf Sizilien, an der Invasionsfront und überall dort, wo sie ihn in den letzten Jahren schon hingestopft hatten — aber so etwas noch nicht! Den Kopf halb über den Deckungsrand gehoben, beobachtete er mit schnell gehendem Atem und starrem Blick den Wirbel aus unzähligen Flugzeugleibern.

Immer mehr Feindflugzeuge schienen während der letzten Minute dazugekommen zu sein. Sie zogen einige hundert Meter über dem Flugplatz durch die Luft, stürzten, kreiselten auf den Tragflächenspitzen herum. kippten nach unten weg, feuerten, verschwanden im Tiefflug und kamen dann irgendwo wieder zum Vorschein. Zwischen ihnen wurden manchmal eine oder zwei Focke-Wulf 190 sichtbar, die sich in dem mächtigen Getümmel mitdrehten wie in einer riesigen Zentrifuge, Leuchtspurgarben blitzten durch die Luft, und der Lärm der Motoren überlagerte sogar das Hämmern der unzähligen Fla-Geschütze, die in näherer oder weiterer Umgebung des Flugplatzes pausenlos feuerten. Keiner der Kanoniere brauchte sich darum zu sorgen, vielleicht eine eigene Maschine zu treffen, denn meistens sah man nur amerikanische Sterne oder britische Kokarden. „Spitfires“ waren auch dabei. Ebenso einige „Mustangs“, und als ob hier ein Flugtag angesetzt worden sei, tauchten jetzt in Platznähe auch noch einige „Lightnings“ auf.

Mit stockendem Atem blickte der Hauptgefreite nach oben. Eine „Thunderbolt“ fing gerade eine Flak-Garbe ein, wankte unter den Schlägen und ging mit einem zuckenden Feuerschweif hinter dem Leitwerk in die Tiefe. Zwei „Mustangs“ fegten kaum meterhoch über das Rollfeld und schossen auf imaginäre Ziele. Unwillkürlich sah der Hauptgefreite dorthin, wo vorhin noch die fremdartige Maschine gestanden war. Er konnte sie nicht mehr sehen.

Wieder sprühte eine Garbe gegen die Erde und huschte auf das Splitterloch zu. Die Amerikaner, oder was sie sonst sein mochten, preschten immer noch in geringer Höhe durch den Luftraum. Was sie eigentlich wollten, war nicht zu erkennen. Manchmal schien es, als ob sie angesichts ihrer Vielzahl sich selbst im Weg seien. Irgendwo in ihrer Mitte kam jetzt wieder eine Focke-Wulf zum Vorschein. Der Hauptgefreite sah sie ganz genau. Vor ihren Tragflächenprofilen züngelten Flammen. Die Garben trafen eine „Mustang", die sich daraufhin blitzschnell auf den Rücken drehte und in negativem Sturzwinkel der Erde entgegenjagte. Sekunden später quoll ein wabernder Feuerpilz über den Horizont.

Allmählich hatte sich der Hauptgefreite schon so an den Trubel über dem Flugplatz gewöhnt, daß er wieder einige Gedanken zusammenbrachte. Seltsamerweise reichte es sogar für eine Aufwallung von Hochachtung für die Piloten in den Feindmaschinen. Wo nahmen sie eigentlich den Mut her, sich hier dermaßen zu gebärden? Waren sie schon so siegessicher, daß sie sich weder um die Flak noch um sonstige Gefahren ähnlicher Art scherten? Oder hatten sie ein Anliegen, das sie das alles vergessen ließ? Waren es vielleicht die geheimnisvollen Flugzeuge von der Sorte, wie vorhin eines gelandet war, denen ihre Wut galt? Nur so etwas konnte eigentlich ihre wilden Attacken weitab von den eigenen Flugplätzen rechtfertigen. Denn immerhin mußten sie doch damit rechnen, daß es ihnen übel ergehen würde, wenn sie hier irgendwo herunterfielen. Was für Maschinen waren das denn? Der Hauptgefreite hatte sie nie zuvor gesehen. Sollten sie etwa zu jenem Verband gehören, den er nun schon über eine Woche lang suchte?

Eine über seinen Kopf wegzirpende Garbe brachte ihn jäh wieder in die Wirklichkeit zurück. Er erkannte, daß das Flak-Feuer nachgelassen hatte. Auch die Feindmaschinen über dem Platz waren nicht mehr so zahlreich. Man sah, daß sie sich einige Kilometer weiter südlich sammelten und dann außer Sicht kamen. Kurz darauf waren nur noch wenige am Himmel in Platznähe.

Plötzlich fegten zwei Focke-Wulf so tief über das Rollfeld, daß der Hauptgefreite meinte, der Himmel stürze über ihm zusammen. Der Preßdruck hatte ihn regelrecht in den Splittergraben gefeuert. Nach Atem ringend, kam er wieder hoch und sah gerade noch, wie die zwei Maschinen nach oben ruckten. Sie schienen hinter den Geschoßgarben herzujagen, die vor ihnen in schrägem Winkel in die Höhe flitzten. Während die beiden Focke-Wulf in Messerkurven gezogen wurden und aus halben Turns wieder erdwärts kippten, hatten einige Garben aus ihren Kanonen ein Ziel gefunden. Eine „Thunderbolt" zog einen Flammenschweif hinter sich her und trudelte dann über die rechte Tragfläche nach unten.

Der Hauptgefreite hatte seine Überraschung noch nicht ganz hinuntergeschluckt, da füllte sich der Himmel bereits wieder mit Feindmaschinen. Aus allen Richtungen kamen sie heran, und der Mann im Splitterloch neben der Flugleitung ahnte, was jetzt kommen würde. Dutzende von „Thunderbolts" schnellten über den Horizont, und alle hatten sie die gleiche Richtung. Noch einmal brüllte die Flak auf, die Geschütze verstummten aber nacheinander wieder, als die Flugzeuge weit jenseits des Platzes im Tiefflug verschwanden. Aus der Ferne klang jetzt das Rattern von Bordkanonen herüber, und schon kaum eine halbe Minute später bebte die Erde. Allmählich verklang der Motorenlärm in der Ferne, und der Hauptgefreite stützte die Hände auf den Rand des Deckungsloches, um sich hochzuziehen.

Doch schon im nächsten Moment erstarrte er mitten in der Bewegung. Ein mächtiger Schatten stürzte aus der Höhe herab, und dicht dahinter noch einer. Ein Geräusch, das einem Donnerschlag glich, preßte sich über die Erde, dann waren die beiden Flugzeuge schon wieder verschwunden.

Überwältigt und ziemlich erledigt schloß der Hauptgefreite die Augen und schnappte nach Luft. Nach einem sichernden Rundblick stieg er aus dem Loch und tappte auf seinen Rucksack zu. Die Flak hatte ihr Feuer inzwischen völlig eingestellt. Kaum hundert Meter entfernt ragten die Rohre eines 2-cm-Vierling-Geschützes über den runden Deckungswall. Die Kanoniere standen darauf herum und blickten nach Norden, wo grollender Flugzeuglärm zu hören war.

Der Hüne neben dem Rucksack sah nicht mehr hin, sein Bedarf war gedeckt. Mit bebenden Händen zündete er sich eine Zigarette an und blickte über den Platz.

Dort, wo vorhin die Feindmaschine aufgeschlagen war, stand nur noch eine grauschwarze, dünne Rauchwolke über der Erde. Das Rollfeld und der ganze Flugplatz wirkten wie ausgestorben. Außer den Kanonieren neben dem Fla-Geschütz war niemand zu sehen.

Als der Hauptgefreite sich umdrehte, fiel sein Blick auf die Fenster der Flugleitung. Dahinter hockte eine einsame Gestalt vor einem Schreibtisch. Es war nicht zu fassen. Hatte er sich vielleicht die ganze Zeit über dort drin aufgehalten, trotz des Heulens und Knallens ringsum?

Er drehte sich um, als der Hauptgefreite den Raum betrat und neben der Tür stehenblieb. Es war ein älterer Feldwebel mit einem schmalen Gesicht und einer goldgeränderten Brille auf der Nase. Er lächelte wie ein freundlicher Beamter, wischte über sein volles, schon an vielen Stellen ergrautes Haar und stand dann auf.

„Was willst du?"

„Ich suche einen..." Der Hauptgefreite fingerte seine Brieftasche unter dem Mantel hervor und zog einen Marschbefehl heraus. Mit spitzen Fingern nahm ihn der schmalbrüstige Feldwebel entgegen und warf einen Blick darauf.

„Ach ja", sagte er, „da könntest du hier richtig sein." Er gab das Papier zurück und deutete auf einen Stuhl. „Wenn du dich setzen willst, dann tu's." Danach sah er wieder nach draußen und schien zu horchen. Die Flak feuerte erneut, und auch das Brummen von Motoren wurde stärker. „Anscheinend geht es wieder los", sagte er dann, ohne die geringste Spur von Erregung in der Stimme.

Der Hauptgefreite hatte jetzt endlich seine Frage beisammen:

„Sie waren die ganze Zeit hier drin?“

„Ja, warum denn nicht?“ lächelte der Feldwebel und rückte an seiner Brille herum. „Hier drinnen ist es so sicher wie draußen. Wenn es sein soll, hat auch ein Splittergraben keinen Sinn!“ Er blickte wieder zu den Fenstern hinüber. Auch der Hauptgefreite tat es.

Die einzelne Focke-Wulf, die soeben mit eingefahrenem Fahrwerk das Rollfeld umackerte, war nicht zu übersehen ...

Die herabsinkende Dämmerung wirkte wie eine Wohltat. Nicht nur für die Männer auf dem Flugplatz bei Magdeburg, sondern überall, wo alliierte Tiefflieger und Jagdbomber vom Morgengrauen an wie eine Landplage gehaust hatten.

Der Hauptgefreite hatte seinen Rucksack nicht mehr bei sich. Er lag in einem Zimmer, neben einem Bett, das man ihm zugewiesen hatte.

Als die letzten Feindmaschinen in der Ferne verschwunden waren, hatte er sich an die Flugzeugbox herangemacht, deren stählerne Tore zu diesem Zeitpunkt geöffnet waren. Nach kurzen Fragen nach dem Woher und dem Wohin war er in ein Gespräch mit Kameraden vom technischen Personal gekommen, und so wußte er jetzt wenigstens in großen Zügen, um welche Art von Maschine es sich bei dem am Morgen gelandeten Flugzeug gehandelt hatte.

Obwohl inzwischen schon einige Zeit vergangen war, hatte er die Sensation immer noch nicht verdaut. Zahlen und technische Daten spukten in seinem Kopf herum, die er so schnell wohl nicht begreifen würde. Ein Aufklärer mit über achthundert Kilometern Geschwindigkeit! Eine Maschine ohne Luftschrauben, von neuartigen, revolutionären Aggregaten angetrieben! Gab es sie also doch, die Wundervögel, von denen schon seit langem so viel gewispert und erzählt wurde?

Vor ihm lag jetzt ein niedriges Gebäude, in dem sich eine Art von Kantine zu befinden schien. Auch hier war an den Mauern zu erkennen, wieviel Munition über diesem Flugplatz von allierten Jägern schon verbraucht worden war. Überall Einschläge, abgebröckelter Putz, zerschossene Scheiben und ...

Plötzlich blieb der Hauptgefreite stehen, als ob er gegen eine unsichtbare Wand gerannt wäre. Er streckte den Kopf vor, nahm ihn wieder zurück, wackelte mit den Augenlidern und riß sie dann um so weiter auf. War es denn möglich? Oder spielten ihm seine Nerven einen Streich?

Auch der andere, ein Oberfeldwebel mit dem Deutschen Kreuz in Gold auf der Jacke, stutzte jetzt und blieb stehen.

Sekunden noch, dann wußten sie, daß es keinen Zweifel mehr gab.

„Karl!“

„Fred!“

Sie rannten aufeinander zu und fielen sich in die Arme. Es gab keinen verflossenen Tag mehr mit Hunderten von Feindmaschinen am Platz, sondern nur noch überschäumende Freude. Drüben vor dem Gebäude hatten sich einige Soldaten versammelt und beobachteten die groteske Szene.

Immer noch klopfte ein bulliger, fast zwei Meter großer Hauptgefreiter einem Oberfeldwebel auf den Schultern herum, mit hochrotem Gesicht, die Feldmütze im Genick, die beim nächsten Hüpfer herunterfiel.

Erschüttert ließ der Hauptgefreite Kruse schließlich die Arme sinken und suchte nach seiner Fassung. Dann war er wieder soweit, daß er die ersten zusammenhängenden Worte herausbringen konnte:

„Fred, Mensch, daß ich dich noch einmal wiedersehe!" Erst jetzt schien ihm die hohe Auszeichnung an der Lederjacke des anderen aufzufallen. „Und so viel Lametta!" Er tippte auf das Flugzeugführerabzeichen. „Das hast du also auch geschafft! Mann, wie ich mich freue!"

Er hob erneut die mächtigen Pranken, aber Fred Kreuzer griff danach und zog sie herunter. Seine Schultern schmerzten ihn noch genug.

„Kruse", sagte er überwältigt, „bist du es wirklich?"

Der Hauptgefreite schien die Frage gar nicht gehört zu haben. Er war immer noch wie aus dem Häuschen. Erinnerungen schienen ihn zu durchfluten, und dann sagte er es auch: „Fred, damals in Stavanger . . . "

*

Sie redeten noch darüber, als sie die Stube in einem Unterkunftsgebäude betraten. Zwei Betten standen darin und ein Tisch zwischen hohen Spinden. Die Verdunkelungsvorhänge waren bereits herabgezogen. Neben einem der Betten dudelte ein Kofferradio.

Am Tisch hockte der grauhaarige Feldwebel aus der Flugleitung. Kruse erkannte ihn sofort, obwohl er keine Bluse trug. Er hatte ein dickes Buch vor sich liegen und sah überrascht auf.

„Rainer", sagte Kreuzer, „dieser Kleiderschrank hier, weißt du, wer das ist?"

„Nein", erwiderte der Feldwebel, „allerdings habe ich ihn heute morgen schon einmal gesehen."

Er zeigte keine besondere Wirkung, als Kreuzer ihm in kurzen Worten erzählte, wo sie vor Jahren zum erstenmal zusammen gewesen waren. Der Blick des Feldwebels richtete sich auf das aufgeschlagene Buch, während er sagte: „Einer von vielen Zufällen. Trotzdem freut es mich für euch. Setzt euch doch!"

Kruse legte seinen Mantel auf eines der Betten und quetschte sich auf einen Hocker, während Kreuzer zu seinem Spind ging und eine kleine Flasche herausholte. Er stellte sie zusammen mit zwei Trinkbechern auf den Tisch und ließ die helle Flüssigkeit hineingluckern.

„Sollte ich ja eigentlich nicht", sagte er dabei, „denn morgen früh holt mich dafür vielleicht der Teufel. Aber dieser Tag ist es wert!"

Sie drückten die Becher aneinander und tranken. Der Feldwebel hatte sich bereits wieder in sein Buch vertieft. Draußen war es still geworden. Aus dem Radio erklang leise Tanzmusik.

Es war eine jener Stunden, die wie ein Geschenk anmutete. Der kleine Raum mit der müden Deckenlampe glich einer Oase inmitten einer todgeweihten Landschaft. Der Friede schien sich hierher geflüchtet zu haben, breitete sich aus und errichtete Dämme vor einer Welt, die nur noch Tod, Vernichtung, Elend, Leid und gnadenlose Gewalt kannte. Zwei junge Männer saßen nebeneinander, die nicht wußten, ob die Abenddämmerung des nächsten Tages sich noch über sie herabsenken würde.

Der grauhaarige Feldwebel blickte erst wieder von seinem Buch auf, als ihre Worte die Geschehnisse der verflossenen Zeiten noch einmal gegenwärtig werden ließen.

Es waren die Geschichten verlorener Jahre, die ein Stück Vergangenheit heraufbeschworen und die furchtbare Gegenwart ergänzten.

Der Feldwebel mit den grauen Haaren, der übrigens Schneider hieß, hatte die Hände vor der Brust verschränkt und hörte zu. Manchmal traf sich sein Blick mit dem des Stubengefährten, der schon viel aus seinem bisherigen Leben wußte. Er war auch früher schon auf Flugleitungen gesessen, hatte dabei die Flugkapitäne vieler Länder kennengelernt, Flugzeuge und Menschen kommen und gehen sehen und gewußt, was Frieden bedeutet. Später, als die Welt aus den Fugen zu geraten drohte, waren keine Fluggäste mehr vor den Fenstern vorbeigegangen, sondern Gestalten in Pelzstiefeln, Kombinationen und Lederjacken. Das war in Frankreich gewesen, in Italien und später in Rußland.

In unzähligen nächtlichen Dienststunden hatte er immer wieder Gelegenheit gefunden, die Spuren der Geschichte zurückzuverfolgen. Im Lauf der Zeit war der Umgang mit der Historie sogar seine Lieblingsbeschäftigung geworden, und es hatte sich auch dann nicht geändert, als es für Flugleiter wie ihn nur noch wenig zu leiten gab. Der Gegner bestimmte den Ablauf des Flugbetriebes und setzte praktisch die Zeiten fest, wann sich eine eigene Maschine aus dem Platz herauswagen konnte, und manchmal hatte der Feldwebel das Gefühl, daß die Versetzung zu dem Flugplatz bei Magdeburg seine letzte Reise in diesem Krieg gewesen sei.

Jenseits des Tisches hoben sie wieder die Becher, und danach klang wieder die dunkle Stimme des Hauptgefreiten durch den Raum:

„... dann kam die Nacht, wo sie wieder Bomben geworfen haben — war bei Halle und hab eine brennende Maschine 'rausziehen helfen — eine neue Welle, und dann hab ich den Splitter erwischt — Schußbruch sagten sie dazu, im linken Arm — war'n üble Geschichte — na ja, Lazarett, dann in die Heimat und anschließend der Versetzungsbefehl zu einem anderen Haufen. Und so ging es weiter. Rußland, Afrika, Italien, Frankreich und jetzt hier — und du?"

Eine kurze Pause, einige laute Atemzüge, dann Fred Kreuzers Worte:

„Schule — dann zum Frontverband — zweimal runter — einmal durch die Flak, das zweite Mal durch Jäger — Glück gehabt — unzählige Male — einmal haben wir zwei Tage gebraucht bis zur eigenen Front — und dann die erste große Pleite — mit zerschossener Maschine heimgekommen

— Bruchlandung — dabei beinahe den Hals gebrochen — nach Deutschland ins Lazarett — wieder hinaus — und eines Tages die Versetzung ins Reich — Rechlin — die ersten Flüge mit diesem Vogel — du hast gedacht, du träumst — dann hierher — aber jetzt — na, du weißt ja selbst."

Er hob den Becher, trank einen winzigen Schluck und sah dann wieder zu Schneider herüber.

„Na, Professor, willst du nicht auch mal was sagen?"

Der Hauptgefreite Kruse ließ seine breite Nase zucken, blinzelte und staunte. Der „Professor" war anscheinend schuld daran. Fred Kreuzer bemerkte seine Verblüffung. „Er ist keiner, aber er wird vielleicht noch einer, wenn er weiter seine Nase so in Bücher steckt", erläuterte er. „Was meinst du, Rainer? Ist es nicht ein dicker Hund, daß dieser Mensch mir hier vor die Füße läuft?"

„Schon", nickte der Feldwebel, „nur hätte ich euch einen freundlicheren Tag für diese Begegnung gewünscht. War etwas zu heiß, schätze ich. Aber auch daran gewöhnt man sich."

„Vorsicht!" sagte Kreuzer. „Jetzt fängt er wieder an. Gleich ist die Geschichte dran, ich ahne es."

„Warum nicht?" lächelte der Feldwebel und rückte an seiner Brille herum. „Das hilft einem manchmal über vieles hinweg. Irgendwie, wenn auch in einer anderen Form, ist alles schon einmal dagewesen. Generationen kamen und gingen, Kriege kamen und wurden wieder vergessen. Sieger wurden später zu Besiegten. Es gab Kaiser und Könige, Herzöge und Fürsten und jetzt sogar einen Führer. Man weiß von Richtern, die später selbst gerichtet wurden, von großen Reichen, Tyrannen und Despoten, deren Macht keine Grenzen zu kennen schien und die sich dann schließlich am Bettelstab festhielten." Sein Gesicht schien in die Jahrhunderte zurückzuwandern. „Wirklich, auf dem Mantel der Geschichte ist die Gegenwart nicht mehr als ein Staubkorn."

„Kann sein", knurrte Kreuzer, „aber es juckt doch ganz anständig, wenn man es ins Auge kriegt, so wie wir."

Kruse erwachte aus seiner Erstarrung und gab ein hilfloses Kichern von sich. So etwas hatte er noch nicht gehört. Im Radio war das Melodiengeplätscher verstummt. Eine Stimme in einer fremden Sprache erklang. Blitzschnell sprang der Feldwebel auf und schaltete einen anderen Sender ein. Er erwischte den Anfang des Wehrmachtsberichts. Schon bei den ersten Worten stahl sich der letzte Hauch von Freude von den Gesichtern. Und das hörten sie:

Die tapfere Besatzung des Brückenkopfes Moerdijk vereitelte — Versuche gegnerischer Panzerverbände, sie — von der Maas abzuschneiden. An der ganzen Front in Holland setzte der Feind starke Schlachtfliegerverbände ein. Von den Abschnitten beiderseits Aachen — zunehmendes feindliches Artilleriefeuer — Abwehrschlacht an der lothringischen Grenze zwischen Pont à Mousson und dem Rhein-Marne-Kanal. Das durch V 2 verstärkte Feuer auf London wurde fortgesetzt. — Im Etruskischen Appenin und im adriatischen Frontabschnitt Verbände der 8. englischen Armee nach gewaltiger Feuervorbereitung zu größeren Angriffen übergegangen. — Am Donaubrückenkopf Dunaföldvar, südöstlich Budapest und nördlich Szolnok, scheiterten Angriffe sowjetischer Verbände. An der übrigen Front bis zum Rigaer Meerbusen herrschte nur geringe Kampftätigkeit. Feindliche Kampfflieger führten Angriffe auf Wohngebiete von Moers, Homberg, Rheine sowie gegen Orte in Mitteldeutschland. — In der vergangenen Nacht warfen britische Flugzeuge Bomben auf Hannover. Gruppenkommandeut Major Walter Nowotny, Inhaber der höchsten deutschen Tapferkeitsauszeichnung, fand im Luftkampf nach Abschuß seines Gegners den Heldentod. Mit ihm verliert die deutsche Luftwaffe einen ihrer erfolgreichsten Jagdflieger, der insgesamt 258 Luftsiege errungen hat.

Bei den Kämpfen um Goldap haben sich das brandenburgische Grenadierregiment 121 und das Panzerregiment 3 hervorragend bewährt. Oberst Sander fand an der Spitze seines Regimentes den Heldentod ...“

Der Feldwebel schaltete den Apparat ab und kam wieder an den Tisch zurück. Er deutete auf den Trinkbecher zwischen Kreuzers Händen. „Obwohl ich sonst nicht für das Zeug bin, hast du noch einen Schluck für mich?“

Wortlos schob der Oberfeldwebel den Trinkbecher über den Tisch und sah dann zu Kruse hinüber. Sein Gesicht war blaß geworden, die dicken Lippen zuckten.

„Goldap“, murmelt er, „Ostpreußen — die Russen ... “

Er hob den Kopf, als der Flugleitungs-Feldwebel den Becher auf den Tisch knallte und dabei auf sein Buch herabsah.

„Ist das deine Heimat?“ fragte er.

„Ja!“

Ein lähmendes Schweigen breitete sich aus. Schreckensbilder schienen durch den Raum zu fluten und trieben die trügerische Illusion des Friedens in die Nacht hinaus. Die Alliierten am Rhein, die Russen in Ostdeutschland, mit Stoßrichtung nach Westen! Gab es noch eine Hoffnung?

Die Stimme des Feldwebels zerschnitt die Stille.

„Wie gut ich dich verstehen kann“, sagte er, „aber mir wird es sicher bald nicht besser gehen, denn ich bin aus Schlesien.“ Er strich über die aufgeschlagenen Buchseiten. Seine nächsten Worte klangen wie ein Selbstgespräch. „ Auch das war schon einmal da, des öfteren sogar. Friedrich der Große, vor 184 Jahren, Oktober 1760, damals waren die Russen sogar in Berlin!“

„Berlin?“ fuhr Kreuzer hoch. „Glaubst du denn, daß sie auch diesmal dorthin kommen?“

„Ich weiß es nicht“, murmelt Schneider, „aber ... “

Das durchdringende Heulen der Alarmsirenen nahm ihm die nächsten

Worte vom Mund. Sie sahen sich an und standen auf. Im Gang brüllte ein U.v.D. (Unteroffizier vom Dienst), und sie gingen hinaus.

Draußen geisterten die Leuchtbalken von Flak-Scheinwerfern durch den Nachthimmel. Weit im Westen, wahrscheinlich im Raum von Hannover, zuckte es wie Wetterleuchten über den Horizont. Fernem Donnergrollen gleich rollten die Abschüsse der Flak durch die Nacht. Keiner sagte etwas. In nordwestlicher Richtung klang ein feines Brummen auf, das allmählich stärker wurde.

„Das da droben“, sagte Schneider, „hat es allerdings noch nie zuvor gegeben.“

Niemand gab ihm eine Antwort, und sicher hatte er auch keine erwartet ...

Der neue Morgen wartete wie ein graues Gespenst hinter den Horizonten. Nebelfetzen hingen über dem Land, irgendwo verlor sich der Glokkenschlag einer Dorfkirche in der Ferne. Es war still geworden, seit der Krieg eine seiner wenigen Atempausen eingelegt hatte.

Die Männer vor dem halbrunden Höcker des Flugzeugbunkers huschten wie schemenhafte Wesen durch das Zwielicht. Sie ahnten nur das Grauen, das der Tod auch in dieser Nacht über irgendeiner großen Stadt verbreitet hatte, aber sie sahen es nicht. Die Entfernung zu der Szenerie des Schreckens war auch dieses Mal wie ein milder Mantel, der alles verdeckte.

Ihre Bewegungen verrieten Können und die Routine vieler Jahre. Nur manchmal erklang die laute Stimme eines Oberwerkmeisters, dazwischen Gemurmel, das Tappen von Schritten, das Klirren von Werkzeugen, Zurufe, geschäftiges Hantieren. Vor den Warten, mehr als vier Meter über ihre Köpfe hochreichend, die Arado 234, die sie schon vor einer halben Stunde aus ihrem sicheren Verlies gezogen hatten. Einem kostbaren Tier gleich war sie darin aufbewahrt worden. Als ein Zeugnis menschlichen Schöpfergeistes und als eine Pioniertat an der Schwelle eines neuen Zeitalters der Flugtechnik stand das Flugzeug auf der leichten Schneedecke.

In der Nähe der Mechaniker eine einsame Gestalt, dick vermummt. Zwischen Oberfeldwebel Kreuzers Fingern glimmte eine Zigarette, sein Blick war über den fast dreizehn Meter langen Rumpf des Turbinenaufklärers nach Osten gerichtet, wo der kommende Tag sich auf seinen Auftritt vorbereitete.

Ein breitschultriger, hünenhafter Mann kam auf ihn zu, den die gefütterte Mechaniker-Kombination noch massiger erscheinen ließ. Kreuzer hob beim Geräusch der schweren Schritte den Kopf, und ein Lächeln lichtete die Starre auf seinem Gesicht.

„Du, Karl?“

„Ja, Fred, ich wollte dabeisein, wenn du startest, obwohl ich hier ja noch nichts zu tun habe.“

Ein Kopfnicken, einige schnelle Züge aus der Zigarette, die dann im

Schnee erlosch. Nebeneinander gingen sie zu dem Flugzeug hinüber, an dem manchmal der Schein von Taschenlampen aufblitzte. Ein kalter Wind fegte über das Land, und Kreuzer zerrte den Kragen seiner Pelzweste in die Höhe. Der Oberwerkmeister, ein hagerer älterer Mann, kam heran, sagte einige Worte und verschwand wieder zwischen den Warten.

Kruses Augen huschten wie ehrfürchtig an dem Rumpf der „Arado“ entlang, über das gläserne Rund der Kanzelspitze, dann deutete er auf die eine Tragfläche, deren Ende sich über seinem Kopf befand.

„Wie lang sind sie eigentlich?“

Kreuzer räusperte sich. Irgend etwas schien auf seinen Hals zu drücken, ihn zuzuschnüren. Es war wie jedesmal.

„Zwölf Meter sechsundsechzig!“

„Und was für Bildgeräte hast du mit?“

„Zwei 75/30 (Brennweite je 75 cm)!“

Der Hauptgefreite nickte und starrte auf die schmale Leiter, die unter dem Rumpf zum Aufstieg führte.

„Mann!“ murmelte er. „Daß es so etwas gibt. Und sie ist tatsächlich 800 Kilometer schnell?“

„Sie kann noch mehr“, erwiderte Kreuzer, und man spürte die Bitterkeit in seiner Stimme, „aber auch das nützt nicht immer was.“ Er schob den Ärmel der Jacke zurück. Das große, dunkle Zifferblatt des Fliegerchronometers kam zum Vorschein. Die grünlichen Zeiger sagten ihm, daß es bald soweit sein würde.

Plötzlich stand der Oberwerkmeister wieder neben ihm. „Wir sind fertig!“ meldete er. „Du kannst abhauen.“ Er streckte Kreuzer die Hand hin. „Mach's gut, Fred, und — komm wieder!“

Kreuzer nickte nur. Sein Atem ging schneller. Die Warte standen um ihn herum, untätig. Sie hatten ihre Arbeit hinter sich. Der Wind war inzwischen noch stärker geworden, die Nebelfetzen über dem Platz wurden dünner. Im Osten lag ein fahles Licht über dem Horizont. Kruse hob zögernd die Rechte:

„Dann — bis später, Fred. Wo geht es überhaupt hin?“

„In Richtung Nijmwegen, dann runter in den Aachener Raum und wieder zurück.“

Die Hand des Hauptgefreiten sank herab. Wie verloren stand er da und blickte auf den Boden.

Kreuzer wandte sich um und lief auf die Maschine zu. Die letzten Schritte führten durch das Spalier der Warte. Regungslos standen sie da. Vor der Einstiegsleiter blieb der Oberfeldwebel noch einmal stehen und sah zurück. Kruse winkte ihm zu. Wie schwer es war, das starre Gesicht zu lockern und so etwas wie ein Lächeln daraufzuzwingen. Die Finger klammerten sich um die erste Sprosse der kleinen Leiter, dann berührten sie die Federklappen der Fußstützen an der vorderen Rumpfseite, und der Körper glitt in die Bugspitze hinein. Der Sitz nahm ihn auf, dann der mechanische Griff nach den Anschnallgurten.

An der Rumpfaußenseite schob sich der Kopf eines Wartes empor, ein kurzes Zeichen, dann schloß sich die Dachklappe und klickte in die Halterungen.

Die geheimnisvolle und doch schon so vertraute enge Welt der vielen Instrumente, Hebel und Schaltknöpfe hatte ihn wieder aufgenommen. Dicht vor seiner Stirn, an der Oberseite der Kanzel, das kleine Rechteck des B2a-Periskopvisiers, einem großen Knorpel ähnelnd. Der Druck auf den Magen linderte sich, als die Rechte prüfend über das Armaturenbrett glitt und das Hirn an die nächsten Handgriffe erinnerte.

Rings um die Maschine standen sie wie Statuen. Noch einmal heftete sich Kruses Blick auf die hohe Gestalt des Hauptgefreiten, dann ein Zeichen zu den Männern in den schwarzen Monturen.

Die rechte Hand schloß sich um den Griff des Steuerknüppels, als die Riedel-Anlasser-Motoren in der vorderen Öffnung der Strahlturbinen zu singen begannen. Wenig später quollen die ersten Feuerstrahlen aus den Aggregaten. Ein gewaltiger Lärm zerteilte die Stille. Die Zelle des Flugzeuges begann zu zittern und zu beben. Unter den runden Glasscheiben waren die Instrumente zu ihrem geheimnisvollen Leben erwacht. Prüfend beobachteten die Augen das Spiel der Anzeigenadeln. Das Jaulen der Triebwerke wirkte wie das drohende Grollen eines Vulkans.

Ein Zeichen zu den Mechanikern, die Bremsklötze wurden weggezogen, und die drei Laufräder mahlten über den Boden. Ein letzter Blick auf die vermummte Gestalt, ein Nicken, ein stummer Abschiedsgruß. Unter dem gläsernen Kanzelboden huschte der Boden immer schneller vorbei. Voraus lag die Startbahn wie ein endloser Balken im diffusen Licht des beginnenden Morgengrauens.

Der Bug war ausgerichtet, die Instrumentennadeln standen auf ihren Normalwerten, die Turbinen brüllten ihre Kraft hinaus. Die Gashebel wanderten auf den Anschlag, und nach einem jähen Ruck wurde die Maschine nach vorn geschleudert. Immer höher und durchdringender wurde das Peifen der Triebwerke. Ein Druck auf einen Schalter, und unter den Tragflächen begann das Zischen der Startraketen. Wie von Urgewalten vorwärtsgeschleudert, raste das Strahlflugzeug mit immer höher werdender Geschwindigkeit über die Piste. Die Räder lösten sich von der Erde, und dann kam der Augenblick, wo die Arado 234 den Höhen des Himmels entgegenstieg.

Die Fahrwerke verschwanden in Bug und Tragflächen, und das graue Antlitz der Erde entfernte sich. Immer mehr ergriff die Einsamkeit des Himmels von dem Menschen und dem Flugzeug Besitz, das ihn den allmählich lichter werdenden Höhen entgegentrug.

Mit unbewußten Bewegungen lockerte Kreuzer die Anschnallgurte und reduzierte die Gashebelstellung. Die Beklemmung wich, und die Spannung lockerte sich. Der riesige Friedhof blieb hinter ihm zurück, und vor ihm funkelte der matte Schein verblassender Sterne. Tief unten, nun schon über viertausend Meter entfernt, huschten erste Lichtstrahlen von Osten her über die Erde und vergoldeten Minuten später die rechts von der Kabine aufschillernde Wasserfläche der Nordsee.

Auch die Gedanken wurden freier, und selbst die Frage nach dem Sinn dieses Einsatzes verlor immer mehr an Gewicht. Ein Druck auf einen Schalter, und hinten im Rumpf begannen die Heizröhren des FuG 16 Z zu glühen. Automatisch erzeugte Peilkennungen wurden ausgestrahlt und irgendwo von einer Funkstelle aufgenommen.

Alles in diesem herrlichen Flugzeug war ein einziges technisches Wunder, und auch jetzt verdrängte das Erlebnis des scheinbar schwerelosen Dahinjagens alles andere. Der sinnlose Wunsch tauchte auf, weiterzufliegen in die Unendlichkeit des Raumes und irgendwo niedergehen zu können, wo der nächste Tag mit Sicherheit ein Teil des eigenen Lebens sein würde. Doch vor dem Gesicht schaukelte bereits der Gummischlauch der Atemmaske, und die Maschine war ein Werkzeug des Krieges. Unwillkürlich suchte der Blick in der dunstverhangenen Tiefe das noch ferne Zielgebiet, und die Wirklichkeit zerteilte den Schleier der trügerischen Vorstellungen. Die Worte des Gruppenkommandeurs wurden wieder gegenwärtig, seine Hinweise auf die Wichtigkeit dieses Fluges und der dabei zu erzielenden Aufklärungsergebnisse. War es denn wirklich so? Doch es hatte keinen Sinn, darüber nachzugrübeln. Bald würde die „Arado 234" in 8000 Meter Höhe durch den Himmel stürmen, und die Drehung nach Süden konnte erfolgen.

Der runde Bug war immer noch himmelwärts gerichtet. 7000 — 7500 — 8000 Meter. Gleißender Sonnenschein füllte die Kabine. In der Tiefe schimmerte das Flußband des Rheins unter einer dünnen Dunstschicht. Ein faustgroßer Fleck schob sich auf die Bugspitze zu: Amsterdam!

Wie ein buntes Relief lag die Erdoberfläche unter der Maschine. Die Kameras würden aus dieser Höhe breite Räume erfassen. Sekunden noch, dann schwenkte der Turbinenaufklärer nach einem leichten Ruderdruck nach Südwesten ein. Der gleißende Feuerball der Sonne stand jetzt links von der Kanzel. Ein Griff nach einem Schalter am Armaturenbrett, die Kameras begannen zu laufen.

Kreuzers Blick richtete sich auf die Erdoberfläche, wo sich die verschlungenen Linien von Straßen und Flüssen wie verästelte Adern abzeichneten. Nichts war zu erkennen vom Wüten der Schlacht, die dort unten tobte. Keine Flugbahnen von Granaten und Maschinengewehrgarben, keine Detonationspilze, keine Menschen, die von ihnen zerfetzt, verstümmelt und ausgelöscht wurden. Langsam drehte er den Kopf und sah in das grelle Licht im Osten. Wie würde es sein, wenn die Autobahn nach Berlin unter ihm lag?

Einem seltsamen Zwang gehorchend, sah er wieder nach Westen hinüber. Einige tausend Meter tiefer huschte ein Sonnenreflex an der blauen Kuppel des Himmels entlang. Kurz darauf die gleiche Erscheinung. Und dann erkannte er die winzigen, silbrigen Gebilde, die regungslos zu verharren schienen.

Sie waren also bereits da!

Ein Druck auf die Schalter, und die Kontrollampen der Kameras erloschen. Das Ende des Aufnahmestreifens war bereits überflogen, und die linke Flächenspitze neigte sich der fernen Erde entgegen. Der Bug drehte nach Nordosten ein, aber die Gedanken blieben bei den Feindjägern, die sich viele Kilometer entfernt in die Höhe schraubten. Doch keiner von ihnen würde eine Chance haben, wenigstens jetzt noch nicht.

Tief unten kreuzte eine Autobahn den Kurs. In den Kopfhörern klang eine Stimme auf, aber die Worte galten nicht ihm. Noch wühlte die Sorge nur wie ein kaum spürbarer Schmerz im Inneren. Wieder ein Blick zurück. Die Umrisse der Jäger waren größer geworden, sie stiegen also.

Doch schon in der nächsten Sekunde hatte Kreuzer das Gefühl, von einer Erscheinung genarrt zu werden. Sein Kopf zuckte nach vorn, und seine Augen starrten auf die einzelne Jagdmaschine, die aus etwa fünfhundert Metern Überhöhung auf ihn herabstieß. In einer schnellen Drehung wirbelte sie jetzt in die Messerkurve. Sie war schon so nahe, daß sogar die britischen Kokarden auf den Tragflächen zu erkennen waren.

Kreuzer saß immer noch wie gelähmt hinter dem Steuer. Und dann begriff er, daß die „Spitfire" sich über dem dünnen Wolkenschleier an ihn herangeschlichen hatte. Das Entsetzen wühlte noch in ihm, als der englische Jäger auf ihn einschwenkte und hinter dem Leitwerk in die Tiefe stach.

Es geschah in jenen Sekunden, wo die Starre aus Kreuzer zu weichen begann und der Blick auf das Periskovisier ihn an die 2-cm-Kanonen am hinteren Ende des Rumpfes erinnerte. Der Schock war immer noch in ihm, während er die Waffen einschaltete und dann mit einer impulsiven Bewegung die Gashebel auf Vollast schob.

Durch den kleinen Spiegel des Visiers sah er die Spitfire jetzt einige hundert Meter hinter dem Leitwerk. Ihr Fahrtüberschuß hatte genügt, die Distanz zu verringern und selbst die bedeutend höhere Geschwindigkeit der Turbinenmaschine zu kompensieren. Es war das erste Mal, daß Kreuzer einen feindlichen Jäger in der Visiereinrichtung für die nach rückwärts gerichteten 20-mm-MG 151 pendeln sah. Seine Hand lag über dem Auslöseknopf, und er drückte ihn kurz nach jenem Zeitpunkt herunter, als aus den Tragflächenprofilen des englischen Jägers die ersten Abschußflammen herauszüngelten.

Die Garben der „Spitfire" kreuzten sich mit den Geschoßbahnen seiner Bordkanonen, aber das Schicksal ließ ihm keine Zeit mehr für den Schrei der Erleichterung, nachdem er den grellen Blitz in der Motorpartie der Feindmaschine gesehen hatte. Schon kurz vor diesem Augenblick war durch das Heulen der Turbinen das Trommeln unzähliger Einschläge zu hören gewesen. Die „Arado" wurde jetzt wie von einer unsichtbaren Faust aus dem Kurs gerissen. Und während einige hundert Meter entfernt die Spitfire brennend in die Tiefe stürzte, bemerkte Kreuzer die Flammen über dem linken Aggregat. Der Fahrtwind vergrößerte sie in Sekundenschnelle zu einer brodelnden, funkensprühenden Wolke. Sie wälzte sich gegen die Kabine, und der Gluthauch des nahen Todes löste endlich die Starre des Entsetzens.

Die Angst vor dem schaurigen Ende spendete die Kraft für die letzte Konzentration. Das Kabinendach schnappte nach oben, wurde nach hinten gerissen, und Sekunden später torkelte Kreuzers Körper durch die eisige Luft in die Tiefe. Über ihm bildete sich ein roter Feuerball am Himmel, als die Gurte des Fallschirmes sich beim Öffnungsstoß wie Messer in das Fleisch seiner Oberschenkel bohrten.

Mit jagenden Pulsen lauschte er auf das Flattern der Seide über seinem Kopf, und dann kam die Erde auf ihn zu wie ein riesiger, bunter Teller.

ENDE

Hans Holl

Jagdbomber über der Normandie

Kriegsjahr 1944
Die ersten Tage der Invasion
Als Jäger über Nacht
zu Kampffliegern wurden

Die Amerikaner in den Cockpits der sechs P-51-Maschinen, „Mustangs" genannt, konnten wirklich nicht ahnen, was ihnen bald blühen würde.

Schließlich war es schon zwei Tage her, seit an der Küste der Normandie die Invasion begonnen hatte, von der Luftwaffe aber war bis jetzt so gut wie nichts zu sehen gewesen. Der Landstrich zwischen der nordfranzösischen Küste und Paris gehörte der US Air Force und ihren Alliierten. Schon einige Wochen vor Beginn dieser Monsterschau des Unternehmens „Overlord" am Morgen des 6. Juni 1944 hatte man alle Hände voll zu tun gehabt, die zum Laderaum führenden Eisenbahnlinien kaputtzumachen, damit die Deutschen mit ihrem Nachschub auf die Straße gezwungen sein würden, wenn es losgehen sollte. Dabei kam es natürlich vor allem auf die Bahnhöfe an, und wenn man jetzt die Strecke abflog, gab es keinen Zweifel darüber, daß überall Präzisionsarbeit geleistet worden war. Selbst die kleinste Dorfstation war mit großer Sorgfalt gebombt und funktionsunfähig gemacht worden, und was jetzt noch einigermaßen heil aussah, kam der Reihe nach so lange dran, bis kein Bahnhofsvorsteher mehr ein Dach über dem Kopf haben würde.

Aus diesem Grund waren die sechs „Mustangs" an diesem Morgen des 9. Juni 1944 wohl auch über dem Bahnhof von Dreux erschienen. Während des Anflugs von Norden her war ein Blick auf die Flußschlange der Seine und natürlich auch auf die Silhouette von Paris möglich gewesen, das kaum hundert Kilometer entfernt war. Wenn es droben in der Normandie so zügig weiterging, würde man sich diese verheißungsvolle Stadt wohl bald zu Fuß ansehen können. Im übrigen waren Görings letzte Jäger in den Luftschlachten der vergangenen Monate anscheinend wirklich so gerupft worden, daß bei ihnen einfach nichts mehr im Pott war.

Nun, die Deutschen, die eine Focke-Wulf 190 oder eine Me 109 zu fliegen verstanden, waren tatsächlich arg zersaust. Etwas hatten sie aber doch noch auf die Beine gebracht, wenn auch um einige Tage zu spät.

An diesem Morgen war nämlich ein Gefechtsverband von gut achtzig Focke-Wulf 190 vom Flugplatz von Köln-Ostheim gestartet, um sich mit einem Generalkurs in Richtung Paris in die Luft zu schwingen. Die Stadt lag jetzt bereits etwas südlich hinter ihnen. Da man den Flugzeugführern vor dem Start wenigstens hatte sagen können, daß sie westlich von Paris eine sehr eisenhaltige Luft erwarten könnten, hatten sie auf den Steigflug verzichtet und waren unten geblieben. Sie dröhnten auch jetzt noch im Tiefflug südwestwärts, der Stadt entgegen, über deren Bahnhof die sechs „Mustang"-Piloten immer noch nicht wußten, was ihnen bald blühen würde.

Auf ihren Tragflächen schimmerten die schwarz-weißen Markierungen der Invasionsstreitkräfte im Sonnenlicht. Unter ihnen rauchte der Bahnhof, auf dem sie ihre Bomben abgeladen und die Trümmer noch mehr durcheinandergebracht hatten. Weil ihnen aber noch genügend Zeit verblieben war und der Sprit in den Tanks noch für einige längere Runden reichen würde, halfen sie noch ein wenig mit ihren Bordwaffen nach und stießen gerade wieder auf die Station herab, obwohl dort vermutlich nicht einmal mehr das Örtchen mit der Aufschrift „Messieurs" ganz geblieben war.

Die letzte P 51 zog gerade hoch, als die Focke-Wulf aufkreuzten. Es ist anzunehmen, daß keiner der Männer in den „Mustangs" an das Herannahen eines Luftwaffenverbandes glaubte. Wenigstens zunächst nicht. Wo sollten die Krauts (diesen Spitznamen gaben die Amerikaner den Deutschen) schließlich noch solch eine Masse von Jägern herhaben?

Als es nichts mehr daran zu rütteln gab, daß die Flugzeugansammlung mit Balkenkreuzen bemalt war, hatte die Hatz schon begonnen.

Oberfeldwebel Turmheller* konnte es so wenig fassen wie die anderen neben, unter und über ihm, daß es so was noch gab: einen Luftkampf nämlich, bei dem eine solch gewaltige eigene Mahalla (Fliegerausdruck für größere Ansammlung von Flugzeugen) einer dermaßen armseligen Schar von der Gegenseite gegenüberstand.

Im FT (Funktelefon) war bereits die Hölle los. Der ganze Verband schwirrte durcheinander wie ein aufgeregter Bienenschwarm. Jeder war anscheinend entschlossen, über dem Bahnhof von Dreux und unter den sechs „Mustangs" aufräumen zu helfen, deren Lenker jetzt allerdings wissen mochten, daß sie das über ihnen aufgezogene Gewitter niemals heil würden überstehen können.

Es war auch so! Die erste P 51 rauschte bereits mit einem langen Feuerschweif hinter dem Leitwerk erdwärts. Hinter dem Rest hingen mindestens zwanzig Focke-Wulf. Turmheller gab es auf, an dieser Jagd teilzunehmen. Es war besser, darauf zu achten, daß einem nicht einer der wie verrückt durch die Gegend schießenden Kameraden den eigenen Vogel aus dem Himmel rammte. Tatsächlich schoß schon wenige Augenblicke später von unten her einer vorbei, kaum zehn Meter vom Luftschraubenkreis entfernt. Schlagartig verteilte sich der Schweiß des Entsetzens über Turmhellers gesamten Körper.

Fluchend drückte er den Knüppel nach vorn und zog die Maschine in eine enge Linkskurve. Feldwebel Schockmann, Unteroffizier Rainer und Unteroffizier Adler, die sich bis dahin neben ihm aufgehalten hatten, kamen hinterher.

Unten waren noch zwei „Mustangs" übriggeblieben. Die anderen lagen in der Nähe des Bahnhofs, in unzählige Einzelteile aufgelöst oder als brennende Wracks neben der Bahnlinie. Es hatte gar keinen Sinn mehr, hinzusehen, denn die beiden letzten P 51 würden es sicher auch nicht mehr lange machen.

Turmheller konnte es immer noch nicht fassen. Wann hatte es so etwas das letzte Mal gegeben? Im umgekehrten Verhältnis allerdings fast jedesmal. Unwillkürlich zog die alltägliche Luftschlachtszenerie über dem Reichsgebiet an seiner Erinnerung vorbei: Hunderte von „Mustangs" und

---

* Die Namen sind verändert, soweit es sich nicht um Personen der Zeitgeschichte handelt.

„Thunderbolts“ über den Schwärmen der viermotorigen Bomber, Kurbeleien, bei denen es praktisch nur noch um die Erhaltung der nackten Haut ging, dazwischen manchmal ein eigener Erfolg, dem meistens eine Hetzjagd ohnegleichen folgte. Und jetzt so etwas!

Es gab nichts mehr zu beobachten, denn auch die beiden letzten „Mustangs“ hatten genug eingefangen und heulten brennend in die Tiefe.

Aus den Kopfhörern war inmitten des aufgeregten Geschreis eine monotone Stimme zu hören. Wahrscheinlich gehörte sie dem Verbandsführer, der bis jetzt vergeblich versucht hatte, den wild gewordenen Haufen zur Räson zu bringen und zum Sammeln zu veranlassen. Es dauerte noch eine Weile, bis die Rotten und Schwärme wieder zueinanderfanden.

In einer neuen Kurve sah Turmheller die Startbahn des Flugplatzes von Dreux in einladender Nähe unter sich liegen. Die ersten Maschinen schwebten bereits auf das Landekreuz zu. Sie hatten das alle nötig, denn mit dem Sprit in den Tanks sah es nach dem verhältnismäßig langen Flug ziemlich mies aus.

Nacheinander setzten die Maschinen auf und rollten aus. Am Rand der Piste standen Mechaniker. Wahrscheinlich bekamen sie beim Anblick dieses beachtlichen Vereins die Maulsperre. Neunzig Focke-Wulf 190 auf einem Haufen! Das konnte doch nicht wahr sein!

Die helle Betonfläche huschte heran. Noch ein leichter Zug am Knüppel, dann war das Holpern des Fahrwerks zu spüren. Voraus schwenkten die bereits gelandeten Maschinen auf ein Bauwerk am Platzrand zu. Turmheller tat es jetzt auch, und die drei anderen tuckerten hinter ihm her.

Fremde Warte tauchten vor der Frontscheibe auf, ruderten mit den Armen und winkten die Jagdmaschinen ein. Einer kreuzte vor dem Oberfeldwebel die Hände. Sein Abstellplatz war also erreicht. Noch ein Schuß Gas, ein Tritt auf die linke Bremse über dem Seitenruderpedal, das Leitwerk kreiste herum, der Motor verstummte.

Ein Mechaniker mit einem breitflächigen Gesicht und einer roten Haartolle unter dem Krätzchen kam auf die Tragfläche geklettert. In den Augen trug er das blanke Staunen zur Schau. Nervös fummelte er an Turmhellers Schultern herum, um die Gurte lösen zu helfen. Der Verschluß schnappte auf, und der Oberfeldwebel stemmte sich in die Höhe.

Ringsum war immer noch ziemlich viel Lärm. Trotzdem verstand Turmheller die Worte des Mechanikers, der die drei Hauptgefreitenwinkel auf dem linken Ärmel seiner ölverschmierten Kombination aufgenäht hatte.

Der Oberfeldwebel trug nach alter Gewohnheit keine Rangabzeichen auf der Lederjacke, daher kam es auch zu einer recht kameradschaftlichen Anrede:

„Mensch, wo kommt denn ihr her?“

„Aus dem Reich!“ erwiderte Turmheller und dachte an eine Zigarette. Der Wart war jedoch noch nicht fertig.

Der Feindverband mochte jetzt etwa zweitausend Meter hoch sein. Die Flak drosch immer noch dazwischen. Auf einmal hatte sie sogar Erfolg. Eine der dickbauchigen vom Typ P 47 erwischte eine Serie von Granaten, zog eine Feuerschleppe hinter sich her und verschwand nach unten.

Die anderen gaben daraufhin sofort Höhe auf, kamen aber nicht näher. Es dauerte kaum noch eine Minute, bis sie ihren Standort wechselten und wegdrückten. Dicht hintereinandergereiht verschwanden sie irgendwo unter dem Horizont.

Turmheller stieß den angestauten Atem aus. Die anderen taten das auch. Der Verbandsführer sprang vorbei und brüllte auf den Oberfeldwebel ein. Kurz darauf begann die Tankerei. Vielleicht war höchste Eile noch nie so nötig gewesen.

Noch einmal kam der Flugleiter vorbei.

„Leute", sagte er mit fahlem Gesicht, „das war nur der Spähtrupp. Vielleicht haben sie sich nicht so recht getraut, als sie den Verein hier unten stehen sahen. Aber ich wette um meinen Kopf, daß sie in einer halben Stunde alles in der Luft haben, was gerade verfügbar ist . . . "

Die Warte schufteten jetzt im Schweiß ihres Angesichts. Tanks und die bombenförmigen Zusatzbehälter zwischen den Fahrwerken wurden gefüllt. Waffenwarte standen auf den Tragflächen und ließen neue Gurte in die Magazine gleiten. Ein Oberwerkmeister rannte herum und hielt Reden, um die sich keiner der Mechaniker kümmerte.

Oberfeldwebel Turmheller rauchte nun schon die dritte Zigarette, die anderen auch. Keiner sprach es aus, aber alle standen wie auf Kohlen. Wenn die Amis jetzt wirklich mit einem größeren Verband auftauchten, dann gab es hier Kleinholz in Hochformat. Die sorgenvollen Worte des Flugleiters waren keineswegs vergessen. An manchen Maschinen klappten die Warte bereits die Motorverkleidungsbleche zu. Sie hatten ihre Arbeit beendet.

Der Oberleutnant war plötzlich wieder da.

„;Macht euch fertig!" sagte er. „Gleich ist es soweit. Wir hauen ab!" Sie sahen ihm nach, während er auf seine Maschine zuging.

Adler schien jetzt auch etwas sagen zu wollen. Das war im allgemeinen bei ihm recht selten der Fall.

„Mann", murmelte er, „ich glaube, hier wird's noch schöner als drüben in Deutschland!"

Schockmann massierte seinen dicken Nacken und ließ die Bürstenhaare auf seiner Kopfhaut wippen. Er machte das immer, wenn irgend was in der Luft lag.

„Wenn mich nicht alles täuscht", brummte er, „wird uns der Hintern hier noch auf Grundeis gehen!"

Wie recht er haben sollte!

*

Sie wußten nicht, ob die Amerikaner dem Flugplatz von Dreux noch einen Besuch abgestattet hatten. Bis zu ihrem Start war jedenfalls nichts passiert, und auch auf dem Weiterflug in Richtung Südwesten hatte sich niemand für sie interessiert.

Im Tiefflug waren sie über das Land gebrummt, das sich auf den Sommer vorbereitete. Bahnhöfe waren unten vorbeigeflitzt, von Bomben zerwühlt, die noch stehengebliebenen Mauern von Bordwaffengeschossen durchsiebt. Die Landstraßen wirkten wie leergefegt. Nur manchmal war irgendein Personenwagen aufgetaucht. Jedesmal waren die Insassen herausgesprungen und hatten sich am Straßenrand in Deckung geworfen. Was mochten sie wohl gedacht haben, als sie sahen, daß deutsche Maschinen über ihnen gewesen waren? Deutete ihr Verhalten nicht darauf hin, daß sie so etwas einfach für unmöglich gehalten hatten? War es hier denn wirklich schon so weit, daß sich keiner in einem deutschen Fahrzeug mehr auf die Straße trauen konnte?

Es sah wahrhaftig danach aus.

Die Motoren brummten, keines der BMW-801-Triebwerke setzte aus, niemand fiel herunter. Das Ziel kam näher. Es war der Flugplatz von Rennes.

Als sie das Rollfeld zum erstenmal überflogen, standen sogar denen die Haare zu Berge, die schon auf afrikanischen Wüstenpisten mit Lochstikkerei oder auf dem Steppenacker Pitomnik bei Stalingrad gelandet waren. Fassungslos starrten sie nach unten, und auch Turmheller tat das. Gab es denn so etwas? Wie, um Himmels willen, sollte ein Mensch auf diesem mit unzähligen Bombentrichtern bedeckten Platz eine Maschine heil ausrollen lassen können?

Im FT war nicht einmal ein Fluch zu hören, auch keine giftige oder beziehungsvolle Bemerkung. Fast schien es, als ob der Anblick des Trichterfeldes allen die Sprache geraubt hätte.

Wieder eine Kurve. Diesmal flogen sie in Kolonnenform hintereinander. Der Verbandsführer hatte das so befohlen.

In leichter Schräglage starrte Oberfeldwebel Turmheller auf das gelbe Landekreuz, das wie zum Hohn auf einen schmalen Erdstreifen zwischen den Bombenlöchern gerichtet war.

Ein Blick nach vorn belehrte ihn darüber, daß irgendein Wahnsinniger tatsächlich die Idee gehabt haben mußte, ihnen dort unten eine Landung zuzumuten. Die Spitzenmaschine war nämlich bereits im Anflug, und den dahinter hängenden Kumpels blieb nichts anderes übrig, als ebenfalls die Fahrwerke auszufahren.

Turmheller hätte am liebsten die Augen zugemacht, als er aus geringer Höhe sah, wie die dritte soeben gelandete Focke-Wulf haarscharf am Rand eines Kraters vorbeidonnerte.

Dann waren sie an der Reihe. Der Oberfeldwebel zog die Anschnallgurte so fest, daß er kaum noch Luft bekam. Ein Wunder mußte geschehen sein, denn bis jetzt war noch keine Maschine in einem Trichter zerschellt.

Einige Dutzend Meter voraus setzte gerade eine Focke-Wulf auf. Turmheller hatte das Fahrwerk auch schon draußen, zusammen mit den Landeklappen. Der Motor blubberte auf halbem Gas. Weiter hinten sah er einige „190“ wie Käfer herumkrabbeln, die vor sich einen Abgrund vermuten.

Dieses Gefühl war auch in ihm, während er die Erde auf sich zuhuschen sah. Das Landekreuz blieb zurück, und links und rechts gähnten die Bombenlöcher. Die Reifen klatschten auf die Überreste der ehemaligen Startbahn. Wie ein Pfeil zischte das Jagdflugzeug dahin. Eisiges Entsetzen durchflutete Turmheller, als er merkte, daß die Maschine nach links abkam. Ein riesiger Trichter schien nur auf ihn zu warten. Verzweifelt tippte er auf die rechte Bremse. Das Leitwerk ruckte zur Seite, und der Krater schoß nur wenige Meter von der linken Tragflächenspitze vorbei. Allmählich wurde die Vorwärtsbewegung langsamer. Nur in der Richtung bleiben, sonst ist alles aus! Das war der einzige Gedanke, der Turmheller noch beherrschte.

Wieder ein Trichter, etwa fünf Meter rechts. Der Schweiß lief immer noch, die Kehle war wie ausgedörrt. Wann würde die Rollerei endlich ein Ende haben? Oder was mußte passieren, wenn voraus einer Bruch gemacht hatte, den man vor dem hochgereckten Motor nicht sehen konnte?

Aber es krachte nicht, und auch keines der respektablen Löcher verschluckte die Focke-Wulf des Oberfeldwebels. Die Maschine kam zum Stillstand. Turmheller riß den Mund auf und rang nach Atem. Ein Blick nach hinten ließ ihn aber erkennen, daß noch andere ankamen. Da drückte er den Gashebel wieder nach vorn und rollte zwischen zwei Kratern auf den Platzrand zu. Warte standen dort unter einer Baumreihe und winkten. Einige hundert Meter noch, dann war er da. Der Motor verstummte, das Kabinendach rollte zurück. Das Gesicht eines Mannes vom technischen Personal kam auf der linken Fläche in Sicht.

„Lieber Gott“, sagte Turmheller, „was haben sie denn mit euch gemacht?“

„Bomben!“ sagte der Gefreite. „Erst gestern ... “ Auch er sah wie ein Mensch aus, der sich dauernd auf der Flucht vor etwas befindet. Sein Blick war auf den Himmel gerichtet gewesen, während er das mit den Bomben gesagt hatte.

Turmheller löste die Gurte und stieg aus. Schockmann und die anderen kamen auf ihn zu. Plötzlich ein fürchterliches Krachen und Knirschen. Einer hatte es nicht geschafft. Aus dem Trichter, in den die Maschine gerumpelt war, quollen Staubwolken hoch.

Unteroffizier Rainer peilte über den Flugplatz.

„Mensch“, sagte er mit bebender Stimme, „so ist mir noch nie das Hemd geflattert. — Und wie die Kerle hier einen ansehen. Als ob sie von morgens bis abends gescheucht würden.“

Ein Obergefreiter, der anscheinend zur Horstkompanie gehörte, fuhr auf einem Fahrrad vorbei und rief etwas. Keiner hörte auf ihn.

Der stiernackige Schockmann ließ seine Fliegerhaube in der Rechten schaukeln. Seine Kopfhaut wippte schon wieder. Traktoren zogen die Maschinen zu Boxen unter den Bäumen. Die Sonne lachte wie in einer Sommerfrische, und der Flugplatz wirkte wie ein geschändeter Friedhof. Ein Lastwagen hielt in der Nähe. Männer sprangen herab und rannten auf die Monteure zu, um ihnen zu helfen. Sie sahen aus wie Überlebende des Jüngsten Gerichts.

Oberleutnant Hippler tauchte auf, zahlreiche Schweißkringel im Gesicht.

„Alles zu dem Bunker dort drüben neben der Flak!" sagte er mit müder Stimme. „Lastwagen fahren uns in die Unterkunft!"

Der bullige Schockmann spuckte aus und bleckte dann die Zähne.

„Ich könnte nicht sagen, daß es mir hier gefällt!" knurrte er, ehe er sich an dem Oberleutnant vorbeischob und auf seinen kurzen Beinen die Flak-Stellung ansteuerte.

Auf dem Lastwagen, den sie einige Zeit später bestiegen, war es so gemütlich wie in einer Henkerkarre. Zerschundene Bänke waren darauf angebracht, auf denen sie sich nebeneinanderquetschten. Es dauerte noch eine Weile, bis sich der Laster in Bewegung setzte. Über den hinteren Rand der Ladepritsche hinweg war der lange Rüssel einer Dreisieben-Flak zu sehen. Die Kanoniere standen hinter dem Deckungswall, hemdsärmelig, bunte Schals um die Hälse und beobachteten nach allen Richtungen. Jeder schien seinen Sektor zu haben, fast wie auf der Brücke eines U-Bootes. Offenbar kamen die Feindmaschinen ohne Voranmeldung, und wahrscheinlich funktionierte auch das Luftwarnsystem nicht mehr. Was war hier überhaupt noch in Ordnung?

Der Lkw zog an und rumpelte über einen Feldweg. Wiesen huschten vorbei, auf denen Kühe weideten. Die Körper der auf dem Wagen zusammengepferchten Flugzeugführer wackelten im Rhythmus der ausgeleierten Federn. Bis jetzt hatte noch keiner etwas geredet. Es gab auch zuviel, was noch zu verdauen war. Was würde sie hier wirklich erwarten?

Auch Turmheller dachte daran. Das quälende Gefühl, vom Regen in die Traufe gekommen zu sein, verstärkte sich immer mehr. Seit einem Jahr waren sie in der „Reichsverteidigung" eingesetzt gewesen, ihr Flugplatz lag im norddeutschen Raum. Fast jeden Tag Feindflüge gegen die viermotorigen Bomber der Amerikaner. Sie hatten Abschüsse erzielt, die ihnen im Laufe der Zeit wie Nadelstiche gegen die Haut eines Elefanten vorgekommen waren. Was hatte es schon genützt? Mit jedem weiteren Tag war eine andere deutsche Stadt in Schutt und Asche gesunken. Manchmal, wenn sie wieder einmal von der Übermacht amerikanischer Begleitjäger aus dem Himmel geschossen worden waren, den Fallschirmabsprung oder eine Bauchlandung hinter sich hatten, war Gelegenheit gewesen, das namenlose Elend in den gebombten Städten mitzuerleben. Und immer wieder war dann die Frage aufgetaucht: Was hat es noch für einen Sinn, was wir machen? War nicht schon alles umsonst? Fast jeden Abend fehlte einer aus ihrem Kreis, in der Explosion der eigenen Maschine zerfetzt, bei der Notlandung ums Leben gekommen oder gar in dem großen Moor zwischen Holland und der deutschen Westgrenze mitsamt dem Fallschirm für immer verschwunden. Wie sollte das alles enden? Hatten sie überhaupt noch eine Chance?

Trotzdem waren sie jeden Tag aufs neue gestartet, und sie hatten nicht einmal daran gedacht, daß sie nur noch ihre Pflicht erfüllten.

Nebenan saßen sie in ihren Lederjacken. Viele trugen das EK I. Was hatten sie nicht schon alles hinter sich! Einsätze in Rußland, in Afrika, über Malta, in Frankreich oder sogar schon während der Schlacht um England. Das bedeutete Hunderte von Luftkämpfen, ein Ringen nicht nur um den Erfolg, sondern auch gegen den Tod. Die kleinen Metallgebilde der Orden waren der Ausweis dafür. Jeder von ihnen hatte geglaubt, einer gerechten Sache zu dienen, ihrem Vaterland, und eigentlich war das auch jetzt noch so. Unzählige hatten diesen Glauben schon mit dem Leben bezahlt, und vielleicht war es gut, daß sie nicht mehr sahen, wie weit es inzwischen gekommen war. Die Zweifel an alldem, was ihnen in den vergangenen Jahren noch hoch und heilig gewesen war, stellten sich neuerdings immer mehr ein. Sollte es denn tatsächlich so sein, daß ihre Idole von gestern sie in die Katastrophe von morgen führen würden? Ging es nicht an allen Fronten zurück? Verwandelte sich die Heimat nicht mit jedem weiteren Tag mehr und mehr in einen riesigen Friedhof? Redete denn noch einer von den Idealen, die man früher wie ein kostbares Gut mit sich herumgeschleppt hatte? Sollte das Opfer ihrer Jugend denn wirklich umsonst gewesen sein?

Und nun die Invasion in Nordfrankreich! War das nicht die zweite Front, von der in letzter Zeit so oft die Rede gewesen war?

Schockmann sah herüber. Er spuckte und hustete, weil gerade eine Staubwolke hereinquoll.

„Wenn man nur nicht so im dunkeln tappen würde!“ krächzte er. „Wenn man nur wüßte, was hier tatsächlich los ist!“

Turmheller wußte keine Antwort darauf. Der Wagen fuhr unter einem hohen, steinernen Torbogen hindurch und hielt.

Was sich an diesem 10. Juni 1944 im Landungsraum abspielte, war selbst den höchsten Stäben noch nicht in seinem ganzen Umfang bekannt. Ihre Kenntnis der Gesamtlage ähnelte in diesen Tagen einem Mosaik, in dem wichtige Steinchen fehlten. Eines stand jedenfalls fest:

Die Landung der alliierten Streitkräfte schien geglückt zu sein.

Zumindest das wußte auch der Major im Flugplatzbunker von Rennes. Er stand hinter einem Tisch unter einer müden Lampe, die Hände auf eine Karte des Invasionsraumes gestützt. Vor ihm, wie Ölsardinen in einer großen Büchse, die Flugzeugführer des Gefechtsverbandes.

Die Stille in dem quadratischen Raum war so komplett, daß man die berühmte Stecknadel hätte fallen hören können. Unter einem Guckloch saß einer und drehte eine Kurbel. Er betätigte damit eine Art von mechanischer Klimaanlage, brachte aber nur mehr heißen Mief in das Geviert.

Turmheller, Adler, Rainer und Schockmann standen in der hintersten Reihe. Ein Lastwagen hatte sie noch vor dem Morgengrauen von ihrer mittelalterlichen Burg-Unterkunft zum Flugplatz gebracht. Sie waren dabei auch an ihren Maschinen vorbeigekommen. Was sie dabei gesehen hatten, steckte ihnen auch jetzt noch in allen Knochen: Über Nacht hatten die Mechaniker ETC's (Vorrichtungen zum Aufhängen von Bomben) an die Rümpfe der Focke-Wulf montiert. Die Bomben hingen bereits dran, und zwar solche von 500 Kilogramm Gewicht.

Keiner konnte es noch begreifen, der Major von ihnen anscheinend auch nicht. Er hatte sein Konzept für die bevorstehende Rede offenbar immer noch nicht ganz parat. Doch jetzt räusperte er sich, und dann ging es los:

„Meine Herren, Sie dürften bei der Herfahrt bereits bemerkt haben, daß Bomben unter Ihren Maschinen hängen. Es handelt sich hier nicht etwa um einen Witz, sondern um einen Befehl von oben. Wir werden unseren ersten Einsatz also als Jabos fliegen!"

Er machte eine Pause. Das sofort beginnende Gemurmel schien er erwartet zu haben. Sein Blick huschte über die Gesichter der Männer, die in dem schwachen Licht noch fahler wirkten. Ihre Augen sagten es ihm, was sie dachten. Etwa das: Seid ihr denn von allen guten Geistern verlassen? Mit Bomben sollen wir angreifen, wo die meisten von uns das noch nicht einmal mit einem Zementei geübt haben?

Der Major bewegte die Schultern, und das Ritterkreuz an seinem Hals schaukelte. Seine Stimme klang noch rauher als zuvor.

„Es ist nicht zu ändern, obwohl ich mir vorstellen kann, was Sie denken. Die Schwarmführer werden aber immerhin wissen, wie man die Bomben los wird, und sie haben nachher noch kurz Gelegenheit, mit ihren Männern darüber zu sprechen."

Schockmann hatte immer noch den Mund offen. Er schien vor Wut fast zu ersticken. Vielleicht hörte er gar nicht mehr, was der Major jetzt sagte. Das nämlich:

„Wir fliegen in geschlossenem Verband nordwärts an der Küste der Halbinsel Cotentin entlang und erreichen dabei eine Höhe von 7000 Metern. Danach geht es nordostwärts zur Seine-Bucht. Angriffsstreifen ist die Küstenlinie zwischen Longues und Bernières, wo britische Verbände an Land gegangen sein sollen. Es ist mit stärkster Flak-Abwehr und auch mit einer solchen durch alliierte Jagdstreitkräfte zu rechnen. Trotzdem werden wir unseren Auftrag ausführen und versuchen, den schwer ringenden Kameraden der Infanterie wenigstens eine gewisse Erleichterung zu verschaffen. Das wäre es in großen Zügen. Der Verband wird von mir geführt. Angriffsbefehl erfolgt über FT je nach Feindlage." Er blickte auf seine Uhr. „Sie haben bis zum Start noch eine halbe Stunde Zeit. Ich wünsche Ihnen Hals- und Bein . . . !"

Er nickte, knüllte die Karte zusammen und reichte sie einem einarmigen Oberleutnant, der bis dahin neben ihm gestanden hatte.

Es dauerte noch eine Weile, bis das erste Füßescharren einsetzte. Kaum einer sagte etwas. Auch draußen wollte es noch nicht so recht gehen. Sie sahen sich an und versuchten zu begreifen, was sie soeben gehört hatten.

Mit gesenkten Köpfen kamen die anderen aus dem Bunker, sammelten sich zu kleinen Gruppen. Die Sonne füllte die Bombenkrater auf dem Flugplatz mit gleißendem Licht. Die Lastwagen, mit denen sie hergekommen waren, standen noch in der Nähe.

Schockmann schüttelte wieder einmal den Kopf. Eine Zigarette glimmte in seiner Hand. Auch die anderen rauchten. Für manchen sollte es die letzte Zigarette seines Lebens sein. Wie viele von ihnen würden diesen Einsatz überleben? Siebzig, sechzig, dreißig?

Noch wußte keiner, daß es nicht einmal dreißig sein sollten.

Oberleutnant Hippler kam an, Bartstoppeln im Gesicht. Es war das erste Mal, daß er morgens so vor ihnen auftauchte.

„Viel reden hat keinen Sinn!“ sagte er. „Wißt ihr, wie die Bombenauslösung zu handhaben ist?“ Er schluckte und ließ sich von Adler Feuer geben. „Eigentlich verdammt einfach. Für mich ist das nämlich nichts Neues. Also: Auf das Ziel stürzen, abfangen, dabei drei Sekunden verstreichen lassen und dann den Bowdenzuggriff links unter dem Armaturenbrett ziehen. Vorher den Zünderschaltkasten, den sie euch direkt vor die Nase gehängt haben, auf ‚Ein‘ stellen. Die Bombe wird elektrisch scharf gemacht, sobald sie sich gelöst hat. Vorher kann nicht viel passieren, es sei denn, die Flak ... “

Er verzichtete auf den Rest seiner Ansprache, starrte vor sich hin und reichte dann jedem die Hand.

„Bis später also, Hals- und Beinbruch! Macht es gut!“

Sie sagten ihm das gleiche, dann drehte er sich wieder um und verschwand zwischen den anderen, die in der Nähe standen.

Der lange Rainer blickte über den nahen Flugplatz. Dutzende von Soldaten waren auch jetzt noch damit beschäftigt, wenigstens die Trichter in der Nähe des Start- und Landestreifens aufzufüllen.

„Fast komme ich mir vor wie bei einem Nachtflug“, murmelte er, „man weiß nicht, was auf einen zukommt.“ Er warf die Zigarette auf den Boden und trat wütend darauf herum. „Und dann noch mit Bomben ...“

*

Was auf die Soldaten der 21. Panzerdivision bei Caen und die anderen in den Bunkern des „Atlantikwalls“ entlang der Normandieküste vom Morgengrauen des 6. Juni an bereits zugekommen war, stellte die größte militärische Kräftemassierung in der bisherigen Kriegsgeschichte dar.

Etwa eine Stunde nach Mitternacht zum 6. Juni 1944 waren auf englischen Flugplätzen 882 amerikanische Transportmaschinen mit 13 000 Fallschirmjägern an Bord zur größten Luftoffensive aller Zeiten gestartet. Zusammen mit ihnen 4 255 britische Fallschirmer der 6. Luftlandedivision des Generalmajors Richard Gale. Ihre Aufgabe war es vor allem, taktisch wichtige Brücken im Raum der Orne und der Dives handstreichartig zu besetzen.

Am Morgen des 6. Juni hatte sich die Küste der Normandie in eine to bende Feuerhölle verwandelt. Rund sechstausend Schiffe aller Art waren über den Ärmelkanal gekommen mit etwa 1,5 Millionen alliierter Soldaten an Bord.

Bei Angriffsbeginn standen 6 Schlachtschiffe, 23 Kreuzer, 122 Zerstörer, 360 Torpedoboote, 6 340 Transporter sowie Landungs- und andere Boote im Seeraum vor der Halbinsel Cotentin bis hinüber zur Orne-Mündung.

Als das Trommelfeuer der Schiffsgeschütze begann, schien für die Männer in den Küstenbunkern die Welt unterzugehen. Trotzdem endete der erste Kampftag für die angreifenden britischen, kanadischen und amerikanischen Verbände mit schwersten Verlusten. Und das, obwohl die alliierte, aus rund 13 000 Flugzeugen bestehende Luftarmada, an diesem einen Tag bei 10 743 Einsätzen rund 12 000 Tonnen Bomben abgeworfen hatte.

Aber die gewaltige Übermacht führte — neben dem auf deutscher Seite herrschenden Befehlswirrwarr und anderen negativen Zufällen — doch den erstrebten Erfolg herbei.

Rund 5 500 alliierte Jagdflugzeuge legten einen fast undurchdringlichen Luftschirm über den Landeraum. Jedes Eindringen eines deutschen Aufklärers wäre im Hinblick auf diese Tatsache einem blanken Selbstmordversuch gleichgekommen. Auch die Besatzungen der 90 deutschen Kampfflugzeuge, die an jenem Tag einsatzbereit waren, sahen sich zur Tatenlosigkeit verurteilt. Und die rund 100 deutschen Jagdmaschinen der Geschwader 2 und 26, was hätten sie gegen diese überwältigende Materiallawine ausrichten sollen? Schon bei ihren ersten Feindflügen wußte jeder, wie hoffnungslos weitere Versuche sein mußten, im Gewimmel von Tausenden feindlicher Maschinen eine Chance suchen zu wollen.

Nun aber waren andere gekommen, aus dem Reichsgebiet in den neuen Frontraum verlegt. Jagdflugzeuge, die praktisch über Nacht zu Jabos deklariert worden waren. Sie standen zu dieser Zeit noch auf dem Flugplatz von Rennes. Würde es ihnen gelingen, wenigstens einen Achtungserfolg zu erzielen und zumindest eine Bresche zu schlagen?

Noch wußte es niemand, und das war gut so.

*

Die Sonne schraubte sich langsam am Horizont hinauf. Sie füllte die Kabine mit einer fast unerträglichen Wärme.

Turmheller war bereits angeschnallt. Seine Maschine stand neben den anderen einige Dutzend Meter vor den Boxen. In den Flak-Stellungen beobachteten die Kanoniere den Luftraum, regungslos, wie zu Stein erstarrt, die Stahlhelme auf den Köpfen. Sicherlich befanden sie sich in der höchsten Alarmstufe.

Es konnte nicht mehr lange dauern, bis das Zeichen zur Startbereitschaft gegeben würde. Turmheller dachte wieder an die Bombe unter dem Rumpf. Er kam sich vor wie auf einem Pulverfaß. Das Warten in der stikkigen Treibhausluft der Kabine zerrte zusätzlich an den Nerven. Rechts neben ihm waren die FW 190 der drei Kameraden, die man nicht einmal dem Namen nach kannte. Sie waren von allen möglichen Gruppen und Geschwadern zusammengeholt und in diesem Gefechtsverband vereinigt worden.

Plötzlich wurde die Stille durch die donnernden Geräusche eines soeben angesprungenen Motors zerrissen. Handzeichen wurden gegeben, von Kabine zu Kabine.

Da drückte auch Turmheller auf den Anlasser. Das Triebwerk kam sofort. Feurige Zungen zischten aus den Auspufftöpfen. Ein Zeichen an die unten stehenden Warte, die Bremsklötze wurden weggezogen. Drüben am Rand der Startbahn hatten die Soldaten ihre Arbeit eingestellt. Für Augenblicke dachte Turmheller daran, was passieren mußte, wenn sie auf dieser deckungslosen Fläche von Tieffliegern beschossen wurden. Und was würde mit ihnen geschehen? Mit den Bomben unter dem Rumpf?

Die ersten Maschinen rollten zum sogenannten Start am westlichen Ende des Platzes. Nicht einmal eine Leuchtkugel war geschossen worden.

Staubwolken quollen hoch, als Turmheller den Gashebel vordrückte und die Maschine ins Rollen brachte. Und wieder der Gedanke an das höllische Behältnis unter dem Körper. Der Slalom zwischen den Bombentrichtern begann. Allein das war schon eine einzige Tortur. Weiter drüben preschten die ersten Maschinen startend über den Boden, die Bomben wie riesige Eier unter den Rümpfen. Was wohl, wenn auch nur einer ausbrach und in einen Trichter geriet?

Der Schweiß floß immer stärker. Voraus schaukelten andere „190", drehten ein und begannen über die von Splittern aufgerissene Piste zu rollen. Endlich war auch Turmheller soweit. Ein Druck auf den Gashebel, noch einmal ein Blick in die Generalrichtung der Startlinie, dann brüllte der Motor auf, und der Wettlauf mit dem Tod hatte schon jetzt seine erste Phase erreicht.

Unter den tanzenden Nadeln der Instrumente das gelbliche Rechteck des Bombenschaltkastens. Wie oft hatten sie das Ding in den letzten Stunden schon verflucht! Aber alles half nichts mehr. Links und rechts die vorbeiflitzenden Kraterlöcher. Die Maschine begann bereits auf den Reifen zu tanzen. Aber das Gewicht der Bombe hielt sie noch an der Erde. Doch dann kam sie frei, ein vorsichtiges Ziehen am Knüppel, einige schnelle Atemzüge. Die Startklappen wanderten nach oben, das Fahrwerk ebenfalls. Unten huschte der Bunker hinweg, in dem alles begonnen hatte.

Die „190“ neigte sich auf die linke Tragfläche. Bei jedem Steuermanöver spürte man die schwere Last unter dem Rumpf. Eine Maschine nach der anderen reihte sich in die Sammelkurve. Der Verbandsführer drehte nach Nordosten ein.

Der Kurs in die Hölle lag an.

Links und rechts kamen die Maschinen der Kameraden in Sicht und scherten auf Position. Sie flogen in der letzten Welle. Voraus zwei andere.

Die Erde wurde ferner, sie stiegen bereits. Noch einmal ein Blick zurück. Der Flugplatz war bereits zu einem kleinen Oval zusammengeschrumpft. Die Bombenlöcher auf dem Rollfeld sahen aus dieser Entfernung wie hellbraune Flecke aus.

In den Kopfhörern war nur das Rauschen des Transformators zu vernehmen. Es war absolute Funkstille befohlen worden. Was wäre wohl auch zu sagen gewesen?

Die Höhenmessernadel kletterte. 3000 Meter lagen bereits an. Weit voraus lichtete sich der Horizont. In grünlichem Blau schimmerte der Golf von St. Malo im Sonnenlicht. Die Spitzenmaschinen drehten leicht nach Osten ein.

Immer wieder wanderte Turmhellers Blick durch den Luftraum.

Nichts! Vom Gegner keine Spur! War es denn möglich, nach allem, was man bisher gehört hatte? Wo war der schier undurchdringliche alliierte Luftschirm? Vielleicht direkt über den Landeköpfen? Oder kamen sie noch? Hatten sie zu dieser frühen Morgenstunde ihr Frühstück vielleicht noch nicht hinter sich?

Voraus Avranches. Das Wasser des Golfes lag jetzt schon links vom Kurs. Der Verband stieg immer noch. Vor einigen Minuten hatten sie die Sauerstoffmasken aufgesetzt. Auch hierzu keine Aufforderung über Funk, wie das sonst manchmal üblich war. Einer hatte den anderen — sozusagen von Kabine zu Kabine — durch Handzeichen darauf aufmerksam gemacht.

5500 Meter waren inzwischen erreicht worden. Aber es ging immer noch höher hinauf. Im Norden standen Wolkentürme über dem Horizont. Vielleicht konnte man sie noch gut gebrauchen. Wolken waren in manchen Situationen oft mehr wert als eine Lebensversicherung.

Gedanken kamen und gingen. Der Golf von St. Malo, Turmheller kannte ihn. Er war schon vor dem Krieg hier gewesen, auch in Paris. Zusammen mit den Eltern. Man hatte Monsieur Gaston Meunier besucht, einen alten Freund der Familie. Sein Blick, als er vor Jahren — 1940 war es — einem wieder die Hand gereicht hatte, war bemerkenswert gewesen. Seine Augen waren über die Uniform geglitten und auf dem „Pleitegeier“ (Hoheitszeichen) haftengeblieben. Und dann seine Worte: „Wie schön wäre es gewesen, wenn Sie mich in einem Zivilanzug besucht hätten!“

Vorbei, müßig, noch daran zu denken. Es stand kein Ferienaufenthalt bevor, sondern ein Flug, der vielleicht der letzte sein konnte.

Ringsum immer noch kein Anzeichen für das Auftauchen von Feindmaschinen. Irgendwie machte es einen fast verrückt. Die Spannung wurde allmählich unerträglich. Die Nerven meldeten sich immer öfter.

Die Spitzenkette schwenkte leicht nach rechts. Plötzlich beugte sich Turmheller nach vorn. Wie fasziniert starrte er auf die Blitze, die im Nordosten aus der Erde hervorzubrechen schienen.

War dort die Front? Es mußte so sein!

Mit fast sechshundert Stundenkilometern dröhnten sie weiter durch den Himmel, die Bugs dorthin gerichtet, wo Bayeux liegen mußte.

Ein Blick zu den anderen hinüber. Auch sie betrachteten die wabernden Lichtpunkte, die immer deutlicher wurden. Bogenförmige Glutstreifen zogen sich über die Erde. Hinter einer Dunstschicht schimmerte ein grünblauer Spiegel: das Wasser des Ärmelkanals. Vor der Küste unzählige winzige Gebilde, wie Weberschiffchen anzusehen. Auch vor ihnen zuckte es auf. Die alliierte Landungsflotte also, die vor der Normandieküste vor Anker gegangen war.

Turmheller ruckte sich im Sitz zurecht. Er tat das immer, wenn er ahnte, daß die Zeit der Entscheidung bald heranahen würde.

Sie flogen immer noch in Marschformation, schwarmweise nebeneinander, in drei Wellen. Auf eine „Holzaugenrotte" (zwei Maschinen, die in gelockerter Formation fliegen und einen Gefechtsverband von hinten absichern).

Es sah jetzt so aus, als ob die Landschaft vor der Küstenlinie Feuer speien würde. Pausenlos wanderte Turmhellers Blick durch den Himmel.

Plötzlich sah er sie, und das Herz klopfte ihm bis zum Halse hinauf. Sie hingen etwa im Luftraum über Caen, vor der blauen Himmelglocke anzusehen wie winzige Schmutzflecke: Jagdmaschinen in dichten Pulks, Fliegenschwärmen ähnelnd. Sie flogen etwa tausend Meter tiefer, und es schien, als ob sie über einem bestimmten Punkt weite Kreise zögen.

Im FT blieb es immer noch still. Sicher lag das aber nicht nur an der Disziplin, sondern wohl eher daran, daß es auch den anderen die Sprache verschlagen hatte. Turmheller versuchte die Feindmaschinen zu schätzen. Es waren einige hundert, vielleicht sogar tausend. Mußten die Piloten den eigenen Verband nicht schon gesehen haben? Oder hielten auch sie es nach den bisherigen Erfahrungen einfach für unmöglich, daß die Deutschen noch eine solche Streitmacht in die Luft bringen konnten? Glaubten sie vielleicht sogar, ein Ablöseverband sei von England herübergekommen?

Der Bug von Turmhellers Maschine schob sich bereits über das Straßenkreuz von St. Lô. Wieder eine leichte Nordostschwenkung der Spitzenmaschinen. Die anderen folgten wie geduldige Schafe hinter einem Leithammel.

Auf der Wasseroberfläche des Ärmelkanals funkelte das Sonnenlicht. Die Jägerpulks über Caen zogen weiterhin ihre Kreise. Noch war nicht zu erkennen, um welchen Typ es sich handelte. Indessen, wie gleichgültig das doch war. Falls sie eindrehten, würde die Katastrophe auch so perfekt sein. Unwillkürlich schoß Turmheller die Erinnerung an den Tag von Dreux durch den Kopf...

Sie kurvten aber immer noch nicht ein, dafür zogen von unten her jetzt Feuerschnüre herauf.

Die gegnerische Flak hatte das Feuer eröffnet!

Mit immenser Geschwindigkeit verwandelten sich die Blitze des Abschußfeuers in grelle Glutgirlanden. Einige hundert Meter über dem Verband krepierten die ersten Geschosse. Turmheller hielt den Atem an. Als er wieder nach vorn sah, erkannte er, daß einige Maschinen ins Schwimmen gekommen waren. Wahrscheinlich saßen junge Flugzeugführer darin, die dieses höllische Ereignis zum erstenmal erlebten. Das Flakfeuer wanderte tiefer, drunten schossen sie sich ein.

Sekunden später zerplatzte eine Granate etwas unterhalb des links fliegenden Schwarmes. Zwei Maschinen wurden wie von einer unsichtbaren Gigantenfaust aus dem Kurs gerissen und hochgeschleudert. Entsetzt starrte Turmheller auf das schaurige Bild. Durch den gewaltigen Druck wohl steuerlos geworden, gerieten die beiden Maschinen im Herabfallen mit den Rumpfunterseiten gegeneinander. Ein greller Blitz zuckte durch den Himmel, aus dem nur noch zerfetzte Einzelteile herausrieselten.

Im gleichen Augenblick spürte auch Turmheller den Luftdruck einer Explosion. Feuerkaskaden sprühten aus der krepierten Granate und zuckten durch den Himmel. Verzweifelt umklammerte er den Knüppel. Die „190" schaukelte wie in einem Unwetter. Sie schob sich über die Kabine von Adlers Focke-Wulf und drehte sich halb auf den Rücken.

In der Messerlage scherte Turmheller wieder in die Lücke zwischen den anderen. Das Grauen vor dem nahen Tod schüttelte ihn noch, als er sah, daß die Spitzenmaschinen bereits zum Sturz übergegangen waren. Adler und die anderen waren jetzt Dutzende von Metern entfernt. Wie ein Nachzügler stieß Turmheller der Tiefe entgegen, vor sich die hochgereckten Leitwerke der nach unten wegdrückenden anderen Maschinen.

Vor der Frontscheibe hatte sich eine Wand von Blitzen ausgebreitet. Eine Geschoßexplosion reihte sich neben die andere. Der Körper des Oberfeldwebels zog sich zusammen wie unter der Erwartung eines Peitschenhiebes. In gelblichen Geysiren zischten die Geschoßsplitter durch die Luft. Einige trafen die linke Tragfläche. Es klang, als ob ein riesiges Sägeblatt durch das Metall gefahren wäre.

Den Kopf gegen den oberen Rand des Instrumentenbrettes geduckt, raste Turmheller in die Todesbarriere hinein. Die stetig aufquellenden Sprengwolken breiteten sich wie ein schwarzer Vorhang um die Maschinen der Kameraden. Er schien allein zu sein in diesem tobenden Orkan der Vernichtung, und das Grauen drohte ihm den Hals zuzudrücken. Wieder ein Donnerschlag, dessen Ausläufer sogar das Heulen des Motors übertönten. Die Maschine wurde aus dem Sturz gerissen und nach oben gewirbelt. Noch einmal kam sie in die Horizontale, als ob ein Roboter das zuwege gebracht hätte.

Doch auf einmal lichtete sich das Spalier der Sprengwolken, und die Sicht auf die ferne Erde wurde frei. Und erst in diesen Augenblicken dachte Turmheller wieder an die große Bombe, die unter dem Rumpf hing. Sein nachträgliches Entsetzen war noch nicht richtig zur Geltung gekommen, als er die Glutschnüre sah, die ihm entgegenzüngelten. Dutzende von leichten Fla-Waffen mußten das Feuer auf sie eröffnet haben, nachdem der Sperrgürtel der schweren Flak hinter ihnen lag.

Es schien, als ob sie vor wenigen Augenblicken lediglich das Vorzimmer zur Hölle passiert hätten. Einige Leuchtspurgarben schlängelten sich links von der Kabine vorbei, und unzählige andere quirlten von der Erde her auf die Maschine zu.

Der Feldwebel war nicht mehr imstande, eine Entfernung zu schätzen. Nicht einmal für einen Blick auf den Höhenmesser fand er noch die Kraft. Das Drama, das sich vor seinen Augen abspielte, während er mit fast achthundert Stundenkilometern Geschwindigkeit der Erde entgegenjagte, überschattete alles andere. Der Tod feierte eine Orgie ohnegleichen. Überall brennende Maschinen, dazwischen grelle Feuerbälle, in denen Flugzeuge und die darin sitzenden Menschen von einer Sekunde zur anderen atomisiert und ausgelöscht wurden. Das Gitterwerk der Leuchtspurbahnen verdichtete sich. Von See und von Land her spien die Geschütze Tausende von Geschossen gegen den Schauplatz des Massakers, das seinen Höhepunkt aber noch nicht erreicht hatte.

Mit stockendem Atem saß Turmheller hinter dem Steuer, unfähig, noch einen einigermaßen klaren Gedanken zu fassen. Er dachte nicht einmal mehr an die Bombe, geschweige denn an ein Ziel, auf das er sie werfen wollte. Immer weiter riß ihn die Maschine in die Tiefe. Durch das Jaulen des Triebwerkes hörte er manchmal das trockene Klatschen von Einschlägen. Immer noch flog er den Feuerschlünden entgegen, und er war nicht einmal imstande, die Hand vom Gashebel zu nehmen und nach dem gelben Griff zu fassen, mit dem die Bombe gelöst wurde. Doch das war gut so, denn sonst hätte sie ihm in dieser Fluglage nur die Luftschraube zerschlagen. Er huschte an brennenden Wrackteilen vorbei und an Fallschirmen, um die sich das tödliche Filigran der Geschoßbahnen rankte. Wie dunkle Schemen erkannte er im Widerschein der Sonne einige stürzende Maschinen, von denen eine jetzt ebenfalls ihr Ende fand.

Und dann kam der Augenblick, wo nichts mehr vor ihm war als der Landstreifen zwischen der Straße und der Küste. Auf eine rätselhafte Weise löste sich die Starre aus seinem Körper, und sein Hirn begann wieder zu funktionieren. Vielleicht begriff er erst jetzt das Wunder, das ihn bis hierher hatte gelangen lassen. Die Feuergirlanden der Flak waren jetzt nicht mehr vor, sondern neben ihm. Als er sich mit einer automatischen Bewegung den beizenden Schweiß aus den Augen gewischt hatte, sah er unter sich die Kolonnen auf einer Chaussee, von der er nicht einmal wußte, daß sie die Städte Bayeux und Caen miteinander verband.

Eine warnende Stimme schien ihn daran zu mahnen, daß es Zeit sei, den Sturzflug zu beenden, wenn er nicht an der Erde zerschellen wollte. Da löste er die Linke von dem gelben Knauf des Gashebels und umklammerte den Knüppel mit beiden Händen. Sekunden noch, dann bäumte sich die Maschine über den Horizont, und das stählerne Gebilde der Bombe löste sich aus den Halterungen.

Er sah die Flak-Stellung nicht mehr, die sich soeben auf ihn einschoß. Mit einer schnellen Steuerbewegung hatte er die Maschine in eine linke Steilkurve gerissen und drückte den Knüppel nun wieder nach vorn. Die Erde kam näher und näher. Leuchtspuren prasselten von hinten her über die Kabine und verschwanden im Himmel. Ein Dorf kam auf die Frontscheibe zu und dahinter eine Reihe hoher Bäume. Kaum meterhoch flitzte die Jagdmaschine über die Wipfel, und dann lenkte eine dunkle Ahnung Turmhellers Blick nach oben.

Es waren mindestens fünfzig „Mustangs", die etwa fünf Kilometer entfernt der Erde entgegenstürzten. Die spitzen Bugs waren dorthin gerichtet, wo sich ihr Flugweg mit dem der einzelnen Focke-Wulf kreuzen mußte.

*

Feldwebel Schockmann sah auch jetzt noch den Blitz vor sich, in dem der Einsatzgefährte vieler Kampfmonate den Tod gefunden hatte. Es war kaum zwanzig Meter neben ihm geschehen, und die Druckwelle der Detonation hatte seine Maschine wie ein Wirbelwind erfaßt. Der Gedanke an den Kameraden mit dem verträumten Gesicht, der die Abschußstriche für 16 Viermotorige auf dem Leitwerk gehabt hatte, verdrängte selbst die Todesangst, die auch ihn erfaßt hatte.

Das Wunder, daß er bis jetzt durch das Spalier der Vernichtung gekommen war, beschäftigte ihn nicht. Eine unerklärliche Gleichgültigkeit erfüllte ihn, während die Erdoberfläche mit jeder weiteren Sekunde deutlicher wurde. Er fing die Maschine ab und zog den Bowdenzug für die Bombenauslösung. Ein Ruck ging durch die Zelle, und die Focke-Wulf schien sich erleichtert zur Seite zu schwingen.

Für Augenblicke kam der brodelnde Hexenkessel des Schlachtfeldes, auf dem immer noch die großkalibrigen Granaten der Schiffsgeschütze wüteten, außer Sicht. Die an der Kopfhaube hängende, vorhin vom Mund gelöste Atemmaske schlenkerte bei der jäh eingeleiteten Kurvenbewegung vor seinem Gesicht herum. Mit einer hastigen Bewegung zerrte er sie aus der Halterung und warf sie auf den Kabinenboden. Er würde sie vorläufig nicht mehr brauchen, vielleicht überhaupt nicht mehr. Denn die Hölle war immer noch um ihn, wenigstens so lange, bis er die Tiefflughöhe noch nicht erreicht haben würde.

Er hatte die Maschine wieder in die Normallage gesteuert und jagte in starkem Neigungswinkel dem Landstrich zwischen Bayeux und Caen entgegen. Noch einige Sekunden, dann würde er über die Steinwälle donnern, mit denen hier die Felder abgegrenzt waren. Dann ...

Doch da griff eine Geschoßserie nach ihm und drosch das Jagdflugzeug aus dem Kurs. Es wurde auf die rechte Tragfläche gedreht, torkelte schüttelnd nach unten und fing sich dann wieder.

Der „Mustang“-Pulk, der zu dieser Zeit von Nordosten herabstach, kam nicht mehr in Schockmanns Blickfeld. Die Feindmaschinen waren für ihn auch schon so bedeutungslos geworden wie sonst etwas. Keine würde sich mehr um ihn kümmern müssen, denn er wußte bereits, daß dieser Flug bald zu Ende sein würde.

Er hörte das Knirschen im Motor und spürte den Geruch von Brand. Graue Rauchschwaden quollen in die Kabine, und dann sah er die ersten Feuerzungen, die aus der Motorverkleidung herauspufften. Bereits in diesen Augenblicken registrierte er mit der Gelassenheit eines Menschen, für den schon seit vielen Jahren die Todesnähe fast zu einer Selbstverständlichkeit geworden war, daß er nicht einmal mehr die Chance einer Bauchlandung haben würde. Beim ersten Aufprall hätte der brennende Motor zur Explosion kommen können, und das weitere brauchte man sich gar nicht mehr auszurechnen.

Die Brandwolken wurden stärker. Zwischen den wehenden Rauchfahnen sah er manchmal die Erdoberfläche und die Feuerpilze von Artillerieeinschlägen. Er war so allein wie noch nie zuvor in seinem Leben, aber nicht einmal das kam ihm zum Bewußtsein. Der Selbsterhaltungstrieb überspielte alle anderen Gefühle und Empfindungen. Es interessierte ihn nicht einmal, wo er sich befand. Auch die Möglichkeit, Feindmaschinen um sich zu haben, spielte für ihn keine Rolle mehr.

Der Zug am Knüppel erfolgte mehr mechanisch als bewußt. Noch einmal riß ihn das zerschossene Triebwerk in die Höhe. Vor den Flammenschweifen über der Motorhaube huschten die Feuergirlanden einer Flak vorbei. Sie kamen näher und näher, während Schockmann die Anschnallgurte löste und der beizende Rauch seine Lungen quälte. Mit tränenden Augen rang er nach Atem. Immer noch hielt er den Knüppel umklammert, bis zum Anschlag nach rückwärts gezogen. Peitschende Knallgeräusche im Motor kündigten die letzten Augenblicke an, in denen es noch eine Chance für ihn geben konnte. Er zuckte nicht einmal zusammen, als eine Serie harter Schläge sich vom Leitwerk her durch den Rumpf fortpflanzte und sich seinem Körper mitteilte. Sein Blick erfaßte in Sekundenschnelle den Stand der Höhenmessernadel, und er sah, daß er inzwischen siebenhundert Meter hoch gekommen war.

Da schlug er mit der geballten Faust der Rechten auf die Platte am rechten Kabinendach. Ein dumpfes Knallgeräusch, die Sprengpatrone hatte gezündet, und der Fahrtwind riß das Plexidach weg. Die Hände um die Kabinenränder geklammert, hob Schockmann den rechten Fuß, um ihn gegen den Knüppel zu schlagen. Der Gluthauch des Brandes umspülte ihn und schlug über ihm zusammen. Ein gellender Schmerzensschrei löste sich aus seinem verzerrten Mund, als die Flammen wie tausend Nadeln gegen sein Gesicht klatschten. Doch schon im gleichen Moment trat er gegen das Steuer, und die Maschine tat ihren letzten Dienst für ihn. Sie kippte nach vorn, und der Luftstrom riß ihn aus der Kabinenöffnung.

Schon während der ersten Sekunden des Fallens prallte der Lärm der Schlacht gegen sein Gehör. Das Heulen von Motoren vermischte sich mit dem rasenden Stakkato von Maschinenwaffen und dem Brüllen von Granateinschlägen. Leuchtspuren züngelten an ihm vorbei, während er wie eine Feder durch das Nichts gewirbelt wurde. Himmel und Erde kreisten um ihn. Seine Rechte umklammerte den Auslösegriff des Fallschirms. Erschauernd erkannte er, mit welch unheimlicher Geschwindigkeit der Boden auf ihn zuraste. Ein Ruck an dem großen Metallgriff, und dann ein Rauschen im Rücken. Die Seidenglocke des Schirms blähte sich auf und stoppte seinen Fall mit einer fast brutalen Gewalt. Unter seinen Füßen schien in diesem Moment ein Vulkan auszubrechen. Die Druckwelle einer Granatexplosion griff nach ihm und warf ihn gegen den wild schaukelnden Schirm. Verzweifelt griff er nach den Halteseilen und wartete auf den Augenblick, wo die flatternde Seide über ihm zusammenfallen würde.

Während er mit vor Entsetzen geweiteten Augen nach oben blickte, pfiffen rings um ihn herum Tausende von Geschossen durch die Luft. Wie ein Unbeteiligter sah er die Löcher im Schirm, die soeben eine Kugelserie in den weißen Stoff gestanzt hatte. Doch dann zwang ihn irgend etwas, den Blick von dem schlingenden Schirm zu lösen und nach unten zu sehen.

Die Oberfläche einer Wiese war höchstens noch zehn Meter entfernt. Beizender Pulvergestank quoll aus den Rauchschwaden, die wie ein grauschwarzer Schleier über der Erde hingen.

In der Luft war plötzlich ein orgelndes Heulen, das immer stärker und durchdringender wurde. Mit jagenden Pulsen sah Schockmann den Boden auf sich zuhuschen. Seine Muskeln spannten sich, und als die Sohlen seiner Pelzstiefel gegen die Grasnarbe klatschten, schien um ihn herum die Welt unterzugehen.

Er hörte noch den gewaltigen Knall einer Explosion, sah in das grelle Licht einer blitzschnell hochbrodelnden Feuerfontäne und fühlte noch, wie der Luftdruck ihn erfaßte und zur Seite schleuderte. Dann wurde es dunkel um ihn — und still ...

*

Die „Mustangs" beteiligten sich nicht alle an der Jagd. Anscheinend hatte ihr Verbandsführer nur einige detachiert, um die einzelne Focke-Wulf fertigzumachen.

Sie hatten Turmhellers Flugweg nicht gekreuzt, sondern sich der Einfachheit halber gleich hinter ihn gehängt. Die Entfernung zu der ersten Maschine mochte vielleicht achthundert Meter betragen. Eine blitzschnelle Kopfdrehung genügte Turmheller, um zu erkennen, daß sieben

P 51 hinter ihm her waren, 28 Kanonen also, die nur auf den entscheidenden Knopfdruck warteten.

Seine einzige Reaktion auf diese Erkenntnis bestand vorläufig darin, daß er die Maschine noch tiefer an die Erde herandrückte. Was waren sieben Mustangs gegen die Hölle, die hinter ihm lag? Was ihre Kanonen gegen die Feuerwand der Flak?

An der linken Tragfläche hatten Splitter das Metall aufgerissen, aber der Motor lief noch wie ein Uhrwerk. War das nicht das größte all jener Wunder, die sich in diesen fürchterlichen Minuten während des Sturzes durch das Abwehrfeuer vollzogen hatten?

Wieder ein Blick nach hinten. Die P 51 flogen zehn oder zwanzig Meter höher als er. Auf ihren Tragflächenprofilen schimmerten schwarz-weiße Balken. Die Distanz schien noch nicht abgenommen zu haben.

Ein Dorf huschte auf die Frontscheibe zu. Turmheller blieb im Tiefstflug. Vor dem Kirchturm riß er die „190“ in eine Messerkurve und flitzte auf der Höhe des Turmkreuzes vorbei. Nach einem schnellen Steuerwechsel hielt er auf eine weite Wiesenlandschaft zu.

Die „Mustangs“ kurvten wieder auf ihn herab. Das Grauen, das vorhin noch in Turmheller gewesen war, hatte sich fast verflüchtigt, zusammen mit den Erinnerungen an die schaurigen Szenen, die vor seinen Augen abgerollt waren. Sie hatten es schon lange gelernt, einen Schock so schnell wie möglich abzuschütteln, wenn eine andere Variante des Kampfes begann. Auch die Nerven flatterten nicht mehr.

Er war entschlossen, die Chance zu nützen, die ihm das Schicksal geschenkt hatte. Der lähmende Druck war von der Brust gewichen. Die in vielen Luftkämpfen erworbene Routine wurde wieder zu einem Trumpf, den er auszuspielen gedachte. Es war nicht das erste Mal, daß er von einem solchen Haufen feindlicher Maschinen gehetzt wurde, und er war überzeugt, auch dieses Mal wieder einen Weg zu finden, um auf irgendeine Weise heil an den Boden zu kommen.

Das unter ihm dahinhuschende Land schien noch nichts zu kennen von den Schrecken der Schlacht, die im Norden ihren Verlauf nahm. Manchmal donnerte er kaum meterhoch über die Steinwälle auf den Wiesen. Dörfer und einsame Bauernhäuser kamen auf ihn zu und blieben zurück. Die Feindjäger hingen hinter ihm wie Kletten. Bis jetzt hatten sich noch nicht geschossen. Vielleicht wollten sie sich Zeit lassen und die Treibjagd bis zum letzten Augenblick auskosten.

Der Schweiß lief in Bächen über Turmhellers Gesicht. Er zerrte den Knoten des Fliegerschals auseinander und zog den Reißverschluß der Lederjacke herunter. Aber auch das half nichts.

Eine Hochspannungsleitung querte den Flugweg. In Sekundenschnelle nahm der Oberfeldwebel Maß und ließ die Focke-Wulf unter den Drähten durchzischen. Für Augenblicke lichtete sich die Starre auf seinem Gesicht, als er sah, daß die „Mustangs“ das gefährliche Hindernis in einem flachen Bogen überwanden.

Ein Blick auf die Spritanzeige. Der Treibstoff könnte gerade noch reichen. Die Kompaßnadel pendelte um die 100-Grad-Marke herum. Er wußte nicht, wo er sich befand. Aus dieser Höhe war jegliche Orientierung unmöglich. Voraus kam wieder ein Dorf in Sicht. Ringsum leere Straßen. Ein Zug am Knüppel. Haarscharf preschte die Focke-Wulf über die Häuser hinweg.

Plötzlich zuckte Turmheller zusammen. Eine Stimme in den Kopfhörern war daran schuld gewesen. Jetzt hörte er sie wieder. Das Gequarre war so laut, daß die andere Maschine nicht weit entfernt sein konnte.

„Mensch", sagte jemand, „da drüben schassen sie einen!"

Sekunden vergingen, dann quäkte es aus den FT-Muscheln:

„Ich sehe es. Wollen wir was machen?"

Die Überraschung hätte den sieben „Mustangs" hinter Turmhellers Leitwerk beinahe alle Arbeit abgenommen. Erst im letzten Moment sah Turmheller den hohen Baum, auf den die Maschine zuraste. Entsetzt riß er den Knüppel nach hinten. Die Focke-Wulf reagierte sofort und jagte fast senkrecht in die Höhe.

In jenem Moment, als Turmheller den Knüppel wieder nach vorn stieß, hatte er das Gefühl, rechts vom Kurs für wenige Augenblicke die Silhouette einer tief fliegenden Maschine dicht über der Erde gesehen zu haben. Wer wohl darin saß? Einer der Kumpels von der früheren Staffel vielleicht? Oder andere Kameraden des Gefechtsverbandes, die ebenfalls noch einigermaßen ungeschoren durchgekommen waren? Was würden sie jetzt tun?

Im FT war es wieder still geworden. Voraus reckte sich ein Waldstück über den Horizont. Ein schneller Blick nach hinten. Die „Mustangs" fächerten gerade auseinander und nahmen Gefechtsformation ein. Wie lange konnte es noch dauern, bis der Platz auftauchte? Turmheller wußte es nicht.

Der Wald war da, unten huschten die Baumkronen vorbei. Sekunden später zog der Oberfeldwebel den Kopf ein, als die ersten Geschoßgarben über die Kabine züngelten. Anscheinend hatten sie jetzt die Geduld verloren.

Eine Schneise öffnete sich vor ihm wie eine schmale Schlucht. Turmheller drückte die „190" hinunter und fegte zwischen den Bäumen dahin. Neben den Tragflächenspitzen waren jeweils höchstens noch zehn Meter Raum. Auch die winzigste falsche Steuerbewegung konnte das Ende herbeiführen. Für die „Mustangs" war er jetzt außer Sicht gekommen. Was aber dann, wenn der Wald zu Ende war? Lange konnte es nicht mehr dauern.

Auf einmal wußte der Oberfeldwebel, was er tun würde. Sekunden noch, dann mußte der Waldrand vorbeiflitzen. Millimeterweise neigte Turmheller den Knüppel nach links. Die Tragfläche senkte sich in jenem Augenblick, als sich wieder freies Land vor ihm ausbreitete. Mit ungeheurer Vorsicht zog der Oberfeldwebel die Maschine dicht über dem Boden weiter in die Kurve. Kurz darauf schoß sie im rechten Winkel zum bisherigen Kurs am Waldrand entlang, immer noch höchstens vier oder fünf Meter von der Erdoberfläche entfernt.

Zum erstenmal pumpte Turmheller wieder Luft in die Lungen. Die hohen Bäume breiteten sich wie eine Tarnkappe über ihn. Doch seine Erleichterung verflog sofort, als sein Blick zufällig auf die Nadel der Treibstoffanzeige fiel. Sie kündigte das letzte Drittel der Tankfüllung an.

Während er auf das nördliche Ende des Waldstückes zuflog, fielen ihm die Kameraden wieder ein, die vorhin irgendwo in der Nähe gewesen sein mußten. Wo waren sie jetzt? Hatten sie eingesehen, wie wenig es nützen würde, wenn sie etwas für ihn tun wollten?

Es hatte keinen Sinn mehr, an sie zu denken. Nur die „Mustangs" hatten noch Bedeutung, die jetzt jeden Moment wieder auftauchen mußten.

Da waren sie auch schon! Dicht nebeneinander fegten sie über den Wald, auf jenem Kurs, den er vorhin noch innegehabt hatte. Unwillkürlich hielt Turmheller den Atem an. Wie würden sie sich verhalten? Sollten sie wirklich auf seinen armseligen Trick hereingefallen sein?

Sie waren es nicht, denn sie kamen bereits wieder zurück. In etwa hundert Meter Höhe jagten sie heran, pausenlos die Flächenlage wechselnd. Es war das beste Zeichen dafür, wie intensiv sie nach ihm suchten.

Und dann hatten sie ihn!

Die „Mustang" am linken Flügel der Formation wurde plötzlich in eine Steilkurve gerissen und ging danach zum Sturz über. Die anderen fädelten sich sofort hinter ihr ein, und Turmheller wußte, daß es jetzt keine Hoffnung mehr für ihn gab.

Es dauerte nur noch wenige Augenblicke, bis er das Gefühl hatte, von einem gewaltigen Steinschlag getroffen worden zu sein. Die erste Kanonengarbe zersägte das Leitwerk seiner Focke-Wulf, und während die Geschosse gegen die Panzerplatte in seinem Rücken prasselten, spürte er mit eisigem Entsetzen, wie weich das Steuer plötzlich in seiner Hand geworden war. Kugeln zerfetzten die Kabinenhaube über seinem Kopf, und auch vorn im Motor schien der Tod eine riesige Trommel zu rühren. Die erste P 51 donnerte so dicht über ihn hinweg, daß der Luftdruck die Jagdmaschine förmlich der Erde entgegenwarf.

Mit einer unbewußten Bewegung hatte Turmheller den Gashebel zurückgerissen. Der Boden kam in schrägem Winkel auf ihn zu, und dann war es, als ob er gegen eine meterdicke Mauer prallte. Sein Körper wurde in den Gurten nach vorn geschleudert. Wolken von Erdbrocken wirbelten über die Kabine. Vom Aufprall hochgeworfen, kam die Maschine noch einmal frei, hob sich einige Meter in die Luft und klatschte dann erneut herab.

Turmheller hörte die polternden Geräusche wie aus weiter Ferne. Bunte Schleier zogen vor seinen Augen vorüber, und als die grünlichen Markierungen der Instrumente wieder klare Formen bekamen, schlingerte der Rumpf über die letzten Meter.

Noch ein kurzes Holpern, ein Wippen der Flächen, dann stand die Maschine. Über ihr tobten die „Mustangs“ herum. Turmheller hörte das Jaulen ihrer Motoren wie aus weiter Ferne. Es war keine Angst mehr in ihm, höchstens ein Gefühl grenzenloser Enttäuschung. Wieder donnerte eine P 51 über ihn hinweg, dann noch eine. Er wunderte sich nicht einmal darüber, daß sie nicht mehr schossen. Die Druckwellen der vorbeiflitzenden Flugzeuge ließen die aufgewühlte Erdschicht neben der bauchgelandeten Focke-Wulf in einer dunklen Wolke hochquellen. Quirlender Staub senkte sich auf das Kabinendach herab. Im Motor knisterte und kochte es. Weißlicher Qualm dampfte aus dem Verkleidungsblech.

Erst ein knallendes Geräusch aus dem zerschossenen Triebwerk brachte Turmheller wieder einigermaßen in die Wirklichkeit zurück. Er versuchte, die Plexihaube zurückzukurbeln, und es ging sogar noch. Mit automatischen Griffen löste er die Gurte. In seinen Bewegungen war keine Spur von Hast, und das Gefühl der Gleichgültigkeit verstärkte sich immer mehr in ihm. Es war nicht einmal so sehr das Wissen um die Schmach seiner überraschenden Niederlage, die ihn peinigte, sondern viel mehr die Erbärmlichkeit ihrer Situation.

Er stieg aus der Kabine und ging auf den Waldrand zu. Nicht einmal das drohende Knistern in dem von vielen Kugeln getroffenen Motor berührte ihn.

Die „Mustangs“ kamen noch einmal herab. Auch dieses Mal wirkte es auf Turmheller wie ein höhnischer Triumph. Er drehte nicht einmal den Kopf, und er sah ihnen auch nicht nach, als sie wieder in den Himmel hineinschnellten und der Lärm ihrer Motoren allmählich in der Ferne verklang.

Hinter ihm hob ein immer lauter werdendes Zischen an. Zusammen mit dem Knall einer ohrenbetäubenden Explosion fauchte Augenblicke später die Druckwelle heran und riß ihn von den Füßen. Die Urgewalt der Detonation feuerte ihn ins Unterholz. Er spürte noch den stechenden Schmerz der gegen sein Gesicht klatschenden Äste, dann ersparte ihm eine wohltätige Macht weitere Qualen.

*

Die Erdschicht kam in Bewegung, und eine menschliche Gestalt wühlte sich darunter hervor. Angesengte und von Splittern teilweise zerfetzte Halteseile eines Fallschirmes lagen wie kleine Schlangen über dem Rand des Granattrichters.

Schockmann lebte noch, wenn es auch nicht abzusehen war, wie lange das noch der Fall sein würde. Der Tornado der Vernichtung hatte immer noch kein Ende gefunden. Pausenlos heulten von See her Granaten über das Land, bohrten sich in den Boden und verwandelten sich in blitzesprühende Feuertürme.

Wieder heulte eines der großkalibrigen Geschosse heran und krepierte irgendwo in der Nähe. Wie zu Stein erstarrt, lag Schockmann auf dem Boden des Trichters und wartete auf den letzten Augenblick. Er tat das schon fast eine Stunde lang, und er zuckte nicht einmal mehr zusammen, wenn die Erde unter seinem Körper wankte und neue Granaten fauchend und jaulend durch die Luft kreischten. Sogar für das Entsetzen fehlte ihm bereits die Kraft, und auch die Angst fand keinen Raum mehr in ihm. Nur sein Hirn arbeitete noch mit der Hektik einer übertourenden Maschine. Gedanken kamen und gingen, Vorstellungen, Visionen, und fast befand er sich schon in jenem Zustand, wo das Wissen um die Nähe des Todes Erinnerungen aneinanderreiht, um sie blitzschnell vor dem geistigen Auge vorbeiziehen zu lassen. Es war wie ein Abschied vom Leben, von allem, was einmal von Bedeutung gewesen war. Er wußte nicht mehr, wie lange er schon in dem großen Loch lag, und es interessierte ihn auch nicht. Das Heulen in der Luft wurde jetzt schwächer, um schließlich ganz zu verstummen. Doch nicht einmal das drang in Schockmanns Bewußtsein. Fast eine Minute verging noch, ehe er langsam den Kopf hob. Narrten ihn seine Sinne, oder hatte das fürchterliche Feuer wirklich aufgehört?

Droben über dem Kraterrand klapperte etwas über den Boden. Dann schälte sich eine hagere Gestalt aus dem Rauch, der durch die Luft waberte. Die lockere Erde kam in Bewegung, als sich der Mann herunterrutschen ließ. Er blieb neben Schockmann liegen und rang nach Atem. Sein verzerrtes, bärtiges Gesicht war mit Dreck und Pulverstaub verschmiert. Unter dem nach hinten gerutschten Stahlhelm ragten hellblonde, schweißnasse Haarsträhnen hervor. Die Feldbluse war an verschiedenen Stellen aufgefetzt. Am linken Ärmel schillerte unter dem Drecküberzug das Weiß einer Rot-Kreuz-Armbinde hervor. Er war jetzt anscheinend wieder soweit, daß er etwas sagen konnte.

„Mensch, du lebst also noch!“

Schockmanns Kehle war immer noch wie zugeschnürt. Erde klebte in seinem Mund. Er spuckte sie aus und nickte. Zu mehr reichte es vorläufig nicht. Selbst die Freude darüber, einen Menschen neben sich zu haben und nicht mehr allein zu sein in dieser Hölle, brauchte ihre Zeit.

Der andere hatte sich auf den Rücken gedreht und blickte in den Himmel.

„Ich wollte schon zu dir kommen, als du mit dem Fallschirm hier runtergegangen bist“, sagte er, „aber es ging nicht. Du weißt ja, das Feuer!“

Seine Stimme zitterte nicht einmal, als er das sagte. Keine Spur von Erregung schwang in seinen Worten mit. Schockmann blickte ihn fassungslos an. Der Soldat schien zu ahnen, was ihn bewegte. Seine aufgeplatzten spröden Lippen verzogen sich zu einem Lächeln.

„Ich kann mir vorstellen, daß dich das umgehauen hat, das mit der Ari vorhin. Aber für uns ist das nichts Neues mehr. Da hat es schon schlimmere Sachen gegeben, drüben in Rußland zum Beispiel ... “

Er horchte nach oben und sah dann wieder zu dem Stück Himmel über dem Trichterrand hinauf. In weiterer Entfernung war das Hämmern von

Maschinengewehren zu hören, dazwischen dunkle, peitschenknallähnliche Abschüsse. Die hellen Augen in dem dreckverschmierten Gesicht richteten sich jetzt auf die prall gefüllten Taschen an Schockmanns Lederhosen. „Hast du vielleicht was zu rauchen?"

Der Feldwebel fand immer noch keine Worte. Schweigend griff er in die Knietasche und holte eine Seenotpackung hervor. Er öffnete sie, zog eine Schachtel mit Zigaretten heraus und gab sie dem Kameraden.

„Mensch", sagte der Obergefreite, „wie reich ihr doch seid!" Mit hastigen Bewegungen nahm er eine Zigarette heraus und ließ ein Sturmfeuerzeug aufflammen. Er zog den Rauch tief in die Lungen und schloß dabei die Augen. „Mann", murmelte er, „das tut gut!"

Sie hockten einander gegenüber und sahen sich an. Schockmann suchte nach Worten. Wie schwer es doch war, etwas zu diesem Mann zu sagen, der alle Stationen der Hölle erlebt haben mußte. Das war also die Invasion! Wie hielten sie das nur aus? Und woher nahmen sie die Kraft dazu?

„Und du bist vorhin durch dieses höllische Feuer gelaufen?"

Der Obergefreite zuckte die Schultern.

„Blieb nichts anderes übrig", meinte er, „schließlich hätte es sein können, daß sie dir einen verpaßt haben. Ich muß ja auch sonst raus, wenn die Verwundeten irgendwo brüllen. Das ist nun mal so!"

Schockmann war unfähig, auch nur ein Wort dazu zu sagen. Der Sani schien so etwas aber gar nicht erwartet zu haben. Er machte den letzten Zug aus der Zigarette und warf den Stummel dann über den Kopf nach hinten.

„Jetzt weißt du wenigstens mal, wie's bei uns aussieht", sagte er. „So geht das jeden Tag, seit sie hier oben gelandet sind. Ari und Bomben und Jabo, und dann alles wieder von vorn." Er spuckte aus und rückte an seinem Koppel herum. „Der Teufel soll wissen, wie das weitergehen soll. Wenn nicht ein Wunder passiert, machen sie uns fertig!"

Er stand jetzt auf den Beinen. Im Norden war das donnerartige Geräusch von Abschüssen zu hören. Doch die Granaten waren offenbar in eine andere Richtung abgefeuert worden.

„Danke schön auch für die Zigaretten", lächelte der Sanitäter, das Stück Himmel über dem Kraterrand betrachtend. „Meine Kumpels werden sich freuen. Wir sind übrigens nicht weit von dir, höchstens hundert Meter, gegen den kleinen Wald zu. Am besten, du bleibst noch in dem Loch, bis es Abend wird. Da hören sie meistens für einige Zeit auf. Mach's gut! Und vergeßt uns nicht!"

Er winkte Schockmann noch einmal zu und stieg dann den Kraterrand hinauf. Erdbrocken polterten herunter. Der Feldwebel sah ihm nach, bis er oben war. Nach kurzem Lauschen richtete er sich vorsichtig auf und hob den Kopf. Von See her grollten wieder Abschüsse auf.

In jenem Augenblick, als der Obergefreite zum ersten Sprung ansetzte, schien ringsum die Welt unterzugehen. Ein immer stärker werdendes Heulen schwang durch die Luft, dann erfolgte der Einschlag.

Schockmann sah den Feuerblitz über dem Kraterrand, und trotz der brüllenden Explosion hörte er den hohen Schrei. Die Gestalt vor den wehenden Pulverschwaden bäumte sich auf. Die Hände zuckten in die Höhe, und die Rechte näherte sich jener Stelle des Halses, aus der ein dikker Blutstrom herausquoll. Mit vor Entsetzen geweiteten Augen sah Schockmann den Sani zusammenbrechen. Er fiel über den Kraterrand und rollte herunter. Herabrutschende Erde rieselte über ihn, als er dicht neben dem Feldwebel liegenblieb.

„Nein!" wimmerte Schockmann. „Nein... !"

Er beugte sich über den Obergefreiten, der röchelnd nach Atem rang. Die starren Augen schienen schon in eine andere Welt zu blicken. Noch einmal öffnete sich der verzerrte Mund, dann sank der Kopf zur Seite, und die in den Boden gekrallten Hände lockerten sich...

*

Der mit Bombenlöchern bedeckte Flugplatz lag vor der Frontscheibe. Am Rand des schmalen Landestreifens hielt ein Kranwagen. In seiner Nähe einige starr dastehende Gestalten, die den beiden Focke-Wulf 190 entgegensahen.

Adler wußte schon beim Anschweben, warum sie sich dort aufhielten: Aus einem Bombentrichter ragte das Leitwerk einer Maschine.

Voraus hing die „190" des Oberleutnants schon dicht über dem Boden. Adler flog etwa hundert Meter hinter ihm. Das Fahrwerk hatte sich ausfahren lassen. Der Unteroffizier konnte es auch jetzt noch nicht begreifen, daß es gegangen war. Wie hatte er diesem Augenblick entgegengebangt!

Das Landekreuz kam heran, die Räder tippten auf den Asphalt. Zum letztenmal begann ein neues Spiel mit dem Tod. Jedes Abkommen von dem lächerlich schmalen Pistenstreifen konnte ihn herbeiführen. Die Maschine schien wie ein Torpedo über die Erde zu flitzen. Noch nie war Adler das Rolltempo so schnell vorgekommen. Mit winzigen Seitenruderbewegungen hielt er die „190" in der Spur. Der Kranwagen huschte vorbei. Trotz des schnellen Vorbeizischens erkannte der Unteroffizier für Augenblicke eine reglos am Boden liegende Gestalt. Die Vorwärtsbewegung wurde langsamer, der Mund öffnete sich zu einem erleichterten Atemzug.

Es war geschafft!

Hipplers Focke-Wulf kam wieder in Sicht. Sie schlängelte sich bereits zwischen den Kratern hindurch. Adler tat es jetzt ebenfalls. Die Baumreihe näherte sich. Warte tauchten auf und winkten. Ein letztes Kreisen der Leitwerkspartie. Der Motor verstummte, aber die Linke hielt den zurückgezogenen Gashebel immer noch umspannt.

Adler lehnte den Kopf gegen die Oberkante der Panzerplatte und schloß die Augen. Die Ereignisse der letzten Stunde zogen wie die Bilder eines Films vor ihm vorüber. Seine Hände zitterten, das Herz klopfte immer noch in schnellem Rhythmus.

Auf der linken Tragfläche scharrende Geräusche. Ein Wart stand dort. Adler starrte ihn an wie ein Wesen aus einer anderen Welt. Müdigkeit kroch in ihn hinein. Am liebsten wäre er sitzen geblieben, um nicht sehen zu müssen, wie leer der Abstellplatz war. Seine Linke tastete nach einer Kurbel. Die Kabine rollte zurück. In den Augen des Mechanikers stand eine einzige Frage: Wo sind die anderen?

Der Unteroffizier wußte es so wenig wie er. Er schnallte sich los und stemmte sich in die Höhe. Ein Gefühl von Übelkeit stieg in ihm hoch. Die Kehle brannte, die Augen auch. Der Schweiß klebte auf dem Gesicht, und die Erinnerung an das zurückliegende Grauen füllte sein ganzes Denken.

Mit weichen Knien stieg er auf die Tragfläche und rutschte hinunter. Ein halbes Dutzend Warte sah ihm entgegen. Der Ausdruck seines Gesichtes schien jede Frage überflüssig zu machen.

Oberleutnant Hippler kam von seiner Maschine herüber. Er ging gebeugt wie ein Mensch, den eine schwere Last niederdrückt. Der Oberwerkmeister näherte sich ihm und wollte anscheinend eine Meldung machen. Hippler winkte ab.

„Lassen Sie nur!“ sagte er mit einer heiseren, entstellten Stimme. Dann drehte er sich um und sah über den Platz. Er deutete auf den Kranwagen. „Wann ist das passiert?“

„Vor einer Viertelstunde, Herr Oberleutnant. Überschlag!“

„Ist er — tot?“

„Ja, er hat sich das Genick gebrochen!“

Der Oberleutnant nickte, als ob er nichts anderes erwartet hätte. Hinter dem Erdwall der benachbarten Flak-Stellung standen die Kanoniere und sahen herüber. Eine trügerische Stille hatte sich über das Rollfeld gebreitet. Kein Laut war zu hören. Nirgendwo das Geräusch von Flugzeugmotoren.

Adler hob die Hand, als der Oberleutnant auf ihn zukam und ihm die seine entgegenstreckte. Sein Blick huschte an den Bäumen entlang, dann schüttelte er den Kopf und holte ein Zigarettenpäckchen aus seiner Brusttasche. Einer der Warte reichte ihm Feuer. Ein Zucken lief über sein Gesicht. Er schien immer noch nach Worten zu suchen. Einige tiefe Züge an der Zigarette noch, dann sagte er:

„Es kann doch nicht sein, daß keiner mehr zurückkommt!“

Adler hatte sich an den Rumpf seiner Maschine gelehnt. Neben ihm, gegen das Leitwerk zu, hatten Splitter die Außenhaut aufgerissen. Auf der linken Tragfläche sah es noch übler aus. Was sollte er auf die Frage antworten?

Drüben bei der Flak gellten Kommandos. Die Rohre wurden geschwenkt. In der Luft war ein dünnes Brummen, das sich immer mehr verstärkte. Dann sah man sie dicht über dem Horizont: Es waren „Mustangs“! Sie schnellten einige Dutzend Meter hoch und verschwanden dann wieder im Tiefflug. Die Mechaniker rannten auf die Bäume zu. Hippler und Adler rührten sich nicht von der Stelle.

Es vergingen nur noch wenige Sekunden, bis die ersten Geschütze feuerten. Ein höllischer Lärm brandete durch die Luft. Die Feindmaschinen kamen noch einmal kurz in Sicht, drehten dann aber anscheinend ab. Das Bellen der Geschütze verstummte.

Der Oberleutnant schien aus tiefen Gedanken zu erwachen.

„Achtzig Maschinen", murmelte er vor sich hin, „und das ist übriggeblieben. Welch ein Wahnsinn!"

Adler stand mit gesenktem Kopf vor ihm. Er dachte an Turmheller und die anderen. Wo waren sie geblieben?

Ein Flackern war in den Augen des Oberleutnants, als er Adlers Blick begegnete. Der Schweiß hatte seine Haare an den Kopf geklebt. Der Unteroffizier folgte ihm, als er auf die Straße hinter den Bäumen zuging.

Sie liefen in die Richtung des großen Bunkers, wo sich der Gefechtsstand befand.

Hinter dem Tisch, an dem der Major vor dem Start gestanden hatte, saß der Gefechtsschreiber. Die Gläser seiner Nickelbrille funkelten in dem fahlen Licht der Deckenbeleuchtung. Er stand auf und nahm Haltung an. Eine viel zu weite Drillichjacke schlotterte um seinen dürren Leib.

Hippler deutete auf das neben ihm stehende Telefon.

„Haben Sie schon irgendwelche Nachrichten erhalten?"

„Jawohl, Herr Oberleutnant", sagte der Gefreite, „der Herr Major hat angerufen. Er ist mit vier Maschinen auf einem anderen Platz gelandet. Es war ... " Er wühlte in einigen vor ihm liegenden Zetteln herum.

„Lassen Sie nur", sagte Hippler, „das genügt!"

*

Das weiße Gesicht des toten Obergefreiten war mit Erde bedeckt. Nach jedem neuen Einschlag in der näheren Umgebung war sie vom Kraterrand herabgerieselt. Schockmann hatte sie nicht entfernt. Stundenlang war er noch neben dem reglosen Körper gekauert, inmitten des Feuergewitters, das auch am Nachmittag kaum einmal etwas von seiner barbarischen Wucht verloren hatte. Nun war es Abend geworden. Die Schatten der Dämmerung senkten sich bereits über das aus unzähligen Wunden blutende Land, und der Beschuß flaute allmählich ab.

Für Augenblicke preßte Schockmann seine Hand auf die starre Rechte des gefallenen Kameraden, ehe er sich an der Trichterwand hinaufzog. Draußen war es inzwischen bereits dunkel geworden. Im gespenstischen Licht des Mondes wirkte die Landschaft wie ein riesiger Totenacker. Nur das Rattern von Maschinenwaffen in der Ferne und das pausenlose Grollen von Abschüssen verriet, daß irgendwo noch Menschen existierten.

In geduckter Haltung schlich der Feldwebel an den Granattrichtern entlang. Schon nach wenigen Schritten hörte er wieder den gurgelnden Lärm in der Luft und warf sich auf den Boden. Eine Granate schlug irgendwo ein, und der Feuerschein der Explosion zerfetzte die Finsternis.

Keuchend stemmte sich Schockmann wieder in die Höhe. Überall gähnten die runden Kreise der Krater, vom Licht des Mondes gespenstisch erhellt. Wie ein Betrunkener wankte er weiter, von einer grenzenlosen Leere erfüllt. Der Kamerad mit der furchtbaren Halswunde schien ihn zu begleiten. Immer wieder sah er das bärtige Gesicht vor sich, und die grauenvollen Erinnerungen trieben ihn weiter. Eine MG-Garbe pfiff hoch über ihm vorbei. Flugzeugmotoren röhrten durch den nächtlichen Himmel, und weit im Osten grollten dumpfe Schläge.

Eine Stimme hallte zu ihm herüber, und er brauchte einige Sekunden, um zu begreifen, daß sie ihn angerufen hatten.

„Halt — wer da?"

Da blieb er stehen und schickte einige Worte in das Zwielicht. Sekundenlang geschah nichts. Dann forderten sie ihn auf, näher heranzukommen. Er tappte weiter, rutschte in einen Trichter, wühlte sich wieder nach oben und ging schließlich auf die matt schimmernden Stahlhelme zu, die sich über dem Rand eines großen Deckungsloches abzeichneten. Der Lauf eines Maschinengewehrs war auf ihn gerichtet. Daneben die Ovale zweier Gesichter, die zu ihm emporsahen.

„Du bist also der Flieger?"

„Ja", sagte Schockmann und ging in die Knie. Hände streckten sich ihm entgegen, dann zogen sie ihn über den Deckungsrand. Er ließ sich an der Erdwand hinabrutschen und hockte sich auf den Boden. Einer fragte ihn, wo der Sani sei, der zu ihm hinübergelaufen wäre. Er sagte ihnen, was mit ihm geschehen war, und sie senkten die Köpfe.

Von Nordwesten her fauchten wieder Granaten heran. Grelle Detonationsschläge, zuckende Feuerpilze, das Rauschen von Erde, das Pfeifen der Splitter...

Eine Viertelstunde später stieg Schockmann aus dem Deckungsloch. Sie hatten ihm gesagt, wohin er gehen müsse, um zu ihrem Kompaniegefechtsstand zu kommen. Er fand ihn im Kellergewölbe einer zerschossenen Kirche. Ein Oberleutnant mit dem Ritterkreuz über der verdreckten Feldbluse hockte auf einer Munitionskiste. Er stand auf und reichte Schockmann die Hand.

„Ich freue mich, daß Sie noch leben!" sagte er. „Wir haben eigentlich schon lange auf Sie gewartet." Er griff nach einer Flasche, die neben ihm auf dem Boden stand, und füllte einen Feldbecher. „Da, trinken Sie, das werden Sie nötig haben!"

Schockmann trank und glaubte schon im nächsten Moment, Feuer in seinem Hals zu haben. Der Becher war mit Calvados gefüllt.

„Husten Sie sich aus!" sagte der Oberleutnant ungerührt und blickte zur Decke, als draußen ein Einschlag die Erde ins Wanken brachte. „Das ist hier die einzige Medizin, die uns noch auf den Beinen hält."

Er deutete auf eine Kiste, neben der zwei Landser schliefen. Wahrscheinlich waren es Melder. Sie hatten sich in ihre Decken gerollt und lagen auf dem blanken Boden.

Sie setzten sich, und der Blick des Oberleutnants glitt über die untersetzte Gestalt in der Lederjacke der Jagdflieger. Über ihnen war es inzwischen wieder ruhiger geworden. Langsam hob Schockmann den Kopf, als er den Offizier mit dem schmalen, eingefallenen Gesicht sagen hörte:

„Wie haben wir all die Tage über auf euch gewartet. Und dann das! So etwas habe ich noch nie gesehen!“

Er stand auf und lief vor den Füßen der Schlafenden auf und ab. Schließlich blieb er wieder vor Schockmann stehen.

„Wie viele sind von euch eigentlich durchgekommen?“

„Ich weiß es nicht“, murmelte der Feldwebel, „und vielleicht wird sich das auch nie mehr herausstellen. Man hat uns vor dem Start manches erzählt, aber daß es so aussehen würde ...“

„Ja“, sagte der Oberleutnant, „und wahrscheinlich ist es sogar erst der Anfang von allem!“

Draußen knallte es wieder. Das Gewölbe wackelte in allen Fugen. Bronzene Grabplatten an den Wänden deuteten darauf hin, daß hier längst verblichene fromme Herren ihre letzte Ruhestätte gefunden hatten. Aber auch die Lebenden ruhten so gut wie die Toten. Von den schlafenden Meldern hatte sich bis jetzt noch keiner gerührt. Wie erledigt sie doch sein mußten!

Schockmann zog ein Zigarettenpaket heraus, sein letztes. Er öffnete es, und als er hochblickte, sah er, wie sehnsüchtig die Augen des Oberleutnants auf die so selten gewordenen Kostbarkeiten gerichtet waren. Da hielt er es ihm hin, und der Offizier griff mit unruhigen Händen zu.

Das Brüllen weiterer Einschläge grollte herein. Ein Mann polterte die steile Treppe herunter. Sein Atem flog nur so. Er trug den Gummimantel der Kradmelder. Als er wieder etwas Luft hatte, trat er vor den Oberleutnant hin und hob die Hand an den Stahlhelm.

„Obergefreiter Beckmann von der Fahrt zurück!“

„Danke“, sagte der Oberleutnant und reichte ihm die kaum angerauchte Zigarette. „Wie sieht es droben aus?“

„Wie immer!“ erwiderte der Obergefreite. Er machte einige Züge und gab das Stäbchen dann wieder zurück. „Die Hölle am laufenden Band.“ Er kam ins Wanken und lehnte sich gegen die Wand. „Entschuldigung, Herr ... “

„Ich weiß, wie fertig Sie sind, Beckmann“, sagte der Oberleutnant. „Hauen Sie sich eine Stunde hin und schlafen. Anschließend müssen Sie nach Vire zum Regiment. Wir brauchen dringend Munition. Die Meldung kriegen Sie noch. Und dann nehmen Sie den Flieger mit, klar?“

„Jawohl, Herr Oberleutnant!“ murmelte der Kradmelder mit halb geschlossenen Augen. Dann ging er in die Knie, drehte sich zur Seite und ließ sich auf den Boden sinken. Über dem Kirchengewölbe krachte es erneut. Trotzdem war der Obergefreite schon nach wenigen Minuten eingeschlafen ...

*

Der Richtkanonier einer 3,7-cm-Flak in der Nähe des Abstellplatzes ließ den öligen Lappen sinken, mit dem er bis jetzt am Schloß der Kanone herumgerieben hatte. Mit zusammengekniffenen Augen blinzelte er gegen die Sonne.

Die Gestalt, die langsam unter den Bäumen dahinschlenderte, kam ihm irgendwie bekannt vor. War das nicht einer von den Fliegern, die gestern morgen dort drüben in eines der Jagdflugzeuge gestiegen waren? Der Mann mit den abgewetzten Lederklamotten hatte keine Mütze auf, war von mittelgroßer Statur und besaß eine ausgeprägte, leicht gebogene Nase. Und diese war es, die den Unteroffizier eigentlich am meisten an ihn erinnert hatte. Sein Gesicht war mit verkrusteten Kratzern bedeckt, und seine Lederjacke sah auch ziemlich übel aus.

Er war jetzt nur noch wenige Meter entfernt und sah herüber. Der Unteroffizier rollte die Hemdsärmel noch ein Stück hinauf und stieg dann auf der kleinen Treppe am Schutzwall hoch. Seine Uniformjacke hing auf der Rücklehne des Richtsitzes. Was an Auszeichnungen daranhing, war sehenswert.

„Morgen, Herr Oberfeld!" sagte der Unteroffizier, denn die Neugierde juckte ihn. „Schon so früh auf den Beinen?"

Sepp Turmheller blieb stehen und zwang ein mattes Grinsen auf sein zerschundenes Gesicht.

„Es ließ sich nicht anders machen", erwiderte er, und wenigstens sein Galgenhumor funktionierte wieder. „Die Zugverbindungen sind zur Zeit ja so schlecht, und man muß froh sein, wenn einen irgend jemand mit einer Karre mitnimmt!"

Der Flak-Mann öffnete angesichts dieser merkwürdigen Rede erstaunt den Mund. Aber dann hatte er seine Überraschung wieder hinuntergeschluckt. Er deutete in die Richtung, wo am vergangenen Morgen die Maschinen gestanden hatten. „Waren Sie nicht auch bei dem Haufen gewesen, der gestern dort drüben gestartet ist?"

„Allerdings!" nickte Turmheller und ging auf ihn zu. Sein Blick richtete sich auf den leeren Abstellplatz. Nur über zwei Boxen war die Spitze von Luftschraubenblättern zu sehen. Ein düsterer Ausdruck hatte sich wieder auf sein Gesicht gebreitet. Anscheinend kostete es ihn Mühe, die Frage auszusprechen: „Sind — das alle, die zurückgekommen sind?"

„Nein", sagte der Flak-Unteroffizier, „gestern abend sind noch fünf aufgetaucht. Wie sie erzählt haben, waren sie auf einem anderen Platz gelandet."

Turmheller schluckte.

„Also neun insgesamt?"

„Ja, mehr hab ich nicht gesehen", nickte der Unteroffizier. „Es war wohl nicht einfach für euch, wie?"

„Einfach?" echote Turmheller. „Mann, wenn Sie wüßten . . . "

Er verstummte, weil in diesem Augenblick in dem Unterstand neben der Stellung ein Telefon klingelte. Schon Sekunden später kam einer aus dem

Eingang gerannt und hämmerte auf eine leere Kartusche. Gleichzeitig schrie er den Alarmruf zu der benachbarten Bedienung hinüber.

Der Boden schien jetzt unzählige Gestalten auszuspeien. Manche Kanoniere trugen nur eine Badehose und stülpten im Laufen den Stahlhelm über. Kommandos erschallten. Der Unteroffizier, der soeben noch mit Turmheller gesprochen hatte, hockte bereits auf dem Richtsitz seiner „Dreisieben". Die Geschützrohre bewegten sich, und dann hörte man durch das immer dünner werdende Stimmengewirr das dunkle Brummen von Flugzeugmotoren.

Das Geräusch kam aus nördlicher Richtung. Es dauerte nicht mehr lange, bis die hellen Silhouetten von Jagdmaschinen im Sonnenlicht funkelten. Sie flogen einige tausend Meter hoch, etwa zehn an der Zahl. Während Turmheller auf einen der Bäume zuging, peitschten die ersten Granaten aus den Läufen der Fla-Geschütze. Das Stakkato der Maschinenwaffen verdichtete sich innerhalb kurzer Zeit zu einer ohrenbetäubenden Lärmkulisse. An den Stamm des Baumes gelehnt, sah Turmheller den Feuerschnüren nach, die sich in die Höhe spulten. Und dann hatten sie auch schon einen. Eine der Feindmaschinen wurde von mehreren Garben erfaßt, geriet in Brand und rauschte der Erde entgegen. Für die anderen schien das der Anlaß zu sein, ihre Höhe aufzugeben. Nacheinander kippten sie ab und gingen zum Sturz über.

Die Männer im Funkwagen südlich des Platzes hörten nicht nur das Heulen der stürzenden „Thunderbolts" und das Bellen der Fla-Geschütze, sondern auch Worte, die sie in nicht geringes Erstaunen versetzten. Die beiden Gefreiten sahen sich fassungslos an und starrten dann wieder auf den Lautsprecher inmitten der zahlreichen Geräte, in dem es munter weiterging:

„Kein Fracksausen, ihr Flaschen! Drangeblieben und den Hintern zugekniffen, Kruzitürken! Wenn ihr nicht sofort wieder auf Position kommt, mach' ich nachher ein Sackhüpfen mit euch, daß ihr für die nächsten Wochen kein Wasser mehr habt!"

Ein kurzes Kratzen in der Blechmuschel noch, dann war die eigenartige Darbietung zu Ende.

„Mensch, was ist denn das?" staunte einer der beiden Funker. „Daß es so was noch ... "

Er sparte sich den Rest, weil die dunkle Stimme erneut zu hören war.

„Wir wollen mal sehen, was sie machen. Ah, die Flak hat schon einen, sauber! Jetzt schön runter und hinter mir bleiben. So ist's recht!"

„Lieber Himmel!" seufzte der eine Funker. „So was kann's doch gar nicht mehr geben! Da sind ja welche von uns in der Luft. Und ganz in der Nähe, der Lautstärke nach."

„Hast recht!" entgegnete der andere und schraubte an einem Schalter herum. Aber es war nichts mehr zu hören. Wenigstens vorläufig nicht.

Die „Thunderbolts" drehten ihren Reigen um den Flugplatz. Erleichtert hatte Turmheller schon bei ihrem ersten Vorbeiflug in geringer Höhe festgestellt, daß sie keine Bomben mitgebracht hatten. Tieffliegerangriffe gingen gerade noch, aber vor Bomben hatte er einen heiligen Respekt. Vielleicht kam das daher, daß er vor Monaten einmal auf dem Rollfeld eines norddeutschen Flugplatzes gestanden war, den ein amerikanischer Verband gerade für den Wurf eines Bombenteppichs ausersehen hatte. Es war nicht gerade angenehm gewesen.

Die Flak packte schon wieder einen. Dieses Mal zerschossen sie einer der P 47 die Leitwerksflosse. Von einer Sekunde zur anderen ging die Maschine nach unten weg und kam außer Sicht. Mehr war nicht mehr zu beobachten.

Der Oberfeldwebel stand immer noch unter dem Baum, denn schließlich war es bisher noch nicht nötig gewesen, in Deckung zu gehen. Es war eigentlich unerfindlich, was die „Thunderbolt"-Piloten im Sinn hatten. Auf dem Platz standen so gut wie keine Maschinen. Aber vielleicht hatte der verhältnismäßig starke Flakschutz ihren Argwohn geweckt. Im übrigen hatte der Oberfeldwebel für sie mehr Bewunderung als etwa Haß oder sonst etwas Ähnliches parat. Dafür hatte er sich schon zu oft in ähnlichen Situationen befunden. Der Angriff auf einen von Flak verteidigten Flugplatz war eine verfluchte Angelegenheit, und man riskierte jedesmal Kopf und Kragen. Das war vor allem in Rußland so gewesen. Für die Amerikaner in den „Thunderbolts" galt aber ohne Zweifel das gleiche.

Sie hatten sich die Sache jetzt anscheinend überlegt oder irgend etwas Lohnendes entdeckt. Auf jeden Fall kamen drei von ihnen aus südlicher Richtung angebraust, schnellten über den Horizont, drückten wieder herunter und schossen auf die zwei einsamen Maschinen hinter den hohen Wällen der Splitterschutzboxen. Das Flakfeuer verdichtete sich von einem Moment zum anderen. Es war wie ein Wutschrei.

Dieses Mal hatte sich Turmheller der Erde genähert. Als er sich wieder erhob, sah er, daß die „Thunderbolts" nicht nur auf die Maschinen gefeuert hatten. In einigen hundert Metern Entfernung stand nämlich ein Lkw unter den Bäumen. Flammen prasselten daraus hervor, und in der Nähe rannten einige Gestalten herum. Turmheller riß die Augen auf. Waren das nicht Männer in Lederbekleidung, Kameraden also? Sie gerieten jetzt wieder aus dem Blickfeld, dafür tauchte etwas anderes auf.

Es war ein Anblick, der Turmheller dazu veranlaßte, überwältigt die Augen zu schließen, um sie gleich darauf wieder um so weiter zu öffnen. Waren da soeben nicht drei Focke-Wulf zu sehen gewesen?

Während er noch glaubte, seine Sinne hätten ihm einen Streich gespielt, bollerte das Abschußgeräusch von 2-cm-Kanonen durch die Luft. Wenige Augenblicke später schoß eine „Thunderbolt" aus dem Tiefflug heraus, mit brennendem Leitwerk. Die Maschine drehte sich um die Längsachse, kippte in der Rückenlage der Erde entgegen und verschwand unter dem Horizont.

Fast gleichzeitig flitzten rings um die Stelle, wo die brennende P 47 soeben noch zu sehen gewesen war, vier oder fünf „Thunderbolts“ in die Höhe. Sie kurvten so verrückt durcheinander, daß es für dieses eigenartige Verhalten praktisch nur eine Erklärung gab: Jemand mußte zwischen sie gefahren sein, völlig unerwartet, wie ein Habicht in einen Hühnerschwarm! Also waren vorhin da drüben doch eigene Maschinen herumgeschwirrt.

Oberfeldwebel Turmheller stand noch so reglos wie eine Statue unter dem Baum, als neben ihm Schritte über das Gras patschten. Es verging aber noch eine Weile, ehe er die Geräusche registrierte und hinsah.

Adler und Oberleutnant Hippler glotzten ihn an wie ein Gespenst. Sein Anblick schien sie sogar das Gewühl am Himmel vergessen zu lassen. Sie hatten mittlerweile anscheinend begriffen und kamen angetrabt.

„Sepp!“ schrie Adler und hob seine langen Arme. „Menschenskind, bist du es wirklich?“

Der Oberfeldwebel konnte nichts mehr erwidern, weil Adler ihn bereits in den Catch genommen hatte, noch intensiver wie in jenen Tagen, als er noch im Boxring gestanden hatte. Seine Freude kannte keine Grenzen mehr, und auch der Oberleutnant war völlig aus dem Häuschen.

Während sie noch sein zerkratztes Gesicht betrachteten und die ersten Fragen auf ihn herabprasselten, hallte nördlich von ihnen erneut eine Kanonensalve durch den glasklaren Himmel. Wer davon getroffen worden war oder nicht, ließ sich nicht erkennen, da sich der Kampf anscheinend in ganz niedriger Höhe abspielte.

Das Ereignis beendete das Schultergeklopfe und das Fragespiel. Sie blickten in die Richtung, wo jetzt gerade fünf „Thunderbolts“ mit röhrenden Motoren in die Höhe zogen und sich in nördlicher Richtung entfernten. Doch noch im Steigen drehten sie ein, vereinigten sich zu einem Abwehrkreis und kletterten dabei weiter in die Höhe.

Der Oberleutnant und Adler dachten vermutlich nicht mehr an den Lkw, der sie hergebracht hatte und der inzwischen beinahe ausgebrannt war. Starr vor Staunen sahen sie den drei Focke-Wulf 190 nach, die nun, von Westen her kommend, am südlichen Platzrand entlangzischten, in der Höhe des Komandobunkers eindrehten und in kaum zwanzig Meter Höhe in waghalsigen Steilkurven auf Gegenkurs gingen.

Die beiden Gefreiten der motorisierten Funkstelle wühlten sich durch die Tannenzweige, mit denen sie ihr Fahrzeug zugedeckt hatten. Sie blieben in der Nähe der offenen Tür stehen und blickten zum Flugplatz hinüber, über dem jetzt drei Focke-Wulf 190 innerhalb der Platzgrenze ihre Kreise zogen. Warum sie das taten, hörten sie jetzt, als die schon so vertraut gewordene Baßstimme wieder aus dem Lautsprecher quarrte:

„Habt ihr g'sehen, daß die auch nur mit Wasser kochen? Alsdann jetzt innerhalb der Platzgrenze noch eine Kurve. Die Bürscherln von der Flak passen schon auf uns auf, wenn's noch einmal kommen, die Mausfallenhändler, und schön vorsichtig am Knüppel ziehen, daß mir keiner abschmieren tut. So ist's brav! Obacht geben, Dieter, du gehst jetzt runter.

Der Flecken zwischen dem Sauacker ist breit g'nug. Genau in Richtung Landekreuz bleiben, kapiert?"

„Viktor (Verstanden)!" sagte eine helle Stimme.

Der Mann, der dieses eine Wort soeben ausgesprochen hatte, legte ein geradezu herrliches Landemanöver hin. Aus der Steilkurve heraus slipte er auf das Landekreuz zu, legte die Maschine über dem Boden gerade und setzte butterweich auf.

„Klasse!" knurrte es aus dem Lautsprecher. „Jetzt du, Heino! Ich bleib' noch ein bisserl oben. Himmiseiten, beeil dich! Die Sakramenter kommen tatsächlich schon wieder ..."

Danach blieb es still im Lautsprecher.

Die drei Flugzeugführer in der Nähe der Flak-Stellung hegten keine Zweifel mehr darüber, daß in den drei Maschinen erstklassige Piloten saßen. Der „kalifornische Riesenslip" der ersten Maschine war kaum zu Ende, da scherte auch schon die zweite „190" herab. Der Mann in der letzten ging jetzt noch tiefer. Die linke Flächenspitze seiner Maschine war höchstens noch zehn Meter über den Bombenkratern des nördlichen Platzrandes.

Die drei Männer unter dem hohen Baum wußten nur zu gut, welch ein perfektes fliegerisches Können dazu gehörte, in solch niedriger Höhe Steilkurven zu ziehen. Jeder zu hastige Zug am Knüppel konnte ein Umschlagen der Maschine und damit das Ende herbeiführen. Was der Kumpel über ihnen zeigte, gehörte wirklich mit zu den letzten Raffinessen einer „190".

Sie erinnerten sich erst wieder an die „Thunderbolts", als hinter ihnen schlagartig das Feuer der Flak einsetzte. Das Donnergeräusch preßte sich schmerzhaft gegen die Trommelfelle. Noch einmal züngelten die Feuerschnüre den Feindmaschinen entgegen, die nun von Westen her einkurvten und sofort auseinanderspritzten. Langsam schwenkten die Rohre herum, und die zuckenden Mündungen der Maschinenwaffen zeichneten den Flugweg der amerikanischen Maschinen nach. Unzählige Explosionswölkchen von Zerlegergranaten sprenkelten den Himmel.

Der amerikanische Jägerverband gab nun wieder Höhe auf und dröhnte einige Kilometer vom Flugplatzrand entfernt auf den Boden zu.

Turmheller fühlte sich plötzlich an der Schulter gepackt. Adler hatte es getan. Er deutete auf das Rollfeld, wo die letzte Focke-Wulf die Mitte des Landestreifens erreicht hatte. Der Unteroffizier bewegte die Lippen und schrie etwas, aber im Lärm der Kanonen war kein Wort zu verstehen.

Kurz darauf tauchten die „Thunderbolts" in Kolonnenform noch einmal am jenseitigen Platzrand auf, aber ihre Piloten schienen keine Lust zu haben, sich hier die letzte Kugel einzuhandeln. Sie huschten vorbei und kamen außer Sicht.

„Mensch!" schrie Adler. „Habt ihr das gesehen? Das ist ja nicht zu fassen ... !"

Er ersparte sich den Rest und rannte hinter den anderen her. Sie erreichten die erste Maschine, neben der ein schmales weißblondes Milchgesicht zu sehen war. Der Junge war anscheinend völlig erledigt. Keiner spürte die Hitze, die über dem Platz lag. Der lange Adler rannte an der „190" vorbei und auf die andere zu, die kaum zwanzig Meter entfernt war. Auch vor ihr hielt sich ein blutjunges Kerlchen auf, nur daß sein schweißnasses Haar kohlrabenschwarz war. Sie hasteten weiter. Von diesen Jünglingen konnte keiner den Haufen geführt haben; der in der letzten Focke-Wulf mußte es gewesen sein.

Noch einige Schritte, dann blieb Adler ruckartig stehen, als ob ihn der Schlag gerührt hätte. Turmheller und der Oberleutnant taten es ebenfalls.

Der schlaksige Mensch in der geöffneten Lederjacke, die Kopfhaube wie ein Spielzeug in der Linken schwingend, ein strahlendes Lachen auf dem verwitterten Louis-Trenker-Gesicht — diese einmalige Figur war ihnen nämlich so vertraut wie der Inhalt ihrer eigenen Hosentaschen.

Es war Oberfeldwebel Toni Geißbichler, ein Münchner und der einzige aus ihrer früheren Staffel, dem sie vor einiger Zeit das Ritterkreuz um den Hals gehängt hatten. Er ließ jetzt die Kopfhaube fallen, hob die langen Arme und stapfte breitbeinig heran.

„Mei", sagte er, „der Herr Oberleutnant und der Adler und der Turmheller! Jessas, bin ich froh, daß ich euch g'funden hab'. Ein Sauplatz ist das ja, und dann die damischen Mausefallenhändler, wenn du landen willst. Also, ich muß schon sagen ... "

„Geißbichler!" unterbrach ihn Oberleutnant Hippler überwältigt. Auch er hatte diesen urwüchsigen, großartigen Burschen schon in sein Herz geschlossen, obwohl er ihn noch nicht allzu lange kannte. „Ich hätt es mir ja denken können. Das, was Sie da vorhin vorgeführt haben, konnte ja nur Ihnen eingefallen sein!"

„Gengen S'", meinte der Oberfeldwebel, „herunter haben wir halt müssen. Und da hab' ich mir denkt, bleibst sauber hinter der Flak, die machen dir dann schon ein bisserl Luft, wenn die Mausfallenhändler kommen!"

Mausfallenhändler! Allein an diesem Wort hätten sie ihn auch im Dunkeln erkannt. Alle, mit denen er bis jetzt schon in Luftkämpfen zu tun gehabt hatte, waren für ihn Mausefallenhändler: Russen, Engländer, Neuseeländer, Amerikaner und was es sonst auf alliierter Seite an Nationalitäten noch geben mochte.

Sie nahmen ihn jetzt in die Mangel, klopften auf ihm herum, daß sein Geierkopf wackelte und sein Adamsapfel schneller hüpfte, weil nämlich auch er nicht von Rührungsgefühlen verschont blieb und dann immer schlucken mußte.

Oberleutnant Hippler machte der Freude ein vorläufiges Ende.

„Geißbichler", ließ er sich wieder vernehmen, „seit Sie da sind, komme ich mir vor, als ob ich eine Kraftspritze erhalten hätte."

Zum erstenmal verlor der Oberfeldwebel sein frohes Lachen.

„Ja, wieso denn? Ist's denn so schlimm hier heroben? Gehört hab' ich ja schon einiges auf dem vorherigen Platz." Erst jetzt schien ihm aufzufallen, daß nur einige Maschinen in den Boxen standen. Sein hageres Gesicht mit der knolligen Nase verfinsterte sich. Er wischte über sein schwarzes Wuschelhaar, während er fragte: „Haben s' euch denn schon g'wikkelt, die Mausfallenhändler?"

Der Oberleutnant sagte es ihm in wenigen Worten. Aber auch diese Nachricht schien ihn nicht völlig aus dem Konzept zu bringen.

„Alle werden's nicht g'fallen sein", meinte er, „dös kennt man ja. Sicher san die meisten irgendwo auf dem Bauch liegenblieben, und es wird seine Zeit dauern, bis sie wieder da san." Er schüttelte den Kopf und rümpfte die Nase. Das machte er immer, wenn er nachdachte. „Also, den ganzen Haufen haben's mit Bomben auf einmal da 'naufg'schickt?"

Die anderen nickten.

Ein Aufleuchten auf Geißbichlers Gesicht veranlaßte sie, sich umzudrehen. Die beiden Flugzeugführer, die mit dem Oberfeldwebel gekommen waren, standen hinter ihnen.

„Sauber habt's das g'macht!" lobte Geißbichler die beiden jungen Fähnriche. „Aus euch wird noch was. — Hab' sie in der Staffel g'funden, wie ich aus dem Bombenurlaub zurückkommen bin", wandte er sich jetzt erläuternd an Hippler. „Schaurig war's daheim. Ein Wunder, daß die Eltern noch g'lebt haben. Aber 's ist ja sinnlos, darüber zu reden." Er reichte den beiden die Hand und stellte sie dann vor. „Der Schwarze da ist Fähnrich Murrach, und der Blonde der Fähnrich von Mergenthin. Fliegen könne s' schon, die Bürscherln, und ich hab' sie vor dem Abflug hierher noch ein bisserl fit g'macht. Eigene Zucht sozusagen!" Er lachte und schien schon wieder vergessen zu haben, was ihm der Oberleutnant soeben noch erzählt hatte.

Hippler sah ihn an, als ob er einen Menschen wie ihn einfach nicht begreifen könne.

„Ihre Nerven möchte ich haben", murmelte er und sah über den verlassen daliegenden Flugplatz.

„Naa", grunzte der Oberfeldwebel, „die brauch' ich schon selber. Aber wo kann man sich denn hier melden?"

„Drüben ist der Gefechtsstand", erwiderte Hippler, „kommen Sie, wir gehen mit. Ich wollte sowieso hören, wie es weitergeht."

„Alsdann", sagte der Oberfeldwebel zu den beiden Fähnrichen, „auf geht's, Buam. Vielleicht haben s' drüben was zum Trinken für uns . . ."

Sie hatten nichts, aber auch keinen Einsatzbefehl. Erst während der Fahrt zu der alten Burg, in der sie ihre Nächte verbrachten, hatte Geißbichler so ganz nebenbei erwähnt, daß er eine der „Thunderbolts" abgeschossen und eine zweite am Leitwerk getroffen habe. Es hatte sich keiner mehr darüber gewundert.

In dem von hohen Mauern umsäumten Hof des festungsartigen Schlosses, das schon viele Jahrhunderte auf den dicken Mauern haben mochte und in dem vermutlich schon eine stattliche Anzahl historischer Persönlichkeiten zu Gast geweilt hatte, lief ihnen ein junger Zahlmeister über den Weg. Er stelzte hier schon einige Tage herum, kümmerte sich verdienstvollerweise um alles, trug neben einem veritablen Fliegerschal und einer plakettenlosen Bluse aber so viel hochnäsige Eleganz zur Schau, daß er ihnen schon vom ersten Moment an gestunken hatte.

Geißbichler schien ihn auch nicht zu schätzen. Er knurrte etwas von einem damischen Heini, fügte noch einige bayerische Freundlichkeiten hinzu und stieg dann mit den anderen über die steinerne Treppe zu einem Turmgemach hinauf, in dem Adler und Schockmann ihre Fliegersäcke hingestellt hatten.

Der Oberleutnant deutete auf die einfachen Feldbetten. „Hier ist noch genug Platz für Sie, Geißbichler. Bis später dann."

Er ging, Turmheller blieb zurück. Geißbichler lief auf eines der niedrigen Lager zu und setzte sich. Draußen redete der Oberleutnant mit den Fähnrichen, die er vorhin mitgenommen hatte. Wieder einmal kam einer der seltenen Augenblicke, wo Oberfeldwebel Geißbichler sein Lächeln verlor.

„Der Kloane (Kleine) ist also auch noch net da?"

„Nein", sagte Adler, „und auch von Rainer wissen wir noch nichts!"

„Verfluchte Sauerei!" knurrte Geißbichler vor sich hin, und sicherlich dachte er jetzt hauptsächlich an den „Kleinen", wie er Schockmann immer zu nennen pflegte. Der sture Pommer war ihm schon seit längerem ans Herz gewachsen.

Einige Zeit später gingen sie in den Park hinaus. Droben im Turmzimmer hatte ihnen Oberfeldwebel Turmheller seine Geschichte erzählt, und auch Hippler war dabeigewesen. Nun liefen sie über einen schmalen Weg, der leicht anstieg und von uralten Bäumen überschattet wurde. Zur Rechten fiel er gegen einen langen Teich ab, an dessen Ende so etwas wie eine Mühle stand.

Zwischen den Bäumen schimmerte der hellblonde Schopf des Fähnrichs von Mergenthin. Heino Murrach, der andere mit den Silberlitzen um die Schulterklappen, war bei ihm. Sie hatten sich über irgend etwas gebeugt. Es war eine Kiste, in der sich erbeutete amerikanische Eierhandgranaten befanden

Mergenthin hielt eines der bläulichen Stahleier in der Hand. An der Art, wie er es betrachtete, war sofort zu erkennen, daß es neu war für ihn.

Geißbichler und die anderen waren inzwischen bis auf ein Dutzend Schritte herangekommen. Plötzlich sah der Oberfeldwebel, daß der Fähnrich die Sicherungsklammer löste und den Hebel nach oben schnappen ließ.

Ehe das Entsetzen ganz in ihm hoch war, konnte er noch die Worte herausschreien:

„Schmeiß es weg — um Gottes willen!"

Der Fähnrich erschrak, fuhr herum, aber seine Reaktion war einmalig. Er schleuderte die bereits scharf gewordene Eierhandgranate in hohem Bogen gegen das Wasser des Teiches, während Geißbichler, der lange Adler und Turmheller sich schon dicht über dem Boden befanden. Der Sprengkörper explodierte noch auf dem Teich und schleuderte neben einer sprühenden Wasserfontäne eine Wolke von Splittern durch die Gegend. Wie durch ein Wunder wurde keiner getroffen. Die meisten Sprengstücke hatte einer der am Ufer stehenden dicken Bäume abgefangen.

Das Gesicht des Fähnrichs zeigte beträchtliche Wirkung, als er sich wieder auf seine Beine brachte. Geißbichler packte ihn an den Schultern.

„Bürscherl!" keuchte er. „Bist denn narrisch? Hast denn nicht g'wußt, daß die Sakramentsdinger losgehen, wann der Hebel droben ist?"

„Nein!" stotterte der Fähnrich und schüttelte sich in nachträglichem Schrecken. „Wir haben nur Stielhandgranaten ... "

„'s ist ja gut!" nickte Geißbichler, schon wieder der Alte. „Jetzt ... " Er sah zum Teich hinüber und bekam den Mund nicht mehr zu. Große Fische schaukelten auf der immer noch stark bewegten Wasseroberfläche, durch die Detonationswelle betäubt.

„Da schaut's!" sagte er überwältigt. „Jetzt hat der Bubi uns mit seiner sakrischen Spielerei noch ein Abendessen herausg'sprengt!"

Der Zahlmeister kam angerannt und stemmte die Hände in die Hüften. Aber er traute sich doch nicht so richtig, etwas Entsprechendes zu sagen. Vielleicht hinderten ihn Geißbichlers drohendes Feixen und das Ordenskreuz an seinem Hals daran. So lamentierte er nur, daß das Fischen mit Handgranaten streng verboten sei.

„Ah so!" schnappte Geißbichler. „Dös kann sein! Aber mir ist's immer noch lieber, die Fisch san verreckt, als meine sauberen Burschen dort und wir vielleicht alle miteinander. Host mi?"

Natürlich begriff der Zahlmeister nicht, was gemeint war. Vielleicht verstand er auch den Dialekt des Oberfeldwebels nicht. Er sagte deshalb nichts mehr, sondern verschwand. Kurz darauf kam er wieder mit einigen Soldaten zurück, die Eimer bei sich hatten.

*

Die gewölbte Decke des saalartigen Raumes ruhte auf steinernen Säulen. Auf dem langen, in der Mitte stehenden Holztisch brannten einige Kerzen. Ihr flackernder Schein hüllte die an den Wänden aufgereihten Ritterrüstungen in ein gespenstisches Licht. Es spiegelte sich auch auf dem mächtigen Kronleuchter, den Geißbichler vorhin mißtrauisch betrachtet und als eine mögliche französische Geheimwaffe bezeichnet hatte.

Der Oberfeldwebel saß neben Oberleutnant Hippler auf einem der altväterlichen Holzstühle am Kopfende des Tisches, ein mit rotem Wein gefülltes Glas vor sich. Eine der Ordonnanzen hatte das Getränk im Keller aufgespürt und vor einiger Zeit hereingebracht.

Im Moment schwiegen sie und lauschten auf das Brummen von Flugzeugmotoren. Im Norden schien ein ganzer Haufen von Maschinen durch die Luft zu schwirren, und man brauchte nicht darüber nachzudenken, welche Hoheitszeichen sie an den Rümpfen trugen. Das dumpfe Echo von Bombenexplosionen, das manchmal durch die Nacht grollte, hätte eine solche Überlegung von vornherin überflüssig gemacht.

Der Oberleutnant betrachtete die jungen Fähnriche, die immer wieder zu Geißbichler herübersahen. Wie groß mußte doch ihr Vertrauen zu ihm sein, und eigentlich war das auch kein Wunder.

Geißbichler sagte jetzt etwas. Seine Stimme wurde von den hohen Wänden wie in einem Grabgewölbe zurückgeworfen.

„Wie in einem Mausoleum kommst dir da herinnen vor", stellte er fest. „Tut aber prima zu dem Sauladen passen, in den s' uns da hineing'stopft haben." Er hatte schon einige Glasfüllungen in sich und war ziemlich in Fahrt. „Ich kann's immer noch nicht begreifen, daß sie euch mit dem ganzen Haufen zur Front g'schickt haben ..."

Er unterbrach sich und äugte zum Eingang hinüber, wo soeben eine Gestalt aufgetaucht war. Der Schein der Kerzen reichte nicht so weit, daß man hätte erkennen können, um wen es sich handelte. Das Geräusch schlurfender Schritte kam jetzt näher. Allem Anschein nach trug der Mann Pelzstiefel. Wenige Augenblicke später ließ er den Randkreis des trüben Lichts hinter sich und blieb stehen.

Geißbichler riß es zuerst hoch. Sein Stuhl polterte auf den Boden. Inzwischen hatten sich auch die anderen spontan in die Höhe geschoben.

Erst der Schrei des Oberfeldwebels löste sie aus ihrer Erstarrung. Und während die Worte „Der Kloane, der Kloane!" noch von den Wänden widerhallten, rannte er bereits auf den Feldwebel zu. Aber auch die anderen von der alten Staffel waren schon auf dem Weg zu ihm. Nur die beiden Fähnriche standen noch am Tisch und begriffen nicht viel.

Minuten vergingen, bis die erste Freude abzuebben begann und sie sich wieder einigermaßen beruhigten. Mit einem müden Lächeln ließ sich Schockmann auf den Tisch zuschieben. Einer drückte ihm eine Stuhlkante in die Kniekehlen, und er sank auf die Sitzfläche. Adler war vorhin hinausgerannt und kam jetzt mit einer Flasche zurück. Er knallte sie vor dem Kameraden auf den Tisch und setzte sich neben ihn.

„Fritz — Junge, daß du wieder da bist!"

Geißbichler nahm die Flasche, schenkte ein und hielt Schockmann den Becher hin.

Er trank den Inhalt bis zum letzten Tropfen und ließ sich dann gegen die Lehne des Stuhles sinken. Das Stimmengewirr verstummte allmählich, und eine lastende Stille erfüllte den weiten Saal. Und dann begann er zu sprechen. Schon seine ersten, mit rauher Stimme hervorgestoßenen Worte fegten das Lächeln von den Gesichtern der anderen. Seine Augen waren halb geschlossen. Offenbar war er so erschöpft, daß er am liebsten neben dem Stuhl auf den Boden gesunken und eingeschlafen wäre.

Doch die Erinnerungen an die Geschehnisse während der vergangenen Tage, durch seine eigenen Worte noch einmal heraufbeschworen, ließen sogar seiner Müdigkeit keinen Raum. Und je länger er sprach, desto mehr vervollständigte sich die Ahnung über das Ausmaß der Katastrophe, die an der Normandieküste ihre Schatten vorauswarf.

Rainer würde also nie mehr wieder bei ihnen sein! Zerfetzt vom Feuerblitz einer Explosion!

*

Die alte Burg war bereits ein Stück Vergangenheit geworden, obwohl erst zehn Tage vergangen waren, seit sie das trutzige Bauwerk für immer verlassen hatten. Ein neues Flugfeld war ihnen zugeteilt worden, eine Wiese mit viel Wald darum und noch mehr freiem Himmel darüber. Sie verbrachten ihre Nächte jetzt auch nicht mehr in einem Schloß, obwohl es davon in Frankreich einige tausend mehr geben mochte als deutsche Jagdflugzeuge in ganz Europa — von der Invasionsfront ganz zu schweigen. Vielleicht hatten sie den Verlegungsbefehl sogar deswegen bekommen, weil es einem der Strategen in einem frontfernen Stab in den Sinn gekommen sein mochte, daß man die letzten, nach dem katastrophalen ersten Auftritt noch verfügbaren Maschinen besser nicht auf einem bekannten großen Flugplatz stehen ließ, wo sie alliierten Tieffliegern als Übungsziel dienen konnten.

So hatte man den letzten von Rennes also eine idyllische ländliche Landschaft als neues Domizil zugewiesen, besser gesagt: als Versteck. Denn auch hier konnte keine Rede davon sein, die Flugzeuge etwa im Freien stehen zu lassen. Sie mußten durch alle möglichen Tarntricks so unsichtbar gemacht werden, daß man sie auch aus nächster Nähe nur schwer zu erkennen vermochte. Die alliierte Jagd war in diesen Tagen schließlich überall, und manchmal konnten Oberfeldwebel Geißbichler und sein kleines Häuflein sogar den Eindruck haben, sie würden nach ihnen suchen. Immerhin mußte ihnen aufgefallen sein, daß es in Rennes jetzt nichts mehr zusammenzuschießen gab. Andererseits hatten sie es nicht nötig, eine solche Schlappe wie die von Dreux und später die andere bei Geißbichlers Auftauchen ohne Revancheabsichten hinzunehmen. Für die bei Dreux abgeschossenen „Mustangs" war ihre Rache wahrhaftig bereits vollkommen gewesen, wenn man an das Desaster des ersten Einsatzes über dem Landungsraum dachte. Der zweite Schlag stand noch aus.

Geißbichler war diese naheliegende Möglichkeit allerdings so gleichgültig wie vieles andere. Wenn man so wollte, hatte er sich im Hinblick auf die besonderen Umstände mittlerweile sogar zu einem Kommandeur gemausert, oder auch zu einem Kommodore, mindestens aber zu einem Verbandsführer. Allerdings befehligte er lediglich einen Verein, der sich aus insgesamt acht Maschinen zusammensetzte. Zu seiner seltsamen Würde war er dadurch gekommen, daß man Oberleutnant Hippler und einige andere, die ohne ihre Flugzeuge zurückgekommen waren, nach

Deutschland in Marsch gesetzt hatte, um ihnen neue Maschinen zu überreichen. Und das einige Tage nach einem Einsatz, an dem nahezu achtzig Jagdflugzeuge teilgenommen hatten. Gab es noch ein besseres Eingeständnis der eigenen Ohnmacht?

Doch auch das interessierte den Oberfeldwebel nicht. Vielleicht war die augenblickliche Situation sogar ganz nach seinem Geschmack, obwohl er sich hinsichtlich ihrer Möglichkeiten ebenfalls keinen Illusionen mehr hingab. Wenn man die offiziellen Nachrichten richtig analysierte und das hinzufügte, was man von den täglich vorbeikommenden Nachschubfahrern und zurückgebrachten Verwundeten hörte, dann schmeckte einem nicht einmal die Startverpflegung mehr. Trotzdem war er für seinen armseligen Haufen auch jetzt noch jene „Kraftspritze", mit der Oberleutnant Hippler ihn einmal in Verbindung gebracht hatte.

Dunstschwaden hingen über den Feldern. Die Sonne krabbelte noch an der Horizontlinie herum. Der neue Tag hatte seine Taufe also noch nicht einmal hinter sich. In den Bäumen jubilierten Vögel.

Sie hockten am Rand des Waldstückes, in Lederhosen und Pelzstiefeln, oben rum ihre blauen Luftwaffenhemden und die gelbgrauen Schals um die Hälse: Geißbichler vor dem Halbkreis, den sie gebildet hatten, in diesem Adler und die beiden Fähnriche. Wiederum neben diesen zwei Obergefreite und zwei Unteroffiziere, Überlebende des „Harakiri"-Einsatzes, wie Geißbichler den ersten Flug des Gefechtsverbandes von Rennes aus kürzlich bezeichnet hatte. Die restlichen Flugzeugführer waren kurz vor der Verlegung auf dem Platz von Rennes aufgetaucht, von irgendwoher. Geißbichler hatte sich bis jetzt noch nicht dafür interessiert, was vorher mit ihnen passiert war, auch ihre Namen waren ihm noch nicht richtig geläufig. Im übrigen waren es nette Burschen, die — ihren Auszeichnungen nach zu schließen — schon einiges hinter sich und daher in fliegerischer Hinsicht wohl auch manches zu bieten hatten. Ihr Landeanflug auf der kurzen Rollwiese war jedenfalls Klasse gewesen, und allein das hatte Geißbichler schon einige Hoffnungen eingeflößt.

„Also", sagte er jetzt, „nachdem mich der Oberleutnant zu eurem Kapo gemacht hat, müßt ihr euch von mir halt auch was sagen lassen." Er redete hochdeutsch, was er sehr gut konnte, wenn er wollte. Denn immerhin hatte er einmal das Abitur gemacht. Andererseits wurde es immer feierlich, wenn er auf seine bajuwarische Mundart verzichtete.

Adler grinste, die beiden Fähnriche freuten sich, und die anderen hatten anscheinend auch nichts dagegen. Immerhin hing das große Kreuz an seinem Hals, und mittlerweile hatte es sich auch schon bei ihnen herumgesprochen, was für eine Sonderausgabe er war.

„Gut!" fuhr Geißbichler fort und schielte auf ein Häuschen unter den Bäumen, worin ein Telefon stand. „Vorhin hab ich mit einem Major geredet, der sich anscheinend um uns kümmern soll. Er hat mir gesagt, daß ich mich der jeweiligen Feindlage entsprechend verhalten soll und hinsichtlich der Einsätze völlig freie Hand habe."

Er zog die Nase hoch, blickte auf seine Finger, die an Grashalmen herumzupften, und gab sich anscheinend besonderen Gedanken hin. Vielleicht ging ihm das mit der „freien Hand“ im Kopf herum. Es mußte schon verdammt weit gekommen sein, wenn man solche Anweisungen bekam. Und das in einer Zeit, wo droben an der Front alles drunter und drüber gehen mußte, wo die Alliierten Tag und Nacht unverdrossen mit ihren Bombern auf alles eindroschen, was ihnen wesentlich erschien. Aber bei den hohen Stäben war offenbar alles noch beim alten. Invasion? Na ja, damit würde man auch noch fertig werden. Rommel war schließlich da, der „Wüstenfuchs“, von dem schon ganz andere Aufgaben gemeistert worden waren. Man mußte halt abwarten, bis man richtig klarsah. Es würde schon nicht so schlimm sein. Die Fronttruppe pflegte ja meistens etwas zu übertreiben, man kannte das schließlich.

Geißbichler hatte seinen Faden anscheinend wiedergefunden. Sein Bergsteigergesicht entspannte sich, und er zeigte sogar den Anflug eines Lächelns.

„Wenn ich also schon freie Hand habe“, sagte er, immer noch in einem so schönen Deutsch, „dann will ich auch einmal nachschauen, was sich droben an der Front machen läßt. Bekanntlich sind die Amis zu dieser Zeit noch nicht unterwegs, und wenn, dann nur in ganz winzigen Haufen. Und weil ich keiner von einem Stab bin, deswegen hängen wir auch nicht alle den Hintern in die Luft, sondern außer mir nur noch zwei. Und das seid ihr, Mergenthin und Murrach. Macht euch fertig. In zehn Minuten rauschen wir ab. Und ihr anderen tut uns den Daumen drücken. Das war's. Ende der Vorstellung!“

Es dauerte nicht einmal zehn Minuten, bis die drei Focke-Wulf 190 über den Grasstreifen donnerten und der Sonne entgegendröhnten, die sich gerade über den Horizont schob.

Bei Falaise waren sie schon fast viertausend Meter hoch. Geißbichler sah nicht lange auf die zerstörte Stadt herab. Sie erinnerte ihn zu sehr an eine andere, deren Ruinenfelder noch vor kurzem seinen Weg gesäumt hatten.

Er zog die Atemmaske auf und gab den beiden Fähnrichen ein Zeichen, das gleiche zu tun. Sie flogen in Kettenformation, wie das alliierte Jäger nach alter Gewohnheit manchmal auch noch zu tun pflegten. Man wußte nicht, wofür das gut sein konnte.

Geißbichler flog an diesem Tag zum erstenmal zur Normandieküste. Dafür hatte er markante Punkte, den Verlauf von Straßen etc. auf der Karte so ausgiebig studiert, daß er einen Vortrag darüber hätte halten können.

Seit einigen Minuten war Geißbichlers Knollennase unter dem Gummiwulst der Atemmaske verschwunden. Bei jeder Kopfbewegung schlenkerte der Rüssel des gerippten Zuführungsschlauches vor seiner Brust herum.

Plötzlich beugte er sich nach vorn. Die Blitze über dem Land südlich des sonnenschillernden Wasserspiegels waren die Ursache dazu gewesen. Unwillkürlich hielt er den Atem an. Es mußte sich um Einschläge von Granaten oder um Abschußflammen handeln. Gelbe Lichtbogen fächerten über die Erde. Sie wirkten aus dieser Höhe wie stecknadeldünne Striche. Wieder ein Blick in die Runde. Immer noch keine Anzeichen von Feindjägern ...

Die beiden Jungen hingen so vorbildlich auf ihren Positionen, daß es eine Freude war. Links voraus jetzt eine Stadt, auf die von Osten, Süden und Westen sieben Straßen zuführten: Caen! Noch war darin nichts entschieden, das wußte er. Aber wie mußte es dort aussehen? Wie mildtätig eine Distanz von siebentausend Metern doch eine schaurige Wahrheit verbergen konnte.

Im FT kein Laut, nicht einmal ein Kratzen. Keine Bodenstelle sollte in dieser Stunde deftige Sprüche empfangen, wie Geißbichler sie schätzte. Er hatte absolute Funkstille bis zu jenem Zeitpunkt befohlen, wo er sie beenden würde.

Sie waren jetzt nicht mehr allein am Himmel; soeben hatte er es erst festgestellt. Vielleicht waren die zehn oder zwanzig Maschinen weit im Osten vorhin schon da gewesen und nur durch den Dunst verdeckt worden, der über der Küste hing. Sie waren mindestens dreitausend Meter tiefer und gut und gern zehn oder noch mehr Kilometer entfernt. Wieder einmal zogen sich die Fältchen in Geißbichlers Augenwinkeln zusammen.

Er drehte mit leichter Flächenneigung nach Nordosten ein. Die Stadt in der Mitte der Straßensperre blieb rechts vom Kurs zurück. Voraus leuchtete die Wasseroberfläche des Ärmelkanals. Gleißendes Silber schien darauf zu schimmern. Dazwischen die winzigen Silhouetten unzähliger Schiffe. Geißbichler kannte solche Anblicke. Es war schließlich überall das gleiche: im Mittelmeer, im Schwarzen Meer, auf der Nordsee oder sonstwo.

Bis jetzt hatte noch keine Flak nach ihnen gelangt, und Geißbichlers Rechnung schien vollkommen aufgegangen zu sein. Die Fähnriche übten immer noch Verbandsflug, die Blicke unverwandt auf ihn gerichtet. Er hatte ihnen das beigebracht, in wenigen Tagen eigentlich.

Ein unerklärliches Gefühl veranlaßte Geißbichler, wieder nach Süden einzudrehen. Die Feindmaschinen waren noch auf der vorherigen Höhe und kreisten etwa in der Gegend von Bayeux. Keiner ihrer Piloten schien die drei Maschinen im Nordosten zu beachten. Oder lag es auch daran, daß sie die Sonne im Rücken hatten?

Geißbichler war es gleichgültig. Sein Hochgefühl verstärkte sich immer mehr. Er drehte wieder nach Osten ein, denn er hatte sich geschworen, nicht das geringste Risiko einzugehen.

Doch auf einmal glaubte er, seinen Augen nicht trauen zu dürfen. Von Nordwesten her kam nämlich einer an. Eine einzelne Maschine zog etwa fünfhundert Meter über ihnen westwärts. Geißbichler kniff die Augen zusammen und sah noch einmal hin. Aber das Flugzeug war immer noch da. Es schwenkte jetzt auf Caen zu und kurvte dann nach Westen ein.

In Geißbichlers Kopf rotierten die Gedanken auf Hochtouren. Doch er hatte noch nie lange gebraucht, um Überraschungen zu verdauen. Er war bereits fest davon überzeugt, daß sie einen Aufklärer in der Nähe hatten, der seine Morgenrunde abspulte. Mittlerweile wußte er auch, daß es sich um eine „Spitfire" handelte. Der Pilot schien von ihrer Anwesenheit noch keine Ahnung zu haben.

Die beiden Fähnriche begriffen sofort und reagierten auf das kurze Handzeichen, nach rückwärts zu verschwinden.

Mit einer automatischen Bewegung schob der Oberfeldwebel die Notleistung hinein. Der Tourenzähler schnellte um einige Marken nach oben. Die Bugpartie der Focke-Wulf zeigte in diagonaler Richtung auf den Flugweg des Fotoaufklärers. Weit nach vorn gebeugt hockte Geißbichler über dem Knüppel. Die Entfernung nahm ab, trotzdem hatte er das Gefühl, keinen Meter voranzukommen. Nur noch einmal sah er nach hinten. Die beiden anderen Focke-Wulf flogen jetzt in Kolonnenform.

An Geißbichlers Frontscheibe flimmerte der rötliche Kreis des Reflexvisiers. Die „Spitfire" lag immer noch auf dem gleichen Kurs. Sekunden später schob sich ihr Leitwerk scheinbar über den Luftschraubenkreis der „190". Der Oberfeldwebel hatte den Angriff von unten her angesetzt. Nur ein Wunder konnte den Ahnungslosen in der britischen Maschine jetzt noch retten.

Ein leichter Zug am Knüppel. Der Visierkreis wanderte kaum nach oben, zusammen mit dem ovalen Bug der Jagdmaschine. Die vier Kanonen und die zwei überschweren MG über dem Motor waren in den Vorhalt gerichtet. Noch eine letzte Korrektur, dann drückte Geißbichler auf den Kanonenknopf, während er gleichzeitig den Bügel über dem Knüppelende durchzog, mit dem die 13-mm-Maschinengewehre ausgelöst wurden.

Schon bei der ersten Garbe glich die „Spitfire" einer Kreatur, die sich unter einem Peitschenschlag aufbäumt. Innerhalb von Sekunden war sie durch die Schußbahn hunderter Geschosse gezogen. Kleine Blitze zuckten aus Motor und Rumpf. Die Maschine schnellte senkrecht in die Höhe, in zuckende Flammen gehüllt.

Geißbichlers Focke-Wulf lag bereits auf dem Rücken. Er steuerte sie in den negativen Sturzwinkel und sah mit erdwärts gerichtetem Kopf, daß die Fähnriche bereits nachkamen.

Der Motor zeigte direkt auf die Erde. Geißbichler hatte die Notleistung herausgerissen, flog aber mit Vollgas weiter. Das Heulen des Triebwerkes begleitete ihn auf seinem rasenden Sturz in die Tiefe.

Mit beiden Händen fing Geißbichler die stürzende Maschine auf 4000 Metern ab. Er zerrte die Atemmaske vom Gesicht, während er weiter der Erde entgegenjagte. Nördlich von Falaise waren sie in Tiefflughöhe angelangt. Hintereinander preschten sie über das sonnenschimmernde Land, und dann huschte die Wiese auf sie zu, die ihren Flugplatz darstellte.

Turmheller und Schockmann liefen auf Geißbichlers Ruheplatz zu. Ihren Oberleutnant hatten sie in Deutschland gelassen. Auf dem Flugplatz bei Wiesbaden, wo sie die Maschinen geholt hatten, war ein Versetzungsbefehl für Hippler deponiert gewesen. Er sollte irgendeine Staffel übernehmen. Ein neuer Offizier war nicht mitgekommen. Es hatte ihnen nichts ausgemacht, und Geißbichler blieb somit das, was er bis dahin gewesen war.

Der Oberfeldwebel dachte gerade daran, daß er jetzt über dreizehn Maschinen verfügte, als die Kameraden vor ihm standen. Sie ließen sich ins Gras nieder, grinsten ihn kurz an und schienen ein besonderes Anliegen zu haben. Turmheller drückte es kurz darauf auch aus:

„Wie soll es weitergehen?"

Geißbichler brauchte nicht lange nachzudenken.

„Morgen", sagte er, „versuchen wir es."

„Das Ami-Rollfeld — und mit Bomben?" fragte Schockmann.

„Ja", nickte Geißbichler, und er redete wieder hochdeutsch. Anscheinend hatte er seine hochdeutsche Woche. „Der Teufel mag wissen, wie sie draufgekommen sind bei den Stäben. Vielleicht ist es kein Flugplatz, sondern nur eine Landestation für besondere Situationen. Auf jeden Fall sollen dort Ami-Maschinen am Boden gesehen worden sein."

Schockmann hielt ihm eine Zigarette hin, und sie rauchten.

„Ich hab mir's überlegt", fuhr Geißbichler fort, „wir machen es nur mit sechs Maschinen. Wenn jeder seine Bombe richtig hinkriegt, dann reicht das. Start schon vor dem Morgengrauen. Wenn die Sonne herauskommt, müssen wir da sein!"

„Mann", murmelte Turmheller, „und die Flak? Meinst du, sie haben keine?"

„Anzunehmen", sagte Geißbichler, und er schien schon wieder an was anderes zu denken. „Machen müssen wir es trotzdem. Und wenn wir uns was Richtiges einfallen lassen, muß es eigentlich klappen."

Schockmann ließ seine Kopfhaut wippen. Seine Stimmung war anscheinend kurz über dem Nullpunkt.

„Die Wirkung wird eine ungeheure sein", knurrte er giftig. „Wahrscheinlich werden deine verdammten Mausfallenhändler danach gleich ihre Rucksäcke packen und einen Dauerlauf zur Küste veranstalten. Was ist das doch alles für ein elender Dreck!"

„Freilich", sagte Geißbichler, „aber vielleicht denkst du einmal an den Obergefreiten, von dem du soviel erzählt hast. Oder an die Kumpels von der Infanterie, die den Kopf nimmer aus dem Dreck bringen. Und wenn es dann noch nicht langt, dann erinnerst du dich an den Tag, wo sie dir stundenlang die schweren Koffer vor die Nase gesetzt haben." Er redete wieder in seinem heimischen Dialekt. „Und wann d' mich fragst, dann mach ich das alles überhaupt nur noch für die da droben und sonst für niemand. Alle anderen können mich, und nicht erst seit heut."

*

Schockmann und Turmheller standen vor einer der Maschinen. Sie betrachteten die 500-kg-Bombe unter dem Rumpf und schwiegen. Geißbichler hatte angeordnet, daß außer ihm noch Turmheller, der Fähnrich Murrach, Adler und zwei der neu hinzugekommenen Unteroffiziere den Einsatz fliegen sollten. Zu Schockmann hatte er gesagt, daß er den Laden zu schmeißen habe, bis sie wieder zurück seien.

Dutzende von Vögeln flatterten erschreckt in die Höhe, als der erste Motor ansprang. Ein Höllenlärm zerriß die Stille des Morgens. Nacheinander wurden auch die BMW-801-Triebwerke der restlichen Maschinen angeworfen. Keiner verstand mehr sein eigenes Wort. Die Kraft von fast zehntausend PS hatte sich in einer brüllenden Geräuschorgie entfaltet.

Die sechs Maschinen waren gut aus der „Piratenhöhle" herausgekommen — eine Bezeichnung, die von Schockmann ersonnen worden war. Schon kurz nach dem Start hatten sie mit dem Steigflug begonnen. Unter ihnen hing der Dunst wie ein riesiges Leichentuch über der Landschaft. Sie flogen in Verbandsformation, mit geringem Abstand zwischen den einzelnen Maschinen, Geißbichler am linken Flügel.

5000 Meter, 6000!

Ein diffuses Licht hatte sich am Himmel ausgebreitet. Im Osten wurde es heller. Geißbichlers Spannung verstärkte sich immer mehr. Weit im Nordwesten tauchten einige dunkle Punkte auf, als voraus die Elmsfeuer der Front über die Erde zuckten.

Halbrechts vom Kurs kam Caen in Sicht, von Dunstschwaden fast zugedeckt. Über dem kleinen graubraunen Fleck der Stadt und ringsum das Gezüngel winziger Blitze. Die Flugzeuge im Nordwesten waren inzwischen außer Sicht gekommen, dafür tauchte an der nördlichen Himmelspartie ein kleinerer Pulk auf.

Ein unbestimmtes Gefühl sagte Geißbichler, daß der Zielraum bereits unter ihnen liegen mußte.

Die weit entfernten Feindjäger waren im Augenblick bedeutungslos und stellten auch keine Gefahr dar. Auch die Flak schien noch nichts Böses zu ahnen. Unruhig ruckte Geißbichler auf dem Sitz hin und her. Er wußte nur zu gut, was auf dem Spiel stand. Wo war der verfluchte Landestreifen? Wo nur? Gab es ihn überhaupt? Oder hatten sich die Stabsheinis von irgend jemand einen Bären aufbinden lassen?

Doch dann kam der Augenblick, wo Geißbichler den angestauten Atem ausstieß. Waren dort unten über der Erde eben nicht Schatten hinweggeglitten? Er sah noch einmal hin. Das Licht war jetzt schon so gut, daß schnelle Bewegungen über der leichten Dunstschicht ohne weiteres auszumachen waren. Er hatte sich nicht getäuscht. Es waren Flugzeuge, die über einer bestimmten Stelle herumhuschten. Dort mußte also das Flugfeld liegen!

Noch einige schnelle Atemzüge, dann legte Geißbichler die Maschine in eine leichte Sinkkurve. Er wollte in weiten Spiralen heruntergehen, denn er war sich darüber klar, daß ein Sturz aus dieser Höhe selbst den langweiligsten Flakposten alarmiert hätte. Wenn sie aber auf diese hinterlistige Weise heruntergingen, konnte es eher klappen ...

Die Höhenmessernadel stand auf 3000 Meter, sank aber rapide nach unten. War es denn möglich, daß sie drunten an der Erde immer noch keinen Verdacht geschöpft hatten?

Sie hatten welchen geschöpft und legten bereits los. Es waren aber nur einige Geschütze, die soeben das Feuer eröffnet hatten. Die Glutschlangen von Leuchtspuren wanden sich in die Höhe.

Da setzte Geißbichler alles auf eine Karte. Ohne einen Befehl zu geben, drückte er den Knüppel nach vorn und ließ die Maschine stürzen. Der Anblick, der sich ihm in den nächsten Sekunden bot, ließ ihn sogar das Flak-Feuer vergessen.

Genau unter sich sah er einige dicht über dem Boden fliegende Maschinen. Es schienen „Thunderbolts" zu sein. Fast gleichzeitig erfaßte sein Blick aber auch die Ansammlung nahe beieinander stehender anderer Flugzeuge. Es hatte den Anschein, als ob sie an einer bestimmten Stelle zum Tanken aneinandergereiht worden wären. Waren es zehn, zwanzig oder noch mehr?

Geißbichler zählte sie nicht. Er sah nur noch den Erdfleck, auf dem sich ihre Konturen abzeichneten. Der Motor heulte auf vollen Touren. Einige hundert Meter rechts vom Sturzkurs züngelten Leuchtspuren durch den Himmel. Die Höhenmessernadel glitt unter die 2000-Meter-Marke. Der Hebel am Zünderschaltkasten war bereits umgelegt. Granaten leichter Flak zerplatzten jetzt vor der Frontscheibe. Dunkle Wölkchen bildeten sich. Sie erinnerten Geißbichler an die Kameraden hinter ihm. Sein Kopf ruckte herum, ein schneller Blick an der Reihe der Maschinen entlang. Sie waren alle noch da!

Die Erde kam mit unheimlicher Geschwindigkeit näher. Der Kampf mit dem wie festzementiert wirkenden Rudern begann. Das Abfangmanöver mußte jetzt eingeleitet werden, wenn sie nicht alle an der Erde zerschellen wollten. Mit beiden Händen umklammerte Geißbichler den Knüppel. Der kleine Knopf für die elektrische Trimmung wanderte nach hinten. Die Maschine gehorchte dem Steuer und schwang sich aus dem Sturz, während gewaltige Kräfte den Körper zusammenzudrücken schienen. Langsam schob sich der Bug über den Horizont. Wieder ein Blick nach hinten. Noch fehlte keiner. Die Flak-Garben lagen jetzt ziemlich tief, Hunderte von Metern unter Geißbichlers Focke-Wulf. Der Erdstreifen mit den abgestellten Maschinen befand sich bereits hinter dem Leitwerk. Ein schnelles Steuermanöver, und die Maschine drehte sich in eine Gegenkurve. Die ineinander verschachtelten „Thunderbolts" kamen wieder in Sicht, nun noch etwa 1500 Meter entfernt.

Sekunden später stieß Geißbichler in der letzten Phase des Angriffs als erster auf sie herab. Die Linke umklammerte den Griff des Bowdenzugs, mit dem die Bombe gelöst wurde. Die Drehung am Zünderschaltkasten hatte sie zu ihrem teuflischen Leben erweckt. Wieder orgelte der Fahrtwind in hohen Tönen um die stürzende Maschine. Sprengwölkchen flitzten auf die Frontscheibe zu, blieben zurück.

Jetzt! Der entscheidende Augenblick war gekommen. Unten, rings um die abgestellten Maschinen, wimmelte es von davonhastenden Gestalten. Ein letzter Blick durch das Reflexvisier, der Knüppel wanderte nach unten, ein automatisches Zählen auf die Spanne von drei Sekunden, danach der Zug am Auslösegriff. Ein Ruck ging durch die Maschine, als ob sie sich erleichtert aufbäume.

Die Bombe war gefallen!

Blitzschnell wirbelte Geißbichler die „190" in die Messerlage. Ein Tritt ins linke Seitenruder, und die Focke-Wulf rutschte in die Tiefe. Das Sturztempo nahm wieder zu, die Erde kam näher und näher. Wieder eine Drehung, einer Sturzrolle ähnlich. Der Bug schwenkte nach Süden. Glutende Striche zischten vorbei, und dann der erste Blick nach hinten.

Geißbichlers Augen weiteten sich, als er die gewaltige Feuersäule sah, die hinter ihm aus der Erde hervorquirlte. Durch die brodelnde Rauchwolke stießen die anderen herab, nacheinander, und dann wallte eine unsägliche Freude in dem Oberfeldwebel hoch. Das Wunder war geschehen, sie waren alle durchgekommen.

Die Feindmaschinen im Norden stießen jetzt herab, wie von unsichtbaren Schnüren zur Erde hinuntergezogen.

Geißbichler wußte, daß sie auch jetzt noch keine Gefahr darstellten. Mit hastigen Bewegungen wischte er den Schweiß vom Gesicht und aus den brennenden Augen. Die Feuerblitze der Front waren schon weit hinter ihnen zurückgeblieben. Neben ihm schlossen die anderen auf, und er konnte es immer noch nicht begreifen, daß sie es alle geschafft hatten.

Doch auf einmal sah er an einer der Maschinen einen feinen Rauchstreifen, der immer stärker wurde. Sie würden die Wiese, auf der sie gestartet waren, also doch nicht alle erreichen.

Im FT blieb es auch dann noch ruhig, als die Focke-Wulf mit dem zerschossenen Motor kurz mit den Flächen wackelte und dann nach unten wegdrückte. Keiner kurvte ein, denn auch das war von Geißbichler verboten worden. Er sah noch, wie die qualmende „190" über eine Wiese schlitterte, einen der Steinwälle durchbrach und dann liegenblieb.

Die anderen flogen weiter. Der Wald bei Alençon kam in Sicht, und nichts geschah mehr ...

*

Der Schweiß des Einsatzes war von den Gesichtern verschwunden. Sie hatten ihn in dem Bach gelassen, der durch die Wiesen sprudelte. Von den gelandeten Maschinen war schon lange nichts mehr zu sehen. Sie standen im Wald, zusätzlich mit Zweigen abgedeckt. Die „Piratenhöhle" hatte sie wieder aufgenommen.

Sie wußten jetzt, daß einer der Unteroffiziere in der notgelandeten Maschine gesessen hatte. Er war über deutschbesetztem Gebiet heruntergekommen, so daß sich keiner um ihn zu sorgen brauchte.

Auf Geißbichlers nacktem Oberkörper spiegelte sich ein Bündel Sonnenstrahlen, das durch das kleine Fenster der Waldhütte hereinfiel. Sein einziges Bekleidungsstück bestand aus einer Badehose. Er hockte auf einem wackligen Stuhl, den Telefonhörer in der Hand. An die Rückseite der Bakelitmuschel hatte Turmheller ein Ohr gepreßt. Schockmann saß im Eingang auf der kleinen Holztreppe und wunderte sich immer noch.

Er drehte jetzt den Kopf herum und blickte in den kleinen Raum, als Geißbichler sich meldete. Turmheller verstand jedes Wort, das der Mann am anderen Ende der Leitung sprach. Anscheinend handelte es sich dabei wieder um den Major, der ihre Betreuung übernommen hatte.

„Melde Gefechtsverband vom Einsatz zurück!" sagte Geißbichler, und die Fältchen an seinen Augen zogen sich zusammen. „Ziel gefunden und angegriffen. Etwa zwanzig ‚Thunderbolts' am Boden mit Bomben belegt. Beim Abflug konnte eine hohe Explosionssäule beobachtet werden. Nur geringe Flak-Abwehr. Eine Maschine auf deutschem Gebiet mit Motorschaden notgelandet. Die anderen fünf sind nur mit Beschädigungen durch Splitter zurückgekommen."

Eine Weile blieb es still. Dann schien es, als ob der Major vor Freude auseinanderplatze.

„Mann, Oberfeldwebel", schrie er, „das ist ja toll! Eine einmalige Leistung! Das bedeutet für Sie das Ritterkreuz!"

„Habe ich schon, Herr Major", sagte Geißbichler trocken.

„Hm — na ja, dann werden wir sehen. Auf jeden Fall meinen Glückwunsch. Und nun noch gleich einen weiteren Befehl, wenn Sie schon in der Leitung sind. Fliegen Sie heute noch einen Einsatz in den Raum von Caen mit freier Jagd. Zeitpunkt und Durchführungsart bleiben Ihnen überlassen. Freue mich wirklich für euch. Ende!"

Geißbichler starrte den Hörer an, als ob er soeben die ungeheuerlichen Worte von sich gegeben hätte. Dann ließ er ihn sinken und schüttelte den Kopf.

„Hast du das gehört?"

„Ja", sagte Turmheller. Seine Erschütterung brachte Schockmann auf die Beine. „Was — was ist?"

„Freie Jagd sollen wir fliegen", erwiderte Geißbichler, während er sich wieder auf den Stuhl sinken ließ. „Wir und freie Jagd, bei diesem Saustall am Himmel! San die denn völlig verrückt? Oder können s' gar nicht sehen, daß hier noch ein paar Maschinen übrig sind?"

„Es ist wirklich nicht zu fassen", nickte Turmheller. „Fast kommt es einem wie blanker Hohn vor!"

Geißbichler sagte nichts mehr. Er hatte den Kopf in die Hände gestützt und starrte auf das Telefon.

Die Focke-Wulf hatte bereits das Ende des Startstreifens erreicht und schwang sich in die Luft. Geißbichler saß darin. Noch ein Blick durch den Luftraum, dann schob auch Turmheller den Gashebel nach vorn. Die Maschine fegte über die Graspiste, hob ab, und die Fahrwerke verschwanden in den Tragflächen.

Aus der ersten Kurve heraus verfolgte Sepp Turmheller den Start der beiden letzten Maschinen. Schockmann und einer der Gefreiten, deren Namen ihm immer noch nicht geläufig waren, saßen kurze Zeit später hinter ihm.

Tief über den Wipfeln fegten sie noch einmal über den Platz. Es war wie ein Abschiednehmen. Drunten zwischen den Bäumen standen die Zurückgebliebenen: Unteroffizier Adler, die beiden Fähnriche und die anderen. Was sich Geißbichler wohl gedacht haben mochte, als er für diesen Feindflug nur „Alte" auswählte und lediglich vier Maschinen dafür einsetzte? Niemand wußte es.

Turmheller fand es besser, nicht daran zu denken. Sie befanden sich bereits auf der Höhe von Argentan. Der vor ihnen liegende Luftraum sah anders aus als am Morgen. Schon jetzt erkannten sie die unzähligen dunklen Pünktchen am Blau des Himmels, und sie ahnten, was ihnen bevorstand.

Immer näher kam die Front. Die Straße von Caen nach Lisieux kreuzte ihren Kurs. Turmhellers Kehle wurde immer trockener. Es hatte keinen Wert mehr, daß er diesen Einsatz verfluchte. Die Punkte am Himmel bekamen bereits Konturen. Wie blitzende Kreuzchen schwirrten sie durch die Luft. Vor der Frontscheibe wuchs eine der Wolkenburgen in die Höhe. Geißbichler hielt darauf zu. Etwa tausend Meter über ihnen kam ein „Mustang"-Pulk auf Gegenkurs heran, und ungefähr zehn Kilometer weiter westlich kreisten Dutzende von „Thunderbolts" herum.

Turmhellers Kehle war wie ausgedörrt. Er kam sich vor wie bei seiner eigenen Hinrichtung. Es konnte nicht mehr lange dauern, bis der Höllentanz beginnen würde.

Kaum eine Minute verging noch, bis es soweit war. Die „Mustangs" über ihnen gaben ihre Formation auf und reihten sich hintereinander. Zum erstenmal erklang Geißbichlers Stimme. Sie hörte sich völlig entstellt an. Schwang nicht etwas wie ein Abglanz von bitterem Hohn in den wenigen Worten mit, die er jetzt ins Mikrophon rief? Das nämlich:

„Freie Jagd!"

Sekunden später schossen sie vorbei, von allen Seiten. Turmhellers „190" lag in einer Messerkurve. Der Augenblick kam, wo er Schockmanns Maschine zum letztenmal sah. Dann verschwand sie im Wirbel der Feindjäger.

Als Turmheller wieder nach vorn blickte, legte sich die Focke-Wulf des Gefreiten aus Geißbichlers Rotte auf den Rücken und zog nach unten weg. Der Oberfeldwebel fand nicht einmal mehr die Zeit, sich um den Grund für dieses seltsame Verhalten zu kümmern. Eine Garbe prasselte nämlich dicht über seine Kabine. Blitzschnell riß er den Knüppel nach hinten und ließ die Maschine auf der Flächenspitze kreisen.

Drei, vier „Mustangs“ fegten auf Gegenkurs vorbei und schwenkten wieder ein. Auch von Geißbichlers „190“ war jetzt nichts mehr zu sehen. Turmhellers Blick hetzte nur so durch den Luftraum. Überall die zebragestreiften Tragflächen der Feindjäger. Es war, als ob sie mit ihm ein regelrechtes Kesseltreiben veranstalteten. Eine preschte dicht vor ihm vorbei und zog nach oben. Einem jähen Impuls folgend, riß auch Turmheller den Knüppel nach hinten. Die „Mustang“ hing wieder vor ihm. Ihre Geschwindigkeit verlangsamte sich. Irgendwo in der Zelle knallte es. Wie gleichgültig das schon war! Die Focke-Wulf lag jetzt in fast vertikalem Steigflug. Turmheller sah, wie die amerikanische „Mustang“ sich in die Rückenlage drehte. Da drückte er auf den Kanonenknopf.

Aus kaum hundert Meter Entfernung prasselten die Garben in die Kabinenseite der P 51. Eine unsichtbare Faust schien sie zu schütteln. Einschlagblitze waberten über die Tragflächen und den Motor. Blechteile lösten sich, während Turmhellers „190“ die letzte Fahrt verlor und über das Leitwerk nach unten kippte.

Die Strömung legte sich wieder an, und die ferne Erde huschte auf die Kabine zu. Ringsum jagten ganze Schwärme von „Mustangs“ vorbei. Die Sturzgeschwindigkeit erhöhte sich. Einer der Wolkentürme huschte heran. Einige hundert Meter daneben kreiste ein gutes Dutzend um eine einzelne Focke-Wulf.

Geißbichler! dachte der Oberfeldwebel, während er mechanisch den Knüppel noch weiter nach vorn drückte. Mit heulendem Triebwerk schoß die Jagdmaschine zwischen den „Mustangs“ hindurch. Turmheller dachte nicht einmal mehr daran, wie aussichtslos es doch sein mußte, dem Kameraden helfen zu wollen. Trotzdem versuchte er es. Ein Zug am Knüppel. Die Maschine bäumte sich auf. Hinter dem Leitwerk erkannte er fünf oder sechs amerikanische Jäger. Turmheller registrierte sie nur. Der Bug war wieder auf den kurvenden Haufen von Feindflugzeugen gerichtet. Einige hatten Abschußflammen vor den Kanonenläufen. Die Focke-Wulf hing zwischen ihnen und wurde jetzt von einer Flächenspitze zur anderen gewirbelt.

Aber Oberfeldwebel Geißbichler hatte keine Chance mehr gehabt. Flammen schlugen aus der Leitwerkspartie seiner Maschine, die jetzt in engen Trudelbewegungen in die Tiefe taumelte.

Turmhellers anfängliches Entsetzen hatte sich inzwischen in eine ohnmächtige Wut verwandelt. Er hatte kein Gefühl mehr für die ringsum lauernden Gefahren. „Mustangs“ zischten an ihm vorbei, aber er achtete nicht darauf. Sein Blick war auf das dunkle Bündel gerichtet, das soeben aus der Kabinenöffnung der abstürzenden Focke-Wulf herausgefallen war. Hinten im Leitwerk krachte es. Turmheller trat mit einer instinktiven Reaktion ins rechte Seitenruder und verstärkte gleichzeitig den Sturzwinkel. Die Erde kam näher. Einige hundert Meter voraus hatte sich soeben ein Fallschirm geöffnet. Turmhellers Focke-Wulf schoß daran vorbei. Mit gesenktem Kopf hing Geißbichler in den Gurten. Die Erde war nicht mehr weit von ihm entfernt.

Turmheller sah erst wieder nach rückwärts, als er über den zusammensinkenden Schirm hinwegdonnerte. Es waren mindestens sechs „Mustangs" hinter ihm. Aber auch jetzt flackerte die Angst noch nicht in ihm hoch. Noch einmal sah er zur Erde hinunter. Geißbichler stand aufrecht neben dem weißen Fleck des Fallschirms, regungslos, wie es schien.

Eine über die linke Tragfläche züngelnde Garbe brachte Turmheller langsam wieder in die Wirklichkeit zurück. Er fühlte sich wie ausgehöhlt. Vielleicht war es der Selbsterhaltungstrieb, der seine Bewegungen lenkte, während die Trauer um den Kameraden sein ganzes Denken ausfüllte. Er war auf Feindgebiet gelandet.

Turmheller hatte die Notleistung hineingeschoben, ohne sich dessen bewußt geworden zu sein. Tief über der Erde raste er nach Süden. Der Motor zeigte noch keine Unregelmäßigkeiten. Aber die „Mustangs" hingen hinter ihm wie die Kletten. Es war wie damals beim ersten Feindflug zur Küste. Auch dieses Mal würde er keine Chance haben, er wußte es.

Und auf einmal schien es wieder, als ob unzählige Steine auf die Maschine herabpolterten. Noch während des Prasselns der Einschläge riß er das Gas zurück und scherte leicht aus dem Kurs. Ein Acker kam auf ihn zu, und dann knallte die Focke-Wulf gegen den Boden.

Der Kübelwagen war vor einigen Minuten von der Landstraße abgebogen und rollte jetzt über einen Feldweg. Im matten Schein des Mondes zeichnete sich voraus ein Waldstück ab.

„Lassen Sie mich bitte dort vorn aussteigen", sagte der Oberfeldwebel neben dem Fahrer.

Der Stabsgefreite hinter dem Steuer nickte. Kurz darauf trat er auf die Bremse und ließ den Wagen ausrollen. Ein Zigarettenpäckchen wanderte zu ihm hinüber.

„Ich danke Ihnen", sagte der Mann mit der Lederjacke.

„Gern geschehen, Herr Oberfeld. Und mehr Glück beim nächsten Mal!"

Turmheller nickte nur und zerrte das Fallschirmpaket vom Rücksitz. Der Wagen fuhr wieder an, drehte auf einer Wiese und rollte zur Landstraße zurück.

Mit schleppenden Schritten ging Turmheller auf den Wald zu. Zwischen den Bäumen war ein schmaler Lichtstreifen zu sehen. Er fiel aus einem der niedrigen Fenster des Häuschens, das ihnen als Gefechtsstand diente. Vor dem Eingang lehnte eine Gestalt an der Wand. Turmheller brauchte nicht mehr lange, bis er vor dem Kameraden stand. Adler sah ihn an wie ein Gespenst.

„Du — Sepp? Und — die anderen?"

Der Fallschirm plumpste auf den Boden. Die Frage stand immer noch zwischen ihnen, als sich Turmheller auf dem flachen Stoffpaket niederließ. Er vergrub den Kopf in den Händen und blickte auf das Gras zwischen seinen Pelzstiefeln. Im Norden lärmten Flugzeuge durch die Nacht, und das ferne Grollen einer Explosion klang heran. Die Tür des Häuschens wurde geöffnet. Schritte scharrten über den Boden. Langsam hob Turmheller den Kopf. Im fahlen Schein des Mondes sah er die beiden Fähnriche vor sich stehen, die Geißbichler geschont hatte, als ob es seine Söhne gewesen wären. Wie schwer es doch fiel, ihnen zu sagen, was geschehen war. Doch dann tat er es.

Sie brachten kein Wort heraus. Als er den Blick wieder auf sie richtete, hatten sie Tränen in den Augen.

„Und Schockmann?" fragte Adler mit brüchiger Stimme.

„Ich weiß es nicht!" murmelte Turmheller.

Die Motorengeräusche am Himmel wurden schwächer und verklangen allmählich in der Ferne.

ENDE